ÉCOLE SPÉCIALE DES TRAVAUX PUBLICS

DU BATIMENT ET DE L'INDUSTRIE

M. Léon EYROLLES, C. ✳, ❶ I., Ingénieur-Directeur.

COURS

D'EXPLOITATION DES MINES

LIVRE III

ÉTHODES D'EXPLOITATION EN CARRIÈRE ET SOUTERRAINE

Professeur : M. L.-E. GRUNER

Ingénieur civil des Mines.

PARIS

ÉCOLE SPÉCIALE DES TRAVAUX PUBLICS

Rue Du Sommerard, Rue Thénard et Boulevard Saint-Germain

PROPRIÉTÉ DU DIRECTEUR DE L'ÉCOLE

1921

COURS ET INSTRUCTIONS remis aux Auditeurs et Correspondants.

Plus de 300 volumes constituant, par spécialité, une bibliothèque extrêmement importante.

I. — Français, Rédaction, Anglais, Allemand, Calligraphie, Sténographie, Comptabilité, Géographie.

Cours de Langue française :
I. Orthographe et Syntaxe; II. Rédaction.
Cours de Langue anglaise.
— — allemande.
Vocabulaire technique (français-allemand).
Cours de Calligraphie.
Cours de Sténographie appliquée.
Cours de Rédaction des rapports.
Cours de Comptabilité commerciale appliquée aux entreprisse.
Cours de Géographie de la France, *avec atlas.*
Cours de Géographie des colonies franç., *avec atlas.*

II. — Mathématiques élémentaires.

Cours d'Arithmétique élémentaire.
Cours d'Arithmétique.
Notions de Géométrie pratique.
Notions de Géométrie élémentaire.
Cours de Géométrie (M. Danès).
Cours de Géométrie (M. Vasnier).
1re *Partie.* Géométrie plane. — 2e *Partie.* Géométrie dans l'espace. — 3e *Partie.* Courbes et surfaces usuelles.
Notions d'Algèbre et de Calcul trigonométrique.
Cours d'Algèbre.
Cours de Trigonométrie.
Notions de Géométrie descriptive.
Cours de Géométrie descriptive.
Cours de Perspective.
Notions de Stéréotomie.
Notions élémentaires de Mécanique.
Cours de Mécanique : 1re *Partie.* Statique. — 2e *Partie.* Cinématique et dynamique.

III. — Mathématiques supérieures.

Notions sommaires sur les Fonctions et les Dérivées.
Compléments d'Algèbre.
Cours d'Analyse.
Cours supérieur d'Algèbre et Analyse :
Livre I. Algèbre (compléments) et calcul différentiel. — *Livre II.* Calcul intégral.
Cours de Géométrie analytique.
Cours supérieur de Géométrie analytique :
Livre I. Géométrie plane. — *Livre II.* Géométrie dans l'espace.
Cours supérieur de Géométrie descriptive :
Livre I. Géométrie descriptive. — *Livre II.* Perspective. — *Livre III.* Stéréotomie.
Compléments de Mécanique :
1re *Partie.* Statique. — 2e *Partie.* Cinématique et dynamique.
Cours de Mécanique générale et notions de Mécanique appliquée :
Livre I. Cinématique. — *Livre II.* Dynamique et statique.
Cours de Calcul graphique et nomographie.
Introduction mathématique aux sciences techniques de l'Ingénieur.

IV. — Sciences physiques.

Cours élémentaire de Physique.
Cours supérieur de Physique.
Livre I. Pesanteur. Hydrostatique. Chaleur. — *Livre II.* Chaleur, acoustique et optique. — *Livre III.* Magnétisme et Électricité.
Notions de Chimie.
Cours supérieur de Chimie :
Livre I. Métalloïdes. — *Livre II.* Métaux. — *Livre III.* Chimie organique.
Cours d'Analyse chimique :
Livre I. Méthodes générales d'analyse quantitative. — *Livre II.* Chimie analytique générale.
Cours de Chimie appliquée aux travaux publics.
Cours de Chimie analytique appliquée à la métallurgie.

V. — Géologie, Minéralogie.

Notions de Géologie pratique.
— — avec collection.

Cours de Géologie et de Minéralogie appliquées :
Livre I. Généralités. — *Livre II.* Les Minéraux et les Roches. — *Livre III.* Paléontologie. — *Livre IV.* Stratigraphie. — *Livre V.* Les Gîtes minéraux et métallifères. — *Livre VI.* Paléogéographie et Tectonique. — *Livre VII.* Hydrologie.

VI. — Résistance des matériaux et Stabilité des constructions.

Cours élémentaire de Résistance des matériaux et de stabilité des constructions.
La Composition de Mécanique appliquée.
Notions de Résistance des matériaux appliquée aux machines.
Cours de Statique graphique.
Cours de Résistance des matériaux appliquée aux machines.
Cours de Résistance des matériaux et de stabilité des constructions.
1re *Partie.* Théorie et résultats d'expériences. Statique graphique. — 2e *Partie.* Poutres droites à une travée, charpentes, etc. — 3e *Partie.* Poutres continues. Poutres en arc. — 4e *Partie.* Murs de Réservoirs. Murs de soutènement. Voûtes. Ouvrages en béton armé.
Règlement ministériel du 8 janvier 1915.
Les murs de soutènement.

VII. — Hydraulique et Industries agricoles.

Notions élémentaires d'Hydraulique.
Notions sur les Moteurs hydrauliques.
Cours d'Hydraulique et applications :
1re *Partie.* Généralités. Vannes, déversoirs, tuyaux, canaux et aqueducs. Jaugeage des cours d'eau. — 2e *Partie.* Distribution d'eau et assainissement. — 3e *Partie.* Épuration des eaux et assainissement des cours d'eau. — 4e *Partie.* Moteurs hydrauliques. — 5e *Partie.* Aménagement des cours d'eau en vue de la production de l'énergie électrique. — 6e *Partie.* Formation. Entretien et aménagement des cours d'eau.
Cours de Barrages.
Cours de Drainage et irrigation.
Cours de Meunerie.

VIII. — Dessin graphique et appliqué à diverses spécialités. Croquis.

Cours de Dessin graphique.
Cours de Dessin industriel.
Instruction spéciale pour l'exécution du Dessin graphique.
Instruction pour l'exécution du Dessin d'architecture.
Instruction sur le Dessin des plans.
Instruction sur le Croquis à main levée.
Instruction sur le Croquis à main levée. Organes des machines.

IX. — Mécanique appliquée. Machines.

Éléments de Mécanique générale et de Mécanique appliquée.
Cours de Mécanique appliquée :
Livre I. Notions générales. Moments d'inertie. Centre de gravité. Résistances passives. — *Livre II.* Équilibre des systèmes matériels. Équilibre des machines. — *Livre III.* Force centrifuge. Volants et régulateurs.
Cours de Technologie Industrielle :
Livre I. Métaux et matières diverses. Organes des machines. — *Livre II.* Travail des métaux et des bois. Outillage industriel.
Cours de Thermodynamique.
Notions sur les Machines à vapeur.
Cours de Machines à vapeur :
1re *Partie.* Générateurs de vapeur. — 2e *Partie.* Moteurs à vapeur. — 3e *Partie.* Calculs et étude des principaux organes de machines.
Notions sur les Moteurs à explosion et à combustion.
Cours de Moteurs à gaz :
1re *Partie.* Étude théorique. Étude des gaz. Historique. Moteurs de moyenne puissance. — 2e *Partie.* Moteurs de grande puissance. Moteurs à combustibles liquides. — 3e *Partie.* Gazogènes. Entretien et Conduite.
Cours d'Automobiles :
Livre I. Moteurs. — *Livre II.* Voitures automobiles.

COURS
D'EXPLOITATION DES MINES

LIVRE III

ÉCOLE SPÉCIALE DES TRAVAUX PUBLICS
DU BATIMENT ET DE L'INDUSTRIE

M Léon EYROLLES, C. ❊ (❂ I.), Ingénieur-Directeur

COURS
D'EXPLOITATION DES MINES

professé à l'École spéciale des Travaux publics, du Bâtiment et de l'Industrie

Par M. L.-E. GRUNER

Ingénieur civil des Mines.

LIVRE III

MÉTHODES D'EXPLOITATION

PARIS

ÉCOLE SPÉCIALE DES TRAVAUX PUBLICS

Rue Du Sommerard, Rue Thénard et Boulevard Saint-Germain

1921

COURS D'EXPLOITATION DES MINES.

SIXIÈME PARTIE

MÉTHODES D'EXPLOITATION

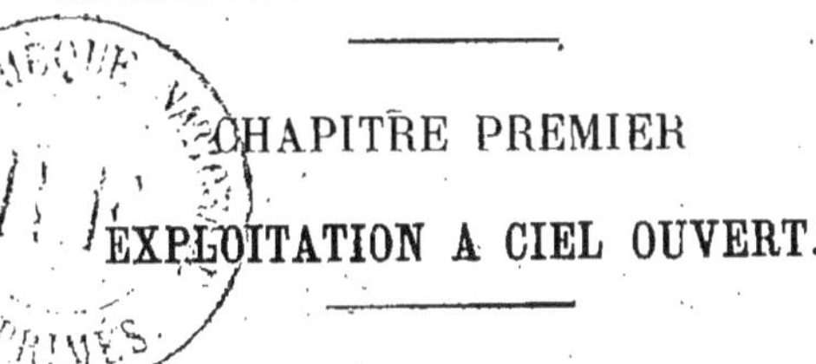

CHAPITRE PREMIER

EXPLOITATION A CIEL OUVERT.

SOMMAIRE

§ 1. **Généralités.** — Conditions d'application. — Hauteur du découvert. — Limite économique et limite naturelle. — Avantages et inconvénients.

§ 2. **Modes d'exploitation et exemples.** — Exploitation par gradins droits. — Profil des talus. — Ouverture d'une carrière en plaine ou à flanc de coteau. — Carrières de pierres. — Ardoisières d'Anjou. — Mines de fer. — Mine de cuivre de Rio-Tinto. — Mines de diamant de l'Afrique australe. — Mines de charbon de Decazeville. — Exploitation par moulins. — Exploitation avec excavateurs. — Tourbières.

§ 3. **Services généraux d'une exploitation à ciel ouvert.** — Abatage. — Transports. — Evacuation des eaux. — Résumé.

§ 1er. — GÉNÉRALITÉS.

1. Conditions d'application. — L'exploitation à ciel ouvert, c'est-à-dire en carrière, est plus simple et plus économique que l'exploitation souterraine, mais elle n'est possible que lorsqu'un certain nombre de conditions se trouvent réunies.

Il faut d'abord que le gisement ne soit pas recouvert d'une trop grande épaisseur de morts-terrains ; il faut ensuite que sa puissance soit suffisante pour couvrir les dépenses entraînées par l'enlèvement de ces derniers. Suivant la nature et la valeur du minerai et suivant la dureté des stériles, la comparaison entre l'exploitation à ciel ouvert et l'exploitation souterraine conduira à des conclusions différentes.

Sauf pour un gisement puissant et peu profond, l'enlèvement de roches très dures reviendra presque toujours trop cher pour que l'ouverture d'une carrière soit économique. Celle-ci est, au contraire, avantageuse lorsque les terrains qui recouvrent le gisement n'ont aucune consistance (sables, graviers meubles), et ne sont pas trop épais.

Dans certains cas, la difficulté d'exploiter sous un toit de trop mauvaise qualité a conduit à poursuivre l'abatage à ciel ouvert jusqu'à une grande profondeur, malgré l'élévation des frais d'enlèvement des stériles et la gêne résultant de leur mise en dépôt.

Il en est de même dans des gisements houillers très inflammables, comme dans l'Aveyron. En carrière, les incendies sont moins fréquents et beaucoup plus faciles à combattre.

L'exploitation à ciel ouvert s'appliquera surtout aux masses puissantes qui affleurent à la surface : pierres de construction, ardoise, craie, phosphates, tourbe, lignite, minerais de fer, de zinc, de cuivre, d'étain, d'or. Pour ces derniers, le métal a une grande valeur, mais il est souvent réparti, sous une faible teneur, dans une masse considérable de gangue stérile.

2. Hauteur du découvert. — Pour évaluer jusqu'à quelle profondeur un gisement pourra être exploité à ciel ouvert, et à quel moment il faudra passer au travail souterrain, il faut calculer la profondeur h pour laquelle le prix du déblai par m³ est égal à la différence de prix par m³ entre l'exploitation souterraine et l'exploitation à découvert. Ce point peut être appelé la *limite économique*.

Mais une autre considération intervient, qui oblige souvent à arrêter l'approfondissement de la carrière avant d'avoir atteint la limite économique. C'est l'impossibilité de maintenir les parois du découvert à partir d'une certaine hauteur, qu'on peut appeler la *limite naturelle*.

3. Limite économique et limite naturelle. — Pour calculer d'abord la limite économique, nous avons à trouver la profondeur h telle que $hp = h'd$.

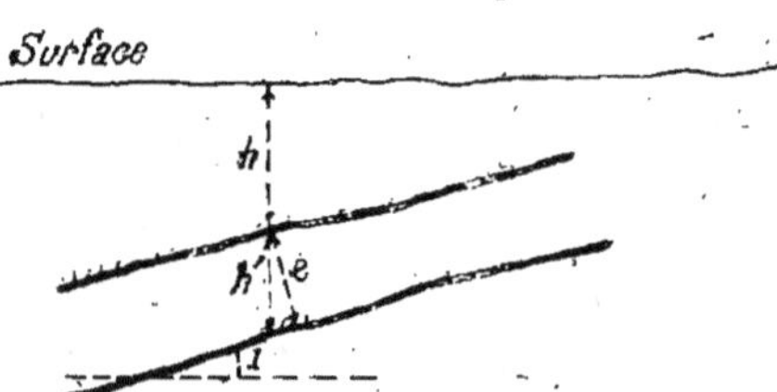

FIG. 1. — Calcul de la profondeur-limite d'un découvert.

p désignant le prix du déblai par mètre cube.

h' l'épaisseur verticale du gisement.

d la différence du prix de revient par m³ entre l'exploitation souterraine et celle en carrière.

Pour évaluer exactement le prix p du mètre cube de déblai, il faut tenir compte de la valeur du terrain à la surface (soit v par mètre carré) et du prix

p' de l'enlèvement d'un mètre cube de déblais. Cette valeur v se répartit sur toute la hauteur h, on a donc

$$p = \frac{v}{h} + p'.$$

D'autre part, l'épaisseur verticale h' peut s'évaluer en fonction de l'inclinaison i du gisement et de la puissance e normale aux épontes (*fig. 1*).

On a $$e = h' \cos i$$

On a donc $$v + h\,p' = \frac{e}{\cos i} \cdot d$$

d'où $$h = \frac{e}{\cos i} \times \frac{d}{p'} - \frac{v}{p'}$$

On voit donc que plus l'inclinaison est forte, plus la valeur de h est faible. En pratique, on n'exploite donc par carrière que si l'inclinaison est très faible, à moins que le gîte ne soit très épais.

Si les stériles enlevés ont une certaine valeur marchande, ou qu'ils puissent être employés comme remblais dans le fond, le prix du déblai en sera diminué d'autant et la hauteur h augmentera.

Si par exemple la différence d est égale à 10 fr., mais que le prix net du mètre cube de déblai est évalué à 3 fr., on aura (en supposant i très faible, donc $\cos i = 1$)

$$h = e \times \frac{10}{3} - v.$$

Dans les houillères qui exploitent une couche puissante nécessitant un remblayage complet, il faut ouvrir des carrières pour se procurer les remblais. On cherchera à placer celles-ci sur les affleurements de la couche et on continuera à les creuser jusqu'au moment où l'augmentation du prix de revient des remblais, causée par cet approfondissement, dépassera l'économie réalisée sur l'exploitation du charbon. A ce moment, on passera au travail souterrain dans la couche et on étendra la carrière en surface, ou bien on en ouvrira une nouvelle si la valeur des terrains autour de l'ancienne carrière rend préférable cette dernière solution. Il est à remarquer que le développement du remblayage hydraulique, qui utilise les déchets de la mine (schistes de lavoirs par exemple) rend moins avantageux l'approfondissement des carrières sur les affleurements.

La *limite naturelle* à laquelle on doit s'arrêter dépend de la nature des terrains. Les roches dures stratifiées horizontalement et les roches massives *permettent de maintenir des talus presque verticaux, parfois même en surplomb.* On en trouve d'ailleurs des exemples naturels : falaises, parois des précipices, gorges souterraines de Padirac, etc...

En Suède, on a pu exploiter le minerai de fer dans des carrières profondes de plus de 150 m. Dans les ardoisières d'Anjou, on a atteint 180 m. (à l'Hermitage), mais il s'est alors produit un éboulement. Ce sont là des cas exceptionnels ; avec des roches ordinaires, peu consistantes ou coupées par des cassures naturelles, les parois doivent être inclinées suivant un certain angle. Ce dernier doit être déterminé en tenant compte des effets des agents atmosphériques et des surcharges occasionnées par l'entassement des déblais au voisinage des talus de la carrière.

Dans les terrains meubles et dans ceux qui s'altèrent au contact de l'air, cette inclinaison est au moins égale à la pente naturelle qu'ils prendraient si on les entassait après abatage. Nous reviendrons plus loin sur cette question du tracé des talus, mais on voit de suite que dans beaucoup de cas on ne peut dépasser une profondeur modérée sans être obligé d'étendre démesurément l'étendue du découvert et d'augmenter ainsi considérablement les dépenses.

4. Avantages et inconvénients de l'exploitation à ciel ouvert. — L'exploitation à ciel ouvert présente des avantages sérieux qui expliquent qu'on y ait recours aussi longtemps que possible.

1° Abatage plus facile, donnant une proportion plus forte de morceaux de grandes dimensions. Possibilité d'extraire des blocs importants.

2° Possibilité d'employer des appareils mécaniques puissants, que leur encombrement ne permet pas d'utiliser dans les travaux souterrains : perforatrices de grandes dimensions, excavateurs, fil hélicoïdal, etc...

3° Enlèvement total du minerai. Cet avantage est déjà sensible dans les couches assez épaisses pour pouvoir être dépilées par chantiers souterrains. Mais il est accru par le fait que l'exploitation en carrières permet de recueillir le minerai des couches minces, au toit du gisement principal, que l'on serait souvent obligé d'abandonner dans la mine.

Dans les houillères sujettes à des incendies, comme dans l'Aveyron, cette possibilité d'enlever les petites couches du toit est précieux, car l'exploitation souterraine, qui doit les abandonner, risque cependant d'y provoquer des feux par suite de là dislocation des terrains.

4° Le gisement pouvant être dépouillé simultanément sur toute sa longueur, la production, à surface égale, est sensiblement plus forte.

5° Le rendement des mineurs étant plus élevé et le triage des stériles étant facile, le prix de revient de l'abatage est bien meilleur que dans le fond. On supprime ainsi le transport d'une partie des stériles, dont le triage n'est possible qu'au jour avec l'exploitation souterraine ; de là une diminution des frais de transport et une réduction du nombre de berlines nécessaires.

6° Suppression des frais d'aérage et, en grande partie, d'éclairage. On n'a plus à se préoccuper de l'évacuation des fumées après le tir des coups de mine. Pas de risques d'inflammation de grisou, ce qui permet d'employer des explosifs quelconques.

7° Dépenses nulles, ou tout au moins très réduites, pour le soutènement et le remblayage.

8° Transports plus faciles et moins coûteux.

9° Meilleures conditions hygiéniques pour les ouvriers, sauf dans les régions où le climat est rude. Accidents beaucoup moins fréquents, puisque les risques d'éboulements sont moindres et que le danger d'explosions de grisou n'existe pas.

10° La conduite de l'exploitation n'exige pas un personnel dirigeant aussi instruit et la surveillance des travaux est beaucoup plus facile.

Par contre, l'exploitation à ciel ouvert présente quelques *inconvénients* :

1° Le travail n'est pas commode la nuit, malgré l'installation de lampes puissantes.

2° Les intempéries, pluies ou froid trop vif, le rendent pénible. Dans certains pays on ne peut travailler en hiver ; on tourne parfois la difficulté en aménageant l'exploitation de façon à travailler souterrainement pendant cette saison.

3° Les eaux de pluie envahissent la carrière et les frais d'épuisement peuvent être considérables dans les climats pluvieux, ou si les carrières sont de grandes dimensions.

4° La création d'un découvert occupe une surface importante, surtout si les terrains sont peu consistants et qu'il faut prévoir pour les talus une pente éloignée de la verticale. Si les terrains ont une grande valeur, on est amené à immobiliser de gros capitaux.

Il faut en outre tenir compte de l'emplacement nécessaire pour entasser les déblais stériles, qu'on ne peut mettre trop près des bords de la carrière. Dans certains cas, on a dû installer des câbles aériens pour transporter les déblais jusqu'à un endroit où les terrains ont peu de valeur et se prêtent à la mise en dépôt de masses considérables.

5° Il peut enfin arriver, si le gisement est irrégulier, qu'il s'amincisse ou s'appauvrisse en profondeur d'une façon imprévue. Au lieu de se répartir sur un tonnage important, les dépenses d'enlèvement des terrains de recouvrement ne sont plus supportées que par un tonnage réduit, dont le prix de revient sera très supérieur à celui que l'on avait calculé.

Il faut donc se préoccuper, avant d'ouvrir une carrière, de la possibilité de semblables surprises. En outre, il ne faut pas oublier que les minerais ou la houille, au voisinage immédiat de la surface, peuvent être altérés et que l'on devra souvent en abandonner une partie ou les vendre meilleur marché.

Malgré ces inconvénients, l'exploitation à ciel ouvert est fréquemment adoptée pour les gisements recouverts d'une faible épaisseur de morts-terrains. Les anciens qui ne disposaient pas des moyens mécaniques perfectionnés actuels et qui ne pouvaient accepter un prix de revient trop élevé, en raison des frais qu'entraînaient le transport des produits extraits, se sont souvent limités à l'exploitation des affleurements et de la partie supérieure des gîtes.

Ces travaux anciens ont donné des renseignements précieux sur l'existence de gisements exploitables. Mais lorsqu'on veut les reprendre actuellement, on doit établir les puits assez loin pour que les chantiers ne viennent pas percer dans les vieux travaux. Ces derniers ont en effet été conduits sans méthode ; ils sont souvent pleins d'eau et on connaît mal leur étendue, lorsqu'ils se prolongent souterrainement en partant du fond de la carrière.

Lorsqu'on passe soi-même de l'exploitation à ciel ouvert à l'exploitation souterraine, on a soin de remplir, autant que possible, les excavations inutiles et de boucher hermétiquement les ouvertures par lesquelles les eaux de surface pourraient s'infiltrer dans les quartiers souterrains.

§ 2. — MODES D'EXPLOITATION ET EXEMPLES.

5. — Exploitation par gradins droits. — La méthode la plus généralement adoptée consiste à enlever le gisement par tranches horizontales, prises en descendant et attaquées successivement, de façon à former une série de gradins droits (*fig. 2*). Ces gradins vont en s'élargissant ; lorsque le fond de la carrière s'est suffisamment agrandi, on attaque un nouveau gradin inférieur.

En même temps les gradins supérieurs se sont avancés. Au bout d'un certain temps, le profil ABCDEFGHK sera devenu A'B'C' D'E'F'G'H'K.

Dans cet exemple, nous avons supposé que la carrière était ouverte sur un affleurement. L'une des parois est donc formée par le mur de la couche. Au contraire si le gisement n'affleure pas, ou

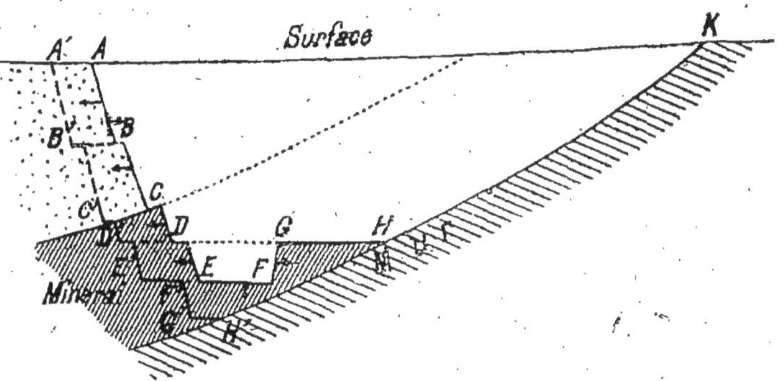

Fig. 2. — Exploitation à ciel ouvert sur un affleurement.

si le mur a une inclinaison supérieure à la pente admissible pour les talus, le profil de la carrière sera plus symétrique (*fig. 3*).

Les produits chargés en wagonnets sont roulés le long des banquettes jusqu'à un plan incliné.

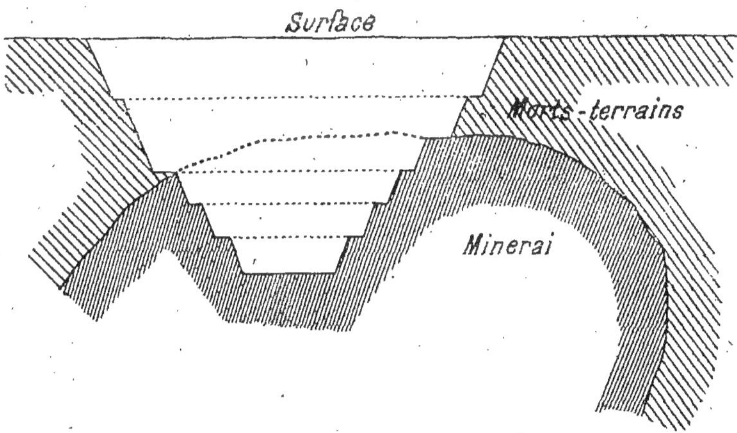

Fig. 3. — Exploitation à ciel ouvert d'un amas n'affleurant pas.

Nous verrons plus loin les installations nécessaires pour le transport des produits et l'évacuation des eaux.

6. Ouverture de la carrière. — Avant d'entamer les travaux de déblaiement, il faut établir un plan d'ensemble pour l'exploitation jusqu'à la profondeur à laquelle on passera au travail souterrain. On en déduit le périmètre maximum qui sera occupé par la carrière et celui sur lequel on commencera un découvert assez large pour atteindre le gisement et le découvrir sur une surface suffisante pour continuer l'abatage pendant un certain nombre d'années sans avoir à reprendre le déblaiement des morts-terrains. Le plan d'ensemble déterminera l'emplacement des plans inclinés pour l'extraction et celui des installations de surface, de telle sorte qu'on ne soit pas gêné lors des approfondissements successifs, ni lors du passage à l'exploitation souterraine.

On cherchera à commencer le découvert en un point tel qu'on

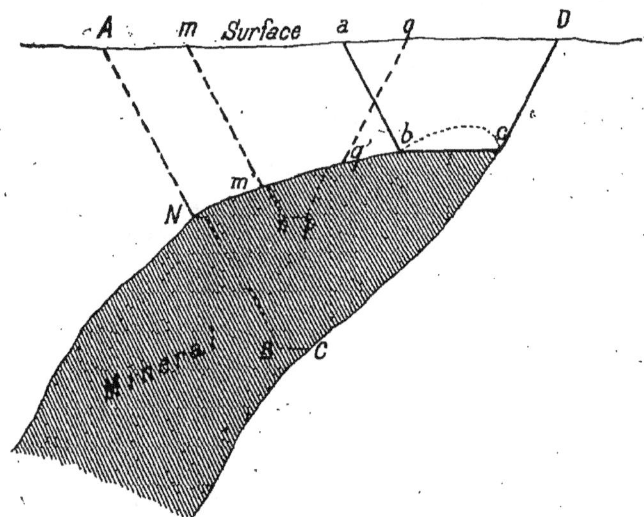

FIG. 4. — Ouverture d'une carrière.

puisse atteindre la profondeur maxima sans remaniement des talus.

Par exemple, pour exploiter le gîte représenté sur la fig. 4, si l'on prévoit comme profil définitif de la carrière celui qui est indiqué par la ligne pointillée ABCD, on ouvrira la carrière en *abcd*. Si on commençait par *mnpq*, on serait obligé de remanier non seulement le côté *mn* (pour l'amener en AN), mais aussi le côté *pq*.

Pour que l'on puisse disposer de grands chantiers sans risquer de les voir compromis par des éboulements, qui recouvriraient une partie du front de taille et arrêteraient le roulage sur les banquettes, il faut prendre les mesures nécessaires pour empêcher les glissements de terrains. Les talus dans les stériles doivent d'abord être asséchés à l'aide de fossés et de drains. Dans les parties ébouleuses, on les consolide par des maçonneries ou des revêtements de pierres sèches.

Le minerai lui-même est attaqué en gradins, dont la hauteur et la pente varient suivant la nature de la roche.

7. Profil des talus. — Dans les roches dures, compactes ou formées de bancs horizontaux, on peut tailler les parois de la carrière presque à pic. On évite cependant les fronts de taille en surplomb.

Lorsque la roche est fissurée, ou découpée en bancs inclinés vers la paroi, on devra donner à celle-ci une pente d'autant plus forte que la roche est moins consistante et plus sujette à des altérations sous l'action de l'air et des eaux de pluie.

Dans le minerai, la paroi est découpée en un certain nombre de gradins, tandis que dans les morts-terrains on peut lui donner un profil rectiligne sur une grande hauteur (*fig. 4*) interrompu par une ou deux banquettes (ou *bernes*) étroites (*fig. 2 et 3*) si l'on peut donner une inclinaison plus forte à la partie supérieure.

Cette dernière façon de procéder est intéressante si la hauteur des morts-terrains est considérable. En effet, au

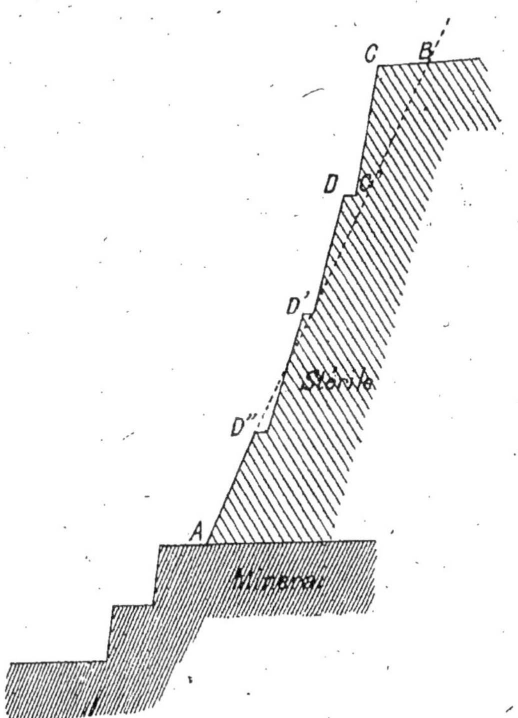

Fig. 5. — Parois à pente variable.

fur et à mesure que l'on s'approfondit, le poids de la masse de terrains augmente et il est prudent de réduire progressivement la pente, de sorte que le profil présentera finalement l'aspect indiqué sur la *fig. 5*. Si l'on a reconnu qu'il fallait donner au bas du talus de stérile la pente AB, tandis qu'à la surface la pente C C' serait suffisante, on peut faire varier l'inclinaison des talus et commencer le découvert en C au lieu de B en supprimant l'abatage du volume dont la base est égale à BC et dont le sommet est à l'intersection de AB et du profil adopté.

On profite des bernes DD'D" pour établir des rigoles recueillant les eaux de pluie et les conduisant au réservoir d'une pompe qui les refoule à la surface.

Bien entendu, si les morts-terrains comportent des assises de nature différente, on adopte pour chacune de ces dernières une inclinaison convenable.

Quant aux gradins dans le minerai, leur hauteur est limitée par les commodités de l'abatage.

Il n'existe pas de règles à priori permettant de fixer la pente convenable des talus. L'expérience seule donne les moyens de la déterminer et il vaut mieux se tenir dans des limites très prudentes.

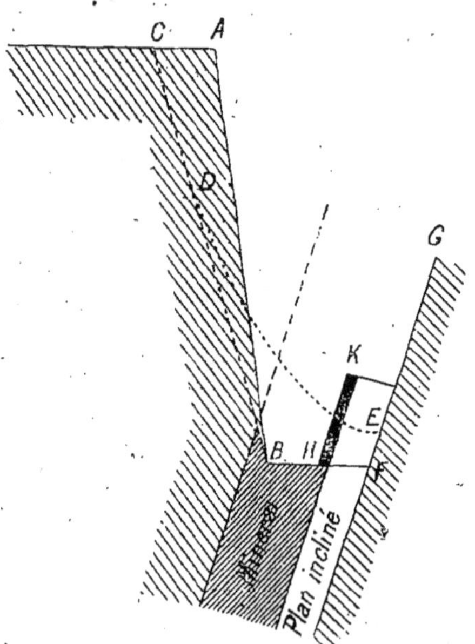

Fig. 6. — Décollement d'une paroi trop inclinée.

Pour les tas de déblais déversés à la surface on admet en général les chiffres suivants : Sables sans cohésion : 5 de base pour 3 ou 4 de hauteur ; matières meubles en gros blocs : 1 de base pour 1 de hauteur ; terres argileuses 1 de base pour 1 1/2 de hauteur.

Pour les mêmes terrains, encore en place, on peut parfois admettre une inclinaison un peu plus forte, mais il faut tenir compte, le cas échéant, de l'augmentation des poussées occasionnées par la présence des bâtiments, des tas de déblais s'ils sont trop rapprochés de la carrière. En outre, le ruissellement des eaux de pluie a tendance à raviner les talus, à provoquer des éboulements qui augmentent l'inclinaison.

Dans les terrains peu consistants, on risque de voir les talus glisser, généralement par masses peu importantes, jusqu'à ce qu'ils aient repris leur pente d'équilibre. Ces mouvements amènent des chutes de blocs dangereuses pour les ouvriers occupés au fond de la carrière, mais il est souvent possible de rectifier les talus avant que l'exploitation ne soit compromise.

Au contraire, dans les terrains durs, on n'observera pas toujours ces éboulements localisés qui préviennent du danger. Si la pente, au bas de la paroi est trop forte, il se produira dans la masse une cassure BC, (*fig. 6*) qui pourra ne pas être visible à la surface. A un moment donné, tout le prisme ABC s'effondrera et viendra remplir le fond de la carrière (en DE), arrêtant ainsi les travaux.

Ce phénomène s'est produit dans une des mines de fer du sud de la Russie, où l'on exploitait un gisement épais, presque vertical. L'une des parois de la carrière (qui était épuisée), était formée par le mur FG de la couche, tandis que la paroi opposée AB était taillée dans les quartzites du toit. Un plan incliné, placé sur le mur, se continuait au-dessous de la base BF de la carrière. On s'est aperçu à la surface de l'existence de la cassure BC et on a eu le temps d'élever tout autour du plan incliné une voûte en maçonnerie HK, entourée de blocs de ro-

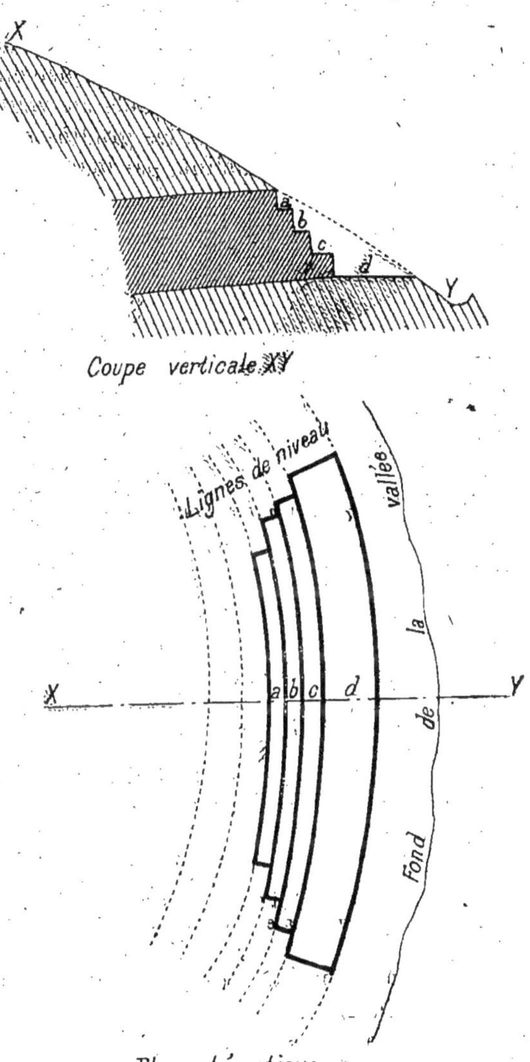

FIG. 7. — Carrière à flanc de coteau.
Direction du gîte parallèle aux lignes de niveau.

cher. Lorsque le décollement de la paroi s'est produit, le fond de la carrière s'est rempli, mais la voûte a résisté et l'extraction a pu continuer.

8. Ouverture d'une carrière à flanc de coteau.

— Jusqu'à présent, nous avons supposé que la surface était à peu près horizontale. Si les affleurements, sur lesquels on veut ouvrir une carrière, débouchent à flanc de coteau, les gradins suivent les lignes de niveau du terrain et le plan incliné, par lequel les produits sont descendus

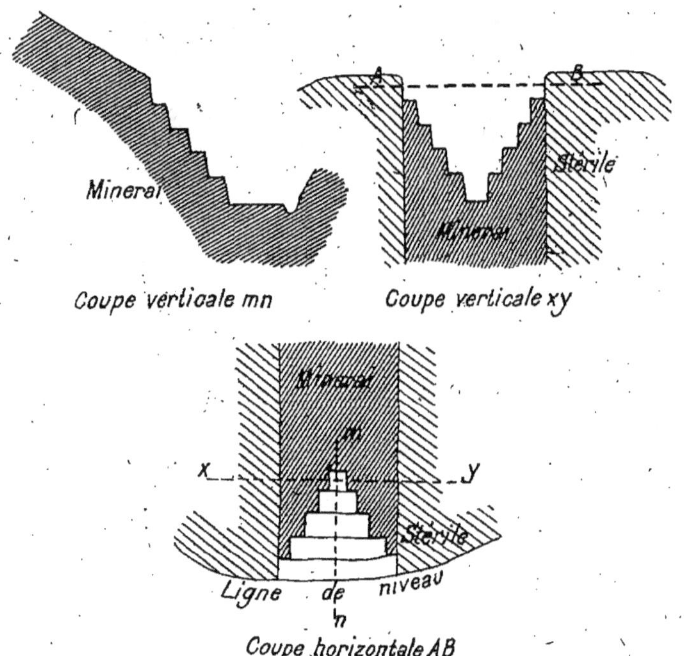

Fig. 8. — Carrière à flanc de coteau.
Couche verticale de direction perpendiculaire aux lignes de niveau.

dans la vallée ou remontés à niveau supérieur, est établi sur la pente de la colline.

Les conditions dans lesquelles se développe l'exploitation sont très différentes suivant que le gisement affleure parallèlement au fond de la vallée ou qu'il la coupe avec une direction très différente.

Dans le premier cas, les gradins peuvent prendre une très grande longueur et la quantité de déblais à enlever n'est pas exagérée (*fig. 7*).

Dans le second cas, au contraire, il faut tailler des gradins, non seulement perpendiculairement à la direction du gisement, mais encore parallèlement à celle-ci, aux deux extrémités de la carrière, ce qui augmente considérablement le cube de stériles à enlever et les dépenses à amortir.

La fig. 8 montre l'aspect que prend une telle exploitation, en coupes horizontale et verticale.

9. — Carrières de pierres. — Une grande partie des exploitations en carrière sont destinées à l'abatage des pierres utilisées dans la construction, ou pour le pavage.

Elles présentent donc une grande variété de roches, depuis les marbres ou les calcaires en bancs épais, jusqu'aux meulières ou aux sables utilisés

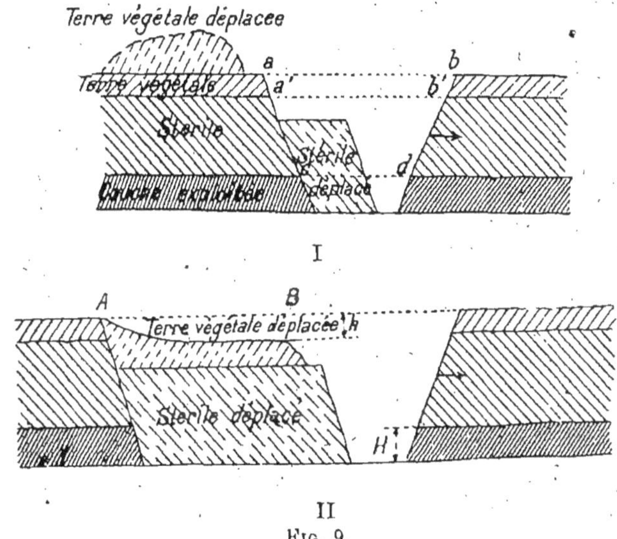

Fig. 9.

pour la fabrication du mortier. Les conditions géologiques et topographiques sont également très différentes, mais presque toujours l'exploitation est simple et se borne à l'ouverture d'un certain nombre de gradins droits.

En raison de la faible valeur du produit, on doit réduire au minimum les dépenses. Les redevances à payer aux propriétaires de la surface jouent un rôle souvent important dans le prix de revient.

Lorsque la couche exploitée n'est pas profonde, ni trop épaisse, on peut chercher à conduire l'exploitation de façon à rendre à la culture les surfaces dépouillées. Dans ce but, au moment où l'on ouvrira la carrière (*fig. 9*-I), on reportera la terre végétale *ab a'b'* en arrière du talus de départ. Les stériles enlevés pour atteindre la couche exploitable sont entassés contre ce talus et au fur et à mesure que le front de taille avance, on les recouvre de terre végétale déplacée. Au bout d'un certain temps, la carrière prend l'aspect représenté par la *fig. 9* II. On voit que la partie AB peut être rendue à la culture. Si la couche exploitée a une épaisseur H, la surface du sol se sera simplement abaissée d'une hauteur h, d'ailleurs nettement inférieure à H, en raison du foisonnement des stériles et de la terre déplacés.

Comme méthode caractéristique d'abatage en carrière, signalons celle qui consiste à profiter de l'existence d'un banc plus tendre A, à la base de la couche exploitable B, pour y creuser une série de havages parallèles H, étroits, profonds de 2 ou 3 m., séparés par des piliers P. On abat ensuite ces piliers, ce qui provoque le décollement de tout le prisme CDEF. Si la couche B est épaisse, on peut ainsi abattre une masse importante ; mais le procédé n'est avantageux que si la roche se brise, lorsqu'elle bascule, en blocs qui n'exigent pas de coups de mine pour les débiter et les rendre maniables.

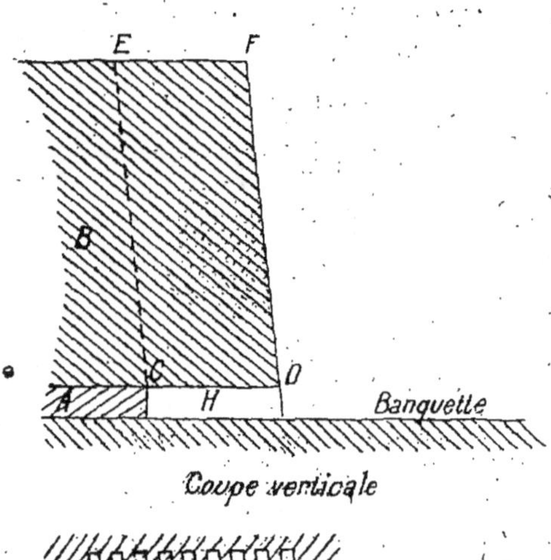

Fig. 10. — Exploitation par sous-chevage.

10. Ardoisières d'Anjou. — Les ardoisières d'Anjou ne sont plus exploitées actuellement que souterrainement et nous aurons l'occasion de revenir (au chapitre III) sur les méthodes employées. Mais on a commencé par faire l'abatage dans d'immenses carrières, dont certaines ont été poussées jusqu'à plus de 150 m. de profondeur, non sans occasionner des éboulements entraînant de nombreuses pertes de vies humaines.

Le gisement est presque vertical, recouvert de schistes décomposés sur une hauteur variable qui atteint parfois 20 m.

On commençait par tracer le plan de la carrière limitée par

deux lignes perpendiculaires à la direction de la couche (appelées *chefs de règle*).

L'exploitation se poursuivait alors par gradins droits, enlevés parallèlement au fil de la pierre, sur une hauteur de 4 m. (*fig. 11*). Les *chefs* étaient taillés verticalement ; quant aux parois en direction,

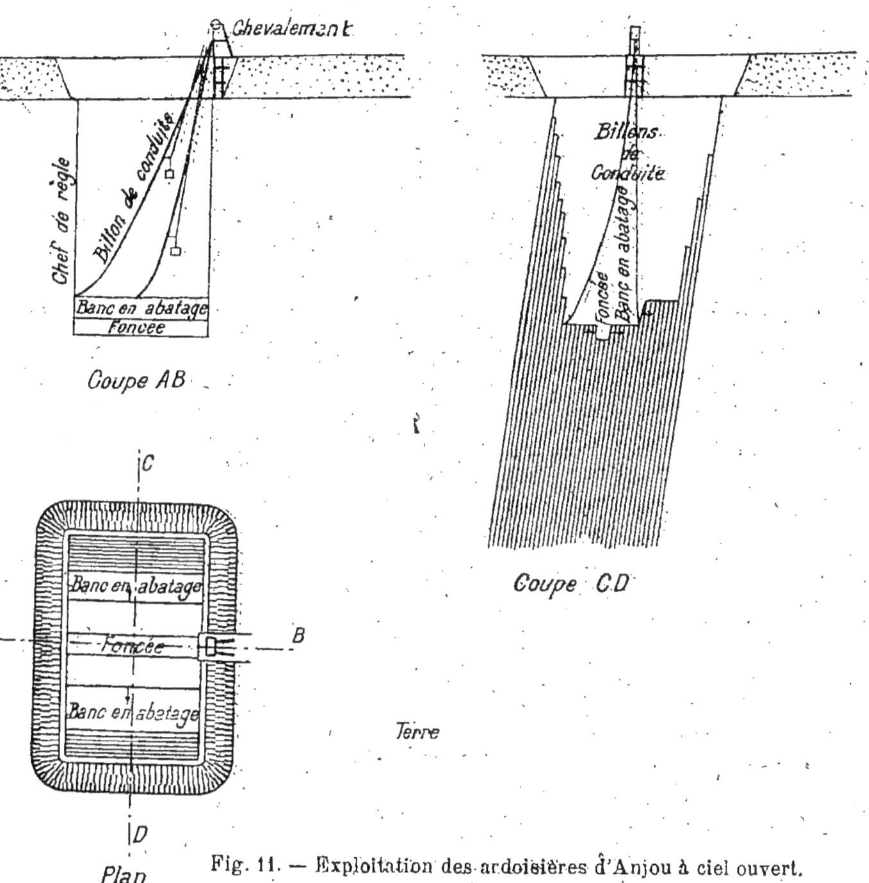

Fig. 11. — Exploitation des ardoisières d'Anjou à ciel ouvert.

elles étaient taillées en gradins, de largeur variable (1 m. en moyenne) suivant la solidité des terrains. La largeur de la carrière diminuait donc forcément en profondeur, mais on voit que si la largeur était de 40 m. et qu'on ne perdait que $0^m,50$ de chaque côté, par gradins de 4 m., on pouvait arriver à plus de 150 m. de profondeur.

Pour ouvrir un nouveau gradin, on creusait une tranchée en

direction (*foncée*) dont on partait pour battre au large. On la faisait aussi étroite que possible, car les produits qu'on en extrayait, pris suivant la direction, étaient en petits morceaux inutilisables comme

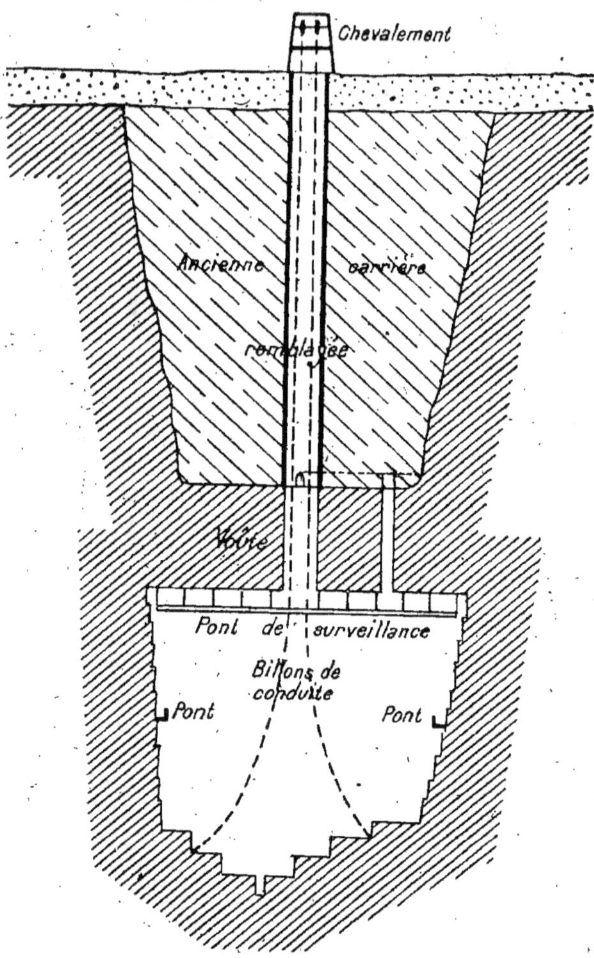

Fig. 12. — Exploitation des ardoisières d'Anjou par carrières souterraines sous voûte.

ardoises. Les produits étaient remontés par des bennes guidées par un billon de conduite.

Le grand danger que présentait cette exploitation était la formation de cassures dans les parois dues à la poussée des terrains ; ces cassures provoquaient des éboulements qui comblaient la carrière. Parfois, ces mouvements étaient annoncés par l'ouverture progressive des fentes, mais ils se produisaient parfois à l'improviste.

Dans les deux cas, leur étendue était souvent telle que le chevalement et les installations de surface étaient entraînées au fond.

On a donc dû, presque toujours, renoncer à l'exploitation à ciel ouvert avant d'avoir atteint dans la carrière la profondeur-limite théoriquement possible.

On a commencé par remplacer les découverts par d'immenses chambres souterraines, ouvertes sous une voûte protectrice, reliées à la surface par des puits ménagés dans les anciennes carrières remblayées et contenant les billons de conduite (*fig. 12*).

L'abatage, dans la chambre, était conduit comme dans la carrière. Des ponts de surveillance sous la voûte et le long des parois permettaient, grâce à un éclairage puissant, d'avertir les mineurs des risques de décollement de plaques d'ardoise. On limitait la surface de la chambre à 2000 ou 2500 mètres carrés, leur hauteur à une cinquantaine de mètres. Mais les éboulements, presque aussi fréquents que dans les découverts, firent abandonner cette solution et adopter des méthodes plus rationnelles (voir chap. III).

11. Mines de fer de Bilbao. — Les couches d'hématite de Bilbao forment par places des amas dépassant parfois 70 m. d'épaisseur. On les exploite, en particulier à Orconera, par des gradins qui se développent sur une longueur de 300 m. Il y a deux ou trois gradins, de 12 à 25 m. de hauteur, et les produits sont descendus par des couloirs sur une hauteur d'une cinquantaine de mètres, jusqu'au chemin de fer placé au fond de la vallée.

L'abatage se fait par grands coups de mine, débitant jusqu'à 200 ou 300 tonnes de minerai.

12. Mines de fer du Bassin Lorrain. — Certaines parties du bassin de minerai de fer lorrain-luxembourgeois sont encore exploitées à ciel ouvert, bien que la proportion de chantiers souterrains aille rapidement en augmentant.

Les couches superposées, presque horizontales, affleurent à flanc de coteau ; on s'arrange en conséquence pour ouvrir des gradins correspondant chacun à l'une des couches (*fig. 13*), en abattant en même temps le mur stérile qui la sépare de la suivante. Des voies de roulage pour les wagonnets courent en A,B,C,D au pied des gradins. Une estacade permet d'enlever les déblais des gradins supérieurs pour les déverser en tas en arrière des fronts de taille.

Le grand avantage de l'exploitation à ciel ouvert, dans un cas semblable, est de permettre l'enlèvement de tout le minerai, tandis qu'en souterrain on est obligé d'abandonner les couches minces, au toit des bonnes couches, lorsqu'elles sont trop étroites ou trop mélangées de blocs stériles.

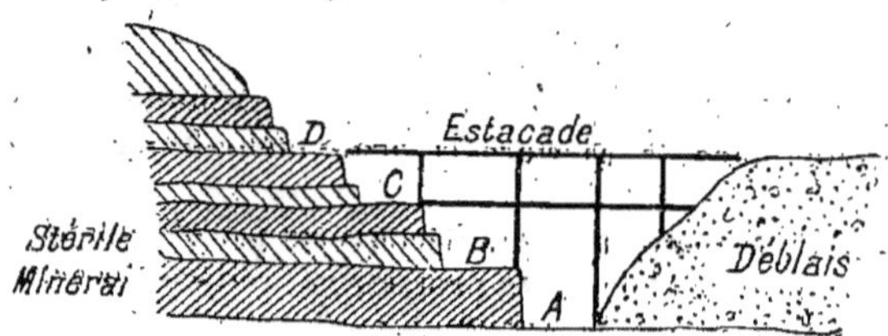

Fig. 13. — Exploitation de couches rapprochées.

13. Mine de cuivre de Rio-Tinto. — Un autre exemple classique de découvert exploité par gradins est celui de la mine de pyrite de cuivre de Rio-Tinto (Espagne). Le minerai (pyrite de fer cuivreuse) forme un filon, épaissi par places jusqu'à constituer d'énormes amas. L'un d'eux, dont la longueur est de 600 m. avec une largeur maxima de 125 m. est exploité à découvert. La carrière atteint près de 90 m. de profondeur en six gradins d'une quinzaine de mètres de hauteur. Chacun d'eux est desservi par une voie ferrée en pente amenant les produits au niveau du chemin de fer.

On procède également par grands coups de mine. Par suite du bon marché de la main-d'œuvre, le prix de revient d'une tonne de minerai ne dépassait pas, au début du XXᵉ siècle, 3 fr. 50 y compris 1 fr. pour amortissement du découvert.

Actuellement, les travaux se continuent souterrainement et le prix de revient est sensiblement plus élevé.

Il est d'ailleurs à remarquer que cette mine a été exploitée activement dès l'antiquité et qu'on y trouve de nombreux travaux anciens : chambres, puits, galeries, tas de minerais.

14. Mines de diamant de l'Afrique australe. — Les conditions dans lesquelles sont concédées l'exploitation de certaines substances influent souvent d'une façon très défavorable sur les méthodes d'exploitation adoptées. Un exemple bien connu, à cet égard, est celui des mines de diamant de l'Afrique australe.

La formation diamantifère est constituée par des amas d'origine éruptive. A Kimberley, elle affecte la forme d'une ellipse de 200 m. sur 300 m., profonde au centre de 100 m. On n'accordait au début que des concessions rectangulaires, de 10 m. environ de côté (*claims*), et chaque exploitant n'avait droit qu'à un seul *claim* qu'il approfondissait indépendamment de ses voisins, en extrayant les produits, au moyen, d'un billon de conduite amarré près du bord supérieur de la carrière. Au bout d'un certain nombre d'années, le fond de la carrière présentait un incroyable quadrillage de petites surfaces à tous les niveaux, les uns au fond de véritables puits, les autres restés au sommet de tours à parois verticales, tandis que 1600 câbles les reliaient à la surface.

L'exploitation serait devenue bientôt tout à fait impossible, si tous les claims n'avaient pu être réunis en une seule société (De Beers Consolidated C°) qui poursuit actuellement l'extraction souterrainement, par des méthodes normales.

15. Mines de charbon de Decazeville. — Il existe encore en France des exploitations à ciel ouvert sur les affleurements de couches épaisses de charbon, notamment à Decazeville.

Ces travaux ont été ouverts sur une couche presque horizontale de 30 m. environ d'épaisseur, recouverte de plus de 50 m. de stériles. Le charbon est très inflammable; ce qui a fait préférer l'exploitation en carrière, malgré l'importance des terrains de recouvrement.

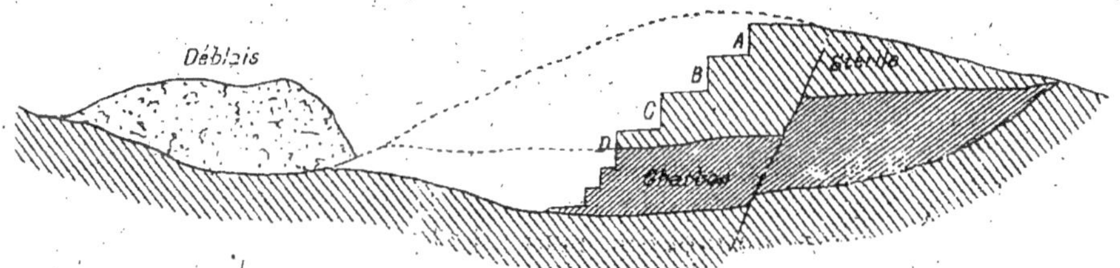

Fig. 11. — Découvert de Decazeville.

Les stériles étaient enlevés par 4 gradins A, B, C, D, dont les 3 premiers avaient 15 à 20 m. de hauteur, abattus par le fonçage de galeries, pénétrant dans la masse et séparées par des piliers, dont on provoquait l'effondrement au moyen de fourneaux de mine.

Le gradin inférieur D, haut de 7 m. seulement, recouvrait jusqu'au dernier moment le charbon, pour le protéger contre l'action de l'air.

La couche de charbon elle-même était prise en 3 ou 4 gradins de 5 à 7 m. de hauteur. L'abatage se faisait en pratiquant des trous de mine verticaux, de 2 m. de profondeur, à 2 m. du rebord du gradin, chargés de 1 kg. de poudre.

16. Exploitation des découverts par moulins. — La méthode par gradins, que nous avons décrite jusqu'à présent, n'est pas la seule employée dans l'exploitation des découverts, notamment lorsque les terrains sont meubles ou friables.

Une méthode, susceptible d'un rendement élevé, est celle des *moulins (milling-system)*. Elle consiste à créer un certain nombre de cônes d'éboulement, terminés à la base par une cheminée qui recueille les produits. A la partie inférieure de ces cheminées est une galerie souterraine où circulent les wagonnets dans lesquels on chargera les déblais (*fig. 15*).

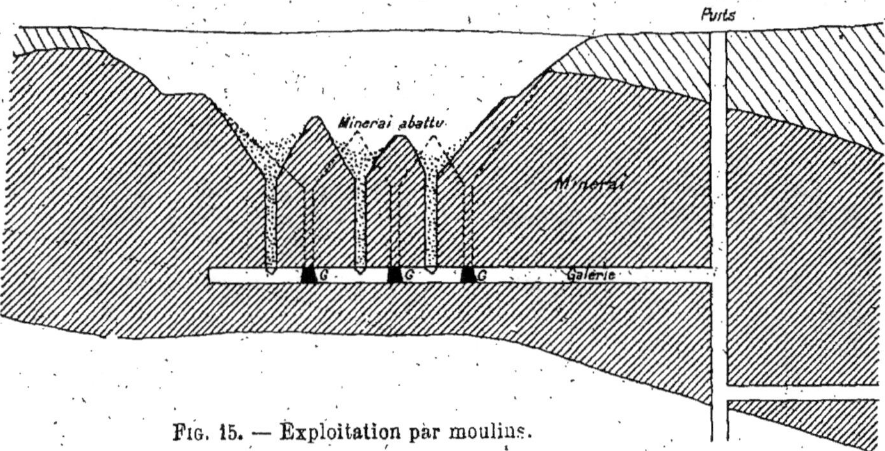

Fig. 15. — Exploitation par moulins.

Plusieurs lignes de moulins peuvent être ainsi placées l'une à côté de l'autre, des galeries auxiliaires *G* amenant les produits dans la galerie principale de roulage.

Suivant la dureté du minerai, il est abattu, sur les pentes du cône, soit à la main, soit à l'aide d'explosifs. Il ne faut pas qu'il tombe dans la cheminée de trop gros morceaux qui risqueraient de l'obstruer, aussi protège-t-on parfois l'entrée de celle-ci au moyen d'une sorte de grille en troncs d'arbres.

Lorsque les moulins se sont suffisamment approfondis, leurs parois viennent en contact et ils ne sont plus séparés que par des arêtes étroites.

On peut d'ailleurs faire l'abatage, sur les parois, en y découpant une série de gradins, pour éviter les accidents qu'entraînerait le travail sur des pentes raides de trop grande hauteur.

On ne peut songer à faire le triage sur place et à séparer les intercalations stériles des blocs de minerai qui retombent dans la cheminée. Ce triage ne pourra se faire qu'au fond, ou plutôt après remontée des produits par le puits.

Les moulins peuvent du reste s'employer pour abattre un gradin, avec une voie de chargement en plein air, au pied du gradin.

Dans ce cas, le moulin est tronqué sur sa face antérieure par le talus T du gradin.

Les produits glissent sur la paroi du cône et tombent directement dans le wagonnet W.

Ce procédé est employé pour enlever, d'une façon rapide et

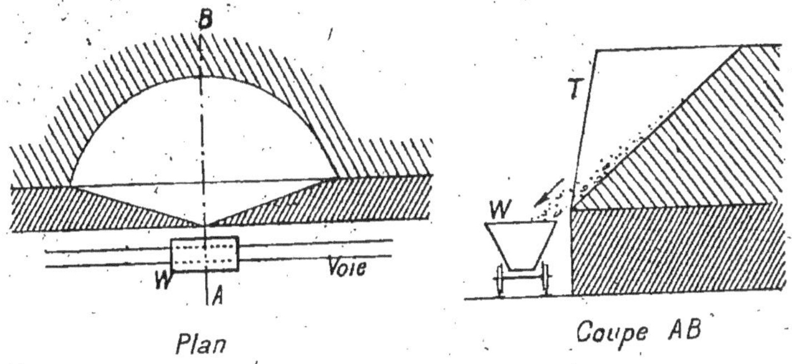

FIG. 16. — Moulin tronqué.

économique, une couche de recouvrement facile à débiter à la pioche.

Les ouvriers qui travaillent sur les pentes du moulin doivent être attachés à des cordes fixées à des pieux plantés au bord de l'excavation.

La méthode par moulins présente divers avantages : forte production et prix de revient réduit, manutentions réduites au minimum.

Par contre, elle n'est pas sans danger pour les ouvriers occupés à l'abatage ; si les minerais sont durs, des coincements peuvent se produire dans les cheminées ; le minerai et le stérile sont mélangés.

Elle est applicable soit à ciel ouvert, soit dans des chambres souterraines. A la surface, elle est entravée par les intempéries, neige et gelée en particulier.

Nous verrons au chapitre III les modifications qu'on lui apporte dans les travaux souterrains.

17. Exploitation avec excavateurs. — Les terrains très meubles, comme les sables, les graviers, la terre, certains minerais s'enlèvent facilement à la pelle, mais ce mode d'abatage reste néanmoins assez lent et coûteux. On a été amené, pour abaisser le prix de revient et augmenter la production, à étudier l'emploi d'appareils mécaniques puissants capables de remplacer le travail à la main (*fig. 17* et *18*).

FIG. 17. — Pelle à vapeur à rotation totale.

Fig. 18. — Excavateur.

Parmi ces appareils, l'un de ceux qui rendent les plus grands services est la *pelle à vapeur*, constituée par un godet de grandes dimensions manœuvré par un bras en charpente métallique qui prend appui sur un châssis monté sur larges roues ou sur voie ferrée. Une chaudière verticale, montée sur le même chariot que le moteur de la pelle, fournit l'énergie nécessaire.

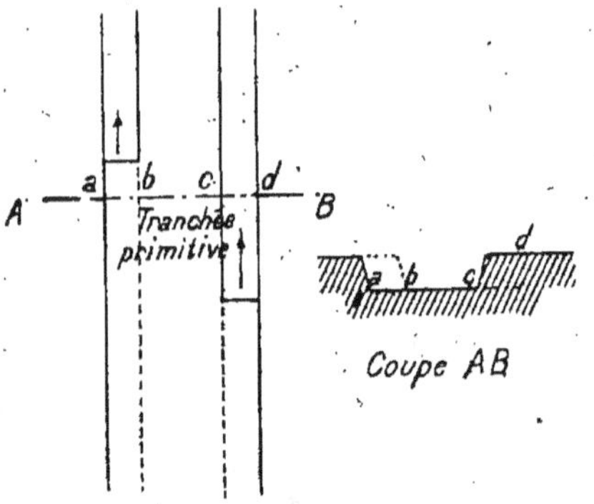

Le godet, dont les bords sont tranchants, attaque le terrain de bas en haut et se remplit. Le bras de support tourne alors pour aller déverser le déblai dans un wagon, derrière le chariot où sur une voie latérale.

L'emploi de la pelle à vapeur, qui peut enlever en peu de temps un cube considérable, a permis de développer dans des proportions remarquables les exploitations de minerais de fer de la région du Lac Supérieur où le prix de revient a été abaissé à un chiffre extrêmement réduit.

FIG. 19.

Ces minerais sont, en effet, de compacité très faible et se présentent sous forme d'amas très étendus, recouverts seulement par une petite épaisseur de terrains meubles, faciles à enlever avec la pelle à vapeur.

Suivant les conditions locales, on peut conduire le travail de la pelle de diverses façons :

On peut d'abord faire une longue tranchée dans l'axe du gisement, puis enlever, des deux côtés, une tranche longitudinale, large de 2^m ou 2^m50. (*fig. 19*). Quand on a gagné ainsi la largeur de six voies ferrées, on ouvre au milieu de la tranchée un niveau inférieur et on continue à battre au large en augmentant progressivement le nombre de pelles en service sur des gradins de plus en plus profonds. On peut également tracer la tranchée primitive en spirale et attaquer le

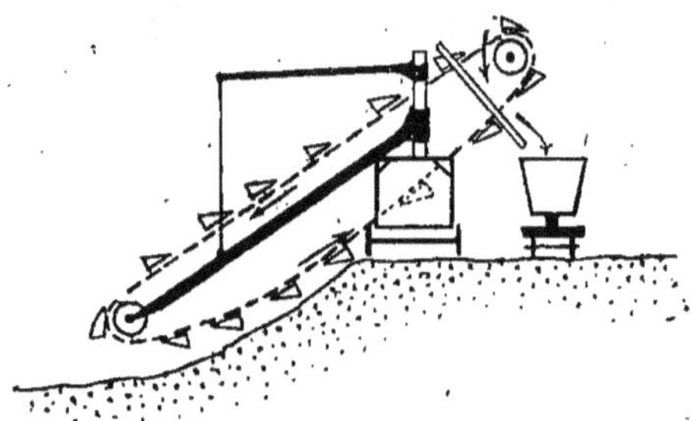

FIG. 20. — Schéma du fonctionnement d'un excavateur.

le minerai soit du côté intérieur seulement, soit des deux côtés. On ajoute au fur et à mesure de nouvelles spires à un niveau inférieur, en faisant attention de conserver une pente convenable.

Au lieu de pelles à vapeur, on emploie sur des gisements très meubles, comme les alluvions aurifères, des chaînes à godets montées sur un chariot, attaquant le talus à côté de la voie où circule ce dernier et déversant les déblais dans un wagon placé sur une voie latérale (*fig. 20*).

Lorsque le talus est creusé sur toute sa longueur, il faut riper la voie de circulation du chariot en l'écartant du bord de l'excavation.

18. Autres moyens d'abatage. — Nous ne ferons que rappeler les divers moyens d'abatage déjà décrits dans la IIIe Partie du Cours = Emploi de jets d'eau sous pression dans les carrières d'alluvions aurifères, trancheuses, barres de carrière, fil hélicoïdal, etc ..

19. Tourbières. — Nous terminerons cette revue des diverses

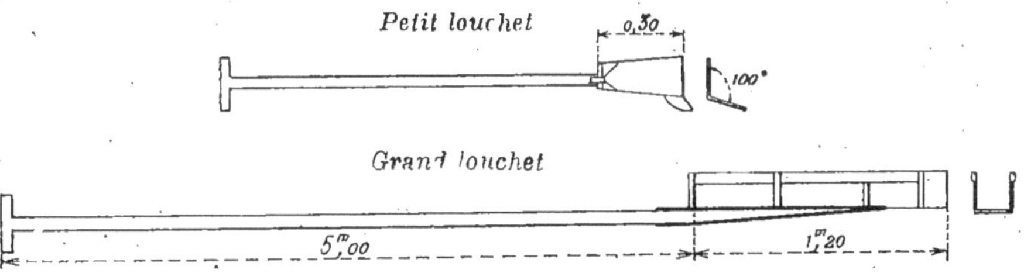

Fig. 21. — Louchets.

méthodes d'exploitation à ciel ouvert par quelques mots sur les procédés appliqués dans les tourbières.

La tourbe forme des amas étendus, dont l'épaisseur atteint parfois plusieurs mètres, situés tantôt au-dessus du niveau des eaux, tantôt au-dessous, suivant les régions et les saisons.

On commence d'abord par creuser des fossés pour drainer la zone qu'on se propose d'exploiter ; il s'écoule parfois plusieurs années avant que ce drainage ait donné une consistance suffisante pour qu'on puisse entamer l'abatage.

Ce dernier se fait au moyen d'un *louchet* (*fig. 21*) sorte de bêche à long manche munie d'une aile qui facilite le détachement d'une motte prismatique, ou *pointe* de tourbe, de 10 cm. environ de côté et 30 cm. de hauteur. On utilise parfois de grands louchets, à fer plus haut et à deux ailerons qui détachent d'un coup trois pointes, c'est-à-dire un prisme haut de 90 cm. ; ce dernier

outil ne peut être employé commodément que lorsqu'on détache la tourbe au-
dessous du niveau de l'eau.

Les tourbiers attaquent le gisement en ligne droite, en une série de gradins droits de plus en plus profonds ; ils peuvent aussi tailler suivant deux

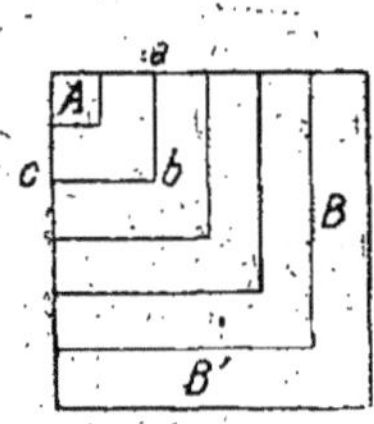

côtés perpendiculaires d'un carré A, qu'on élargit
de plus en plus suivant ces deux côtés ; lorsqu'il a
une surface suffisante abc, on attaque un nouveau
gradin inférieur A et ainsi de suite. Au bout d'un
certain temps l'exploitation a pris l'aspect représenté par la fig. 22, constituant une sorte d'escalier
montant de A vers B et B'.

Les pointes de tourbe ainsi détachées sont placées côte à côte et les hommes les compriment en
marchant dessus, puis on en fait des briquettes.
Quant à la tourbe qui reste trop au-dessous du niveau de l'eau pour pouvoir être prise au louchet, on
l'extrait au moyen de dragues.

Fig. 22.
Exploitation en carré.

§ 3. — Services généraux d'une exploitation a ciel ouvert.

20. Abatage. — Nous avons déjà vu, soit dans le présent chapitre, soit dans la IIIe partie du Cours, les divers modes d'abatage ;
nous n'avons donc plus à reprendre cette question en détail. Nous
rappellerons simplement qu'il y a une étroite correspondance entre
les procédés d'abatage et la méthode générale choisie pour l'exploitation du découvert, tandis que dans les travaux souterrains le problème
se complique de considérations telles que
la présence ou l'absence du grisou, les
nécessités de l'aérage et du soutènement.

Dans les terrains meubles, on se
préoccupe surtout d'arriver à une forte
production, à un prix économique ; de là
le développement de l'abatage mécanique
avec les dragues, les excavateurs, les
pelles à vapeur, ou l'emploi de l'eau
sous pression.

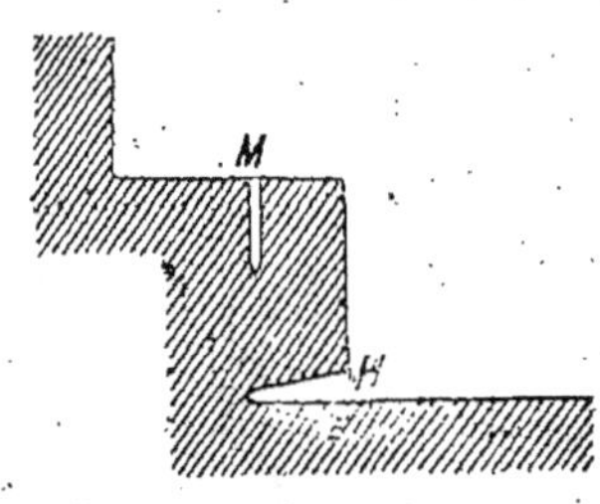

Fig. 23. — Coup de mine.

Dans les roches plus dures, où les
explosifs sont nécessaires, on s'attache à obtenir le meilleur rendement des coups de mine. On pratique si possible un havage H à la base
du gradin et on place des coups de mine M à une distance du bord
du gradin variable suivant la dureté de la roche (fig. 23). Pour des
gradins de grandes hauteurs, on remplace le havage simple par un
sous-chevage avec destruction des piliers entre les galeries (voir n° 9).

D'une façon générale, on profite des fissures et des plans de clivage dans les terrains qui permettent souvent de détacher les blocs avec des coins, sans emploi des explosifs. Lorsqu'il s'agit d'obtenir des blocs de grandes dimensions, de forme régulière, on se sert des trancheuses, du fil hélicoïdal, ou de la barre de carrière qui perce une série de trous dans lesquels on engage des coins.

Si l'on n'a pas à se préoccuper de la forme des blocs et qu'on vise seulement à abattre de grandes quantités de pierre ou de minerai, on aura à tirer un grand nombre de coups de mine. On s'arrange pour les charger et les mettre à feu en fin de poste, lorsque tous les ouvriers quitteront la carrière. On les allume par séries, ou tous simultanément à l'électricité.

Pour éviter les accidents, on s'assure qu'il ne reste plus aucun ouvrier sur les chantiers, on place des surveillants autour du découvert, au besoin des poteaux indicateurs ou des drapeaux et on annonce le tir par une trompe ou un sifflet.

Lorsque l'exploitation se trouve au voisinage d'une route ou de lieux habités, on doit prendre des mesures de précaution pour éviter la projection de blocs hors de la carrière. Dans ce but on recommande de recouvrir les trous de mine de fascines ; mais la meilleure précaution est de veiller à la disposition des mines et de ne pas leur donner plus de force qu'il n'est nécessaire pour disloquer la roche.

A propos de l'abatage, signalons encore la nécessité d'une surveillance attentive des talus, notamment dans les roches sujettes à se détacher par plaques. Des ouvriers spéciaux devront les inspecter fréquemment, s'assurer qu'il ne se forme pas de cassures, ou que celles qui existent n'ont pas tendance à s'agrandir, faire tomber avant le début du travail les blocs décollés par l'action des mouvements de terrain ou des intempéries.

21. Transport des produits utiles. — A côté de l'abatage, la question des transports (produits utiles et déblais) joue un rôle important dans le prix de revient. Il est donc essentiel de choisir une méthode d'exploitation et un agencement des installations qui réduisent au minimum les manutentions ainsi que la longueur des transports à effectuer.

On cherche à réaliser le chargement direct dans les véhicules (wagonnets, tombereaux, bennes de transport aérien, etc...) qui relient la carrière au point de chargement en wagon de chemin de fer ou en bateau, ou à l'atelier dans lequel les produits doivent subir la préparation indispensable (triage, taille, traitement physique ou métallurgique, etc...). Si la carrière est destinée à fournir des remblais pour une exploitation souterraine, les berlines du fond devront, si possible, venir jusqu'au chantier d'abatage du découvert ; on cherche alors à réaliser le roulage circulaire, dans lequel les berlines pleines vont en descendant jusqu'au lieu d'utilisation et sont remontées à la surface pour redescendre ensuite dans la carrière.

L'exploitation en gradins droits permet de charger directement les wagonnets, ou par un simple pelletage. Sur chaque gradin est placée une voie principale, avec des embranchements particuliers allant à chaque chantier. Toutes ces voies doivent être étudiées de façon à être déplacées le moins souvent possible. On s'attache à faire progresser également l'abatage tout le long d'un gradin, pour pouvoir riper en une fois la voie sur toute son étendue.

On donne au gradin une pente favorable au roulement vers le point où la voie aboutit à un plan incliné ou à une rampe.

Lorsqu'on débite la roche en gros blocs, ceux-ci sont transportés sur rouleaux le long du gradin, ou poussés avec des crics, puis repris avec des treuils ou des grues.

On cherche, autant que possible, à rendre le chargement automatique, soit par l'emploi d'excavateurs ou de pelles à vapeur si les terrains s'y prêtent, soit par l'adoption de trémies de chargement, de grues, de monte-charges.

Dans certaines carrières de minerai de fer, ouvertes au voisinage immédiat de hauts-fourneaux qui doivent le traiter, on charge le minerai dans des *skips* (wagonnets plats) qui sont traînés par un câble jusqu'au sommet du haut-fourneau ou des trémies de mise en stock.

Dans d'autres cas, on est au contraire obligé de transporter les produits à grande distance. On utilise alors souvent les transports par chaînes ou câbles flottants (voir la VIIᵉ partie du cours), ou les câbles aériens. Ce dernier système a l'avantage de rendre inutiles les achats de terrains indispensables pour la création d'une voie ferrée et de raccourcir considérablement la longueur du trajet dans les pays montagneux.

Nous avons vu que l'abatage à découvert se combine parfois avec le transport dans des galeries souterraines. C'est le cas pour la méthode par moulins (n° 16) ; mais lorsque les carrières se développent à flanc de coteau, on peut avoir également avantage à créer un réseau de galeries souterraines, au niveau de chaque gradin, aboutissant à un puits ou à un plan incliné.

22. Transport des déblais. — Les déblais provenant des terrains de recouvrement, au moment de l'ouverture de la carrière doivent être entassés en un point tel qu'on ne soit pas obligé ultérieurement de les remanier. On évitera donc de les placer sur une face du découvert qui sera entamée lorsqu'on voudra agrandir celui-ci. Ainsi, lorsque l'on découvrira un affleurement, on disposera les tas de déblais du côté du mur et non du toit de la couche ; mais on réservera l'emplacement nécessaire pour le puits lorsque le gîte devra être pris ultérieurement par des travaux souterrains (*fig. 22*). On les choisira donc entre les emplacements A ou B et non A′ ou B′.

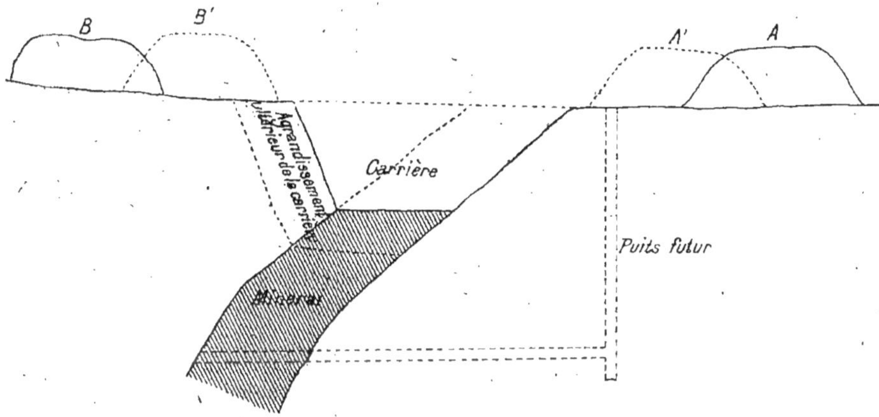

FIG. 24. — Entassement des déblais.

Quant aux déblais stériles produits pendant l'exploitation du découvert, on cherchera à les loger dans les parties épuisées de la carrière, ce qui évitera d'avoir à les remonter à la surface. Mais il faut avoir soin de ne pas recouvrir des zones que l'on pourrait désirer reprendre ensuite, soit pour dépiler des couches primitivement considérées comme inexploitables, soit pour pousser le découvert jusqu'à une profondeur plus grande que celle qu'on avait d'abord envisagée.

23. Evacuation des eaux. — Les carrières constituent de vastes entonnoirs où les eaux ont tendance à s'accumuler. Dans les pays sujets à des pluies torrentielles, le risque d'une brusque invasion des travaux par les eaux de pluie ou par un ruisseau subitement grossi peut être sérieux. Il est donc nécessaire de prévoir des moyens d'épuisement suffisants. Au fond de la carrière est creusé un réservoir où plongent les tuyaux d'aspiration des pompes. Il est parfois possible, dans les pays montagneux, de creuser une galerie d'évacuation aboutissant à une vallée plus profonde que le bas de la carrière.

Naturellement, si le découvert est à flanc de coteau au-dessus d'une vallée, le problème est beaucoup plus simple. Mais, même dans ce cas, il est utile d'empêcher le ruissellement des eaux de pluie le long des talus, qu'elles risqueraient de dégrader. On entoure donc le haut de ceux-ci d'un fossé pour recueillir les eaux et les conduire à une rigole d'évacuation et on ménage dans les terrains des conduites de drainage pour les assécher.

Si un ruisseau coule à proximité de la carrière, on établit une digue qui s'élève au-dessus du niveau le plus haut au moment des fortes crues.

Enfin, si la carrière doit être ouverte au fond même d'une vallée, comme c'est le cas pour les exploitations d'alluvions, on doit établir un solide barrage en amont et créer un chenal artificiel qui contourne le découvert. On en profite souvent pour aménager une chute d'eau qu'on utilise pour actionner des turbines ou pour alimenter les usines de traitement mécanique des minerais.

24. Résumé. — L'exploitation à ciel ouvert est applicable aux gîtes puissants, peu inclinés, qui affleurent à la surface ou qui ne sont pas recouverts d'une trop grande épaisseur de stériles.

Suivant la nature du minerai, l'épaisseur et l'inclinaison du gîte, on pourra engager des dépenses plus ou moins considérables pour l'enlèvement des terrains de recouvrement.

La limite économique à partir de laquelle l'exploitation souterraine doit être substituée à l'exploitation à ciel ouvert est donnée par la profondeur à laquelle le prix du mètre cube de déblai est égal à la différence du prix par mètre cube entre les deux modes d'exploitation. Mais on est souvent arrêté, avant d'atteindre cette limite, par la possibilité de maintenir les talus de la carrière sans leur donner une pente telle que le cube de déblais à enlever devienne absolument exagéré.

Quand elle est possible, l'exploitation à ciel ouvert présente de grands avantages ; l'abatage est plus simple, plus économique, le minerai peut être enlevé entièrement, les transports sont plus faciles ; les questions d'aérage, de soutènement, de remblayage ne se posent plus, les conditions de travail sont meilleures. Par contre les intempéries arrêtent parfois l'exploitation ; les eaux de pluie peuvent être gênantes, enfin la création du découvert oblige à acquérir une surface considérable et entraîne une immobilisation de capitaux souvent très élevée.

Les méthodes appliquées sont peu compliquées, mais il ne faut pas en conclure qu'on peut se passer d'un plan d'ensemble soigneusement étudié, envisageant toutes les faces du problème et d'une surveillance constante pour éviter les accidents et les dépenses inutiles ou le gaspillage du gisement.

Une des méthodes les plus fréquemment appliquées est celle des gradins droits. Le profil de ces gradins est d'autant plus éloigné de la verticale que les terrains sont moins consistants. Dans les terrains ébouleux ou meubles, la pente doit se rapprocher de celle des déblais amassés après remaniement.

L'abatage se fait sur les gradins à la pelle, à la pioche, à l'aide de coins, ou en employant les explosifs. Dans certains cas on détache des blocs énormes qui se brisent en s'affaissant.

Des voies de roulage sont établies le long des gradins, conduisant à une rampe ou à un plan incliné ; d'une façon générale, les chargements et les transports doivent être étudiés de façon à les rendre aussi rapides et économiques que possible.

Les terrains meubles peuvent s'enlever au moyen d'excavateurs, de pelles à vapeur ou de jets d'eau sous pression.

Une méthode particulière, dite *par moulins* permet de réduire au minimum les manutentions, mais elle n'est pas sans danger pour les ouvriers occupés à l'abatage.

L'une des questions essentielles à étudier dans l'installation d'une carrière est celle de l'épuisement et de la protection contre les eaux de la surface.

CHAPITRE II

EXPLOITATION SOUTERRAINE. — GÉNÉRALITÉS.

SOMMAIRE

§ 1. **Aménagement du gisement.** — Exploitation débouchant à flanc de coteau. — Puits : Nombre, dimensions, emplacement, champ d'exploitation. — Division en étages et sous-étages. — Travaux de premier établissement et travaux préparatoires.

§ 2. **Travaux d'aménagement.** — Travers-bancs. — Beurtiats. — Plans inclinés. — Voies de fond. — Voies suivant la pente. — Préparation des quartiers.

§ 3. **Méthodes d'exploitation.** — Qualités nécessaires d'une bonne méthode. — Considérations économiques. — Enlèvement complet du gisement. — Puissance du gisement. — Inclinaison. — Solidité des terrains. — Classification des méthodes d'exploitation. — Représentation graphique. — Résumé.

§ 1. — AMÉNAGEMENT DU GISEMENT.

25. Observation préliminaire. — Nous avons déjà donné, dans la première partie du cours, quelques notions sur l'aménagement général d'un gisement et sur les principaux travaux préparatoires. Nous pourrons donc passer plus rapidement sur ces questions, tout en complétant sur certains points les indications déjà données.

26. Exploitation débouchant à flanc de coteau. — L'aménagement d'un gisement que l'on peut atteindre par des galeries débouchant à flanc de coteau ne se distingue pas, en dehors de cette particularité, de celui des gisements exploités par puits.

On cherche à placer les travers-bancs assez bas pour avoir un champ d'exploitation suffisant en amont de ce premier étage. Mais il faut rester assez au-dessus du niveau des hautes eaux pour ne risquer aucune inondation. De plus, la pente de la colline s'adoucit souvent près du fond de la vallée et l'épaisseur des stériles à traverser augmente notablement.

Les galeries conduisant au gisement servent en même temps à l'aérage et à l'évacuation des eaux. Lorsqu'on ne disposait encore que de moyens mécaniques peu puissants, on préférait souvent creuser une longue galerie plutôt que d'installer des appareils d'épuisement.

C'est ainsi qu'on a creusé au Mansfeld une galerie de 31 kilomètres de longueur dont le percement a duré 70 ans.

Actuellement, de tels travaux sont exceptionnels. Toutefois la Société des Charbonnages des Bouches-du-Rhône a percé, il y a une vingtaine d'années, une galerie à grande section de 15 kilm. de longueur qui draine toute la partie supérieure de son gisement et déverse les eaux à l'extrémité du port de Marseille.

27. Nombre et dimensions des puits. — Il est extrêmement imprudent de se contenter d'un seul puits pour l'exploitation d'un gisement ; on risque toujours de voir se produire un accident (incendie, mouvements de terrain, avarie à la machine d'extraction) qui empêche de se servir du puits et met en danger la vie des ouvriers occupés au fond.

En particulier, lorsqu'un puits est unique et doit par conséquent être partagé en deux compartiments en vue de l'aérage, on est toujours à la merci d'un incendie dont les conséquences seraient fatales.

De nombreux accidents ont fait reconnaître la nécessité de disposer de deux points d'accès dans les travaux souterrains. On ne rencontre les puits uniques que pour des gisements très peu étendus ou bien pendant la période de préparation de la mine.

Parfois, les deux puits sont à faible distance l'un de l'autre, l'un d'eux servant à l'entrée, l'autre à la sortie du courant d'air. Les chaudières, les ateliers et magasins sont communs et l'ensemble forme un *siège* d'exploitation.

Il est préférable, pour l'aérage et pour la sécurité des ouvriers, que les deux puits soient éloignés et qu'ils ne puissent être mis tous deux hors de service par un même accident, tel qu'un incendie des bâtiments de surface.

En tous cas, les deux puits d'un siège doivent être à une distance telle qu'un mouvement de terrains ne compromette pas simultanément leur existence.

Si le gisement est voisin de la surface et que le fonçage ne présente pas de difficultés, on a avantage à multiplier le nombre des puits, pour diminuer la longueur des roulages souterrains ou le trajet des ouvriers entre les villages où ils habitent et leurs chantiers. Mais on est limité par les frais qu'entraînent la répétition d'installations de surface et l'augmentation du personnel occupé au jour : chauffeurs, machinistes, surveillants, ouvriers d'entretien, etc...

Cet inconvénient est moins sensible lorsque les puits sont spécialisés, consacrés les uns à l'extraction, d'autres à la descente des bois ou des remblais, à la circulation des ouvriers, à l'aérage.

Au fur et à mesure que l'exploitation s'approfondit, le nombre des puits diminue, car les dépenses de fonçage, rapportées au cube de minerai exploitable, augmentent rapidement.

Le nombre des puits dépend naturellement de l'intensité de la production qu'on se propose d'obtenir, de la puissance du gisement et des dimensions des puits eux-mêmes.

Ces dernières sont très variables. On se contentait autrefois de diamètres de 2^m,50 ou 3 m. pour les puits d'extraction. On rencontre encore beaucoup de puits de 4 m. ou 4^m,50 qui permettent déjà des productions considérables. On arrive parfois à 6 m. ou 6^m,50 de diamètre utile, si les conditions du fonçage permettent l'exécution d'un semblable ouvrage et si l'importance du gisement le justifie. On y est quelquefois conduit par le besoin d'assurer un aérage puissant.

La *profondeur* de certains puits dépasse 1000 m. pour les gisements recouverts d'une forte épaisseur de morts-terrains, ou dont l'exploitation dure depuis longtemps. Les plus profonds que l'on connaisse sont les puits inclinés des mines de cuivre du Lac-Supérieur aux Etats-Unis (l'un d'eux dépasse 1800 m.).

Dans les mines de combustibles, on a atteint 1200 m. en Belgique, 1160 à Pzibram (en 1908). En France, les 1000 m. ont été dépassés à Ronchamp (Vosges) et dans le Nord. Tous ces derniers puits sont verticaux.

Les travaux se continuent parfois à une profondeur plus grande encore et on ne considère pas comme impossible d'arriver à 2000 m. On est alors obligé d'appliquer des dispositifs spéciaux pour combattre l'échauffement des chantiers par la température très élevée des terrains environnants.

28. Emplacement des puits. — Nous avons signalé (Première partie, n° 33) les considérations qui entraient en jeu dans le choix de l'emplacement d'un puits :

A la surface : Solidité des terrains, éloignement de la zone des affaissements provoqués par l'exploitation ; proximité des voies ferrées ou des canaux pour l'évacuation des produits ; possibilité de disposer des surfaces nécessaires pour les bâtiments, les ateliers, les dépôts de matériaux, au besoin pour les maisons ouvrières et les carrières à remblai ; bonne qualité des eaux pour les chaudières.

Au fond : Epaisseur réduite des morts-terrains ; allure et épaisseur des couches ; situation des failles ; position des parties riches du gisement, qu'il faut éviter de rendre inexploitables par la nécessité de maintenir un stot de protection autour du puits.

On se préoccupe surtout de la situation des dressants, car une faible variation dans l'emplacement du puits peut mettre ce dernier au mur ou au toit des couches. La position au mur est préférable puisqu'on n'a pas à craindre les mouvements de terrains causés par les travaux d'abatage ; mais s'il faut exploiter un synclinal (*fig.* 25), on est souvent amené à placer le puits au toit des dressants, pour réduire la longueur des travers-bancs (AB au lieu de A'B).

On doit cependant tenir compte de la perte de charbon ou de minerai englobés dans le pilier de protection du puits ; lorsqu'on approchera du fond du synclinal, elle peut être considérable et dépasser l'avantage résultant de la diminution de longueur des travers-bancs.

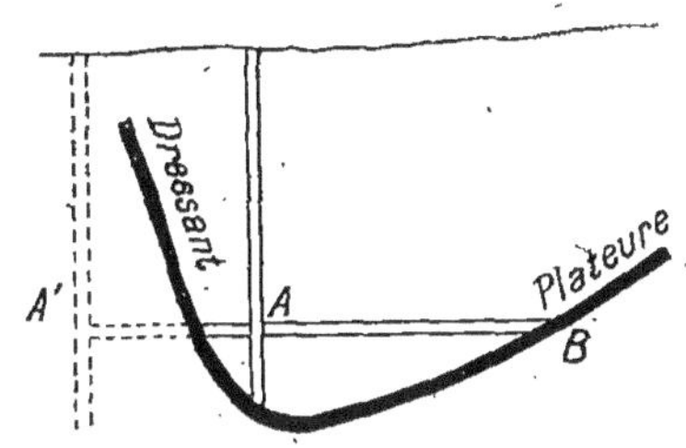

Fig. 25. — Emplacement d'un puits dans un synclinal.

La considération de la longueur des travers-bancs, et d'une façon générale des galeries de roulage au fond, est une des plus importantes, car le prix de revient sera grandement influencé par le coût plus ou moins élevé des creusements de galeries au rocher et des frais de transport.

Dans les plateures, en se plaçant à une distance suffisante dans le toit pour n'avoir pas à redouter les dislocations des terrains, au lieu de se mettre au mur, on réduira la distance moyenne à parcourir depuis un point du gisement jusqu'au puits, grâce à la suppression des rebroussements au bas des plans inclinés. Ainsi sur la fig. 26, si nous considérons un chantier A à égale distance des puits P et P', nous verrons qu'en arrivant en B, les berlines chargées dans ce chantier se trouveront plus rapprochées du puits P et que le gain total sur le trajet est égal à 2 fois BC.

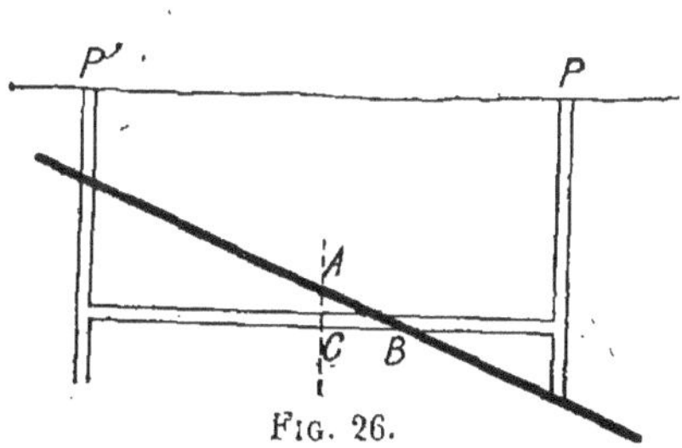

Fig. 26.

En tous cas, que le puits soit placé au mur ou au toit, il faut se préoccuper des distances à parcourir, non seulement aux étages supérieurs, mais jusqu'à la profondeur maxima du puits. Si les couches sont très peu inclinées, il vaudra souvent mieux creuser un nouveau siège d'exploitation que de continuer à approfondir le premier.

29. Champ d'exploitation d'un puits. — L'examen de ces diverses considérations, parfois contradictoires, conduit à répartir la surface totale du gisement entre un nombre plus ou moins grand de puits, convenablement placés, qui auront chacun leur *champ d'exploitation* bien défini.

L'étendue de ce dernier dépend donc d'une part de l'allure du gisement, d'autre part de l'épaisseur des morts-terrains, des frais de fonçage et d'installation des puits, enfin des conditions diverses au jour, qui peuvent empêcher d'adopter la solution qui serait la meilleure si l'on ne considérait que les travaux souterrains.

Plus les puits sont profonds et coûteux à foncer et à installer, plus on cherche à étendre leur champ d'exploitation, pour répartir sur un tonnage plus important les frais de premier établissement.

L'existence, dans le gisement, de failles, de zones particulièrement riches ou au contraire appauvries a une grande influence sur la détermination du champ d'exploitation ; de même les changements d'inclinaison des couches, la présence d'anticlinaux et de synclinaux.

Dans les gisements réguliers, on se base surtout sur la richesse du gisement. Lorsque les couches (ou les filons) sont minces et peu nombreuses, le champ d'exploitation doit être plus étendu que dans un gisement formé de couches ou d'amas puissants.

Dans le premier cas, pour diminuer le développement des travers-bancs, on s'étend plutôt *en direction* et le champ a la forme d'un rectangle dont les grands côtés sont parallèles à la direction. Dans le second cas, on a au contraire souvent avantage à multiplier les points d'attaque, en augmentant la longueur des travers-bancs et en donnant au champ une plus grande étendue perpendiculairement à la direction des couches.

Quant à la superficie du champ d'exploitation, elle est plus grande dans les gisements réguliers, comme en Angleterre, que dans ceux qui sont découpés par des failles importantes, comme en France ou en Belgique.

Dans le bassin franco-belge on ne dépasse guère 1200 ou 1500 m. de chaque côté du puits, 1000 m. en travers-bancs. En Westphalie, on peut aller, en général, plus loin qu'en France.

- En Angleterre, on rencontre dans certaines régions des galeries s'étendant jusqu'à plus de 4 km. du puits en direction et des voies inclinées presque aussi longues, grâce à la pente extrêmement faible des couches. La possibilité d'installer, dans ces gisements réguliers, des roulages mécaniques rend les transports souterrains très peu coûteux malgré leur étendue.

30. Division en étages et sous-étages. — La profondeur à laquelle s'étendent, le plus souvent, les gisements ne permet pas de les exploiter en une fois, avec un puits poussé jusqu'à leur base et un travers-bancs à ce niveau inférieur. La longueur des trajets dans le gîte en descendant suivant la pente, jusqu'au travers-bancs, rendrait cette solution beaucoup trop onéreuse et les dépilages n'avanceraient qu'avec une lenteur telle que les frais d'entretien deviendraient tout à fait exagérés.

On découpe donc le gisement en une série d'étages, à la base desquels se trouve une galerie principale de roulage et un travers-bancs conduisant au puits.

Ces étages peuvent être pris successivement soit en descendant soit en montant. La première solution est presque la seule appliquée.

En effet, si le gisement continue à grande profondeur, on ne connaît pas à l'avance à quel niveau se trouve sa partie la plus basse ; elle peut même être à une profondeur telle (1.500 ou 2.000 m.) que les moyens dont on dispose actuellement soient trop peu puissants pour surmonter les difficultés d'une telle exploitation. De plus, les chantiers se trouveraient toujours dans une zone plus ou moins disloquée par les travaux antérieurs ; les dangers d'éboulements et les risques d'échauffement dans les ruines de combustible en seraient considérablement accrus. S'il y a du grisou, il est dangereux de laisser au-dessous de soi des vides où il pourrait s'accumuler, malgré sa légèreté.

Les frais d'installation de la mine, avant toute exploitation, seraient beaucoup plus considérables, ainsi que le prix de revient d'exploitation.

Les avantages qu'on pourrait mettre en balance avec ces graves inconvénients : répercussion moins grande des dislocations sur la surface pendant les premières périodes d'exploitation, diminution de l'épuisement (car les assises supérieures, non disloquées forment barrage protecteur), sont insuffisants pour les compenser ; aussi exploite-t-on toujours par étages descendants, si le gisement se continue sur une grande hauteur.

L'étage supérieur, le plus voisin de la surface, ne doit pas enlever le minerai jusqu'à une trop faible distance du sol, pour éviter les mouvements de terrains exagérés et la formation de nombreuses cassures par lesquelles les eaux de surface descendraient dans la mine. La partie du gisement voisin de l'affleurement est d'ailleurs souvent mauvaise.

Pour réduire le nombre des galeries à creuser pour rejoindre le puits et pour concentrer les produits au même niveau d'extraction, ce qui est essentiel pour activer les manœuvres dans le puits, on donne aux étages une assez grande hauteur et on les divise en *sous-étages*, pris eux-mêmes simultanément ou en descendant ; des plans inclinés (dans le gisement ou au rocher) ou des beurtiats amènent à la base de l'étage les produits abattus dans ces sous-étages (*fig. 27*).

L'exploitation de chacun de ces sous-étages variera suivant la la méthode d'exploitation adoptée, basée sur la nature et l'épaisseur du gisement, la qualité du toit, l'intensité de la production, etc...

La hauteur à donner aux étages dépend surtout de la puissance du gisement (nombre et épaisseur des couches ou filons) et de son inclinaison.

Nous avons énuméré dans la 1re partie du cours (nº 35) les éléments à considérer. Nous résumerons donc simplement les conclusions auxquelles conduisent cet examen :

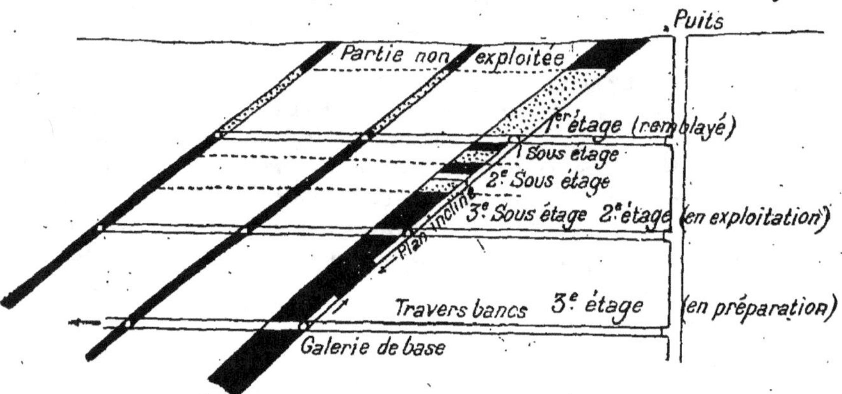

FIG. 27. — Division en étages et sous-étages.

Plus le gisement est puissant (en une seule couche ou en plusieurs couches rapprochées) ou peu incliné, plus les étages seront de faible hauteur.

Au contraire, plus il sera pauvre et incliné, plus les étages devront être hauts pour arriver à la même production.

Les conditions locales permettront de choisir entre des étages plus hauts divisés en un plus grand nombre de sous-étages et des étages de hauteur moindre, divisés seulement en 2 ou 3 sous-étages.

Une *trop faible hauteur des étages* multiplie le nombre des travers-bancs et des recettes et leur équipement en rails, tuyauteries d'air comprimé, canalisations électriques.

Une *trop grande hauteur des étages* grève le prix de revient de dépenses d'entretien et de roulage élevées, augmente les difficultés de soutènement dans les parties supérieures du gîte disloquées par les travaux à la base de l'étage, ainsi que les risques d'échauffements dans les mines de charbon. Elle oblige donc à activer le dépilage.

Il est souvent nécessaire, dans les mines grisouteuses, de limiter le nombre de chantiers placés sur le même circuit d'aérage, ce qui conduit à réduire la hauteur des étages.

On ne peut donc indiquer de chiffres précis pour la hauteur des étages. Pour un gisement riche et peu incliné, elle sera par exemple de 30 à 50 m. (avec 2 ou 3 sous-étages), tandis qu'elle atteindra 100 m. ou davantage dans les gisements peu puissants et très in-clinés.

Si les couches sont presque horizontales, comme dans certains districts d'Angleterre, ou dans le bassin de minerai de fer en Lor-raine, on n'aura pas à prévoir cette division en plusieurs étages ; le développement de l'exploitation se fera presque uniquement en superficie et non en hauteur.

31. Travaux de premier établissement et travaux préparatoires. — Le fonçage et l'armement des puits, le creusement des travers-bancs principaux et l'acquisition du gros outillage de la mine, de-vant se répartir sur un grand nombre d'années et sur un tonnage à exploiter souvent inconnu à l'avance constituent des dépenses de *premier établissement* que l'on inscrit généralement à un chapitre spécial du bilan de la société.

Au contraire les travaux destinés à l'aménagement des étages et sous-étages sont considérés comme dépenses d'exploitation et sont inscrits au prix de revient. Ce sont les *travaux préparatoires*, que l'on divise parfois en deux catégories : travaux préparatoires proprement dits (galeries de base des étages, travaux au rocher) et *traçages ;* ce dernier article ne contient que les dépenses relatives aux travaux en couche, pour la préparation des quartiers.

§ 2. — TRAVAUX D'AMÉNAGEMENT.

32. Travers-bancs. — Les travers-bancs (ou bowettes) reliant la recette du puits aux différentes couches en exploitation se pour-suivent des deux côtés du puits ou d'un seul côté, d'après l'allure du gisement (*fig. 28*). Ils doivent avoir une section suffisante pour permettre la pose d'une ou de deux voies de roulage, suivant l'im-portance du tonnage à extraire par ces voies.

Lorsque le champ d'exploitation est étendu, les travers-bancs se divisent en plusieurs branches T'T″ pour atteindre le gisement en des points distincts. Au besoin, on les continue par une bowette en direction au rocher, si l'on veut éviter les longues voies de fond en couche, soit parce que les terrains chargent beaucoup, soit parce que l'on craint des échauffements (dans les couches de charbon). La fig. 28 montre en B une telle bowette, mais il est à remarquer que l'on cherche plutôt à les placer au mur qu'au toit, lorsqu'il s'agit de galeries qui doivent être maintenues pendant que l'exploitation se poursuit à un niveau inférieur.

Nous verrons dans la Septième partie du Cours les mesures à prendre pour assurer le roulage dans les travers-bancs. D'autres bowettes, placées en général à la partie supérieure des étages, servent à l'évacuation de l'air qui a parcouru les chantiers. Lorsque les deux puits d'entrée et de sortie d'air sont très voisins, on peut parfois utiliser comme retour d'air les bowettes de base de l'étage supérieur, en installant les communications nécessaires avec le puits de sortie

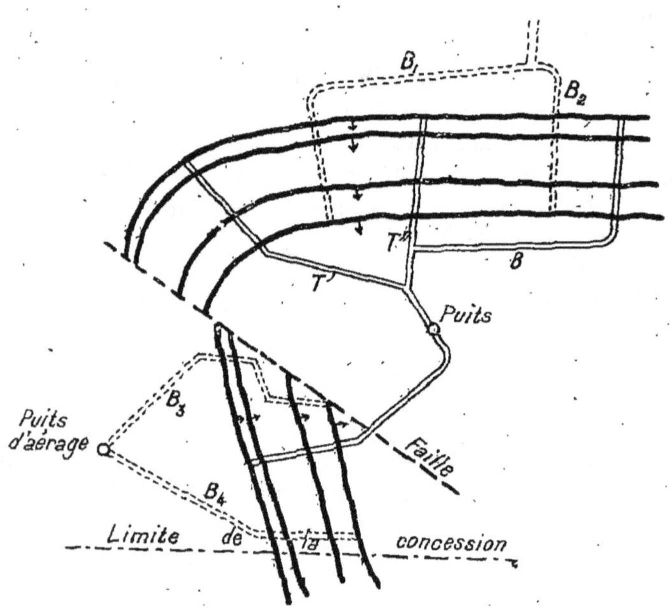

Fig. 28. — Exemple d'aménagement d'un faisceau de couches.

d'air, et en fermant la communication avec le puits d'entrée par des barrages ou des portes.

Dans la fig. 28, les bowettes d'aérage $B_1B_2B_3B_4$ communiquent au contraire avec des puits éloignés de celui qui sert à l'entrée du courant d'air ; ce dernier ne parcourant pas une boucle, mais au contraire suivant toujours la même direction, les risques de courts-circuits à travers les terrains sont moins grands.

33. Beurtiats et plans inclinés au rocher. — Les bowettes ne sont pas les seuls travaux au rocher que l'on ait à exécuter pour aménager le gisement. Si ce dernier est peu incliné, on a souvent avantage à relier les galeries de base des sous-étages avec les bowettes de base de l'étage par des *beurtiats* (ou *bures*) au lieu de plans inclinés dans le gisement. On réduit ainsi la longueur des trajets à parcourir par les produits extraits, les remblais, les bois, les matériaux divers et par le courant d'air.

On place les beurtiats de préférence au mur pour qu'ils soient en dehors de la zone des dislocations, sauf si cette disposition rendrait trop longues les bowettes de base des sous-étages (*fig* 29). Dans ce

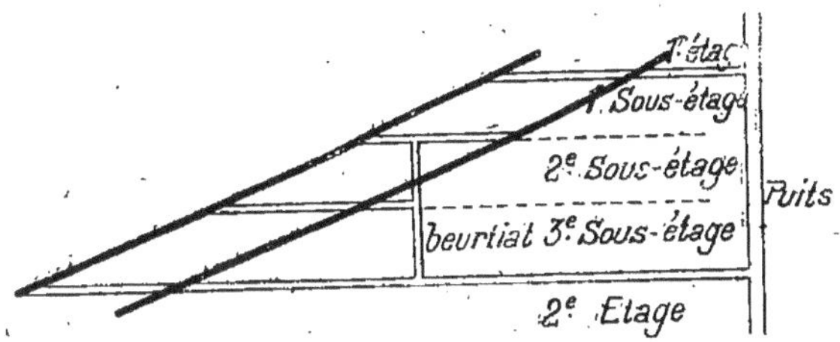

FIG. 29. — Aménagement au moyen de beurtiats.

dernier cas, on ménage un pilier de protection autour du beurtiat.

Cet emploi des beurtiats est inévitable lorsque le gisement forme un fond de bateau qui ne descend pas jusqu'au niveau de l'étage (*fig. 30*). De même si une faille a enlevé la partie inférieure du gisement, au-dessus du travers-bancs de base, ou s'il est nécessaire de faire communiquer le sommet d'une selle avec un retour d'air à un niveau supérieur, pour assurer un aérage ascendant.

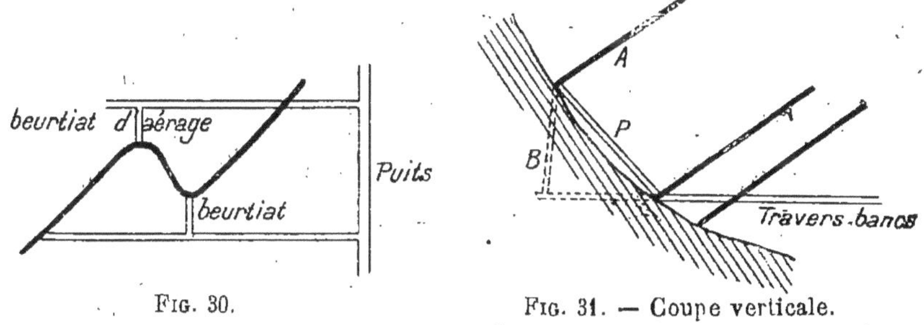

FIG. 30. FIG. 31. — Coupe verticale.

Dans certaines couches, assez inclinées pour justifier l'adoption de plans inclinés, on préfère parfois éviter de les placer dans le gisement. On les creuse au mur, parallèlement à l'inclinaison des couches, ou suivant une pente différente si les terrains s'y prêtent et qu'on peut ainsi raccourcir leur longueur.

Un autre exemple de plans inclinés au rocher est donné par la fig. 31 : la couche A s'arrête, sur les terrains qui limitent le gisement, avant d'avoir atteint le niveau du travers-bancs de base. Pour extraire les produits abattus dans cette couche, il est souvent préférable de la relier par un plan P au travers-bancs, au lieu de prolonger ce dernier et de foncer un beurtiat B.

Le cas serait le même si l'on supposait le bas de la couche A recoupé par une faille. Il faudra alors avoir soin de creuser le plan P au-dessus des terrains bouleversés.

34. Voies de fond. — Les galeries en direction dans chacune des couches, à la base des étages, doivent être établies avec une section suffisante et boisées avec assez de soin pour que le roulage n'y soit pas entravé par des arrêts fréquents.

Dans les amas ou les couches épaisses, ces voies seront tracées en plein minerai, pour éviter l'abatage de stérile. On leur fait suivre l'un des épontes, de préférence le mur, pour reconnaître exactement l'allure du gisement, si celui-ci n'est pas régulier.

Si la couche est trop mince pour que la galerie puisse y être entièrement tracée, il faut recouper le mur ou le toit. Le choix de celui des épontes que l'on entame dépend de la qualité des roches.

35. Voies suivant la pente. — L'aménagement d'un étage comporte également des voies tracées suivant la pente du gisement, sur lesquelles sont ouvertes les galeries secondaires de roulage ou d'aérage.

Ces voies sont tantôt des plans inclinés munis de voies ferrées et armés d'un treuil, tantôt des simples *montages* (ou *cheminées* si leur pente est voisine de la verticale). Si ces ouvrages sont creusés en descendant et servent à remonter les produits, on leur donne le nom de *descenderies*. On en trouve par exemple une application dans l'exploitation des fonds de bateau (exploitation en vallée, *fig. 32*).

A la base, les plans inclinés se raccordent avec la voie de fond ; au besoin on les prolonge sur une certaine longueur pour constituer un réservoir pour les eaux.

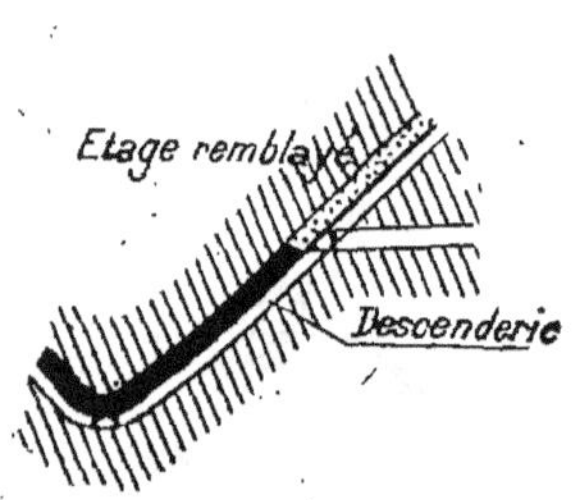

Fig. 32.
Exploitation en vallée.

36. Préparation des quartiers. — Les étages ou sous-étages se décomposent eux-mêmes en *quartiers*, c'est-à-dire en groupes de chantiers formant chacun une unité particulière au point de vue de la surveillance, de la conduite de l'abatage et de l'évacuation des produits, souvent de l'aérage.

La préparation du réseau de galeries destinées à desservir un de ces groupes constitue le *traçage* du quartier.

L'étendue des quartiers dépend principalement de la richesse du gisement. Dans les masses épaisses, où un grand nombre de chantiers peuvent être ouverts simultanément, le quartier sera petit et les ouvriers concentrés.

Au contraire, dans les couches minces, prises par des chantiers très longs, un quartier pourra avoir une grande étendue.

La nature des terrains influe également sur la détermination des dimensions d'un quartier. S'ils chargent beaucoup, il devient difficile de maintenir les galeries de roulage et d'aérage plus d'un certain temps ; on réduira donc la longueur de ces dernières.

Il faut aussi évaluer les dépenses de roulage, plus grandes dans les galeries secondaires que dans les voies de fond et les bowettes, où l'on peut mieux utiliser les animaux, ou installer des moyens mécaniques.

Enfin, surtout dans les mines grisouteuses ou sujettes à des explosions de poussières, il faut éviter de placer un trop grand nombre de chantiers sur le même courant d'air, pour limiter les conséquences d'un accident.

La préparation d'un quartier, et plus encore celle d'un sous-étage ou d'un étage, est une opération de longue durée, qui doit être entreprise au moment convenable, de façon à disposer toujours d'un nombre suffisant de quartiers préparés, sans toutefois avoir à les maintenir prêts longtemps sans qu'on les exploite.

Les travers-bancs et autres ouvrages au rocher, si les terrains ne sont pas mauvais, pourront être établis à l'avance, car ils sont destinés à durer longtemps ; leur creusement étant fait, il ne reste plus qu'une partie du travail à exécuter pour préparer les quartiers, si l'on a besoin d'en ouvrir rapidement de nouveaux, par suite de circonstances favorables au développement de l'extraction, ou au contraire de l'épuisement ou de l'abandon forcé de quartiers en exploitation.

Les galeries de traçage, dans les minerais, se conservent souvent aussi facilement qu'au rocher, et on peut également les creuser à l'avance. En particulier, dans les gîtes filoniens d'épaisseur et de richesse très variables, il est indispensable d'avoir préparé une étendue plus considérable, d'autant plus que les avancements y sont parfois très lents, et qu'il n'y a pas d'autre moyen de reconnaître le gisement que d'y ouvrir des galeries.

Dans les mines de charbon, le problème se présente autrement. Les galeries sont difficiles à maintenir et une préparation prématurée augmente les risques d'échauffements.

La durée du traçage est très différente dans les diverses méthodes d'exploitation, dont les unes exigent des travaux considérables avant que l'on puisse commencer l'abatage, tandis que les autres conduisent à tracer et dépiler presque simultanément.

Dans les couches épaisses, prises par tranches successives, le dépilage d'une tranche et la préparation de la suivante doivent être menés de telle sorte qu'on puisse *monter en tranche* simultanément dans tout le quartier, sans avoir à maintenir le roulage à deux niveaux différents.

§ 3. — MÉTHODES D'EXPLOITATION.

37. Qualités nécessaires d'une bonne méthode d'exploitation. — Le dépouillement d'un gisement doit être conduit de façon à obtenir le prix de revient le plus bas possible, tout en assurant l'enlèvement complet du minerai et en procurant aux ouvriers les meilleures conditions de sécurité et de commodité dans le travail.

Ces desiderata sont contradictoires dans beaucoup de cas. Il est souvent plus facile d'avoir un prix de revient bas en abandonnant une partie du gisement, tout en supprimant par ce moyen les risques d'accidents. Au contraire, si l'on veut assurer ce dernier résultat, tout en enlevant entièrement le minerai, ce ne sera qu'au détriment du prix de revient. On a recherché trop fréquemment la méthode la plus économique, sans se préoccuper des dangers qui en résultaient pour les ouvriers. On est d'accord, à l'époque actuelle, pour considérer que l'exploitation doit, en toutes circonstances, être dirigée de façon à réduire autant que possible ces dangers ; mais, une fois ce principe admis, il n'en reste pas moins à déterminer comment on le conciliera avec la nécessité d'obtenir un prix de revient minimum et d'éviter le gaspillage du gisement.

Le problème a donc besoin d'être examiné plus en détail, en passant en revue les divers éléments qui entrent en jeu. Il s'en dégagera quelques principes généraux indispensables à connaître et qui serviront de base à l'étude particulière de l'exploitation qu'on se propose d'entreprendre. Cette étude seule donnera la meilleure solution ; tous les exemples que nous décrirons dans le présent volume ne feront qu'apporter des suggestions et que fournir des éléments de comparaison. Les circonstances dans lesquelles se trouvent deux exploitations ne sont jamais identiques, tant les éléments à considérer sont nombreux.

Les solutions possibles peuvent se grouper en un certain nombre de catégories, assez caractéristiques pour se différencier nettement les unes des autres et pour pouvoir être désignées sous le même titre ; ce sont les diverses *méthodes d'exploitation*, entre lesquelles on fera un premier choix.

Il faudra ensuite passer à l'adaptation de la méthode adoptée au gisement à exploiter, rechercher les variantes nécessaires et celles qui constitueront une amélioration. Ce dernier travail exige à la fois de l'intelligence et de l'expérience, ce qui explique les résultats très différents obtenus par des exploitants placés dans des conditions à peu près identiques.

Il restera enfin à faire appliquer cette méthode par le personnel de la mine, surveillant ou ouvrier. Mieux vaut une méthode passable, rigoureusement mise en pratique, qu'une méthode parfaite mal comprise et mal appliquée.

38. Conditions économiques. — Lorsqu'on parle du prix de revient, qui doit être aussi bas que possible, il ne s'agit pas seulement du prix auquel revient la tonne extraite, même en y comprenant tous les frais du premier établissement au fond ou au jour. Il faut tenir compte du bénéfice moyen auquel on sera arrivé lorsqu'on aura vendu les produits. On évitera ainsi de faire des économies qui se traduiraient par un manque à gagner bien plus important ; par exemple de choisir des procédés d'abatage et de transport qui broyeraient des charbons qui seraient vendus à un prix beaucoup plus élevé s'ils étaient en gros morceaux, ou encore d'extraire des minerais de fer phosphoreux mélangés à des minerais purs dont ils diminuent la valeur, alors qu'une méthode en apparence plus coûteuse aurait permis de séparer, dans l'abatage, les bancs purs des bancs phosphoreux.

On se gardera aussi des économies momentanées qui entraîneraient plus tard des dépenses hors de proportion avec l'intérêt des sommes épargnées : dégâts à la surface causés par la supression du remblayage, réparations coûteuses aux puits autour desquels on a négligé de maintenir un pilier de protection, reprise difficile de parties du gisement laissées provisoirement de côté pour enlever d'abord les zones riches, etc...

Dans les pays où la main-d'œuvre est peu coûteuse, on préfère souvent renoncer à des installations mécaniques, qui reviendraient plus cher que l'emploi d'un plus grand nombre d'ouvriers. Cette décision peut être judicieuse, surtout si ces ouvriers sont difficiles à éduquer, mais elle peut au contraire être erronée si le personnel est susceptible de s'instruire rapidement ou si, ultérieurement, la main-d'œuvre devient rare ou exigeante.

Mais si le choix d'une méthode d'exploitation influe ainsi sur les résultats économiques de l'entreprise, ses répercussions sur le prix de revient proprement dit, c'est-à-dire rapporté au tonnage extrait pendant une période d'un an ou d'un mois, abstraction faite des frais de premier établissement et des résultats commerciaux, sont plus faciles à évaluer.

Au point de vue de l'*abatage*, il faut que les mineurs travaillent dans des conditions telles que leur rendement soit aussi élevé que possible et que le nombre des abatteurs par rapport aux autres ouvriers soit maximum.

Nous avons déjà comparé, en étudiant les procédés d'abatage (III° partie du Cours), les différentes sortes de travaux : galeries et chantiers, tailles montantes ou chassantes, etc... Nous y reviendrons à propos des méthodes d'exploitation.

Rappelons seulement qu'il y a avantage à utiliser les plans de faible résistance du minerai, à découper le front de taille en gradins, à ne pas imposer au mineur trop de besognes accessoires pour le soutènement du chantier, le triage ou le déplacement des produits.

L'abatage en chantiers étant plus favorable que celui en galeries, on adoptera une méthode qui ne multiplie pas inutilement les traçages au détriment des dépilages.

Le *soutènement* ne devra pas exiger des bois de trop grandes dimensions, ni des assemblages compliqués ; on évitera de multiplier les points faibles comme les croisements de galeries ou les ouvrages durables dans les zones failleuses. On cherchera à conduire les travaux assez rapidement pour que la charge n'écrase pas les boisages avant qu'on puisse les abandonner, et à réduire le nombre de chantiers ou de galeries à maintenir dans les terrains disloqués. A ce point de vue, l'exploitation par étages descendants est préférable, et on n'adoptera pas, surtout dans les couches épaisses prises par tranches horizontales, des hauteurs d'étages exagérées. Il faut cependant tenir compte de ce que la dernière tranche, prise sous les remblais de l'étage précédent, est difficile à tenir si ces derniers sont trop frais.

Le *roulage* devra être réduit au minimum, tant à cause des dépenses occasionnées par l'entretien d'une grande longueur de galeries qu'à cause des frais directs d'exploitation : nombre de berlines en circulation, d'hommes, d'animaux ou de moteurs nécessaires, pertes de temps et de force motrice.

On aura soin, cependant, d'assurer un réseau de galeries suffisant pour que les transports soient aisés, qu'il ne se produise pas d'encombrements et que les mineurs ne manquent pas de berlines.

Les moyens mécaniques de transport seront souvent avantageux pour de longs trajets, malgré leurs frais d'installation.

On cherchera à faire descendre les berlines pleines et à ne pas être obligé de les remonter le long des plans inclinés ou de voies à contre-pente. Les exploitations en vallée sont très défavorables à cet égard. Au contraire, les méthodes qui réalisent le roulage circulaire, c'est-à-dire dans lesquelles les berlines, vides ou pleines (soit de remblais, soit de minerai) vont toujours en descendant dans les voies souterraines, sont à recommander lorsqu'elles sont applicables.

L'*évacuation des eaux* est une des questions qui influent le plus directement sur le tracé des galeries, et par conséquent sur le choix de la méthode. Les galeries de base des étages devront rassembler les eaux au point le plus bas de la mine ; comme elles servent également au transport des produits, on leur donne une pente vers le puits et ce dernier devra donc être placé au point où les travaux seront les plus profonds. Les exploitations en vallée obligent à installer des pompes secondaires qui remontent les eaux jusqu'à la galerie conduisant au puits. C'est une raison de plus pour les éviter.

L'*aérage* doit être suffisant pour renouveler l'air dans les chantiers, pour rafraîchir l'atmosphère dans les mines profondes et pour diluer les gaz nuisibles. Il ne faudra donc pas faire parcourir à l'air envoyé dans la mine un trop grand nombre de chantiers ; les galeries et chantiers devront être disposés de façon que le courant d'air se partage convenablement entre les divers quartiers, sans qu'il soit nécessaire d'installer trop de portes et de guichets qui l'étranglent et occasionnent des pertes de charge.

Les vides créés par l'exploitation, même s'ils sont remblayés, amenant toujours des courts-circuits, il y a avantage à faire suivre au courant d'air un trajet direct, sans rebroussements et sans boucles fermées. Les méthodes qui obligent à établir des croisements d'aérage sont donc défectueuses, surtout dans les mines grisouteuses ; les chances de pertes sont d'ailleurs d'autant plus grandes que les deux tronçons du circuit qui sont au voisinage immédiat sont à une différence de pression plus élevée, c'est-à-dire que l'air a parcouru une plus longue boucle.

Dans les mines grisouteuses, il est indispensable que l'aérage soit constamment ascendant. Cette prescription limite étroitement le choix entre les diverses méthodes d'exploitation, mais elle est si importante qu'on ne peut y déroger que dans des cas exceptionnels.

Les *autres éléments du prix de revient* sont également à prendre en considération dans le choix d'une méthode. Nous signalerons simplement le *triage* des produits, qui s'exécute généralement au jour, mais qui est plus ou moins coûteux et difficile suivant que la méthode aura permis de séparer, au chantier, les parties propres du minerai et les parties mauvaises : intercalations stériles, faux toit, bancs de qualité secondaire, etc..., qu'on laissera sur place ou qu'on enlèvera à part. A ce propos, signalons qu'il y a un cas où l'on doit s'attacher tout particulièrement à éviter le mélange, au fond, des produits abattus et des stériles : c'est dans l'exploitation des couches de charbon inflammable. Outre les pertes qui en résultent, ce mélange présente un inconvénient plus grave, qui est le risque d'échauffements qui se transmettraient aux bois laissés dans le remblai et à la masse du charbon. Les gisements de cette nature doivent être dépilés complètement, sans abandonner de charbon dans le chantier, et assez rapidement pour que les parties disloquées n'aient pas le temps de s'échauffer.

39. Enlèvement complet du gisement. — Nous avons dit plus haut qu'il était essentiel d'enlever complètement le gisement. Cette règle n'est pas absolue. Si la matière exploitée n'a qu'une faible valeur, il serait trop coûteux de s'imposer les frais du soutènement et de remblayage, ou les indemnités pour dégâts à la surface qu'entraînerait son enlèvement total. On préfère se contenter de prendre tout ce qu'on peut, sans provoquer de mouvements de terrains ou de dislocations du toit des chantiers. Encore faut-il que ce mode de travail ne se traduise pas par un gaspillage du gisement et par l'abandon d'une proportion exagérée du produit exploité.

On renonce de même à dépiler les parties du gisement trop pauvres ou de qualité inférieure, les couches ou les filons trop minces ou placés dans de telles conditions que leur exploitation serait trop onéreuse.

Mais il faut se rappeler que bien des minerais considérés autrefois comme inexploitables sont actuellement utilisés et recherchés : minerais à faible teneur ou contenant des impuretés dont on ne savait comment se débarrasser. Il est prudent de réserver, autant que possible, la possibilité de les exploiter ultérieurement.

Il existe au contraire des gisements dont le gaspillage est une lourde faute à tous points de vue. Tel est le cas pour la plupart des mines de charbon. Une méthode qui se borne à enlever les parties les plus avantageuses, en sacrifiant celles qui ne rapporteraient qu'un faible bénéfice, a le plus souvent pour conséquence future des pertes importantes.

D'autre part, il ne faut pas calculer isolément le prix de revient de l'exploitation d'une couche, qui semble ne pas laisser de bénéfice. Il faut vérifier si son dépilage n'a pas pour conséquence l'abaissement du prix de revient dans les autres couches, en répartissant les frais de premier établissement sur un tonnage plus considérable, en apportant des facilités spéciales pour le roulage ou l'aérage, ou pour toute autre raison.

Dans une couche qu'on a l'intention d'exploiter entièrement, il faut éviter de choisir une méthode qui laisse de côté des massifs qui ne pourront pas être repris ultérieurement, parce que les dislocations de terrains ou les échauffements ne permettront plus d'ouvrir ce chantier.

40. Influence de la puissance du gisement sur le choix de la méthode d'exploitation. — Après avoir exposé ces principes généraux, applicables à toute méthode d'exploitation, et recherché quelles étaient les conditions à remplir au point de vue de l'abatage, du soutènement, du roulage, etc..., voyons maintenant comment les circonstances particulières tendent à différencier les méthodes adoptées.

Les particularités les plus importantes sont celles qui sont relatives à la puissance du gisement, à son inclinaison, à la solidité des terrains, tant du minerai lui-même que du toit.

La *puissance* totale du gisement, pour une épaisseur et une surface données, peut être extrêmement différente.

Nous avons à peine besoin de signaler que certaines substances se trouvent en amas énormes, tandis que d'autres ne constituent que le remplissage d'un filon de quelques millimètres. La valeur de ces substances indiquera si l'on peut en envisager l'exploitation. Pour certaines matières communes, il sera inutile d'ouvrir une mine, malgré l'abondance du produit, si les conditions de transport ou l'éloignement de tout point d'utilisation enlève tout intérêt à cette exploitation. Au contraire, s'il s'agit d'un minerai très rare, on peut être amené à abattre un volume considérable de stériles pour suivre un filon tout à fait mince, ou pour extraire des roches contenant, à une teneur infime, du platine ou du diamant.

Nous rappellerons plutôt que la quantité de substance exploitable, même si elle est comparable pour un kilomètre cube de terrains, peut être répartie de façons très diverses. Elle peut être concentrée en un seul amas puissant, ou bien constituer le remplissage d'un filon ou d'une couche uniques, ou enfin d'une série de couches ou de filons. Si les couches ont, en général, une épaisseur et une composition assez régulières, les filons présentent fréquemment de brusques variations de puissance et de teneur allant depuis une formation constante sur une grande surface, jusqu'à une formation *en chapelet*.

Les procédés à adopter pour l'exploitation de ces gisements seront tout différents, et c'est pourquoi nous serons amenés à décrire séparément les méthodes applicables aux couches minces, aux couches moyennes, aux couches puissantes et aux amas, ces derniers s'exploitant le plus souvent comme les couches puissantes. Sauf cas exceptionnels, la puissance totale du gisement n'interviendra pas, mais seulement celle de chacune des couches.

Par *couches minces*, nous entendons celles qui nécessitent l'entaillement du mur ou du toit, parfois des deux, pour créer l'emplacement nécessaire pour les galeries de service, ou même pour les chantiers d'abatage.

La limite inférieure d'exploitabilité varie suivant la nature du minerai et la nature des épontes. Il est rare que l'on puisse prendre les couches de charbon de moins de $0^m,40$ d'épaisseur, car l'entaillement du toit ou du mur, pour l'abatage, augmenterait trop le prix de revient.

Par *couches moyennes* nous comprenons celles où l'exploitation peut se développer sans entamer les épontes, par conséquent qui ont au moins $1^m,50$ d'ouverture. Signalons tout de suite que suivant l'inclinaison de la couche, cette limite varie : on peut tracer, dans une couche de $1^m,50$ verticale, une galerie de roulage suffisante, tandis que si cette couche est horizontale, on sera obligé d'entailler le mur ou le toit. De même, si les roches sont solides, on pourra réduire la section de la galerie et tailler les parois presque verticales, tandis qu'en terrains friables il faudra donner à ces dernières une certaine pente et augmenter la section à cause du boisage.

Malgré ces réserves, on peut admettre que le chiffre de $1^m,50$ représente assez exactement la limite entre couches minces et moyennes. Quant à la limite supérieure, elle n'a rien de bien précis. Elle est donnée par la possibilité de prendre en une fois toute l'épaisseur de la couche, avec un boisage ordinaire, soit $2^m,50$ ou 3 m. en général.

Les *couches puissantes* commencent donc vers 3 m., et n'ont comme limite supérieure que la puissance des plus grands amas connus, qui atteint parfois 400 ou 500 m.

_ Nous n'avons parlé que de couches. Beaucoup de filons s'exploitent par des méthodes analogues, lorsqu'ils sont réguliers. Nous aurons à décrire séparément les procédés employés dans les filons dont l'épaisseur ou la richesse varie beaucoup.

Plusieurs couches ou filons rapprochés et de même épaisseur sont exploités, tantôt simultanément, par des méthodes semblables; tantôt l'un après l'autre. C'est là une question qui dépend des conditions locales, de la nature des terrains, de l'aménagement de la mine et de la conduite générale des travaux, mais qui n'influe pas, le plus souvent, sur la méthode d'exploitation proprement dite, appliquée dans chacune de ces parties du gisement. Cependant, on profite parfois de la présence d'une couche au voisinage d'une autre pour y tracer les galeries d'aérage ou de roulage, tout en n'y faisant pas de dépilage. Nous en donnerons, le cas échéant, des exemples qui montreront comment une méthode générale peut être modifiée pour s'adapter aux conditions particulières au gisement.

41. Inclinaison. — L'inclinaison de la couche joue un rôle essentiel dans la disposition des chantiers d'abatage, ainsi que nous l'avons vu dans la troisième partie du Cours. Il en est de même pour le transport des produits abattus ou des matériaux (bois, remblais etc...), pour le soutènement, l'évacuation des eaux.

En outre, dans les gisements très inclinés, l'approfondissement des travaux sera plus rapide que dans ceux où les chantiers peuvent se développer sur une grande étendue sans variations sensibles de niveau.

Cette influence de l'inclinaison, très grande pour les gîtes minces ou d'épaisseur moyenne, est moins sensible pour les couches épaisses ou les amas, que l'on découpe en tranches horizontales. Mais elle se fait encore sentir, dans ce dernier cas, sur l'aménagement général de la mine

42. Solidité des terrains. — La solidité des terrains, qu'il s'agisse de la matière exploitée ou des épontes, a une influence évidente sur la méthode à adopter.

L'abatage sera conduit différemment dans des minerais durs ou tendres ; les moyens mécaniques seront applicables ou non et la disposition des chantiers s'en ressentira directement.

En outre, la possibilité de maintenir des piliers qui se conserveront longtemps sans s'écraser permet de tracer des réseaux de galeries bien plus étendus que si l'on doit enlever rapidement ces piliers pour éviter leur dislocation, qui entraînerait des dépenses exagérées pour le soutènement, sans parler des risques d'échauffement dans les couches de charbon.

Cette question de la solidité du minerai est particulièrement importante lorsqu'on applique les méthodes qui prévoient l'abandon d'une partie de la masse ; les piliers doivent avoir une section d'autant plus grande qu'ils résistent moins à l'écrasement ; il peut même arriver que le procédé ne soit plus applicable si la proportion de minerai à abandonner devient exagérée.

La solidité des épontes, surtout du toit, qui influe si directement sur l'étendue des vides admissibles, joue aussi un rôle important et impose des mesures spéciales pour la protection des chantiers.

On se préoccupera spécialement de cette solidité lorsqu'on choisira entre les trois méthodes générales : par *abandon de massifs,* par *foudroyage* (éboulement du toit) et par *remblayage,* mais dans chacune d'elles il faudra adopter les variantes compatibles avec la qualité du toit.

Un toit solide permettra des chambres de grandes dimensions ou des fronts de taille très longs ; au contraire, s'il est fissuré ou friable, il faudra réduire la section des chambres et décomposer le front de taille en éléments peu importants.

43. Classification des méthodes d'exploitation.

— On voit donc que les méthodes d'exploitation peuvent être exposées en se plaçant à divers points de vue :

Epaisseur du gisement (gîtes minces, moyens ou puissants).

Nature du minerai (matières de peu de valeur, charbon ; minerais métalliques).

Mode de soutènement du toit (abandon de massifs, foudroyage, remblayage).

On trouvera des méthodes semblables pour des matières très diverses ; de même on rencontrera le même mode de soutènement dans des gisements d'épaisseurs très différentes et dans les filons métalliques comme dans les couches de charbon.

Il n'y a donc pas de classification qui s'impose d'une façon absolue.

Nous remarquerons cependant que l'abandon de massifs n'est admissible que pour des matières de peu de valeur : pierres, sel gemme, minerais pauvres ou particulièrement abondants. On l'abandonne de plus en plus pour le charbon, même dans les pays où l'on ne recherchait d'abord que les couches faciles à exploiter.

D'autre part, l'exploitation des gîtes minces donne presque toujours suffisamment de déblais stériles pour qu'on soit amené à remblayer entièrement les vides.

Le remblayage est également appliqué dans les gîtes puissants, pour éviter de créer des vides exagérés et pour réduire les affaissements à la surface.

On ne rencontrera donc guère le foudroyage que pour les couches ou les filons de moyenne épaisseur ; le choix entre cette méthode et le remblayage dépendra de la valeur du gisement, de son inclinaison et de l'importance des affaissements à la surface.

Il existe d'ailleurs des méthodes intermédiaires : remblayage incomplet, foudroyage partiel, qui forment transition et permettent une adaptation logique aux conditions locales.

44. Ordre adopté pour la description. — Nous adopterons pour la description des méthodes d'exploitation, l'ordre indiqué sur le tableau ci-dessous :

- **Exploitation par abandon de massifs**
  - par piliers
  - par chambres
  - par piliers et estaus.

- **Exploitation par foudroyage**
  - Foudroyage du toit
    - couches moyennes
      - par massifs courts
      - par massifs longs, piliers ou chambres
      - méthode anglaise du *longwall*
    - couches épaisses.
  - Exploitation des couches puissantes par foudroyage de la *matière utile.*

- **Exploitation par remblayage**
  - En couches minces
    - peu inclinées
      - Tailles montantes ou descendantes
      - Tailles obliques
      - Tailles chassantes ou rabattantes
    - très inclinées
      - gradins renversés
      - gradins droits
  - En couches moyennes
    - par grandes tailles
    - méthode westphalienne du *stossbau*
    - par recoupes
  - En couches épaisses.
    - par tranches inclinées
    - par tranches horizontales
    - par tranches verticales

Nous décrirons à part les procédés de remblayage hydraulique, en indiquant à quelles méthodes ils peuvent s'appliquer.

Nous verrons ensuite les particularités d'exploitation des filons métalliques, et les modifications qu'elles entraînent dans les méthodes énoncées ci-dessus.

45. Représentation graphique. — Les croquis destinés à illustrer les descriptions des méthodes d'exploitation peuvent représenter le gisement de plusieurs manières (*fig. 33*) : en coupe perpendiculaire

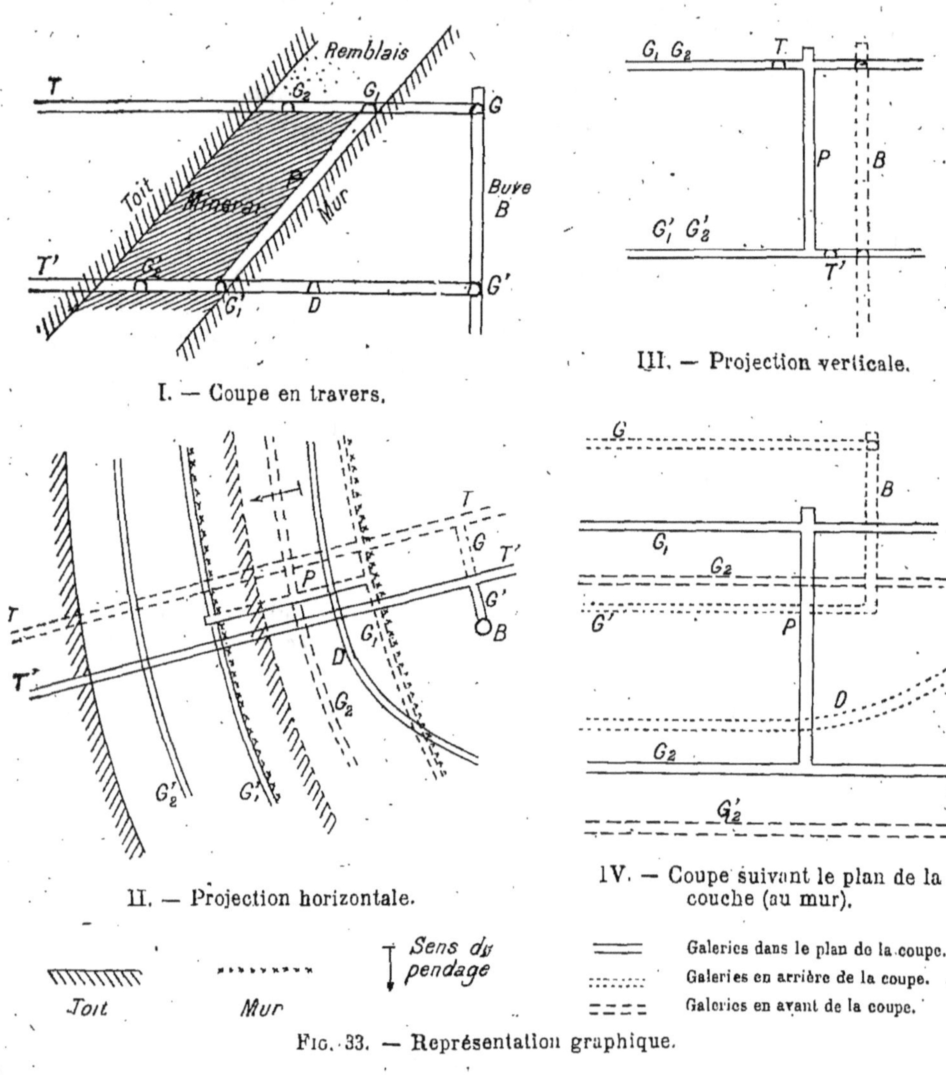

Fig. 33. — Représentation graphique.

à la direction (*I*), en projection horizontale (*II*) ou verticale (*III*); enfin, en coupe suivant le plan du gisement (*IV*).

On voit que les figures *I* et *III* sont en général assez claires, et de même la fig. IV. La projection horizontale *II* est souvent plus embrouillée, lorsque la couche est inclinée : les galeries et les indications du toit et du mur aux différents niveaux risquent de se superposer et de se croiser, soit parce que leur nombre est élevé, soit parce qu'il y a plusieurs couches distinctes.

On les rend plus claires en adoptant des couleurs différentes pour chaque étage ou chaque tranche d'une même couche, ou encore une couleur distincte pour chaque couche et des teintes diverses pour chaque niveau. Les plans inclinés seront alors teintés en diagonale (*fig. 34*), la partie supérieure étant entièrement de la couleur du niveau supérieur, la partie inférieure entièrement de celle du niveau inférieur.

On adoptera souvent une seule couleur, distincte pour tous les travaux au rocher, en distinguant par d'autres couleurs les couches différentes ou les niveaux dans chacune d'elles.

Nous ne pourrons, dans ce cours, adopter ce procédé. Nous emploierons cependant toujours les notations suivantes :

Le minerai (ou le charbon) sera représenté par des hachures, les parties remblayées par une surface pointillée, les zones éboulées (foudroyage) par un quadrillage. Le mur et le toit seront représentés par leurs tracés classiques (*voir fig. 32-II*).

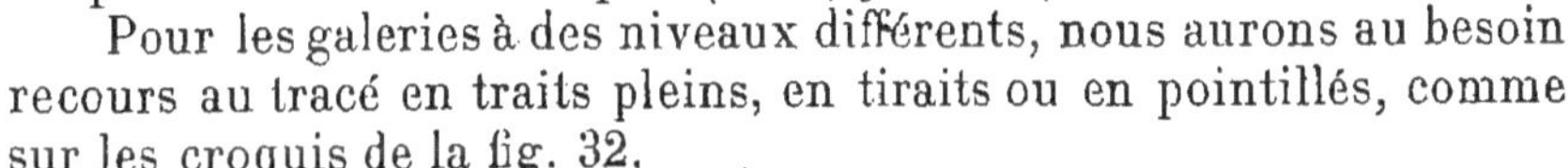

Fig. 34.
Représentation en projection horizontale
d'un plan incliné.

Pour les galeries à des niveaux différents, nous aurons au besoin recours au tracé en traits pleins, en tirets ou en pointillés, comme sur les croquis de la fig. 32.

Lorsque nous aurons à mettre en évidence des étages ou des tranches, nous emploierons des hachures distinctes.

46. Résumé.

— L'aménagement général d'une exploitation souterraine a été décrit dans ses grandes lignes dans la Ire partie du Cours. Les mines desservies par des galeries débouchant à flanc de coteau ou par des puits ne diffèrent d'ailleurs pas dans leurs méthodes d'exploitation. Il faut d'abord fixer le nombre et l'emplacement des points d'accès et leurs dimensions. Il est imprudent de se contenter d'une seule issue, mais si le gisement est profond, on ne peut multiplier le nombre des puits.

Ces derniers servent parfois à plusieurs usages : extraction des produits abattus, descente des matériaux ou des remblais, circulation du personnel, aérage, évacuation des eaux, mais le plus souvent ils sont plus ou moins spécialisés.

Leur emplacement est choisi d'après les conditions géologiques et l'allure du gisement, et d'après les commodités de la surface, en s'attachant à trouver la meilleure solution en présence de nécessités souvent contradictoires.

Le *champ d'exploitation* d'un puits est parfois déterminé par l'existence de failles qui découpent le gisement, mais lorsqu'on est libre de le fixer, on cherche à lui donner des dimensions qui permettent une exploitation régulière et un roulage souterrain commode et économique. Il est plus considérable dans les gisements composés de couches minces et peu nombreuses, que dans ceux qui comportent des couches épaisses ou rapprochées.

Il est rare qu'on puisse dépouiller simultanément le gisement sur toute sa hauteur ; on le prend en général par *étages* successifs dépilés en descendant, divisés au besoin en *sous-étages*, plus hauts lorsque le gisement est pauvre et incliné que lorsqu'il est riche ou peu incliné.

La préparation du gisement comporte des *Travaux de premier établissement* (fonçage et installation des puits, gros travaux au rocher) des *travaux préparatoires* (galeries secondaires au rocher, galeries principales dans le minerai, pour l'ouverture des étages ou sous-étages) enfin le *traçage* des quartiers. Les dimensions des *quartiers* dépendent principalement de la richesse du gisement ; plus celle-ci est grande, plus les quartiers sont ramassés. Des conditions de sécurité ou d'aérage peuvent conduire à modifier cette règle générale.

Il faut avoir soin de préparer à l'avance un nombre suffisant de quartiers pour parer aux imprévus : épuisement prématuré d'une partie du gisement, accidents, possibilités de développement de la vente, etc...

La *méthode d'exploitation* adoptée pour le dépouillement du gisement doit donner un prix de revient aussi bas que possible, permettre l'enlèvement complet du gîte (sauf s'il s'agit de substances de peu de valeur), et assurer la sécurité complète des ouvriers.

On se préoccupe en particulier de disposer les chantiers de façon à poursuivre l'abatage dans les meilleures conditions, à réduire les frais de soutènement et de roulage.

L'*épaisseur du gisement* est une des causes qui occasionne les variations les plus visibles dans les méthodes d'exploitation, ainsi que son *inclinaison* et la *solidité* des terrains, en particulier du toit.

On peut distinguer trois méthodes fondamentales, suivant que le toit des chantiers est soutenu par *abandon de massifs*, qu'on le laisse s'ébouler (*foudroyage*) ou qu'on le soutient au moyen du *remblayage*. Nous examinerons l'application de ces diverses méthodes aux amas de substances de peu de valeur, aux couches *minces*, *moyennes* ou *épaisses*, et les particularités de leur emploi pour l'exploitation des *filons métalliques*.

CHAPITRE III

EXPLOITATION PAR ABANDON DE MASSIFS.

§1. — Généralités.

47. Conditions d'application. — La méthode qui consiste à n'enlever qu'une partie du gisement, en laissant en place des massifs suffisants pour soutenir le toit ou la masse elle-même du minerai, donne évidemment une grande sécurité et simplifie beaucoup la conduite des travaux. Mais elle entraîne une perte considérable de matière utile, d'autant plus grande que celle-ci est moins résistante et que le toit est moins solide. Elle ne peut donc s'appliquer qu'à des gisements de peu de valeur, qui ne peuvent supporter un prix de revient élevé, ou lorsqu'on se trouve en présence de masses tellement importantes qu'on peut en abandonner une notable proportion sans encourir le reproche de gaspillage. Mais cette dernière raison perd de jour en jour sa valeur en présence des besoins croissants de l'industrie.

Il reste encore une cause qui peut faire adopter cette méthode, c'est la nécessité de ne provoquer aucun mouvement des terrains, soit que les indemnités que l'on aurait à payer pour dégâts à la surface seraient hors de proportion avec le prix du minerai abattu, soit qu'il faille les éviter quelle que soit la nature du gisement (exploitation sous un chemin de fer, un canal, ou sous la mer). Ce sont là des cas exceptionnels qui expliquent l'abandon de massifs dans des minerais de valeur ou dans la houille. Mais il s'agit plutôt, en général, de la constitution de massifs de protection qui empêchent l'enlèvement total de tout le gîte, exploité dans le reste de la mine par des méthodes différentes.

Si l'on se place dans des conditions ordinaires, où les préoccupations de la répercussion des travaux sur la surface ne jouent qu'un rôle secondaire, on concluera, comme nous l'avons fait déjà remarquer plus haut, que l'abandon de massifs se justifie surtout dans l'exploitation des pierres utilisées pour la construction du minerai de fer ou des minerais à très faible teneur.

48. Méthodes applicables. — Les massifs abandonnés peuvent présenter diverses formes.

On peut d'abord laisser des piliers isolés, autour desquels on abat le minerai, jusqu'à ce qu'ils aient atteint les dimensions minima déterminées par leur résistance. Le chantier, une fois terminé, présentera l'aspect d'une grande salle vide, plus ou moins haute, contenant une série de colonnes Au besoin, on aura laissé sous le toit une planche de minerai ; c'est la méthode des *piliers isolés*.

Au contraire, on peut se contenter de découper dans le gisement une série de galeries séparées par des piliers beaucoup plus longs que larges, qui supporteront le toit comme une succession de murs parallèles. C'est la méthode des *piliers continus*.

On peut enfin ouvrir dans le minerai des chambres de dimensions plus ou moins grandes, de section plus ou moins allongée : rectangulaires, carrées, rondes, séparées par des massifs découpés en conséquence. C'est la méthode des *chambres*. On voit que si les chambres ont une longueur considérable par rapport à leur largeur, les cloisons qui les séparent forment des piliers analogues à ceux de la méthode précédente.

Nous avons supposé jusqu'à présent que le gisement était enlevé en une fois sur toute sa hauteur. Si celle-ci est trop considérable, on est obligé de la décomposer en une suite d'étages de profondeur croissante, entre lesquels on abandonnera un plancher continu. L'exploitation présentera donc, en coupe verticale, une succession de tranches dépilées, avec des piliers ou des cloisons abandonnées et de tranches intactes ; c'est la méthode par *piliers et estaus*.

§ 2. — Méthode par piliers isolés.

49. Principe. — Dans cette méthode, le dépilage est conduit de façon à enlever tout le gîte, sauf un certain nombre de piliers indépendants les uns des autres, de forme généralement rectangulaire, qui soutiennent le toit.

Si la masse est homogène et horizontale, la disposition des côtés du rectangle est indifférente. Si le gisement présente une pente sensible, on s'arrange pour que les côtés des piliers soient parallèles et perpendiculaires à l'inclinaison. Le plus souvent, les rectangles ainsi ménagés figurent un *damier* (*fig. 35*) qui permet la circulation aussi bien suivant la pente que suivant les lignes de niveau. Mais le toit peut être fissuré, fendu par un réseau de cassures parallèles, et il serait imprudent de le découper ainsi suivant des lignes droites qui pourraient coïncider avec une ligne de moindre résistance. On disposera alors les piliers en *quinconce* (*fig. 36*) de telle sorte que les galeries continues soient normales aux cassures du toit. On voit qu'il ne reste plus alors qu'une seule direction dans laquelle puisse se faire la circulation.

Si l'inclinaison et la direction ne sont pas régulières, si les cas-

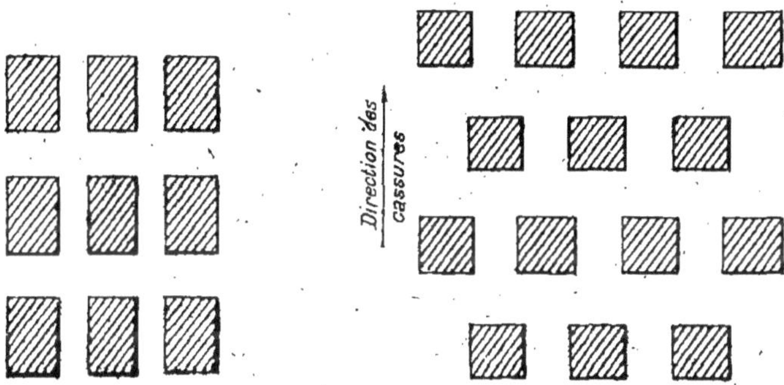

Fig. 35. — Piliers en damier.   Fig. 36. — Piliers en quinconce.

sures dans le toit sont obliques par rapport à ces dernières, ou enfin si le minerai contient des lignes de moindre résistance qui amènent à faire progresser les chantiers, pour favoriser l'abatage, dans des directions obliques par rapport à l'inclinaison du gisement ou aux cassures du toit, le plan de la mine présentera un aspect beaucoup moins simple que ne l'indiquent les croquis schématiques ci-dessus. Toutefois, il est indispensable que les piliers aient une disposition et des dimensions aussi régulières que possible, sinon les calculs de leur résistance deviendraient trop aléatoires et des effondrements seraient à craindre.

On cherchera donc toujours à tracer un réseau de galeries formant des mailles régulières.

L'abatage lui-même peut être conduit de deux façons différentes : on peut d'abord donner aux galeries leur largeur maxima dès le début ; les piliers, une fois isolés, ne seront plus retouchés. On peut au contraire tracer d'abord le quadrillage complet de tout le champ d'exploitation et reprendre ensuite les piliers, en réduisant leurs dimensions jusqu'à la limite admise.

Le premier procédé n'est possible que si l'on est certain de ne pas avoir d'effondrements, par conséquent que le toit est assez régulier et qu'on peut fixer en toute sûreté les dimensions à donner aux piliers.

Si l'on n'a pas cette certitude, il vaut mieux adopter le second système ; il offre une grande sécurité pendant la période de traçage, où les piliers ont une épaisseur très supérieure à ce qui est nécessaire ; une fois le dépilage définitif commencé, on peut barrer l'entrée des quartiers terminés.

50. Calcul des dimensions des piliers. — La détermination des dimensions à donner aux piliers repose sur la limite de la résistance à l'écrasement de la roche. Celle-ci n'est pas toujours connue, même en supposant la roche homogène, et sans plans de cassure.

On ne sait pas non plus exactement quelle charge ces piliers auront à supporter, car on ignore comment se répartissent les poussées dans la masse des terrains. On est donc obligé de se placer dans l'hypothèse la plus défavorable. Pour les exploitations assez voisines de la surface, il faut supposer que les piliers auront à supporter toute la masse des terrains qui les surmontent.

Soit s la surface d'un pilier (supposé prismatique) S la surface de terrain de recouvrement qu'il doit supporter, P le poids des terrains dont la base est S et p celui du pilier lui-même (P et p étant calculés pour 1 mètre carré) R la résistance à l'écrasement de la roche.

On doit donc avoir, à la base du pilier :

$$SP + sp \leqslant Rs$$

Le 2e terme sp est, le plus souvent, négligeable en regard de SP.

d'où $\qquad SP \leqslant Rs \qquad$ c'est-à-dire $\qquad \dfrac{s}{S} \geqslant \dfrac{P}{R}$

Le poids P est égal, en moyenne, à 2.000 kg par mètre cube, 2.500 dans les terres imprégnées d'eau. Il est prudent d'adopter ce dernier chiffre.

Quant à R, il n'a été déterminé que pour un certain nombre de roches. D'après les expériences de M. Tournaire (1), continuées par l'administration des mines françaises, on peut admettre :

Craie de Meudon	150.000 à 250.000	kg. par m²
Tuffeau de Touraine . . .	300.000 à 400.000	—

(1) *Annales des Mines*, 8ᵉ série, Vᵉ vol., p. 415 ; 8ᵉ série, VIIᵉ vol, p. 356.

Pierre de taille   .   .   .   .   350.000 à   600.000 kg. par m²
Gypse   .   .   .   .   .   .   800.000 à 1.200.000   —
Sel gemme.   .   .   .   .   .   3.000.000 à 4.000.000   —

En adoptant les chiffres minima de ce tableau, on voit que pour une profondeur de 40 m., le rapport $\dfrac{s}{S}$ devra être au moins égal

Dans la craie   .   .   .   .   à 66   °/₀
— le tuffeau   33   —
— la pierre de taille   28,6   —
— le gypse.   12,5   —
— le sel gemme   3,3   —

On arrive donc rapidement par ce calcul, avec certaines substances, à une profondeur telle que les piliers finiraient par occuper presque toute la surface du gisement, d'autant plus qu'il est prudent de garder un coefficient de sécurité suffisant.

Mais, en réalité, quand la profondeur augmente, les piliers n'ont plus à supporter la totalité de la masse de recouvrement, qui s'arc-boute en partie sur les terrains autour de la zone exploitée. De plus le poids de 2.500 kg. par mètre cube n'est généralement plus exact, car une partie au moins des assises n'est pas imbibée d'eau.

On s'explique donc qu'on puisse aller plus loin que ne l'indi-

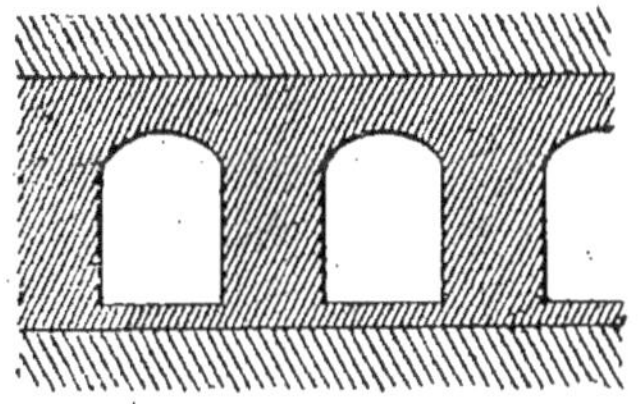

Fig. 37. — Piliers avec abandon de minerai
sous le toit et au mur.

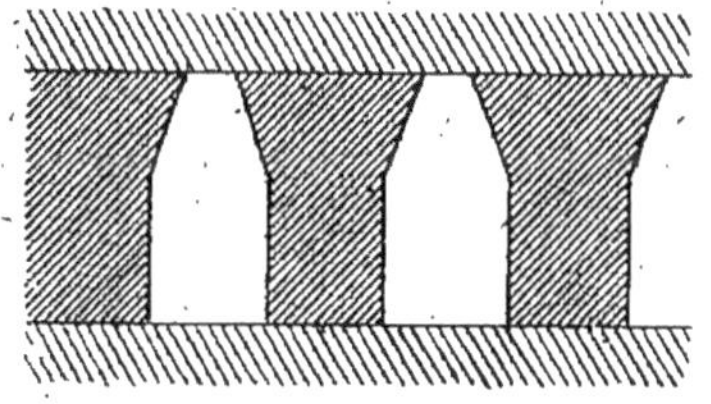

Fig. 38. — Piliers renforcés
sous le toit.

queraient ces formules. Seules des données expérimentales permettent de déterminer les dimensions admissibles pour les polices.

Le rapport $\dfrac{s}{S} = \dfrac{1}{4}$ se rencontre dans nombre d'exploitations.

On voit qu'il correspond à un *rendement* de 75 °/₀ seulement. Ce rendement peut même être sensiblement plus faible si l'on doit abandonner des planches de minerai sous le toit, ou au mur et que la partie supérieure des vides doit avoir une section moindre (*fig. 37 et 38*).

51. Exploitation des mines d'or Robinson-Deep. — Un exemple d'exploitation par piliers abandonnés se rencontre dans la mine d'or de Robinson-Deep (Transvaal). Les deux couches ont un pendage de 35°, une épaisseur de 1ᵐ à 1ᵐ30 ; elles sont constituées par un conglomérat de quartzites roulés et de quartz bleuâtre ou blanc, avec ciment siliceux ; l'or se trouve dans ce ciment, en traces très faibles, et d'ailleurs irrégulières.

Les couches sont divisées en étages de 30ᵐ, desservis par un puits incliné dans le gîte, avec galerie de niveau à la base de chaque étage.

On enlève le minerai sur toute son épaisseur, en laissant des piliers que l'on tâche de réserver dans les parties pauvres du conglomérat (moins de 7 gr. d'or à la tonne) ; ces piliers ont une forme et une section assez variées, par suite de l'irrégularité du gisement. Les minerais abattus glissent le long du mur et sont reçus à la base de l'étage dans des trémies d'où on les charge dans les wagonnets circulant dans la galerie de base.

Le stérile abattu dans les traçages est utilisé pour élever des murs de consolidation le long des galeries à maintenir.

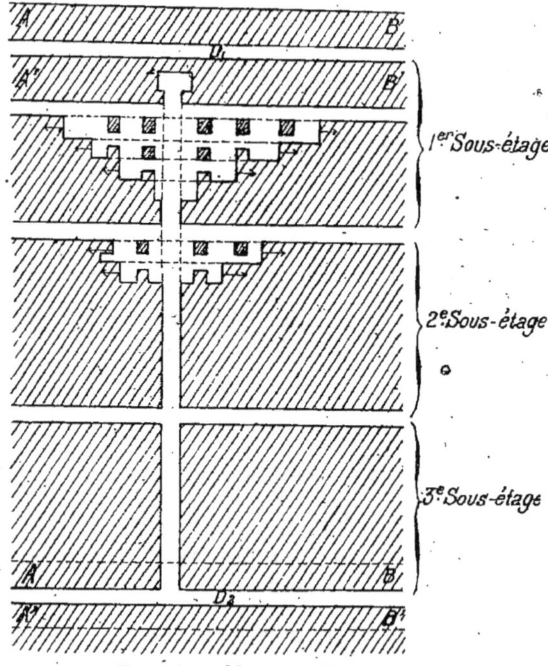

Fig. 39. — Mine de Wieliczka.
(Coupe suivant le plan de la couche).

52. Mines de sel de Wieliczka. — L'exploitation du gisement de sel gemme de Wieliczka (Pologne) offre un caractère de régularité plus sensible. La couche est peu inclinée, on y trace des galeries de niveau à la base des étages et sous-étages et les produits sont descendus à la base de l'étage par un plan incliné (*fig. 39*). En dépilant, on a soin de ménager des piliers de protection continus AB, A'B' en amont et en aval des galeries de base des étages D₁ et D₂.

L'abatage se fait en partant du plan incliné, au sommet de chaque sous-étage, en chassant en direction, par gradins successifs, en laissant des piliers régulièrement disposés. Les voies du plan incliné se trouvent finalement dans un vide soutenu par ces piliers.

53. Abandon de piliers dans les houillères.

— L'abandon de piliers dans les houillères est de plus en plus rare, en raison de la valeur croissante du combustible. On pratiquait couramment cette méthode au début du siècle dernier, pour éviter les frais de soutènement. Mais elle n'a subsisté que dans certaines conditions spéciales. Par exemple, dans l'exploitation d'une couche de charbon de 3ᵐ,20 à plus de 200 m. sous la mer, à Whitehaven (côte ouest d'Angleterre), on pratique un traçage par des galeries G, G' en direction et en inclinaison, larges de 5ᵐ,50, séparant des piliers carrés de 18ᵐ,30 de côté ; arrivé à la limite du champ d'exploitation, on bat en retraite, en découpant les piliers par

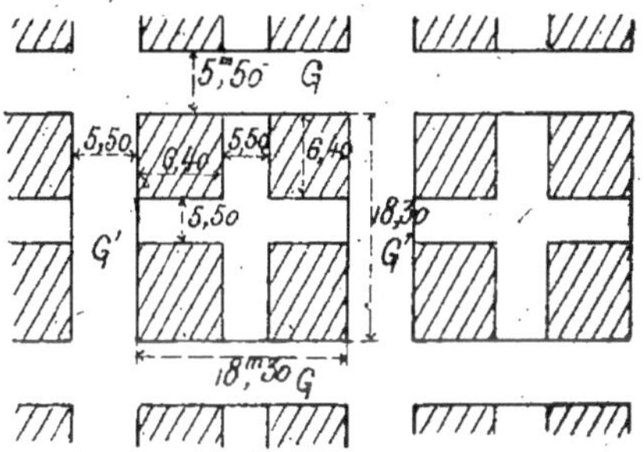

Fᴵɢ. 40. — Exploitation sous-marine de Whitehaven.

de nouvelles galeries *g*, *g'*, qui mesurent également 5ᵐ,50 de large. On voit donc que chaque grand pilier est divisé en quatre petits de 6ᵐ,40 de côté.

On laisse de plus une planche de 75 cm., de sorte qu'en définitive on ne prend guère plus de 50 % du charbon.

Un autre exemple classique d'abandon de massifs dans les houillères anglaises est celui de l'exploitation de la couche *Ten-Yards* (Staffordshire) (1).

Son épaisseur est de 8 à 9 m., avec une inclinaison faible (10-15°).

On trace d'abord les quartiers au moyen de deux galeries en direction parallèles A A' séparées par un pilier de 36 m., et réunies tous les 46 m. par des recoupes d'aérage, fermées par des barrages

---

(1) *Revue universelle des Mines*, 3ᵉ série, t. xɪɪ.

en briques lorsqu'elles deviennent inutiles pour l'établissement du circuit d'aérage (*fig. 41*).

Des galeries BB′ suivant la pente, séparées par un pilier de 33 m., limitent des quartiers de 238 m. de longueur en direction.

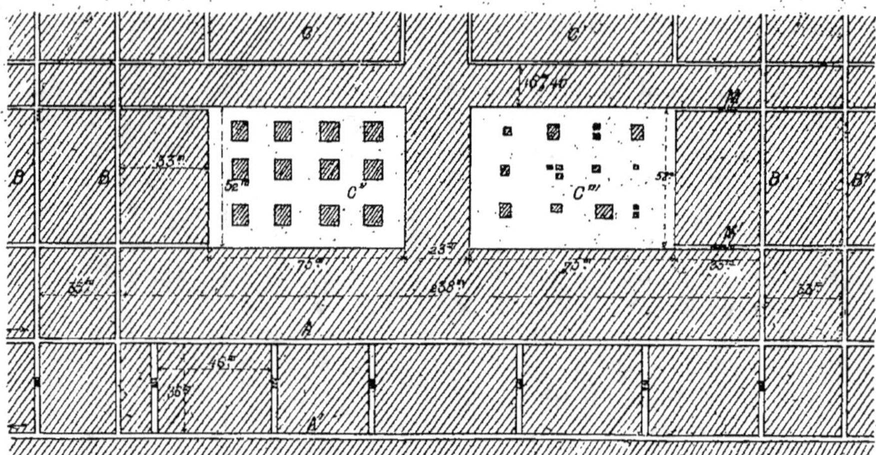

FIG. 41. — Exploitation de la couche *Ten-Yards*.

Ces galeries ont 1^m,80 de hauteur.

On isole ensuite, par un traçage secondaire, des chambres CC′C″C‴ de 75 m. sur 52 m. séparées par des piliers en direction de 16^m,40 de largeur ; un massif de 33 m. est laissé entre les galeries montantes et les chambres.

On dépile ensuite ces chambres en y laissant (chambre C″) des piliers carrés de 7^m,30 de côté. Cet abatage n'est poussé que sur 0^m,80 de hauteur, puis on s'élève jusqu'à 3^m,50 et enfin jusqu'au toit. Pour cette dernière phase, on se protège au moyen de piliers en bois.

Les piliers de charbon eux-mêmes sont ensuite amincis dans la limite du possible. Une fois la chambre terminée (par exemple C‴), on en barre les entrées par des murs en briques MM′ ; au bout d'un certain temps le toit s'éboule.

On abandonne définitivement les cloisons entre les chambres ; ultérieurement on essaie de reprendre les massifs de protection des galeries. Au total, la perte de charbon est d'environ 1/3 du gisement ; l'abatage est économique mais dangereux, l'aérage mauvais, les affaissements de surface importants.

§ 3. — MÉTHODE PAR PILIERS CONTINUS.

54. Principe. — Dans la méthode précédente, le traçage et le dépilage se font au moyen d'un quadrillage de galeries en direction et suivant la pente, en enlevant ensuite une partie des massifs ainsi isolés. On peut, au contraire, n'attaquer le gisement que par des chantiers parallèles (généralement en direction, quelquefois suivant la pente) séparés par des piliers qui ne sont recoupés que de place en place par les recoupes nécessaires pour l'aérage ou la circulation. Les piliers ont dès lors une longueur beaucoup plus grande que leur largeur.

La fig. 42 représente une exploitation de ce type, dans laquelle les chantiers progressent des deux côtés d'un plan incliné P, le long duquel ont été maintenus des massifs de protection M, M'.

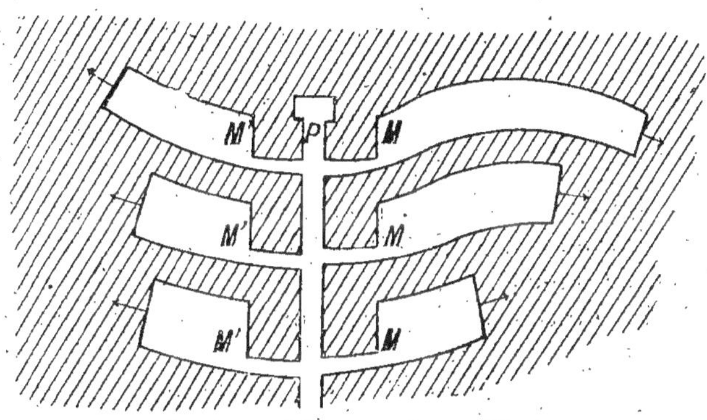

Fig 42. — Piliers continus. (Plan).

En projection horizontale, les parois des piliers qui suivent les lignes de niveau présentent des sinuosités si le gîte n'est pas plan.

Au lieu de donner aux piliers une épaisseur constante, on leur donne parfois une forme dentelée pour éviter de créer sous le toit des lignes de moindre résistance.

Le calcul des dimensions de ces piliers et de la proportion de minerai abandonné se fera d'une façon semblable à celle que nous avons indiquée dans le cas des piliers isolés.

On voit que cette méthode ne se distingue de celle des chambres, que nous décrirons plus loin, que par le grand développement en longueur des chantiers par rapport à leur longueur. Si les chambres sont longues, on a donc une méthode intermédiaire, dite *par recoupes*, très employée dans une partie des mines de fer de Lorraine.

55. Ardoisières de Festiniog. — Comme exemple d'exploitation par piliers continus, on peut citer celle des ardoisières de Festiniog, dans le pays de Galles.

La couche a 40 m. de large, avec une pente de 30 à 35°. On l'enlève par une série de chantiers descendants, d'une vingtaine de mètres de largeur, séparés par des piliers de 10 m., allant du toit au mur (*fig. 43*).

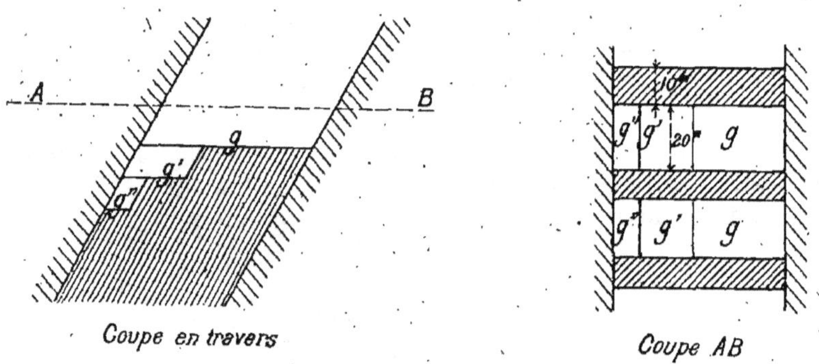

Fig. 43. — Ardoisières de Festiniog.

L'approfondissement ayant atteint plusieurs centaines de mètres suivant le mur, les piliers présentent donc bien l'aspect continu qui caractérise la méthode.

Le fond du chantier est taillé suivant une série de gradins droits $gg'g''$.

Ce système n'est évidemment applicable que si le toit ne présente pas de fissures normales à la direction de la couche, car il reste découvert, en ligne droite, sur une grande longueur.

§ 4. — Méthode par chambres.

56. Principe. — Dans cette méthode, on pratique dans le gisement une série de chambres, de section rectangulaire, ovale ou même ronde, que l'on dépile isolément ; il ne reste plus, après la fin de l'abatage, qu'un massif très découpé (*fig. 44*), dans lequel les piliers n'offrent guère de continuité que le long des galeries de traçage.

En hauteur, les parois des chambres peuvent être verticales ou inclinées de façon à envelopper un parallélipipède, un cylindre, un cône, voire même des volumes plus compliqués.

Il faut distinguer de suite deux cas différents, suivant l'épaisseur du gisement.

Si celle-ci est faible, la chambre sera prise immédiatement sur toute sa hauteur.

Au contraire, dans les gîtes puissants, la chambre peut être creusée, soit en descendant, sous la protection de la voûte, soit en montant. Dans le premier cas, on commence en général par amener la chambre à sa largeur définitive, puis on l'approfondit par une succession de gradins droits. Dans le second cas, on part de la base de la chambre et on s'élève en gradins renversés.

Les exemples qu'on trouvera plus loin montreront bien les différentes façons de procéder.

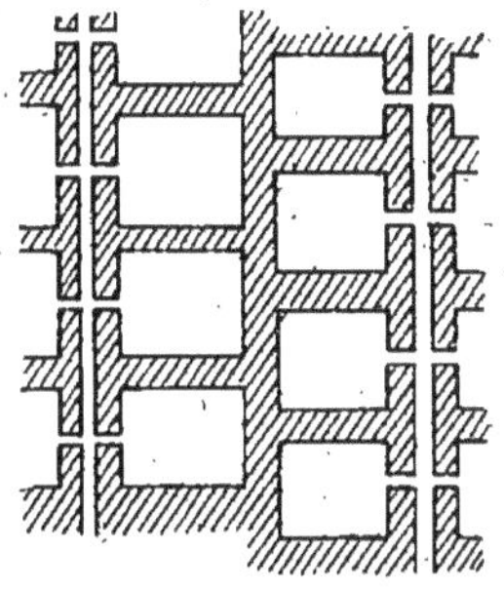

Fig. 44. — Exploitation par chambres.

Les gradins droits n'obligent pas les ouvriers à travailler sous le minerai en surplomb, mais la hauteur de la chambre va sans cesse en croissant, son toit reste longtemps découvert et sa surveillance devient de plus en plus difficile si on n'établit pas un plancher d'observation ; aussi le procédé n'est-il admissible que sous un toit de bonne qualité.

Dans les gradins renversés, le bas de la chambre peut être remblayé au fur et à mesure que les ouvriers s'élèvent. Le toit du chantier est constamment abattu, avant que les fissures aient eu le temps de s'agrandir. Aussi préfère-t-on souvent cette manière de conduire l'abatage, à condition bien entendu que le minerai ne soit pas découpé par des plans de moindre résistance, auquel cas elle cesse d'être applicable.

D'une façon générale, la méthode par chambres, si elle est conduite avec méthode, n'est pas dangereuse ; la forme et les dimensions des chambres devront être adaptées à la solidité du minerai et du toit.

Les chantiers étant isolés les uns des autres, un accident (éboulement, irruption d'eau, etc...) qui compromet l'un d'eux ne se répercute pas sur les autres. Par contre l'aérage de ces grands vides indépendants est souvent difficile.

57. Dimensions des chambres. — On arrive parfois à donner aux chambres des dimensions énormes. Ainsi dans la mine de sel gemme de Marmaros on a dépassé 200 m. de longueur, 65 m. de largeur et 130 m. de hauteur, c'est-à-dire un vide total de 1.800.000 m³. Dans les ardoisières d'Anjou on a atteint 70 m. de longueur, 60 m. de largeur, 110 m. de hauteur, ce qui fait encore 440.000 m³. Mais ce sont des exemples exceptionnels.

Le calcul des dimensions à donner aux cloisons entre les chambres est assez compliqué, en raison de leur forme découpée, et présente un caractère d'incertitude évident lorsque des expériences précises n'ont pas été faites sur la limite d'écrasement des roches. Cette incertitude s'accentue encore du fait qu'on connaît mal la répartition des poussées en profondeur. On se base donc en réalité sur des données pratiques plutôt que sur des calculs.

58. Mines de sel. — Les mines de sel de Marmaros (Hongrie) sont exploitées depuis plus de 1200 ans. La masse saline a une épaisseur encore inconnue, mais qui dépasse 150 m. On a commencé par creuser des chambres en descendant (méthode des *bouteilles*) :

Après avoir percé dans les terrains de recouvrement deux puits voisins, on constituait, sous une voûte de sel d'une dizaine de mètres, une chambre ronde ou ovale que l'on élargissait en descendant, jusqu'à 50 m. de diamètre, parfois même davantage pour les chambres elliptiques. On continuait ensuite à descendre, en conservant cette section, jusqu'à ce qu'un effondrement devienne menaçant. En fait, on est arrivé à près de 150 m. avec un diamètre d'environ 50 m. Le vide présentait bien alors le profil d'une bouteille, cylindrique à la base, ogival à la partie supérieure.

On a remplacé, depuis 150 ans, ces chambres rondes ou elliptiques par des chambres parallélépipédiques très allongées, qui diminuent beaucoup la masse de sel laissée dans les cloisons.

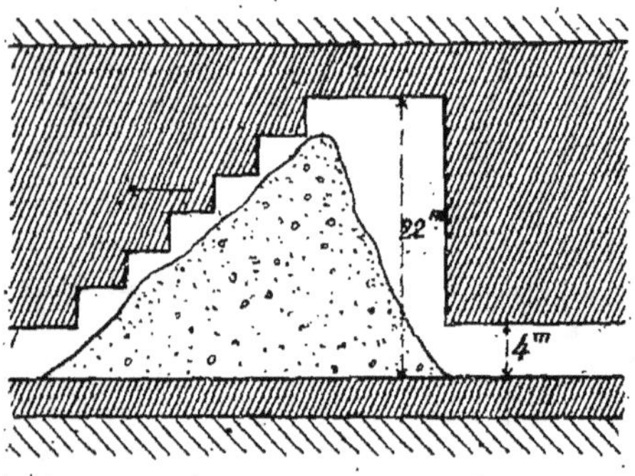

La partie supérieure de ces chambres s'élargit suivant une pente à 45°. Arrivée à sa largeur définitive (50 à 60 m.) l'excavation s'approfondit en gradins droits. C'est une chambre de ce type qui a atteint le volume de plus de 1 800.000 m³ cité plus haut.

Fig. 45. — Mines de sel du sud de la Russie.

La solidité du toit s'explique facilement ; les fissures, dès qu'elles sont ouvertes, offrent un passage aux eaux d'infiltration, qui sont chargées de sel qu'elles déposent en s'évaporant. Les fissures sont ainsi incessamment remplies et consolidées, dès leur formation.

Dans d'autres mines de sel, *au sud de la Russie* par exemple, on procède au contraire par chambres creusées en montant.

La couche mesure plus de 30 m. d'épaisseur, mais on laisse une planche de plusieurs mètres au mur et au toit, ce qui réduit la hauteur des chambres à 22-23 m. (*fig. 45*).

On trace d'abord des galeries de 15 m. de large et 4 m. de hauteur, séparées par des piliers de 12 m. On élève ensuite ces galeries en gradins renversés, jusqu'à la hauteur totale de 22-23 m., laissant le sel abattu former un tas montant presque jusqu'au front de taille. Les mineurs travaillent sur ces déblais, tandis qu'on charge le sel à la base du tas, du côté opposé.

Une méthode analogue est employée dans les *mines de potasse de Stassfurt*, notamment dans les couches fortement inclinées. Les galeries préparatoires, transformées ensuite en chambres d'une dizaine de mètres de hauteur, sont poussées en direction lorsque la puissance de la couche ne dépasse pas 20 m., mais perpendiculairement au mur et au toit lorsque la couche est très épaisse.

Suivant le pendage et l'épaisseur, la disposition et la forme des chambres varient, ainsi que la façon de conduire l'abatage. Les vides une fois entièrement creusés, on évacue le tas de sel et on le remplace par des remblais. On peut alors ouvrir une nouvelle chambre au-dessus de la précédente, et, ainsi de suite, en

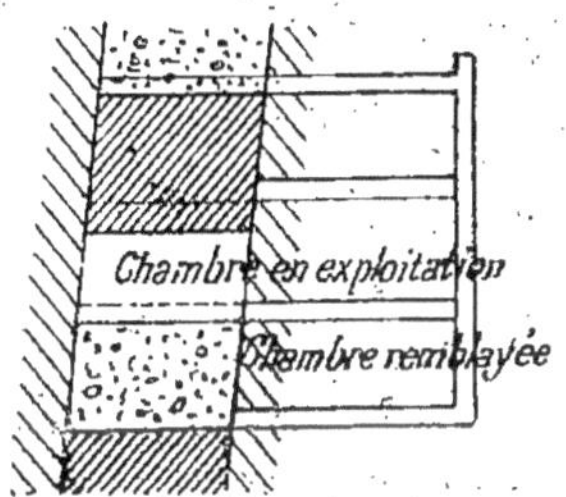

Fig. 46. — Mines de potasse (chambres élevées parallèlement à la direction).

une série de tranches d'une dizaine de mètres, de la base de chaque chambre par une galerie de roulage (*fig. 46*).

59. Ardoisières d'Anjou. — L'exploitation des ardoisières d'Anjou constitue un bon exemple des méthodes par chambres.

On a vu plus haut qu'après avoir cessé l'exploitation à ciel ouvert on avait commencé par ouvrir d'immenses chambres souterraines où le travail se poursuivait d'une façon tout à fait analogue, en descendant par gradins droits.

La sécurité n'était guère meilleure que dans les travaux en carrière, aussi a-t-on été amené à remplacer cette méthode descendante par une méthode ascendante, qu'il est intéressant de décrire avec assez de détails pour en faire bien saisir le fonctionnement (1).

---

(1) Voir *Annales des Mines*. 10ᵉ série, VIII, p. 519, la note de M. Anglés-Dauriac.

On commence (*fig. 47*) par foncer, généralement au mur, un puits P jusqu'à 250 m. ou 300 m., niveau de base des chambres, puis on creuse une galerie en direction C parallèle à la couche, destinée à recueillir les produits extraits dans les différentes chambres (d'où son nom de *collectrice*). De distance en distance, on ouvre de petits travers-bancs T rejoignant la couche. L'écartement de ces travers-bancs est égal à la largeur des chambres en direction, augmentée de celle des piliers entre ces dernières. Ces dimensions sont variables avec l'épaisseur de la couche exploitable et la tenue des bancs. Les chambres ont, en règle générale, une longueur, perpen-

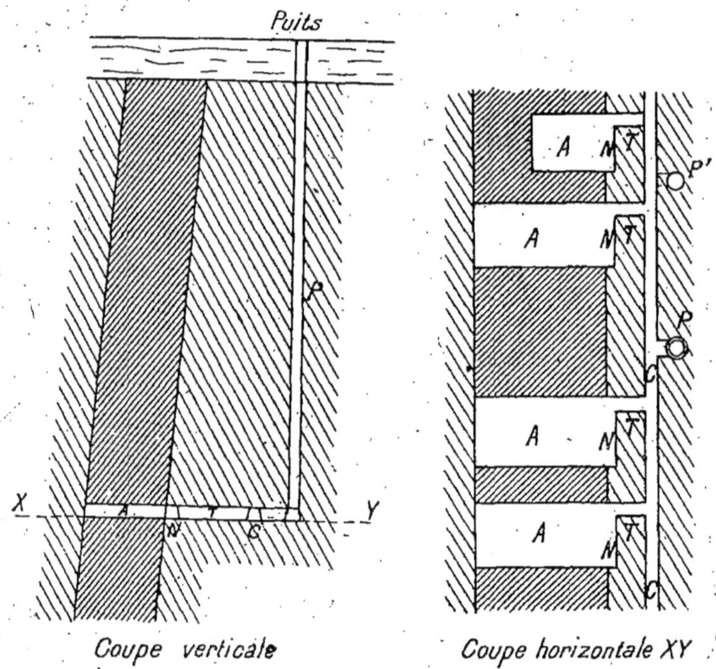

FIG. 47. — Ardoisières d'Anjou. Méthode par chambres remontantes.

diculaire au mur, supérieure à leur largeur suivant le fil de la pierre et le pilier a par exemple une épaisseur égale au 1/3 de la largeur de la chambre. Au contact immédiat de la couche, on ouvre des galeries en direction N, sur toute la largeur des chambres, puis on attaque ces dernières (A), sur une hauteur de 2 m.

Lorsque cette première tranche est enlevée jusqu'au toit, on commence l'abatage en montant, qui se fait par tranches successives de 4 m. de hauteur (*fig. 48*)

Pour prendre la première tranche, on creuse le long de la

couche, dans le stérile, une foncée F, haute de 4 m. et large de 2m., au-dessus de la galerie N et sur toute la largeur de la chambre, puis on pénètre dans la couche, en abattant du mur vers le toit.

Les ouvriers sont placés sur des ponts de travail suspendus devant le front de taille. Dès que la chambre est ouverte sur une certaine longueur, on surélève encore de 4 m. la foncée F, et on trace un nouveau réseau de travers-bancs T' à l'aplomb de ceux de base, réunis à une collectrice C', qui se trouve à 8 m. au-dessus de C. Cette collectrice C' est reliée à la base d'un puits à remblais P'.

Lorsque la première tranche est finie, on attaque la deuxième en partant de la partie supérieure de la foncée et on la conduit de

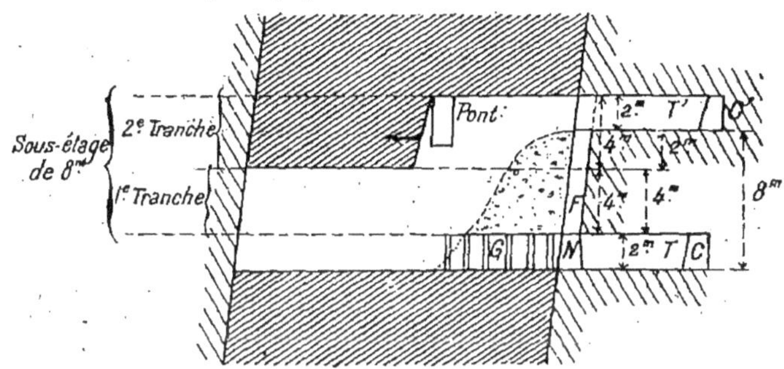

FIG. 48. — Enlèvement des tranches successives.

même jusqu'au toit. En même temps, on commence à remplir la chambre, jusqu'au niveau du travers-bancs T' en y versant les remblais apportés par la collectrice C'. Il faut avoir soin de ménager dans le remblai, à la base de la chambre, en prolongement du travers-bancs T, une galerie boisée G pour l'enlèvement des produits abattus.

On voit que la hauteur de la chambre augmente d'abord de 2 m. à 10 m., puis se réduit de nouveau à 2 m. après le remblayage

L'abatage se fait à la poudre noire pour ne pas abîmer les plaques d'ardoise et les blocs détachés sont triés ; les parties inutilisables sont laissées sur place, ce qui diminue la quantité de remblai à introduire dans la mine. Les autres sont enlevées au moyen de forts treuils électriques et chargés en wagonnets, évacués par la galerie G.

On continue ainsi à remonter, par sous-étages successifs de 8 m., partagés en deux tranches de 4 m. et on peut aller jusqu'au voisinage de la surface. Au fur et à mesure des progrès de l'exploitation, on établit de nouveaux réseaux de collectrices et travers-bancs, en

installant tous les 8 m. des recettes nouvelles dans le puits d'extraction et le puits à remblais, dont la base peut être comblée, en atten-
dant que, dans l'avenir, on fonce un nouvel étage de 250 ou 300 m.
qui sera pris de la même façon.

Cette méthode a de grands avantages sur celle des grandes
chambres descendantes. Le vide n'a jamais une hauteur exagérée,
ce qui supprime les craintes d'effondrements. Le toit de la chambre
se renouvelle sans cesse

Les ouvriers n'ont pas à craindre de chutes de plaques détachées des
parois ou de la voûte, ni de blocs tombant au moment de leur extraction le
long des billons de conduite. Enfin, on n'a plus besoin de remonter à la surface les parties inutilisables du gisement. La consommation d'explosifs est
moindre que dans l'abatage par gradins droits.

Grâce au traçage d'un sous-étage pendant le dépilage du précédent,
l'exploitation peut être continue. D'ailleurs, étant donné qu'on peut ouvrir
un grand nombre de chambres, desservies par le même puits, on peut parer
aux imprévus qui arrêtent le travail dans une des chambres en activant l'extraction dans les autres.

Il y a avantage à placer les deux puits (d'extraction et d'introduction
des remblais) très voisins, et mieux encore à accoler les deux services dans
le même puits, et à faire les transports par cages guidées.

Différentes variantes de cette méthode générale ont été essayées :
traçage tous les 4 m. au lieu de 8 m., ce qui augmentait inutilement
les creusements de galeries ; traçage tous les 20 m. seulement, avec
beurtiats de service, ce qui obligeait à maintenir, dans les remblais
des chambres, des puits pour la descente des blocs et qui amenait
d'autre part une gêne pour le remblayage. Ce dernier inconvénient
est sérieux, car il est fâcheux d'augmenter au-delà de 10 m. la hauteur du vide.

On trouvera, dans la note de M. Anglès Dauriac signalée plus haut, des
détails sur les procédés employés pour passer de la méthode descendante à
la méthode montante dans les exploitations où la première était en cours,
ainsi que sur les variantes proposées à la méthode générale.

Signalons seulement que dans certaines parties de l'Anjou (par
exemple dans la région de Segré), le gisement a une épaisseur beaucoup plus considérable. Lorsque celle-ci dépasse 60 m., la longueur
des chambres deviendrait exagérée. On est donc conduit à placer les
puits, non plus au mur ou au toit, mais dans la couche elle-même,
en utilisant si possible les zones les moins bonnes. Tous les traçages,
collectrices et travers-bancs, se font dans la couche et on peut
ouvrir une double ligne de chambres se développant, les unes vers

le toit, les autres vers le mur, en ménageant naturellement entre ces deux lignes des massifs suffisants.

Ainsi qu'on le voit, cette méthode des chambres ressemble beaucoup à celle des piliers continus adoptée aux ardoisières de Festiniog, ce qui montre

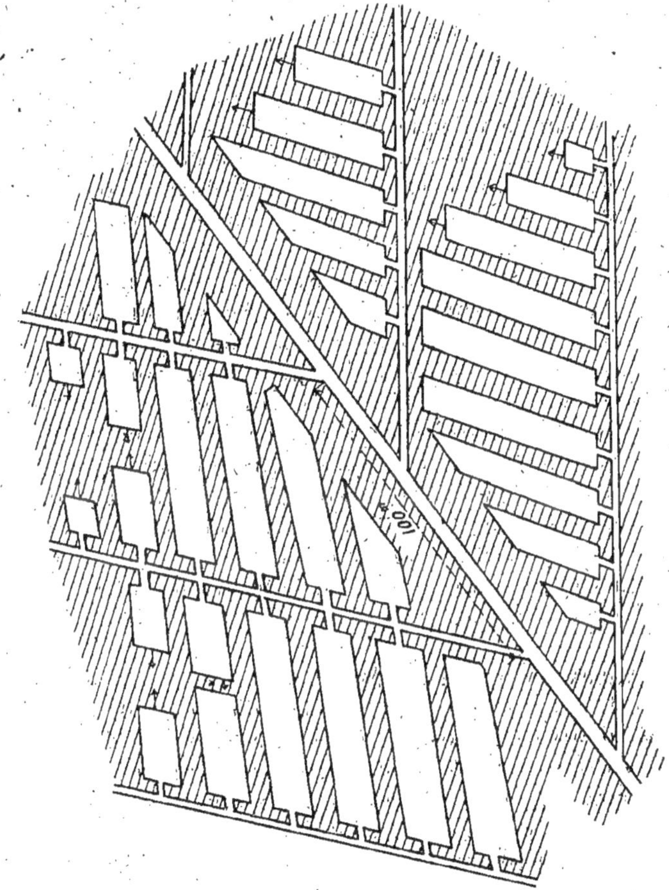

Fig. 49. — Mines de fer de Lorraine.

bien que l'on passe sans transition de l'une à l'autre de ces deux méthodes.

60. Mines de fer de Lorraine. — Dans les couches de minerai de fer de Lorraine, qui n'ont que quelques mètres d'épaisseur (souvent moins de 4 m.) et une pente de 1 à 3 °/₀, nous nous trouvons dans des conditions tout à fait différentes de celles des ardoisières d'Anjou. Le gîte peut être pris en une fois sur toute son épaisseur, les quartiers peuvent s'étendre sur une grande étendue, desservis par des voies de roulage presque horizontales, tracées régulièrement dans la couche.

On commence par placer une voie de fond principale, dirigée suivant la pente, et on branche sur elle, tous les 100 m. environ, une galerie oblique qui se continue jusqu'aux limites du champ d'exploitation.

Ces galeries sont séparées par un massif d'une soixantaine de mètres de largeur, dans lequel on ouvre successivement des chambres larges de 7 à 10 m., séparées par des piliers de 3-4 m. Suivant que ces chambres sont entamées des deux côtés de la galerie oblique, ou d'un seul côté, le système est *double* ou *simple* (voir *fig. 49* à gauche et à droite).

Lorsqu'on les pousse d'un seul côté, c'est en montant, pour faciliter l'évacuation des eaux et le roulage des produits abattus.

On ménage des piliers le long de la voie principale et des galeries obliques. Au total, la perte de minerai est donc assez sensible; mais on a l'avantage d'éviter ainsi les affaissements à la surface, ce qui réduit les indemnités à payer et surtout les infiltrations d'eau.

Nous verrons au chapitre suivant que ce dépilage par chambres peut être combiné avec l'enlèvement par foudroyage d'une plus grande partie du minerai — grâce au remblayage hydraulique, on peut du reste éviter les pertes de minerai tout en réduisant les mouvements de terrains, ce qui est précieux dans les zones de minerai riche.

61. Mines de fer de Suède. — Dans la région *Kirunavara* et *Gellivare*, le minerai de fer forme des amas considérables, descendant à plusieurs centaines de mètres, constitués par de grandes lentilles de section variable, dont la traversée horizontale est de plusieurs dizaines de mètres. L'ensemble est évalué à un milliard de tonnes, contenant en majeure partie plus de 60 °/₀ Fe, parfois 68 ou 69 °/₀.

L'exploitation d'une telle masse a débuté par des travaux à ciel ouvert, mais elle se continue actuellement souterrainement dans la plupart des mines. Elle présente des difficultés, car le poids du minerai est d'environ 4ᵗ,5 par mètre cube, aussi ne peut-on penser à opérer par tranches horizontales montantes, comme dans une couche épaisse de charbon, en soutenant le massif découpé par un boisage ordinaire. D'autre part, les terrains de la région sont très durs et se prêtent mal à l'ouverture de carrières à remblai. On a donc été conduit à adopter une méthode par chambres montantes, avec évacuation du minerai à la base, par des trappes donnant sur la galerie de roulage. C'est le procédé des *chambres-magasins* (1).

On pousse d'abord vers le gîte un grand travers-bancs, mesurant 6 m. de large et 4^m,50 de hauteur, avec trois voies de roulage.

Arrivée au mur de l'une des lentilles, cette galerie le suit et se continue ensuite, à section réduite, vers les autres amas (*fig. 50*).

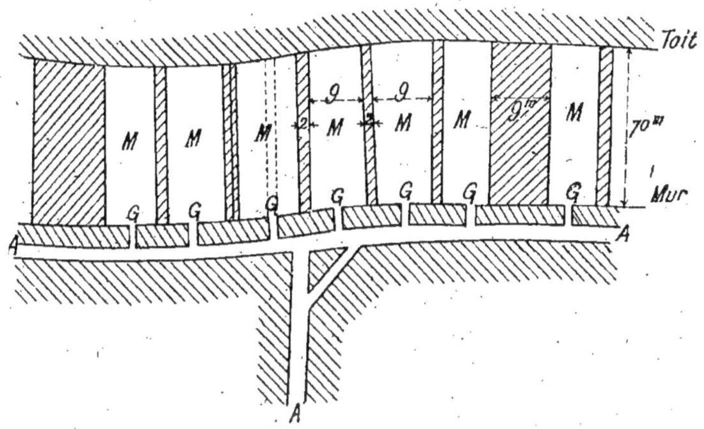

FIG. 50. — Exploitation par magasins à Gellivare.

Sur elle on branche, tous les 11 m., des galeries secondaires de 2^m,50 × 2^m,50. qui vont du mur au toit. Tous les 5 m. débouchent alternativement sur un côté et l'autre de ces galeries des trappes par lesquelles sont évacués les minerais abattus dans les chambres (*fig. 51*).

Une fois la galerie G poussée jusqu'au toit on ouvre, à 6 m. au-dessus de sa sole, avec une largeur de 9 m. et une hauteur de 2 m., une chambre M que l'on continue jusqu'au toit. Des entonnoirs, terminés à leur base par les trappes, recueilleront le minerai abattu. On complète la préparation par deux puits, un à chaque extrémité du magasin, pour la circulation du personnel, l'aérage et le passage des canalisations d'air comprimé.

Entre deux chambres consécutives, on ménage un pilier de 2 m., ou davantage si le minerai n'est pas très solide. De distance en distance, on laisse des massifs plus épais isolant un groupe de chambres et que l'on essaiera de reprendre ultérieurement.

____

(1) Voir *Annales des Mines*, 10e série, xix, p. 85, l'étude de M. P. Nicou sur les minerais de fer scandinaves.

Cette largeur des piliers dépend naturellement de l'épaisseur des terrains à supporter. Faible lorsque le haut des chambres doit aboutir au fond d'une carrière, elle doit être plus grande si la masse au-dessus de la chambre est plus forte. Ce sera le cas pour les étages inférieurs.

On prévoit, à Gellivare, un étage tous les 40 m. Les chambres commencées à 6 m. au-dessus de la base de l'étage s'arrètent à 3 m. au-dessous du niveau supérieur, ce qui réduit leur hauteur à 31 m.

L'abatage, dans chaque chambre, est conduit en montant à l'aide de perforatrices et d'explosifs et les mineurs n'évacuent par les trappes qu'une partie du minerai, de façon que le sommet du tas soit toujours à 2 m. de la couronne.

Quand la chambre est arrivée à sa hauteur définitive, on la vide entièrement. A ce moment, une partie des piliers de 2 m. s'effondrent, ainsi que le stot supérieur, ce qui diminue les pertes de minerai.

Il ne reste guère que les stots au-dessus des galeries G, qu'on espère pouvoir prendre ultérieurement par tranche horizontale, entre les éboulements, en rabattant vers la galerie principale ; il restera également à enlever les piliers larges entre les séries de 5 ou 6 chambres.

Cette méthode réduit au minimum les abandons de minerai ; elle a en outre l'avantage de diminuer les traçages et de supprimer presque complètement le boisage.

Elle est donc économique et fournit une production intense ; les transports dans la galerie principale sont assurés par des locomotives électriques.

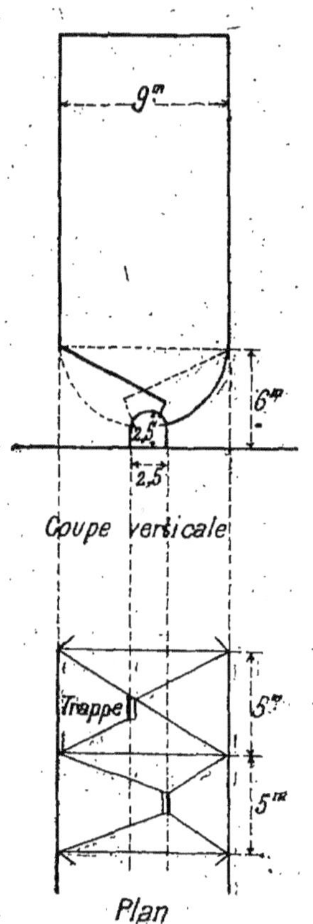

Fig. 51. — Magasin.

Si la traversée de la couche dépasse 100 m., les chambres deviennent trop longues. On est alors amené à faire le traçage en espaçant les galeries G tous les 80 ou 100 m., et à brancher sur elles des nouvelles galeries servant de base aux chambres.

Avant d'arriver à cette méthode simple, on a d'abord essayé (voir l'étude signalée plus haut) d'autres dispositions de chambres, avec magasins sur le côté des galeries, qui conduisaient à des abandons de minerai beaucoup plus considérables.

Dans la région de *Grängesberg*, qui comporte des lentilles de dimensions très variées, on emploie également une méthode par magasins, avec attaque du gisement en direction dans les lentilles peu considérables, en travers si les dimensions transversales du gîte sont trop élevées.

Dans le premier cas, on part d'une galerie suivant la lentille dans le sens de la longueur, fortement boisée et munie de trappes, au-dessus de laquelle on abat le minerai, sur toute la section, en remontant sur le tas de déblais. Ces galeries de préparation sont parfois verticalement à plus de 50 m. les unes des autres. La perte de minerai est très réduite.

Dans le second cas (magasin transversal), le système est assez analogue à celui décrit plus haut, mais également avec galerie boisée à la base du magasin. On laisse un peu moins de minerai qu'avec une galerie axiale et une chambre commencée seulement à 6 m. au-dessus de la sole de celle-ci, mais par contre on a des frais de boisage élevés.

Quant aux piliers épais entre chambres comblées (à Gellivare ou à Grängesberg), on les enlève en perçant dans leur axe une galerie branchée sur la voie principale. On pousse ensuite, au centre du pilier un puits montant jusqu'à 3 m. du niveau supérieur. On procède enfin au dépilage, par sous-étages descendants de 5 m. Chacun de ces sous-étages est exploité comme suit : on trace dans la longueur du pilier une galerie allant jusqu'à ses extrémités, puis on dépile, en rabattant vers le puits, sur 3^m,50 de hauteur. La planche de 1^m,50 restant en couronne s'éboule, plus ou moins mélangée aux stériles qui la surmontent, d'où une certaine perte de minerai, qu'on n'évalue guère qu'à 10 %.

§ 5. — Méthode par piliers et estaus.

62. Principe. — Jusqu'à présent, nous n'avons considéré que l'exploitation d'un gisement pris en une fois sur toute son épaisseur, ou d'un seul étage, dont la hauteur peut d'ailleurs être considérable, puisqu'elle dépasse 200 m. dans les ardoisières d'Anjou.

Nous avons cependant fait allusion, à plusieurs reprises, à l'aménagement par étages successifs d'un gîte de grande puissance, se continuant en profondeur.

Dans ce cas, on n'a plus à prévoir seulement le maintien (définitif ou provisoire) de piliers, mais encore de massifs entre les étages, c'est-à-dire de *stots* ou *estaus* de protection.

Il faut que les piliers des divers étages soient verticalement les uns au-dessus des autres, qu'il s'agisse de piliers isolés ou continus, ou de cloisons entre les chambres. A mesure qu'on s'approfondit, l'épaisseur des piliers et celle des estaus doit augmenter, car les charges qu'ils ont à supporter sont de plus en plus grandes. Par ces diminutions successives, d'autant plus rapides que la roche est moins solide, on arrive donc, à une grande profondeur, à ne plus pouvoir prendre qu'une proportion très faible du gisement.

En coupe verticale, l'aspect d'une exploitation de ce type est représenté sur la fig. 52.

L'obligation de superposer les piliers rend nécessaire, dans le tracé d'un étage, une régularité aussi grande que possible, ce qui n'est pas sans inconvénients si le gîte a des zones appauvries ou des intercalations stériles irrégulièrement réparties.

La quantité de minerai laissée est fréquemment de près de 50 %.

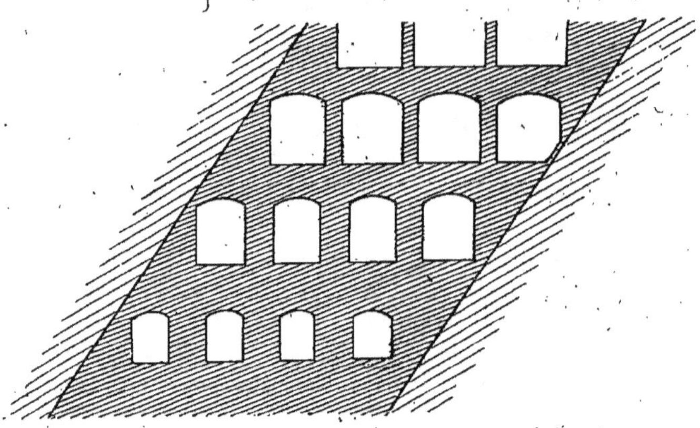

Fig. 52. — Piliers et estaus.

Aussi essaie-t-on souvent, après avoir employé cette méthode pendant une première période, de remblayer les chambres ou les chantiers entre piliers, pour reprendre ensuite ces derniers par tranches horizontales descendantes. Le remblayage hydraulique, qui assure un bon remplissage des vides est d'un grand secours pour rendre possible cette deuxième période de dépilage.

Plusieurs des exemples que nous avons donnés dans le présent chapitre comportent l'enlèvement du gîte avec maintien de piliers et estaus : mines de potasse de Stassfurt, ardoisières d'Anjou, mines de fer de Suède.

Nous n'y reviendrons pas et citerons seulement un exemple, qui nous donnera l'occasion d'étudier un mode d'exploitation particulier. C'est celui appliqué dans la mine de sel gemme de Hallstadt (Salzkammergut), où le produit est extrait par dissolution.

63. Mine de sel de Hallstadt. — Le gisement, constitué par un gros amas dans les marnes, est salé et il faut donc prévoir la dissolution pour purifier le sel. On a eu l'idée de pratiquer celle-ci sur place, pour éviter la manutention de la partie stérile, qui peut dépasser 25 °/₀ de l'ensemble. Pour que cette dissolution n'entraîne pas de grands affaissements à la surface, on limite son application à la création de chambres isolées (1).

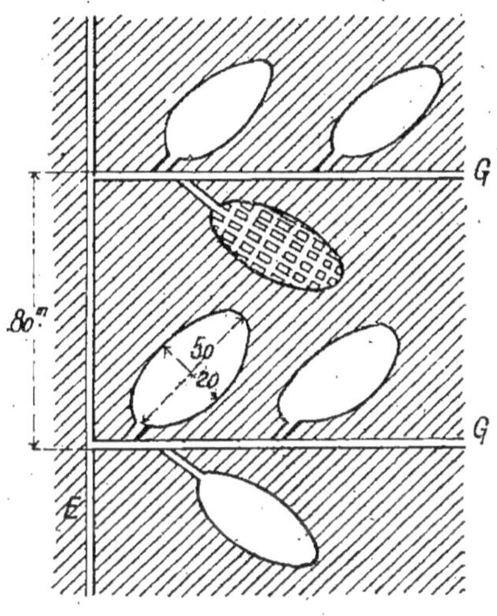

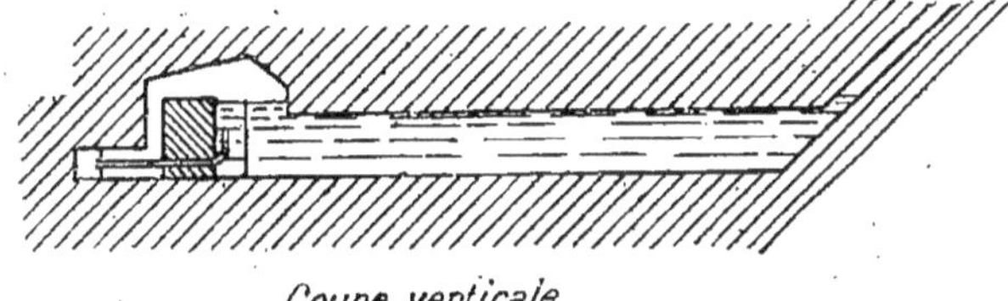

Fig. 53. — Exploitation par dissolution.

Le gisement est partagé en étages d'une quarantaine de mètres de hauteur ; à la base de chacun d'eux est une galerie générale d'écoulement E (*fig. 53*) sur laquelle sont branchées des galeries G tous les 60 ou 80 m. ; dans ces galeries débouchent les chambres de dissolution.

Pour préparer l'une d'elles, on trace un réseau de galeries rec-

---

(1) Voir *Annales des Mines*, 6ᵉ série, II, art. de M. Keller.

tangulaires hautes de 2 ou 3 m., isolant des piliers de 3 ou 4 m. La chambre, ovale, mesure 20 m. sur 50 m. A son extrémité (voir la coupe verticale), elle se termine par un montage incliné à 45°.

On ferme l'autre extrémité par un barrage avec canal d'écoulement.

On peut alors faire couler l'eau pure par le montage; elle dissoudra les piliers, remplira la chambre, puis s'attaquera à la voûte. L'argile se déposera sur le fond et le protègera. Quand l'eau est saturée, on la laisse s'écouler et on la remplace par de l'eau pure; il est préférable d'assurer une marche continue de la dissolution en envoyant tout le temps un peu d'eau pure et en évacuant au fur et à mesure l'eau saturée.

La chambre s'élargit peu à peu à la partie supérieure, sous l'action de l'eau moins saturée, qui est plus voisine de la couronne et qui attaque la paroi. Cet élargissement est plus accentué avec la méthode discontinue, ce qui oblige à placer les chambres plus éloignées ; la vitesse d'ascension est également plus grande.

Ce mode d'exploitation n'est guère plus économique que l'abatage à la main et il est plus coûteux que le système par sondages qui est généralement adopté actuellement dans celles des mines de sel gemme où la dissolution est appliquée.

64. Résumé. — L'abandon de massifs n'est admissible que dans les gisements de faible valeur, ou très abondants, ou encore lorsque tout autre méthode serait de nature à rendre l'exploitation impossible, par exemple lorsqu'il faut coûte que coûte éviter les affaissements à la surface.

On ne le pratique que très exceptionnellement dans les houillères, mais il en existe de nombreux exemples dans les exploitations de pierres à bâtir, d'ardoises, de sel, de minerai de fer, etc...

Les massifs abandonnés peuvent constituer des *piliers isolés*, autour desquels on dépile toute roche, ou des *piliers continus*, qui présentent une longueur beaucoup plus grande que leur largeur. Enfin une dernière méthode, qui se rapproche souvent beaucoup de la précédente, consiste à creuser dans le gisement de vastes *chambres*, séparées par des cloisons.

Dans ces divers systèmes, l'abandon des massifs est soit définitif, soit seulement momentané, lorsqu'on les reprend ultérieurement, après remplissage des vides par remblayage ou simplement par effondrement du toit.

Les piliers sont tracés avec autant de régularité que possible, pour ménager les galeries de roulage et réduire au minimum les pertes de minerai. Cette règle n'est pas toujours facile à suivre lorsque le gisement est irrégulier et sujet à des variations de qualité ; dans ce dernier cas, on cherche à garder comme piliers les parties inutilisables.

Elle est cependant nécessaire, lorsqu'on étend ce mode d'exploitation à plusieurs étages successifs. Il faut alors que les piliers se continuent verticalement et augmentent d'épaisseur avec la profondeur. En même temps, des planchers de protection sont maintenus entre les étages. Cette disposition, appliquée dans l'exploitation des amas ou des couches puissantes et très inclinées porte le nom de procédé par *piliers et estaus*.

Le calcul des dimensions à donner aux piliers est assez aléatoire, car il repose sur la résistance de la roche à l'écrasement, mal connue en général.

Parmi les exemples d'exploitations avec abandon de massifs, celle des amas de sel gemme présente plusieurs applications classiques de ces divers systèmes : piliers isolés à Wieliczka, chambres de grandes dimensions à Marmaros, chambres de dissolution à Hallstadt.

La méthode par chambres est susceptible de présenter deux formes bien distinctes : chambres prises en descendant (ancienne méthode de l'Anjou chambres de Marmaros) chambres prises en montant (nouvelle méthode de l'Anjou, mines de fer de Suède). Dans la première, la hauteur de la chambre augmente sans cesse et devient bientôt dangereuse si la solidité des parois n'est pas exceptionnelle. Dans la seconde, au contraire, les ouvriers travaillent en gradins renversés en laissant les déblais remplir peu à peu la chambre, de sorte que la voûte est constamment renouvelée et que les parois sont soutenues jusqu'au moment où l'on vide définitivement la chambre.

Cette dernière disposition a reçu, entre autres, une application intéressante dans les mines de fer scandinaves (*chambres magasins*), où elle permet d'arriver sans danger à une forte production, tout en limitant au minimum la perte de minerai.

CHAPITRE IV

EXPLOITATION PAR FOUDROYAGE.

§ 1. — GÉNÉRALITÉS.

65. Principe. — L'exploitation par foudroyage consiste à laisser le toit du chantier s'affaisser, après l'enlèvement de la substance utile, charbon ou minerai, et venir combler ainsi les vides créés. Le soutènement est donc limité à la protection du chantier pendant le dépilage, soit qu'on laisse la charge écraser naturellement le soutènement, soit qu'on enlève en partie ce dernier pour provoquer les éboulements.

Le foisonnement des bancs du toit amène le remplissage des vides sans que l'affaissement se transmette intégralement à la surface.

Cette méthode s'oppose donc à celle qui prévoit le remblayage des chantiers. Bien qu'on les rencontre toutes deux dans des gisements de même nature, sauf dans les couches très minces où l'excès de stérile abattu conduit forcément à pratiquer le remblayage, elles ne sont pas applicables indifféremment, et il convient donc de commencer par étudier de plus près les conditions d'application du foudroyage, ainsi que ses avantages et ses inconvénients.

66. Conditions d'application. — Le foudroyage, qui provoque des dislocations étendues des assises supérieures, et par conséquent des affaissements à la surface plus importants que le remblayage, ne peut être appliqué que si ces derniers n'entraînent pas des infiltrations d'eau gênantes, ou ne conduisent pas à payer des indemnités exagérées aux propriétaires de la surface.

Il faut ensuite que la couronne des chantiers, qu'on laisse s'ébouler, ne soit pas assez mauvaise pour que cette opération soit imprudente au point de vue de la sécurité des mineurs. Il faut qu'elle puisse tenir un certain temps sans s'affaisser, maintenue par le soutènement provisoire, ou qu'on soit certain de limiter les mouvements provoqués par sa descente.

Il faut également que cette méthode n'entraîne pas la perte d'une partie importante de la substance utile, mélangée aux éboulements. On doit pouvoir enlever celle-ci avant que la charge ne se soit produite et n'ait amené l'affaissement du toit. En tous cas, le foudroyage n'est pas admissible lorsque l'abandon d'une partie du gisement, broyée et mélangée aux stériles, constitue un danger, par exemple lorsqu'il s'agit de charbons qui risquent de s'échauffer.

Le foudroyage s'applique difficilement aux gisements très inclinés.

Nous avons déjà fait remarquer que dans les gîtes très minces, on avait toujours assez de stériles pour faire un remblayage, au moins partiel ; par contre, dans les gîtes puissants et facilement disloqués, comme dans les couches épaisses de charbon, le foudroyage amène des accidents et des pertes qui le font presque toujours rejeter.

Il se rencontre donc surtout dans les couches d'épaisseur moyenne et peu inclinées. Dans ce cas, l'éboulement du toit n'est pas, à priori, une méthode à laquelle on doive préférer forcément le remblayage. Elle est encore très fréquemment appliquée, et bien que le remblayage tende à se développer de plus en plus, une grande partie des couches de charbon sont exploitées par foudroyage, notamment en Angleterre et aux Etats-Unis.

67. Foudroyage du toit ou de la substance utile. — Deux cas peuvent se présenter, suivant que le foudroyage s'applique aux roches stériles (en place ou provenant d'anciens éboulements), ou à la substance utile elle-même. Ce dernier cas se rencontrera dans l'exploitation des gîtes puissants, ou dans celui de gîtes peu épais, mais très inclinés. S'il s'agit de minerais solides, on se trouve dans des conditions assez voisines de celles du travail sous des roches stériles en place. Mais dans les couches épaisses de charbon, où cette méthode a été fréquemment employée autrefois, elle conduit le plus souvent à un gaspillage du gisement et à des risques d'accidents qui l'ont fait abandonner. Nous examinerons ces applications du foudroyage après avoir décrit le cas, beaucoup plus général, du travail sous les terrains stériles.

68. Solidité du toit. — La nature du toit joue naturellement un rôle essentiel dans la conduite de l'exploitation par foudroyage. Celle-ci peut s'appliquer dans des conditions très diverses, depuis le passage sous les éboulis sans consistance jusqu'au dépilage sous un toit très solide.

Si les éboulis sous lesquels on s'engage ne sont pas encore pris en masse sous l'action de la pression, ou qu'ils sont formés de blocs qui ne collent pas les uns aux autres, on peut procéder, comme pour le creusement d'une galerie dans des roches ébouleuses, en maintenant par un boisage soigné les vides nécessaires à l'exploitation et en laissant les éboulis remplir ceux qu'on peut abandonner. On opère par chantiers d'autant plus étroits que la charge est plus grande, au besoin par petites recoupes parallèles. Bien qu'il faille souvent abandonner une planche de minerai ou de charbon pour faciliter le soutènement, on peut cependant appliquer ce mode d'abatage si la masse à contenir n'exerce pas une charge exagérée et n'est pas sujette à des mouvements brusques contre lesquels aucun boisage ne serait suffisant. Mais il ne s'agit là que d'un cas particulier et nous nous occuperons plutôt de l'exploitation sous un toit vierge.

Il n'est pas exact de croire que les conditions les plus favorables soient celles où ce toit est assez solide pour rester en place pendant un temps prolongé au-dessus d'un vide de très grandes dimensions.

Au début de l'exploitation, un toit de cette nature, tel qu'un banc épais de grès homogène, rend l'abatage facile et réduit le soutènement provisoire au minimum. Mais il arrive toujours un moment où l'affaissement se produit. Il a lieu alors, tout d'un coup, sur une énorme surface et les mouvements de terrains risquent de prendre une extension telle que le boisage du chantier et des galeries et même les massifs de protection de ces dernières peuvent ne pas résister. On aboutit alors à un écrasement général et à l'abandon forcé de tout un quartier.

C'est pourquoi on préfère, lorsque le toit est assez solide pour pouvoir se maintenir sur plusieurs dizaines de mètres en arrière du chantier, en provoquer l'éboulement par un déboisage systématique, au besoin par quelques coups de mine, en ayant soin de renforcer le boisage à proximité du chantier.

Un autre inconvénient de ces brusques affaissements du toit sur une grande étendue est de produire une chasse d'air dangereuse par elle-même et surtout, dans les mines grisouteuses, par les dégagements de gaz qu'elle peut occasionner.

Il vaut beaucoup mieux que l'affaissement du toit tende à se produire naturellement, dès que ce dernier est découvert sur quelques mètres. L'éboulement suit donc l'avancement du chantier ; en maintenant un soutènement suffisant près de celui-ci et en l'affaiblissant dans les zones abandonnées, on peut arriver à conduire les affaissements à peu près comme on le désire. Les blocs tombés forment un remblayage qui se tasse peu à peu et dont le foisonnement est suffisant pour empêcher les dislocations de se propager indéfiniment, tout au moins sous une forme brusque.

Certains toits sont assez solides pour n'exiger qu'un boisage très réduit, surtout lorsque leur éboulement est précédé par la formation de cassures ou par des bruits qui préviennent les ouvriers. Le plus souvent, on est obligé de poser des buttes, dont la déformation et le fendillement annoncent l'affaissement prochain du toit.

69. Diverses méthodes de foudroyage. — Les méthodes de foudroyage sont très variées et nous en donnerons des exemples assez nombreux. Elles dépendent de la solidité du toit, de l'inclinaison du gisement et de la possibilité de maintenir plus ou moins facilement des galeries, d'une part dans le gisement, et d'autre part dans les éboulements.

Il paraît évidemment désirable de n'avoir à maintenir aucune galerie dans les éboulements et c'est le résultat que cherchent la plupart des méthodes. En tous cas, même si l'on est amené à conserver des galeries en arrière du front de taille, on conduit les dépilages en partant des limites du champ d'exploitation et en se rapprochant du puits ou de la galerie d'extraction.

On voit qu'il en résulte que la période de dépilage est précédée d'une période de traçage plus ou moins longue, pendant laquelle la production reste faible.

Ce traçage préliminaire est constitué par un réseau de galeries plus ou moins serré, qui isole des massifs dont les dimensions varient avec la longueur que peut atteindre le front de taille. On le décompose d'ailleurs fréquemment en deux parties : un premier traçage pour découper le gîte en quartiers qui seront pris isolément, puis un traçage définitif à l'intérieur de chacun des quartiers. On a ainsi l'avantage de ne pas affaiblir prématurément les quartiers qui seront pris les derniers et de pouvoir commencer plus vite les dépilages en concentrant les efforts sur la préparation rapide des quartiers éloignés qui sont pris les premiers. On cherche naturellement à adopter de grands fronts de taille, ce qui réduit encore les traçages. Une fois le dépilage commencé, on s'efforce de conduire la préparation des quartiers de façon à conserver une proportion constante entre les deux modes de travail et à éviter ainsi les à-coups dans la production.

Les derniers massifs enlevés sont restés découpés plus longtemps que les autres ; si le traçage a été serré, ils auront subi un commencement d'écrasement et des dislocations qui facilitent dans une certaine mesure l'abatage, mais augmentent la proportion de menu dans les minerais friables et les risques d'échauffement dans les charbons. On ne doit jamais multiplier inutilement les traçages dans les massifs les plus rapprochés du puits, dans le but d'augmenter la production avant que les quartiers éloignés ne soient prêts. On risque ainsi de compromettre l'avenir.

Dans les gîtes inclinés, les voies de roulage et d'évacuation des eaux sont à la base des étages ; pour les maintenir dans les massifs solides, on conduira donc les dépilages en descendant de l'amont pendage vers l'aval pendage. Il existe d'ailleurs une autre raison qui impose, au moins dans les gîtes peu consistants, cette solution ; c'est que l'éboulement des parties inférieures tend à disloquer les parties supérieures. Cela peut être sans inconvénient dans les minerais compacts, mais augmente les dangers et les pertes dans le charbon.

En tous cas, si l'on opère par foudroyage dans un gîte puissant pris par tranches horizontales, on ne peut songer à en découper la base, sans remblayage, sur toute la section. On rendrait le dépilage des tranches supérieures impossible, sans parler des dangers d'échauffement s'il s'agit d'une couche de charbon.

On doit alors opérer par tranches descendantes, ce qui conduit à repasser sous les éboulements de la tranche précédente. Si les roches du toit ne s'agglutinent pas, le travail devient très délicat ; au contraire, il arrive fréquemment que les éboulements, après quelques mois, prennent une consistance analogue à celle du toit.

Revenant, après ces explications générales, à l'énumération des diverses méthodes de foudroyage, nous les classerons comme suit :

Dans la méthode par *massifs courts*, le traçage, très serré, découpe le gisement en piliers de petites dimensions.

Dans la méthode par *massifs longs*, le traçage forme un réseau à mailles plus lâches, dessine des piliers beaucoup plus longs que larges, laissant entre eux des galeries de roulage.

Les procédés de traçage sont d'ailleurs variables, dans les deux systèmes, et le dépilage peut être conduit, suivant les cas, en chassant suivant la direction, ou en descendant suivant la pente, ou même obliquement.

Aux États-Unis, on applique couramment une méthode, dite par *chambres et piliers*, qui peut se rattacher au système des massifs longs. De même la méthode *par chambres*, longues et étroites, telle qu'elle est appliquée dans les mines de fer de Lorraine, en est une autre variante.

Au contraire, on emploie en Angleterre une méthode particulière connue sous le nom de *Longwall*, dans laquelle les traçages sont réduits aux minimum.

Toutes ces méthodes sont relatives aux couches de moyenne épaisseur. Dans les couches épaisses, le foudroyage du toit se rencontre rarement. Il existe cependant quelques exploitations où on l'applique, soit en dépilant le gisement sur toute sa hauteur, par panneaux de petites dimensions pris en une fois, soit par tranches horizontales.

Nous examinerons enfin les procédés d'abatage qui comportent le *foudroyage de la substance utile*. Elles qui ne sont plus admises pour le charbon, mais pour les matières qu'on peut disloquer et réduire en menus sans inconvénients.

70. Avantages et inconvénients du foudroyage. — Les avantages et les inconvénients du foudroyage ressortent des considérations énoncées ci-dessus. On peut les résumer comme suit :

Il permet de supprimer les dépenses de remblayage et de réduire considérablement les dépenses de soutènement.

L'abatage, débarrassé de ces préoccupations secondaires, peut être poussé rapidement et le rendement par ouvrier occupé au fond est considérable. L'avantage économique qui en résulte est donc sérieux, et c'est pourquoi ce procédé a gardé de nombreuses applications, malgré tous ses inconvénients.

Le danger des éboulements, qui vient le premier à l'esprit n'est pas le plus grave de ces inconvénients, car dans une exploitation méthodiquement conduite, il peut être grandement réduit ; il existe cependant et il convient naturellement de s'assurer que la proportion d'accidents n'est pas plus forte qu'avec le remblayage, sinon la nécessité d'assurer la sécurité du personnel, qui doit être au tout premier rang des préoccupations de l'ingénieur, obligerait à abandonner cette méthode. Mais les autres défauts du foudroyage sont, par eux-mêmes, de nature à le faire rejeter lorsqu'on ne se trouve pas en présence d'un toit solide dont l'affaissement est régulier, c'est-à-dire dans des conditions qui assurent justement une sécurité satisfaisante.

Tout d'abord, on évite rarement le gaspillage du gisement, soit que l'épaisseur de la couche ou le manque de solidité du toit empêchent de l'enlever complètement avant que les éboulements ne se produisent, soit que ces derniers obligent à abandonner les piliers de protection laissés le long des galeries ou des plans inclinés. La perte est évidemment moindre que dans la méthode par abandon de massifs, mais elle est parfois élevée et en tous cas supérieure à celle qu'on constate avec le remblayage.

Dans les charbons inflammables, les morceaux broyés qui restent dans les éboulements ne tardent pas à provoquer des incendies, d'autant plus que des courts-circuits d'aérage ont tendance à se former à travers les éboulements.

Ces derniers arrivent rarement à se tasser suffisamment pour former un barrage étanche ; il y reste au moins des fissures par lesquelles l'air peut circuler. C'est là une grande difficulté pour assurer l'aérage convenable des chantiers et la source de graves dangers si la mine est grisouteuse. Dans ce dernier cas, non seulement la proportion d'air qui passe dans les chantiers risque d'être insuffisante pour diluer le gaz, mais encore le grisou peut s'accumuler dans les éboulements et y constituer des amas des plus dangereux. Nous avons signalé plus haut qu'un affaissement du toit, sur une grande étendue, pouvait chasser les gaz ainsi accumulés et provoquer une catastrophe.

Le cas s'est présenté dans certains gisements qui ne contenaient pas de gaz par eux-mêmes, mais dont le toit était formé de terrains grisouteux : ainsi les couches de potasse d'Alsace ont comme toit des schistes bitumineux dont la dislocation met en liberté du grisou qui envahit les chantiers ; c'est une des raisons qui ont fait abandonner par les ingénieurs français la méthode par foudroyage appliquée par les exploitants allemands.

Rappelons rapidement les autres inconvénients du foudroyage : difficulté de maintenir les galeries dans les éboulements, difficulté du travail dans les couches puissantes ou les dressants, répercussion des affaissements sur la surface, augmentation des venues d'eau.

Cette question de la propagation des dislocations dans les assises supérieures sera examinée dans un chapitre spécial (Chap. XI), en même temps que celle des mouvements produits par les exploitations avec remblayage qui sont moins importants, mais encore très sensibles.

<h3 style="text-align:center">§ 2. — EXPLOITATION PAR FOUDROYAGE
DANS LES COUCHES DE MOYENNE ÉPAISSEUR.</h3>

71. Nature de la substance exploitée. — Les méthodes employées sont différentes lorsque la substance utile doit être aussi peu disloquée que possible (par exemple du charbon), ou qu'on peut la laisser se réduire en menus (par exemple de la potasse, ou des minerais qui auront à subir un traitement mécanique). Nous exposerons surtout les méthodes applicables au charbon, en signalant celles qui sont adoptées dans les autres gisements. Quant aux minerais qui se présentent sous forme de gîtes filoniens, il est rare que la quantité de stériles mélangés au minerai utile n'amène pas à remblayer les vides. Nous donnerons cependant, dans le chapitre consacré aux filons métalliques (chap. X) un ou deux exemples d'exploitation par foudroyage dans des gisements de moyenne épaisseur.

72. Méthodes applicables. — On a vu plus haut que le foudroyage comportait un traçage préalable, plus ou moins développé, suivi d'un dépilage des piliers, en rabattant vers l'entrée de la mine.

Nous aurons donc à décrire successivement les systèmes suivants :

a) Massifs courts	Traçage parallèle et normal à l'inclinaison.	{ Dépilage chassant. / Dépilage descendant.
	Traçage oblique par rapport à l'inclinaison.	
b) Massifs longs	Méthodes françaises et anglaises.	{ Dépilage chassant. / Dépilage suivant la pente.
	Méthode westphalienne.	{ Dépilage des piliers en long / Dépilage des piliers en travers.

c) Méthode par chambres et piliers (employée aux Etats-Unis).
d) Méthodes employées dans les mines de fer de Lorraine.
e) Méthode du Longwall (employée en Angleterre).
f) Méthodes applicables dans les parties en dressants.

Nous terminerons cette revue des méthodes employées dans les couches moyennes par quelques indications comparatives.

a) *Massifs courts.*

73. Préparation du gisement. — Les couches presque plates, très régulières, à toit solide, de certains bassins anglais offrent des conditions particulièrement favorables au foudroyage. On en trouve donc dans ces mines des exemples très fréquents et on a encore conservé dans beaucoup d'entre elles le système des massifs courts, qui comporte un traçage préparatoire poussé très loin, de façon à isoler des piliers de faibles dimensions.

Ce traçage, pendant lequel on prend 20 ou 30 % du charbon, devant être poussé jusqu'aux limites du champ d'exploitation, ajournerait trop longtemps l'ouverture des travaux fructueux et affaiblirait inutilement les massifs de charbon si on voulait préparer toute la mine avant de commencer les dépilages. D'autre part, au point de

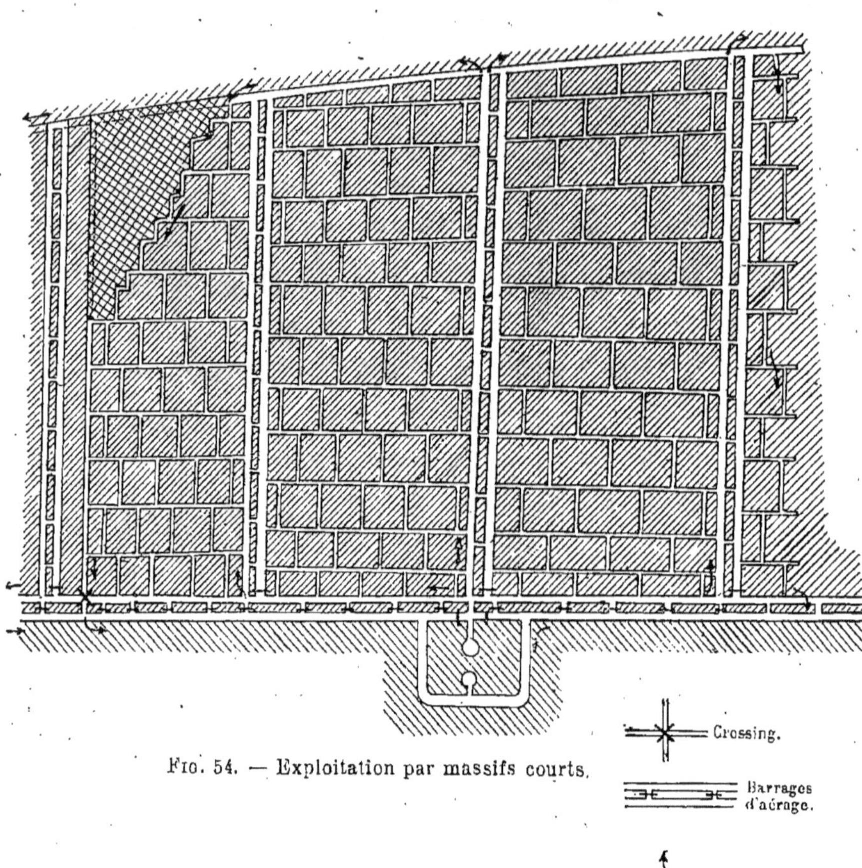

Fig. 54. — Exploitation par massifs courts.

vue de la surveillance, du roulage, de l'aérage, il est préférable de découper le gisement en un certain nombre de quartiers. On décompose donc la préparation en deux périodes : traçage des panneaux constituant chacun un quartier, puis traçage à l'intérieur du panneau.

On délimite d'abord autour des deux puits d'entrée et de sortie d'air, souvent voisins l'un de l'autre, un massif de protection suffisant, puis on entame un certain nombre de voies qui délimiteront les quartiers et serviront à l'extraction des produits.

Ces voies sont en général à angle droit, *les unes suivant la direction, les autres suivant l'inclinaison* qui est presque toujours faible. Lorsque la couche est parfaitement régulière, ces voies peuvent s'étendre extrêmement loin des puits, plus de 3 kilomètres en direction dans certaines mines.

Pour assurer le roulage, on y installe des dispositifs mécaniques, chaînes ou câbles, qui permettent une production considérable.

Les dimensions des quartiers sont parfois déterminées par des failles ou des variations de direction du gisement. Dans les couches régulières, elles sont arbitraires, et atteignent par exemple 200 ou 300 m. en largeur, suivant les nécessités du roulage ou de l'aérage, qui conduisent à ne pas écarter trop les voies principales. La longueur peut être considérable, et n'être limitée que par la division du champ d'exploitation entre les différents puits.

Si le gisement est grisouteux, les quartiers sont séparés par un massif de protection qui facilite l'aérage et limite les conséquences possibles d'une explosion.

Les voies principales sont doubles, larges, séparées par un massif d'une dizaine de mètres, réunies de distance en distance par des recoupes d'aérage qu'on ferme par un barrage ou une porte à mesure qu'ils deviennent inutiles pour assurer la circulation de l'air.

La fig. 54 montre l'aspect général du gisement : on y voit en outre le traçage à l'intérieur des panneaux et le commencement du dépilage de l'un d'eux.

La préparation d'un panneau se fait par une série de galeries rectangulaires, séparant des piliers, en damier ou en quinconce, carrés ou rectangulaires, dont les dimensions sont très variables, depuis 6 ou 8 m. de large sur 20 ou 30 m. de long, jusqu'à 50 ou 60 m. de large sur 100 ou 120 m. de longueur d'après la nature du charbon et du toit. Si ce dernier est solide et la couche dure, on donne de petites dimensions aux piliers, tandis que si le toit est mauvais et le charbon tendre, on est obligé d'augmenter les piliers pour éviter leur écrasement.

Sur la fig. 54 les galeries sont figurées normales et parallèles aux voies principales. Il n'en est pas toujours ainsi ; lorsque le charbon présente des directions de clivage nettes, on en profite pour placer les côtés des piliers parallèlement et normalement à ces directions, afin de faciliter l'abatage.

La largeur de ces galeries de traçage varie de 2 m. à 4 m. ou 4^m,50. On cherche à l'augmenter pour rendre leur creusement plus avantageux, mais on est limité par la nécessité de ne pas augmenter les frais d'entretien.

Avant de décrire la conduite du dépilage, signalons que l'existence de ce réseau compliqué de galeries oblige à des mesures spéciales pour assurer l'*aérage*. L'air frais arrive dans chaque quartier par la voie principale de roulage. On barre, au moyen de portes ou de toiles, une partie des galeries secondaires pour le forcer à parcourir toutes les galeries du panneau parallèles à son plus grand côté. Arrivé à la limite du champ d'exploitation, le courant d'air redescend le long des fronts de taille, pour se diriger vers la voie principale qui conduit au puits de retour d'air. Dans les mines grisouteuses on cherche au contraire à faire monter l'air le long des fronts de taille.

Il est inévitable, lorsque les deux puits sont au voisinage l'un de l'autre, que les deux courants, entrant et sortant, se croisent — on est donc obligé de les faire passer l'un au-dessus de l'autre, au moyen d'un *crossing* maçonné (fig. 55). Nous reviendrons dans la

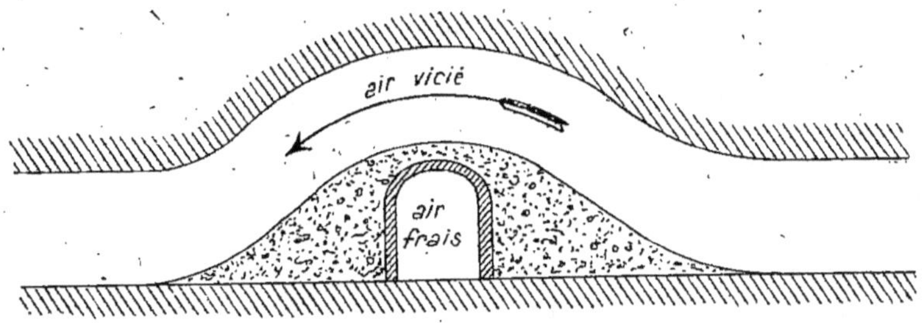

Fig. 55. — Crossing.

X° Partie du cours (Aérage) sur cet ouvrage, qu'il est évidemment difficile de rendre absolument étanche, et qui doit en tous cas être assez solide, dans les mines grisouteuses, pour ne pas risquer d'être démoli par une explosion.

En dehors de cette cause de pertes, la méthode que nous étudions en ce moment a l'inconvénient d'en occasionner beaucoup d'autres à travers les portes ou les éboulements.

74. Dépilage des massifs. — Chaque panneau est pris en reculant depuis sa limite la plus éloignée de l'entrée de la mine, en commençant par un des angles et en battant en retraite vers la galerie de roulage en direction à la base du panneau. Si ce dernier est très grand, on commence même parfois son dépilage avant qu'il ne soit entièrement tracé.

Le mode de dépilage peut varier suivant les cas ; on procède le plus souvent par recoupes successives, perpendiculaires à la plus grande dimension du pilier, prises en descendant (fig. 54) ou plus généralement en montant (fig. 56), pour faciliter l'enlèvement des produits abattus. Si les piliers sont très larges, on peut au besoin en prendre une moitié en montant, l'autre en descendant, ou encore les recouper par des galeries supplémentaires avant de commencer leur dépilage.

Le toit du chantier est soutenu par des buttes, que l'on reprend en partie, pour faciliter l'affaissement du toit. Grâce au foisonnement, l'éboulement ne se propage qu'à quelques mètres dans le toit. On maintient le long du massif des lignes de buttes pour limiter les éboulements et assurer le passage du courant d'air. Dans les

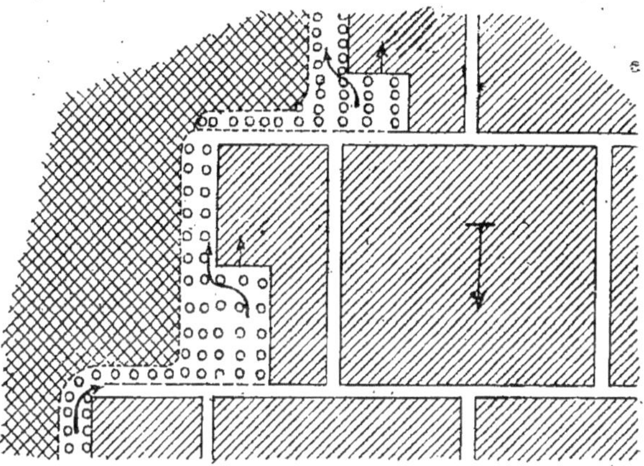

Fig. 56. — Dépilage des massifs.

mines sans grisou cette mesure peut être supprimée et les recoupes avancent en cul de sac. Au contraire, si le grisou est assez abondant, on maintient boisée une largeur égale à une recoupe au moins.

La largeur de chacune de ces dernières varie, de 5 à 10 m. en moyenne, suivant la solidité du toit et la dureté du charbon. On s'arrange pour que la quantité de charbon à rouler, sur des voies provisoires, dans la recoupe et les galeries secondaires permette de proportionner exactement l'effectif des piqueurs et des rouleurs : par exemple deux piqueurs et un rouleur par chantier.

On est parfois obligé d'abandonner une planche de charbon le long des éboulements, lorsque le soutènement par buttes ne suffit pas.

Au lieu de recoupes dirigées suivant le pendage, on procède, dans certaines mines, par recoupes longitudinales.

75. Traçages obliques. — La méthode que nous venons de décrire, avec traçage en direction et inclinaison, est la plus généralement employée, notamment en Angleterre. On a été amené, lorsque

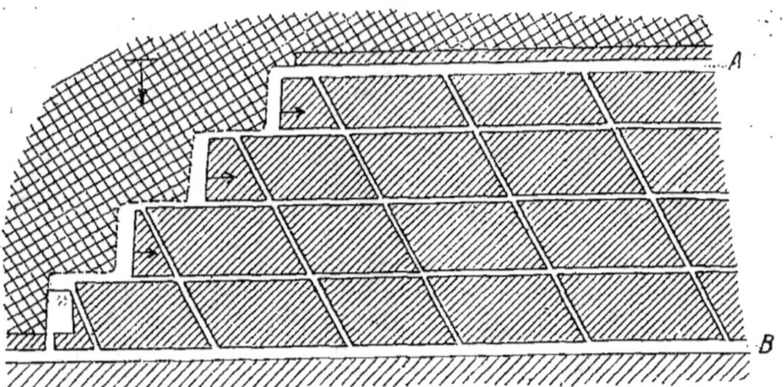

Fig. 57. — Traçage oblique. (Coupe par le plan de la couche).

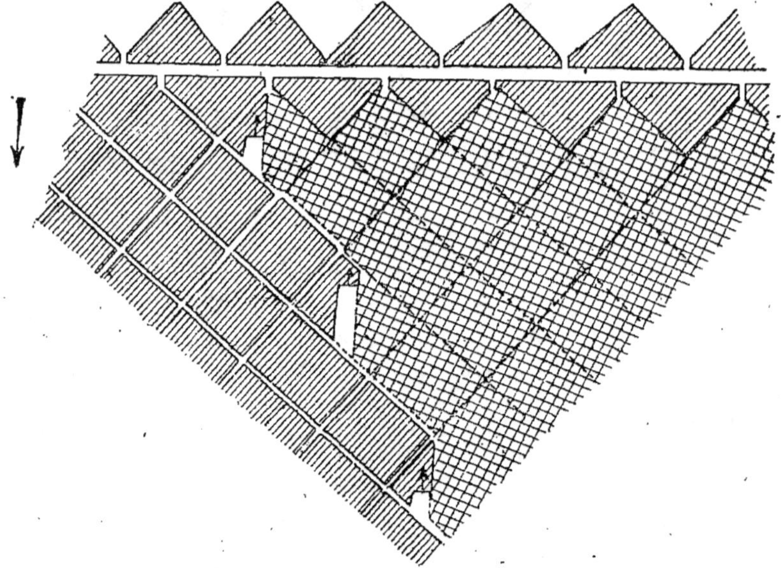

Fig. 58. — Traçage oblique. (Coupe par le plan de la couche).

le pendage est plus fort, à disposer l'une au moins des séries de galeries obliquement par rapport à l'inclinaison.

Dans le premier système, dont la fig. 57 représente un type, les voies de roulage principales A et B sont horizontales. Le panneau qu'elles délimitent est découpé en massifs par des galeries horizontales et obliques, puis ces massifs sont enlevés, soit par chantiers chassants, soit par recoupes montantes. Une application de ce dernier procédé a été faite dans les couches d'anthracite de La Mure (Isère). Il nécessitait le maintien d'une planche d'anthracite le long de la recoupe pour se protéger contre les éboulements.

Dans le second système (fig. 58) qui a été employé par exemple à Bességes (Gard), dans des parties non grisouteuses, le traçage, en dehors des voies de roulage, est fait entièrement par des galeries inclinées à 45° sur la ligne de plus grande pente.

Les massifs ainsi isolés sont dépilés par recoupes successives prises suivant la ligne de plus grande pente (ou parallèlement aux galeries si les plans de clivage du charbon rendent cette disposition meilleure).

On a soin de maintenir comme massifs de protection le long des galeries les piliers tronqués qui les bordent. On les enlève quand tout le panneau inférieur est pris et que le maintien de la galerie comme retour d'air est devenu inutile.

b) *Massifs longs.*

76. Comparaison avec les massifs courts. — Les massifs courts ont l'avantage de préparer un grand nombre de piliers, ce qui permet d'augmenter immédiatement la production si les conditions économiques s'y prêtent. L'abatage y est avantageux, d'autant plus que la pression du toit, sur ces massifs peu étendus, est plus sensible.

Par contre, la période de traçage préparatoire est longue, et les massifs préparés risquent de se disloquer et de s'échauffer. Enfin, l'aérage est défectueux.

On tend donc à renoncer à ce découpage excessif du gisement et à donner aux massifs une longueur beaucoup plus grande suivant la direction. On y est du reste naturellement conduit si le pendage est assez fort et qu'on ne veut pas adopter le traçage oblique.

77. Modes de traçage adoptés en France et en Angleterre. — Suivant la qualité du toit et la régularité du gisement, on pourra faire les galeries de traçage plus ou moins larges, et les piliers plus ou moins longs.

Si le toit est mauvais, et que le gîte n'a pas une grande régularité, ce qui est le cas général en *France*, les plans inclinés qui limitent en direction les massifs ne sont pas très éloignés (100 ou 200 m.) et les galeries de traçage sont étroites (fig. 59).

Les piliers n'ont guère qu'une dizaine de mètres de largeur. Leur dépilage se fait en rabattant vers les plans, le long desquels on laisse des massifs de protection. Au contraire, si le toit est bon, et

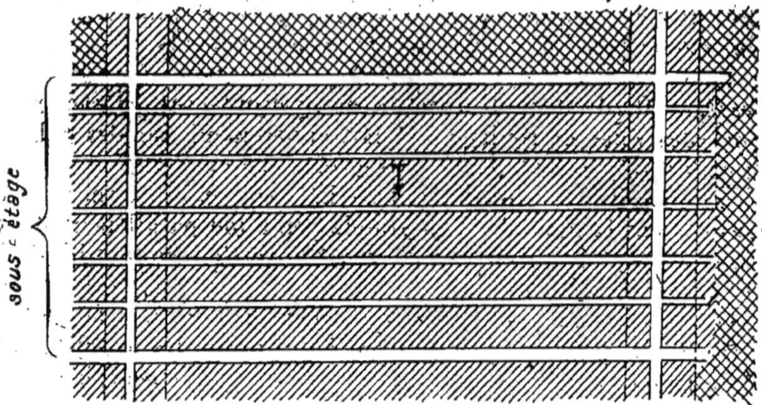

Fig. 59. — Massifs longs. Traçage par galeries étroites.

le gisement régulier, comme dans beaucoup de mines anglaises, on peut donner aux galeries de traçage une beaucoup plus grande lar-

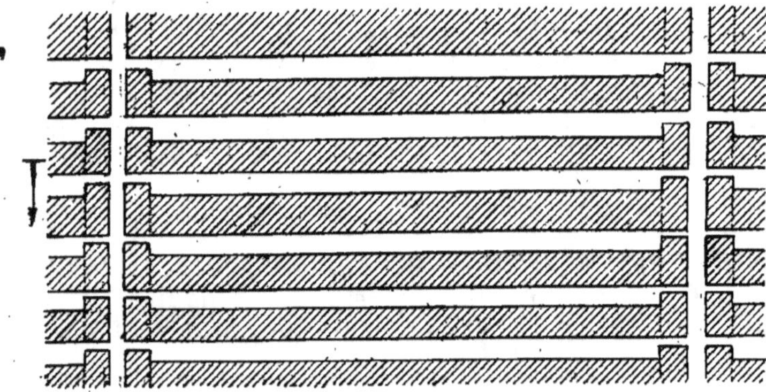

Fig. 60. — Massifs longs. Traçage par larges galeries.

geur, sauf dans la traversée des massifs de protection des voies suivant la pente (fig. 60).

On a ainsi l'avantage d'un bien meilleur rendement de l'abatage pendant la période de préparation.

L'étendue des quartiers et la longueur des massifs peuvent être beaucoup plus grandes. Lorsque les massifs prennent des dimensions considérables (plusieurs centaines de mètres de longueur, contre 100 ou 200 m. de largeur) on pratique parfois un traçage secondaire, en revenant vers le puits, et on fait suivre les dépilages à une certaine distance pendant que ce traçage se poursuit.

En somme les variantes sont nombreuses, et on rencontre des méthodes qu'il est difficile de rapporter plus spécialement à celle des massifs courts ou à celle des massifs longs. On peut dire cependant que les régions, comme le Durham, où les couches sont exceptionnellement régulières et plates présentent plus fréquemment le type des massifs courts que celles du Yorkshire ou du Lancashire, où le pendage est généralement plus élevé.

78. Dépilage des piliers en chassant. — Le dépilage des piliers peut se faire soit en chassant, soit par recoupes en travers.

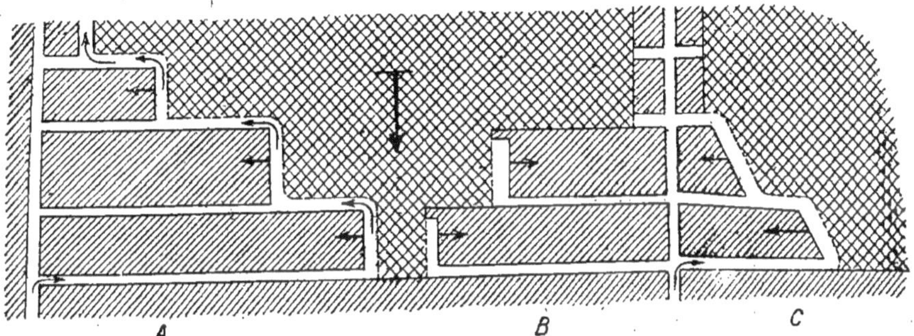

Fig. 61. — Dépilages chassants Fronts de taille continus.

Dans le premier cas, on a avantage, pour faciliter le roulage, à attaquer le pilier au milieu, entre deux plans, et à rabattre vers ces derniers. — On commence par les piliers les plus élevés, de sorte qu'en suivant la pente, le contour général des éboulements présente l'aspect de deux lignes qui s'écartent en remontant.

Lorsque les piliers ne sont pas larges (fig. 61), ils ne constitueront chacun qu'un seul chantier, dont le front de taille, en ligne droite, est disposé suivant la ligne de plus grande pente (A, B), ou suivant les plans de clivage du charbon (C). Des massifs de protection sont laissés le long des plans.

Suivant les cas, on ménage le long des fronts de taille un passage pour le courant d'air (A, C), ou bien on accepte que ces derniers se trouvent en cul de sac.

Si les éboulements menacent d'envahir le chantier à la partie

supérieure, par exemple si le pendage est fort, on laisse une planche
de charbon (B) qu'on cherche à enlever à mesure que le front de
taille progresse.

Lorsque l'inclinaison est trop grande, on doit décomposer le
front de taille en une série de gradins renversés, qui constituent
une protection contre l'envahissement du chantier par les éboulements (fig. 62) et empêchent les ouvriers d'être blessés par la chute
de blocs abattus par ceux qui sont au-dessus.

On est amené de même, en plateures, à décomposer le pilier en
quelques gradins s'il est très large et que l'on craint de découvrir le

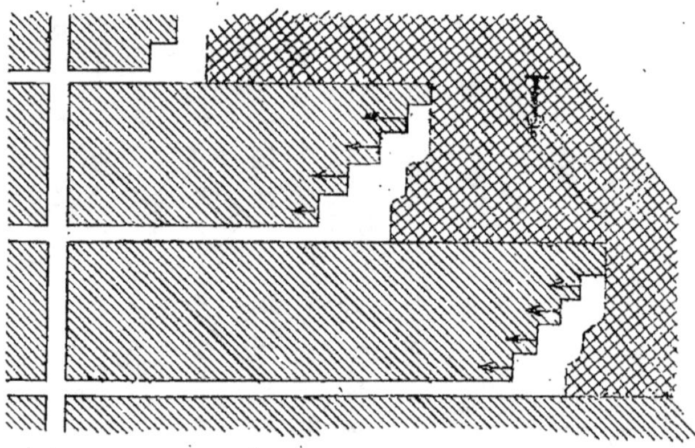

Fig. 62. — Dépilage chassant par gradins renversés.

toit sur une trop grande longueur en ligne droite. Dans ce cas, les
gradins peuvent être droits et non renversés.

79. Dépilage par recoupes en travers. — Le dépilage des massifs par recoupes en travers présente un certain nombre de variantes :
presque toujours le pilier est d'abord recoupé à mi-distance entre
les plans, puis les chantiers se succèdent en rabattant vers ces derniers. Mais ils peuvent être disposés de manière à abattre seulement en montant (fig. 63 A), ou seulement en descendant (fig. 63 B),
exceptionnellement, et seulement si la pente est très faible et le
toit bon), ou encore en montant et redescendant, soit d'un côté
(fig. 63 C) soit des deux (fig. 63 D).

Dans le premier et le second cas, le front de taille est compris
entre les éboulements de la recoupe suivante et le massif vierge.

Si le toit est solide, la largeur du chantier peut atteindre 15 ou

20 m. ; au contraire elle ne sera que de 2 ou 3 m., si l'on craint de ne pouvoir tenir le toit.

On préfère souvent, pour ne pas avoir à attendre que les éboulements aient rempli la recoupe terminée et aient pris une consistance suffisante pour qu'on puisse passer à côté, attaquer une recoupe avant que la précédente ait atteint l'extrémité du massif. On a

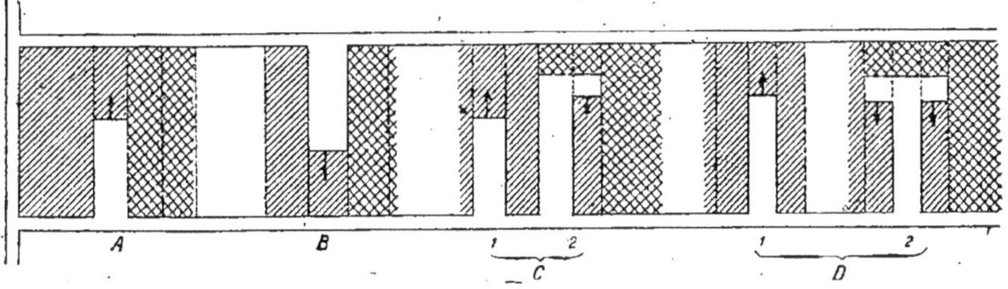

Fig. 63. — Divers modes de dépilage par recoupes en travers.

alors une série de gradins (fig. 64), qui progressent en montant, et non en direction comme dans la fig. 62.

Chaque gradin est donc suivi par les éboulements, à travers lesquels il faut maintenir une galerie de desserte.

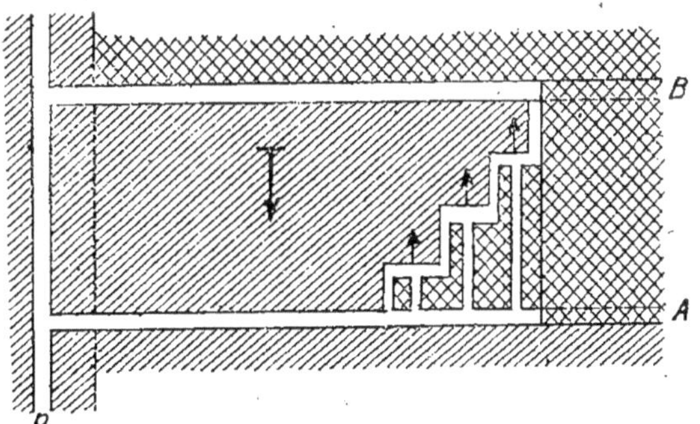

Fig. 64. — Recoupages en gradins.

Au besoin on maintiendra également un passage d'aérage conduisant jusqu'à la galerie supérieure.

Si l'aérage a besoin d'être plus complet, et qu'on ne veuille pas barrer la voie inclinée P, on conserve pour l'entrée ou la sortie de l'air une galerie A ou B dans les éboulements, la sortie (ou l'entrée) se faisant alors par P. Le deuxième mode (entrée par P et A, sortie par B dans les éboulements) est meilleur, car il assure un aérage montant dans les chantiers.

Les systèmes de recoupes prises en montant et redescendant d'un côté, ou de deux côtés, est un peu plus complexe. Les fig. 63 C et 63 D montrent, dans chacun des cas, les 2 phases successives de l'opération.

Bien entendu, dans l'un comme dans l'autre de ces divers systèmes, on maintient souvent des massifs de protection le long des galeries de niveau qui limitent les piliers, lorsqu'on doit les conserver dans les remblais.

Le système montant et redescendant peut également s'appliquer avec de larges chantiers en laissant l'éboulement suivre l'abatage dès la période

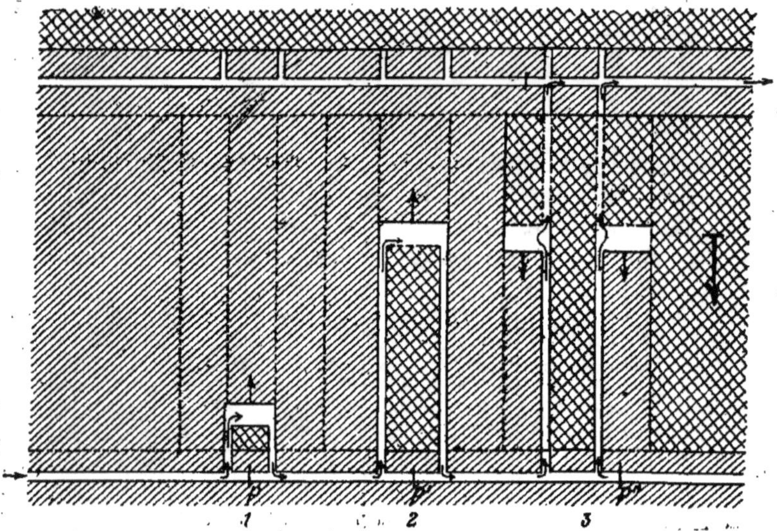

FIG. 65. — Dépilage d'un pilier par larges recoupes.

montante ; on maintient alors dans l'éboulement une voie de roulage contre le massif vierge et un passage d'aérage à l'autre extrémité de la recoupe.

Ce procédé, appliqué par exemple dans le pays de Galles, assure un aérage bien meilleur si on adopte le dépilage en retour des deux côtés de la recoupe montante, c'est-à-dire le dispositif 63-D, car au lieu d'une simple gaîne d'aérage on a alors les deux voies de desserte des deux chantiers de droite et de gauche, et le courant d'air est beaucoup moins étranglé, ce qui est précieux s'il doit parcourir successivement une série de recoupes ; on peut alors dépiler ainsi des piliers extrêmement larges (plus de 100 m.)

La fig. 65 montre les étapes successives de l'opération et l'établissement du circuit d'aérage.

Pour ne pas barrer la voie de roulage par des portes $p\,p'\,p''$, on préfère, en général, recouper les massifs entre les chantiers 1, 2, 3, par une galerie parallèle à la voie principale, le long du massif de protection (fig. 66) ; mais il faut alors barrer les voies d'accès aux chantiers.

80. Méthode des piliers longs en Westphalie. — L'exploitation par foudroyage de piliers longs est encore appliquée en Allemagne, par exemple en Westphalie, mais elle diffère, au moins quant au mode de traçage, des procédés exposés ci-dessus, car il est nécessaire d'améliorer l'aérage et de se plier aux variations d'inclinaison.

Le traçage se fait en partant des plans inclinés (armés ou non d'un treuil suivant l'inclinaison). Ces plans sont doubles, la circulation du personnel devant se faire par une voie distincte.

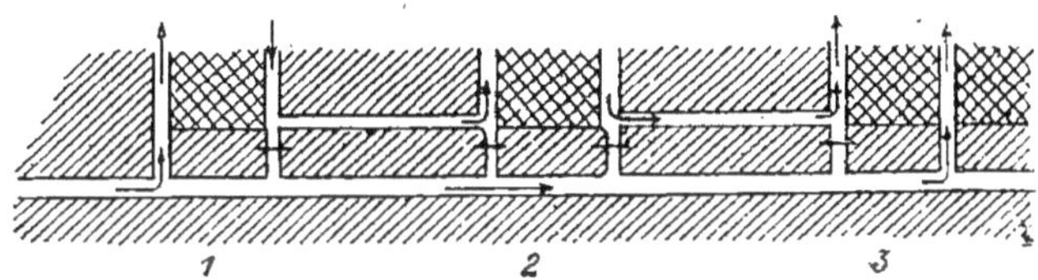

Fig. 66. — Autre dispositif d'aérage.

Les dimensions des piliers varient avec l'épaisseur de la couche et son inclinaison. Dans les couches minces, qui nécessitent un coupage au stérile, on cherche à diminuer le nombre des voies de roulage, donc à augmenter la largeur du pilier ; de plus, les éboulements de blocs de charbon, dans les chantiers inclinés, sont moins à craindre dans les couches minces, ce qui conduit également à augmenter la largeur des piliers — on est cependant limité par la difficulté de transporter le charbon sans le briser si la pente est forte.

Dans les couches plus épaisses, la largeur des piliers est moindre à moins que l'inclinaison ne soit faible.

Avec une inclinaison assez forte les piliers ont souvent 8 ou 10 m. seulement, surtout si le toit est mauvais, et rarement plus de 15 m. Avec une pente faible, on peut arriver à 30 ou 40 m.

Quant à la longueur des piliers, elle est de 150 à 300 m. dans les couches moyennes, peu inclinées, à toit solide. Dans les couches minces où l'établissement d'un plan entraîne l'abatage d'une forte quantité de stériles, on cherche à augmenter la longueur, même si le toit n'est pas bon. Au contraire, dans les couches peu inclinées, si les terrains chargent beaucoup, on descend parfois à 60 ou 80 m.

Les voies de traçage sont souvent doubles, séparées par un massif percé de distance en distance pour l'aréage. Si la couche donne beaucoup de stériles, on peut pousser l'avancement sur une grande lar-

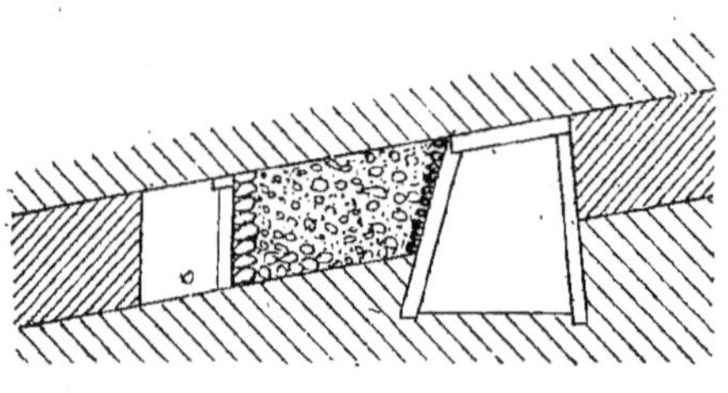

geur et empiler les pierres (du côté du mur) en laissant une gaîne d'aérage le long du massif de charbon. Lorsque le pilier inférieur sera en dépilage, ce mur de pierres formera massif de protection pour la galerie. (fig. 67).

Fig. 67. — Traçage avec gaîne d'aérage.

Les galeries, poussées des deux côtés du plan incliné, sont réunies de distance en distance, tous les 20 m., par exemple, ou tous les 40 m. si les piliers sont découpés en quinconces, par des recoupes d'aérage étroites, parfois remplacées par des trous de $0^m,30$ à $0^m,50$ de diamètre percés avec des machines spéciales

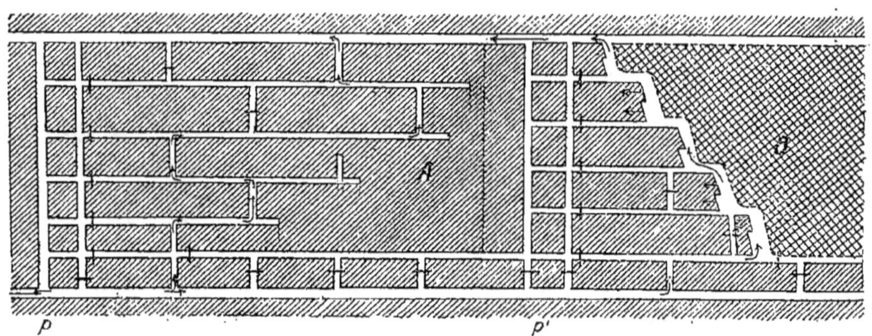

Fig. 68. — Méthode des piliers longs en Westphalie.

(voir IIe partie, n° 106 la sondeuse *Gildermeister et Kamp*).

Pendant la période de traçage (fig. 68) l'air circule donc à proximité des fronts de taille ; les galeries supérieures sont en avance sur les galeries inférieures.

Le dépilage peut d'ailleurs commencer à l'angle supérieur du panneau le plus éloigné du plan incliné avant que le traçage de la partie inférieure ne soit terminé. Mais, dans les mines grisouteuses, on a soin de ne pas commencer le traçage du panneau A avant que le plan incliné suivant (P′) ne soit percé, ce qui permet de séparer nettement le courant d'air qui passe dans les galeries de traçage et celui qui alimente la voie de fond, pendant son tra-çage dans la région non reconnue au-delà du plan P′.

Dans la figure 68, si la mine est grisouteuse, la galerie de fond devra avoir dépassé un plan incliné percé au delà du panneau B, avant que celui-ci ait été tracé, et à plus forte raison mis en dépilage.

L'abatage des piliers se fait, comme nous l'avons indiqué plus haut, en chassant ou par recoupes, le front de taille pouvant d'ailleurs être découpé en gradins, disposés suivant les directions des clivages du charbon.

La méthode est applicable dans les dressants. Nous verrons plus loin les précautions à prendre dans ce cas.

Les *piliers de protection* des plans et des voies de base sont repris, si possible, après dépilage du quartier. Mais, en général, on doit en abandonner la majeure partie.

81. Emploi de beurtiats intérieurs. — On remplace le plus souvent, dans les parties très inclinées, les plans par des beurtiats ; mais ce sytème est également appliqué dans des couches peu incli-nées, pour exploiter un faisceau de couches voisines, en reliant les niveaux de base des piliers (auxquels on donne alors une plus grande hauteur) au beurtiat, soit directement, soit plutôt par l'in-termédiaire d'une galerie au mur qui permet d'attaquer la couche en plusieurs points.

82. Piliers diagonaux. — Dans les couches assez inclinées, on peut aussi tracer les voies montantes obliquement, pour y faire le roulage sans ins-tallation de plans inclinés ; mais dès que la pente est assez forte pour que ce mode de traçage conduise à allon-ger trop le roulage et à don-ner aux piliers des angles trop aigus, on préfère adopter la préparation avec beurtiats.

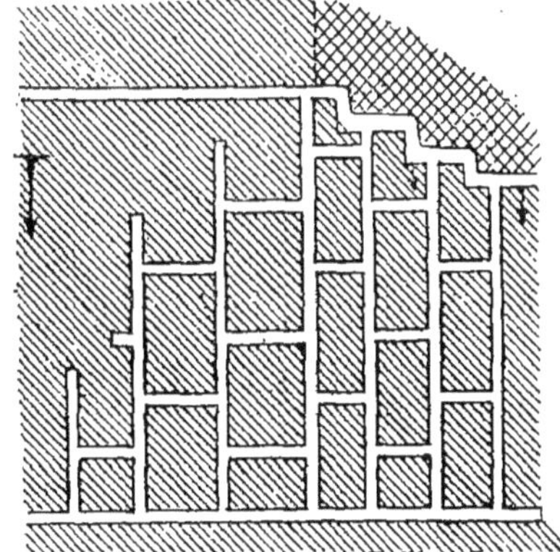

Fig. 69. — Piliers montants

83. Piliers montants. — Dans les gisements très peu inclinés, le traçage se fait parfois, non plus par galeries horizontales

mais par galeries montantes, avec recoupes d'aérage horizontales.
Le roulage, dans ces galeries secondaires se fait à la main, ou avec
une poulie à frein, pour descendre les produits jusqu'à la voie principale de base.

Le dépilage se fait en redescendant vers la voie de base, en partant d'un des angles supérieurs. Il peut d'ailleurs commencer avant
que le traçage ne soit achevé au moins dans les mines non grisouteuses. On dispose le front de taille de façon que la galerie de desserte soit au milieu du chantier (fig. 69).

c) *Méthode par chambres et piliers.*

84. Méthode américaine par chambres et piliers. — Les gisements de houille, aux Etats-Unis, sont le plus souvent extrêmement réguliers : les couches en plateures, de $1^m,50$, 2 m. ou davantage sont fréquentes et s'étendent sur de grandes surfaces, entre des
épontes solides. Dans beaucoup de cas, elles affleurent à flanc de
coteau. Dans ces conditions l'exploitant est conduit à ne prendre
que les couches assez épaisses ; il arrive encore souvent qu'il néglige
les couches plus minces, au mur ou au toit, et laisse ces dernières
se perdre dans les dislocations produites par les dépilages.

Les moyens mécaniques d'abatage ou de roulage ont pris un
énorme développement, et on cherche les méthodes susceptibles de
procurer une production très intense et un prix de revient très
réduit.

En 1908, on comptait que le rendement moyen de l'ouvrier (jour
et fond) par journée de travail était de 2^t 3/4 contre 1/2 tonne en
Belgique...

Certaines mines présentent des conditions plus difficiles, mais,
dans la grande majorité des cas, l'exploitation est facile.

La méthode la plus employée est celle du foudroyage, par
chambres et piliers (*Rooms and pillars*).

On commence par découper le gisement en grands panneaux de
100 à 200 m. de largeur (suivant l'inclinaison) sur 400 m. environ
de longueur.

Les galeries de traçage sont doubles, séparées par un massif
d'une douzaine de mètres recoupé tous les 40 m. par un passage
d'aérage.

Elles sont souvent triples pour les voies conduisant à la voie
de roulage principale, qui, elle, est parfois quadruple, voire même sex-
tuple si la production doit être particulièrement intense. Le champ
aménagé ainsi mesure plusieurs kilomètres dans chaque direction.

On attaque ensuite les panneaux, en y pratiquant une série de

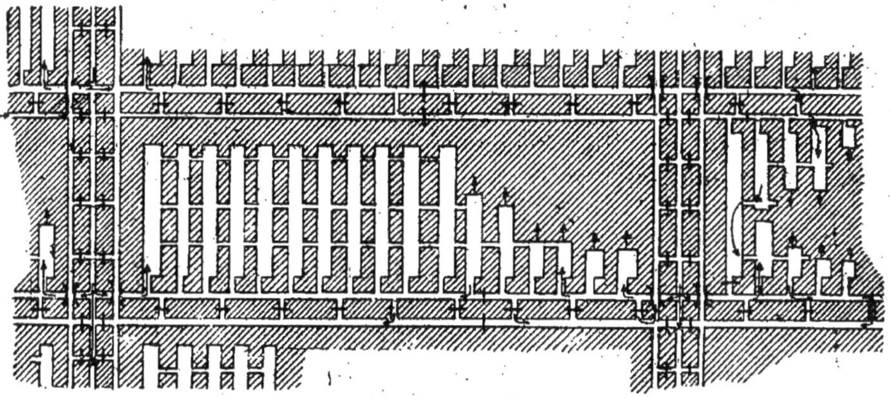

FIG. 70. — Rooms and pillars. Traçage.

longues chambres, prises en général en partant d'une des galeries longitudinales, parfois des deux galeries opposées (fig. 70). Ces chambres mesurent 6 à 12 m. de largeur et sont séparées par des piliers de dimensions très variables, 4 à 9 m, en moyenne.

Les traçages des galeries donnent déjà beaucoup de charbon et le dépilage dans les chambres, grâce à l'abatage au moyen de haveuses mécaniques, est très avantageux.

Lorsque l'inclinaison de la couche est très faible, on dispose les galeries et les chambres de façon à attaquer le charbon, dans ces dernières, en profitant aussi complètement que possible des clivages.

Outre les piliers laissés entre les chambres, on en laisse encore d'autres le long des galeries de roulage.

Les chambres communiquent entre elles par des passages d'aérage. Au moyen de *crossings* et de portes, au besoin de cloisons dans les culs de sac, on aménage le courant d'air pour assurer l'aérage indispensable. Mais il est certain que ce dernier est rarement satisfaisant.

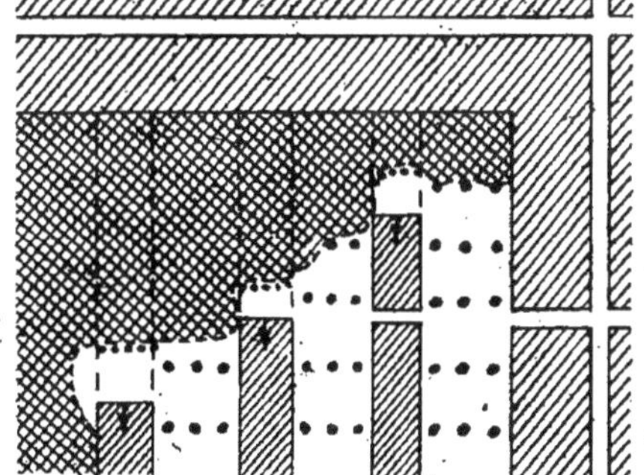

FIG. 71 — Enlèvement des piliers.

Lorsque tout le panneau a été ainsi découpé, on commence à enlever les piliers, en rabattant vers les galeries et en laissant le toit s'effondrer (fig. 71).

Pendant la période de creusement de la chambre, le toit est soutenu par des buttes en nombre assez faible ; mais pour empêcher les éboulements de suivre de trop près le front de taille, pendant l'enlèvement des piliers, on doit se protéger par des lignes de buttes presques jointives.

Dans chaque chambre, une voie de roulage permet le chargement en wagonnets du charbon abattu.

L'emploi de haveuses est difficile pendant cette seconde période, en raison de la pression très forte qui s'exerce sur le charbon.

L'abatage des piliers est souvent moins avantageux que le creusement des chambres, aussi arrive-t-il parfois, lorsque la marge entre le prix de revient et le prix de vente est très faible, que les exploitants les abandonnent en grande partie. Il en est de même pour les piliers de protection des galeries de roulage, qui peuvent également se prendre, du moins en théorie, en rabattant vers l'entrée de la mine.

85. Exploitation par chambres et piliers dans les mines de fer de Lorraine. — Nous avons décrit, au chapitre précédent (n° 60), la méthode d'exploitation par chambres, avec abandon de massifs, adoptée dans certaines mines de fer du bassin lorrain. On évite souvent l'abandon d'une proportion importante de minerai en reprenant ensuite les piliers laissés entre les chambres, en rabattant, comme dans les mines de charbon des Etats-Unis, depuis les limites du quartier jusqu'aux galeries principales de roulage.

Grâce à la régularité du gisement et à sa faible inclinaison, le traçage des quartiers peut se faire d'une façon très méthodique, et l'abatage avec des haveuses mécaniques est souvent possible.

L'aérage ne présentant pas la même importance que dans les mines de charbon grisouteuses, les galeries de traçage sont simples, au lieu d'être doubles ou triples comme dans les houillères américaines.

86. Exploitation des mines de fer par massifs longs et tailles en décrochement. — Signalons encore, à propos des mines de fer de Lorraine, une méthode qui a été appliquée dans certains cas, et qui ne comporte pas la création de chambres, mais simplement de larges galeries de traçage parallèles, en travers des massifs allongés déterminés par les voies de roulage (fig. 72). Une fois le quartier ainsi préparé, on commence à prendre les piliers en rabattant vers l'une des voies de roulage, en laissant un massif de protection le long des galeries ; les chantiers se suivent en échelons (*en décrochement*) et le front de taille est protégé contre les éboulements par un boisage par buttes serrées.

Cette méthode, qui ne permet pas l'emploi de moyens méca-

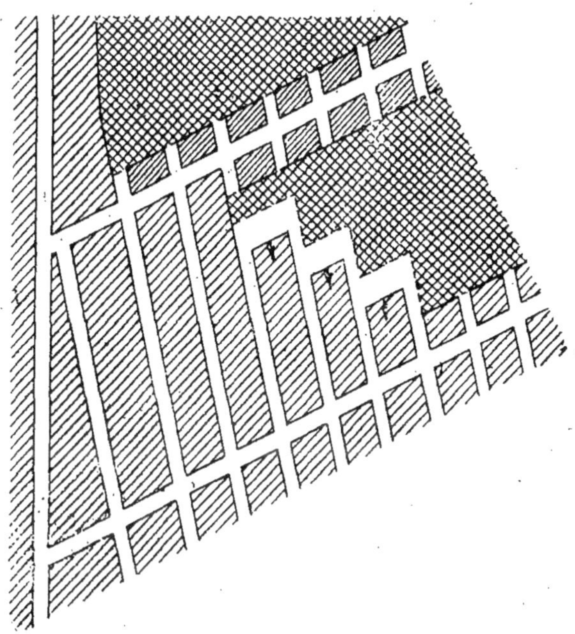

Fig. 72. — Massifs longs avec tailles en décrochement.

niques d'abatage et nécessite un traçage très long, est moins avantageuse que celle des chambres et piliers, ou des recoupes en gradins sans isolement préalable d'un aussi grand nombre de piliers.

d) *Méthode du Longwall.*

87. Principe. — La méthode dite du *longwall*, très employée en Angleterre, est caractérisée par la grande simplification du traçage préalable, et par le développement considérable que peuvent prendre les quartiers, dans lesquels un nombre presque indéfini de chantiers semblables peuvent être ouverts successivement.

Elle consiste à progresser dans le gisement, par fronts de taille qui se suivent en décrochement, parallèlement à la voie de roulage, soit en rabattant vers celle-ci depuis la limite du champ d'exploitation (*longwall working home*), soit en s'écartant au contraire de cette voie (*longwall working outwards*).

Le premier de ces deux systèmes comporte encore un traçage par galeries pouvant atteindre une grande longueur, mais souvent éloignées les unes des autres, lorsque les fronts de taille sont longs. Le second ne demande aucun traçage du panneau, mais exige le maintien de galeries dans les éboulements.

88. Longwall working home. — La fig. 73 montre la disposition des galeries et des chantiers, d'abord pendant la période de traçage (à gauche), puis pendant le dépilage (à droite). Les recoupes d'aérage entre les galeries en traçage et les gaines pour l'aérage des culs de sac ne sont pas figurées.

La double galerie de roulage est en général tracée en direction,

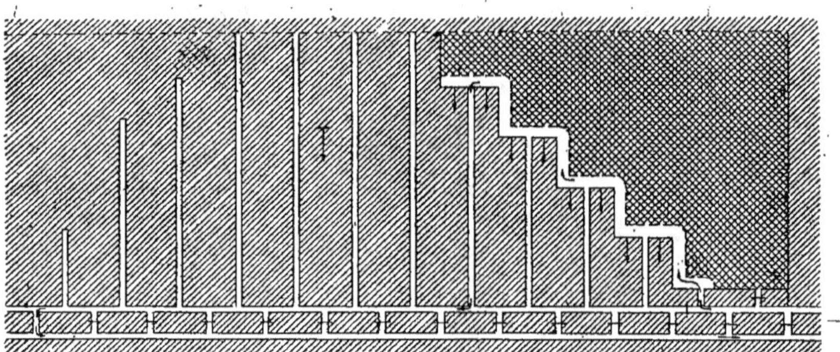

FIG. 73. — Longwall working home.

et les galeries de traçage s'embranchent sur la plus élevée, pour monter dans la couche, mais leur orientation n'est pas forcément perpendiculaire à celle des voies de base, pas plus que les chantiers d'abatage ne sont toujours normaux aux galeries qui les desservent. On se guide, pour les disposer, sur les plans de clivage du charbon.

L'espacement des galeries, c'est-à-dire la longueur des tailles, est de 25 à 50 m. en moyenne, suivant la qualité du toit et l'épaisseur de la couche.

Le dépilage se fait en rabattant, et en se protégeant contre les éboulements par des lignes de buttes. Le courant d'air circule le long des différentes tailles et revient vers la voie de retour d'air, après avoir parcouru les traçages, à moins qu'on ne préfère diviser le courant, par des portes et des guichets, en deux circuits séparés.

Cette méthode qui nécessite un traçage complet du gisement, est beaucoup moins employée que celle du *longwall working outwards*, bien qu'elle permette de supprimer toute galerie dans les éboulements.

89. Longwall working outwards. — Dans cette méthode, le traçage se réduit au percement des galeries de roulage, et les tailles s'en écartent, en montant vers la limite du champ d'exploitation. On peut ainsi en attaquer un très grand nombre, tant qu'on n'est pas limité par la capacité de la voie de roulage ou par les nécessités de l'aérage (fig. 74).

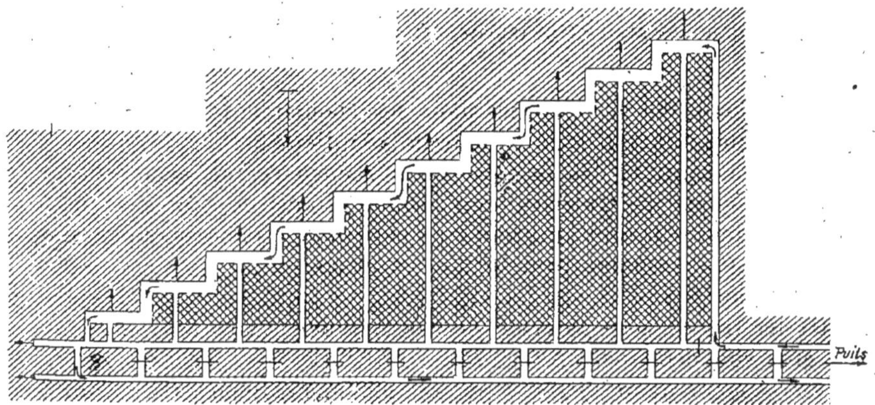

Fig. 74. — Longwall working outwards.

Comme dans le dispositif précédent, l'orientation des chantiers et des galeries de desserte varie suivant celle des plans de clivage du charbon.

On peut attaquer de nouveaux chantiers dès que le traçage des voies de base est assez avancé, au moins lorsque la couche est régulière ; dans le cas contraire, on pousse les voies en avant comme reconnaissances.

Les tailles se suivent parfois à 5 ou 10 m. de distance, parfois seulement à 25 ou 30 m. Leur largeur, égale en général à l'écartement des galeries de desserte (25 à 50 m.) peut descendre au besoin à 10 ou 15 m. si on les décompose en plusieurs gradins.

Au contraire, si le toit est très bon et l'inclinaison régulière, on peut disposer plusieurs tailles sur la même ligne, de manière à se placer dans des circonstances particulièrement favorables à l'emploi de l'abatage mécanique.

L'aérage du groupe de chantiers est assuré par une galerie aboutissant au bout du chantier le plus éloigné. Le courant d'air parcourt ensuite toute la série des tailles jusqu'à celle qui vient d'être ouverte, et repasse dans la galerie de retour d'air; ainsi qu'on le voit, le circuit, le long du front de taille, est descendant. Si la couche est grisouteuse, et surtout si elle a en même temps un pendage accentué, il faut au contraire s'arranger pour que le courant d'air monte le long du front de taille et ne redescende qu'après le dernier chantier vers le retour d'air. Au besoin, si le développement des chantiers est considérable, on aménage plusieurs circuits d'aérage distincts, ou tout au moins des entrées d'air frais de distance en distance, pour diluer les gaz dégagés et l'air vicié par l'accumulation d'un grand nombre d'ouvriers et de leurs lampes.

Les éboulements n'étant jamais bien serrés, l'aérage est souvent défectueux.

Le maintien des galeries dans les éboulements a une importance fondamentale pour la marche régulière de l'exploitation. Si la couche contient des intercalations rocheuses, on accumule les pierres le long des galeries pour former un mur de soutènement.

D'ailleurs, lorsqu'un groupe de chantiers s'est beaucoup éloigné des voies de roulage principales, on ouvre parfois une galerie de roulage auxiliaire G, solidement boisée, ce qui permet de supprimer les tronçons de galeries de desserte des tailles compris entre G et la voie principale A (fig. 75).

La méthode du *longwall* est extrêmement répandue en Angleterre, où elle répond bien aux conditions spéciales des gisements houillers. Elle est d'ailleurs de plus en plus fréquemment appliquée avec remblayage en arrière du front de taille, au lieu de comporter simplement le foudroyage du toit.

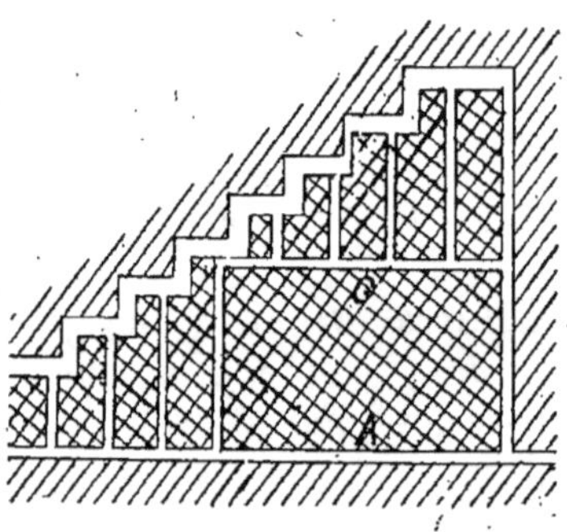

Fig. 75. — Voie de roulage auxiliaire.

Signalons qu'elle peut être modifiée, dans les parties inclinées ; les voies de roulage horizontales sont remplacées par des plans inclinés automoteurs, et les tailles progressent alors en chassant, suivant la direction. Mais les exemples de cette disposition sont assez rares, grâce à l'allure habituelle des couches, qui sont généralement en plateures.

e) Exploitation des dressants.

90. Difficultés d'application du foudroyage. — Dans toutes les méthodes que nous avons exposées jusqu'à présent, nous avons supposé que l'inclinaison de la couche était très faible, ou tout au moins n'était pas telle qu'il faille prendre d'autres précautions que le maintien, sur le flanc supérieur des chantiers chassants, d'une planche de charbon empêchant la coulée des éboulis.

Si l'inclinaison est au contraire considérable, ces méthodes ne sont plus applicables sans des modifications sensibles, car elles deviendraient trop dangereuses pour les ouvriers.

D'autre part, le transport des produits abattus, suivant la pente, ne peut plus se faire par wagonnets ; il faut prévoir des glissières ou des couloirs, dans lesquels le charbon se brise si le trajet est trop long.

Nous allons passer rapidement en revue les modifications apportées aux procédés décrits plus haut, tout en faisant remarquer que, dans les dressants, le foudroyage du toit se fait dans des conditions beaucoup moins favorables, qu'elle amène une perte plus considérable de charbon ou de minerai dans les stériles et que le passage sous les éboulis est souvent difficile. Aussi se résoud-on, en général, à adopter le remblayage lorsque l'inclinaison augmente.

91. Exploitation par massifs courts. — Le traçage complet du gisement en un grand nombre de massifs de petites dimensions, par galeries horizontales et montantes conduit à multiplier les installations pour la descente des produits jusqu'à la base de l'étage. Si la pente est suffisante, on peut remplacer les plans inclinés par des cheminées fermées à la base par une trappe, dans lesquelles le charbon s'accumule. Les massifs sont pris successivement, en rabattant depuis la partie supérieure du chantier, et chacun d'eux est dépilé en chassant. Mais il faut que le toit soit bon, pour que l'éboulement ne suive pas les chantiers de trop près, et la couche ne doit pas être grisouteuse, car l'aérage est défectueux.

92. Exploitation par massifs longs. — On découpe plutôt le gisement en une série de piliers allongés, se terminant à des plans inclinés automoteurs.

On dépile ensuite ces piliers en chassant, le front de taille étant décomposé en une série de gradins renversés (voir *fig. 62*) ; les ouvriers sont ainsi constamment protégés par le massif en place contre les éboulements provenant du dépilage du pilier supérieur,

qui est toujours en avance. Les voies au haut et au bas de l'étage,
qui doivent durer plus longtemps, sont protégées par des massifs
laissés en place, qui ne seront repris que lorsqu'elles seront abandonnées.

Au lieu de prendre le pilier par une seule série de gradins, on peut commencer par le découper par des traçages montants percés juste avant l'ouverture du dépilage ; chacun des piliers ainsi isolés est pris, de la même façon
par gradins renversés.

93. Exploitation des dressants en Westphalie. — La méthode
générale décrite plus haut (n°s 80 à 83) est appliquée en Westphalie
pour exploiter les parties en dressants, avec plans automoteurs sur
les voies en pente, et reprise des piliers en rabattant vers ces
plans.

Une variante intéressante consiste à supprimer les plans et à
les remplacer par des beurtiats,
dans le mur de la couche, avec
des travers-bancs à la base de
chaque pilier (fig. 76).

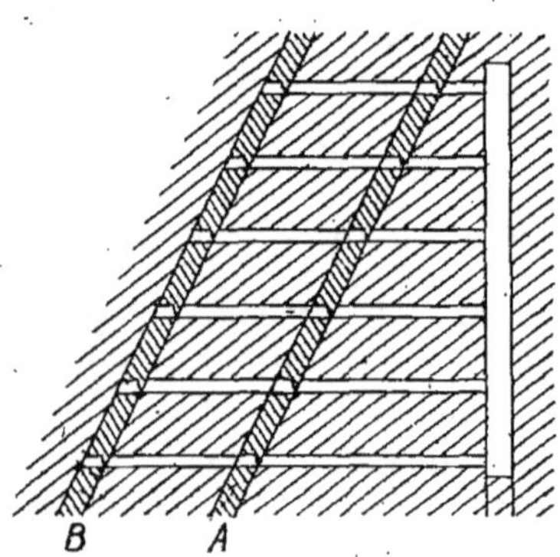

FIG. 76. — Beurtiat desservant un
groupe de dressants.

En particulier, lorsqu'on
peut faire servir ainsi un beurtiat
pour le traçage et le dépilage de
deux ou plusieurs dressants rapprochés, on répartit le coût de
son creusement et de son exploitation sur un tonnage plus considérable, et on bénéficie plus
complètement de l'économie que
présente son entretien sur celui
des plans automoteurs situés
dans le charbon.

Il faut, naturellement, avoir soin de conduire l'exploitation de
telle sorte que les tronçons de travers-bancs entre les couches A et
B ne se trouvent dans les zones disloquées par le foudroyage que
lorsqu'ils n'ont plus besoin d'être conservés. Il faut donc, pour cela,
que les piliers en dépilage dans la couche au mur soient plus élevés
que dans la couche au toit, et cela d'autant plus que l'inclinaison est
moins forte et la distance entre les couches plus grande.

Si le beurtiat traverse l'une des couches et se trouve en partie
au toit de celle-ci, il faut maintenir dans cette couche un panneau
suffisamment large qu'on ne dépilera qu'au dernier moment.

94. Exploitation des dressants dans les mines d'anthracite de Pensylvanie. — Les couches d'anthracite de Pensylvanie sont beaucoup plus inclinées que la plupart des gisements de charbon bitumeux. Leur épaisseur dépasse fréquemment 5 m., et, dans certain cas, atteint 12 ou 13 m.

On y applique une méthode analogue à celle des chambres et piliers (n° 84), en creusant les chambres en montant, et en les laissant remplies de charbon jusqu'à ce qu'on ait atteint le niveau supérieur. Les ouvriers se tiennent sur ce tas d'anthracite, et évacuent le trop plein par la trappe qui ferme l'entrée de la chambre. C'est en somme une méthode analogue à celle des magasins des mines de fer de Suède.

Souvent, les piliers entre les chambres sont abandonnés, mais dans certains cas, on laisse les éboulements remplir les chambres, et quand ils sont suffisamment tassés, on reprend les piliers.

Les étages ont en général 50 m. de hauteur, les chambres 9 m. de largeur, avec des piliers de 8 m.

f) Comparaison des diverses méthodes de foudroyage.

95. Conditions d'application. — Les différentes méthodes que nous venons d'exposer, pour l'exploitation des couches moyennes par foudroyage, conviennent aux conditions économiques particulières aux divers bassins houillers.

On ne peut donc les comparer en se plaçant à un point de vue purement technique. L'abondance du charbon aux États-Unis et en Angleterre, la nécessité de rechercher un prix de revient aussi réduit que possible, ont amené les exploitants à consentir à un gaspillage des gisements qui ne serait pas admissible dans le pays où le combustible est rare et son prix élevé. Il en est de même pour certaines mines de fer, dont le minerai, à faible teneur, ne pouvait supporter les frais entraînés par l'enlèvement complet du gisement. Dans toute comparaison entre des méthodes appliquées à des gisements qui paraissent analogues, il ne faut pas négliger les éléments économiques ou commerciaux qui justifient souvent des différences inexplicables au premier abord.

96. Comparaison. — Toutefois, il est possible de mettre en regard les propriétés particulières des diverses méthodes, soit pour l'abatage, soit pour le roulage et l'aérage.

Pour l'abatage, les grands fronts de taille du *longwall*, lorsqu'ils sont applicables, permettent un rendement très élevé, grâce à la réduction de la période de traçage, et à l'emploi des haveuses mécaniques. Il en est de même des larges chambres américaines. Les piliers longs, pris par recoupes ou par gradins, comme en France ou en Westphalie, sont moins favorables à cet égard.

Pour le roulage, les piliers longs, avec plans ou beurtiats bien armés, se prêtent à une production intensive. Mais là encore le longwall ou les chambres ouvertes sur de longues galeries droites munies de moyens mécaniques, locomotives ou câbles, réduisent au minimum les frais de transport.

Pour l'aérage. par contre, les chambres, comme les massifs découpés par un réseau de galeries compliqué, sont moins satisfaisants que les tailles échelonnées du longwall, et surtout que les piliers longs, pris en chassant. Les piliers montants, dépilés en descendant, sont dangereux dans les mines grisouteuses, car le gaz a tendance à s'accumuler dans les éboulements au-dessus des chantiers.

§ 3. — EXPLOITATION DES COUCHES PUISSANTES PAR FOUDROYAGE.

97. Exploitation sur toute l'épaisseur en Silésie. — L'exploitation par foudroyage du toit, avec dépilage simultané de la couche sur toute sa hauteur était encore très courante en Silésie, il y a quelques années.

Les couches ont fréquemment 4 à 5 m. d'épaisseur, parfois même 8 ou 10. L'inclinaison est faible.

La méthode employée est une application de celle que nous avons décrite au n° 80, par piliers longs en direction.

Les piliers ont une dizaine de mètres de largeur et une centaine de mètres de longueur, entre des plans inclinés automoteurs ; le traçage est fait, sur le mur de la couche, avec des galeries de 3 m. sur 3 m. environ.

Les panneaux sont desservis par un seul des deux plans (le suivant étant affecté à l'extraction du panneau voisin), car la production est très forte, et une exploitation simultanée des deux côtés du plan donnerait un tonnage trop considérable.

On dépile chaque panneau en rabattant depuis l'angle supérieur opposé au plan incliné et en descendant, les piliers étant pris par recoupes en travers. Dans beaucoup de mines, les piliers sont d'abord découpés en massifs courts.

On commence le dépilage par un élargissement, jusqu'à 5 m. de l'une des voies de traçage en travers, ou par l'ouverture d'une recoupe de cette largeur (fig. 77 A et B). On s'élève en même temps jusqu'au toit de la couche, sur lequel on boise solidement.

Ce soutènement est fait, le long du massif et à la base de la recoupe en place qui sera attaquée ultérieurement (en O et O′) par des bois presque jointifs et maintenus par des arcs-boutants. Ce dispositif

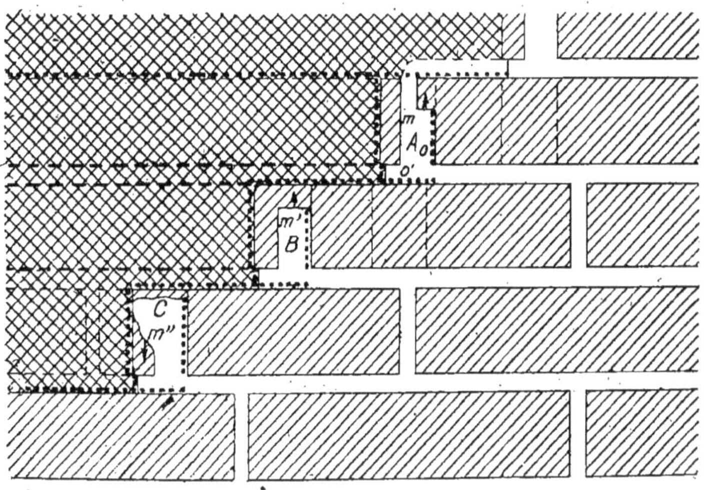

Fig. 77 — Exploitation silésienne par foudroyage.

caractéristique (*orgues* de Silésie) a été décrit dans la IVe partie du Cours.

Le courant d'air est aménagé, à l'aide de gaînes ou de passages maintenus le long des éboulements. de façon qu'il circule le long du front de taille.

Les recoupes mesurent au total 8 ou 9 m. Il reste donc un massif (m, m′ m″) qui est enlevé à son tour, par gradins droits ou renversés. Ce dernier système, représenté en coupe transversale à la recoupe, sur la fig. 78, est le plus fréquemment adopté.

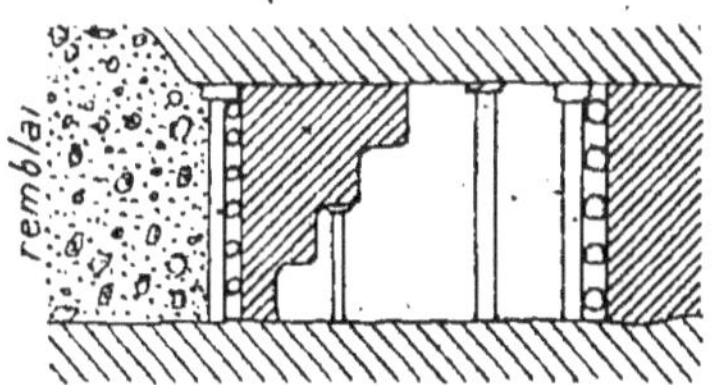

Fig. 78. — Dépilage en gradins renversés.

Dans cette dernière période du dépilage, on est protégé contre les éboulements par les orgues laissés contre le massif.

Lorsque l'abatage est terminé dans une recoupe, on n'a plus qu'à y enlever les bois, (sauf les orgues) pour provoquer la chute du toit. En effet, avec une telle épaisseur de couche, on ne peut laisser le toit rester en place jusqu'au moment où il s'affaisserait de lui-même en écrasant le boisage, car un tel éboulement, se produisant sur une grande surface, amènerait la formation de cloches énormes et des mouvements qui se propageraient brutalement et compromettraient l'existence des chantiers dans le voisinage.

Ce déboisage est naturellement dangereux et ne peut être effectué que par des mineurs expérimentés habiles à discerner les bruits qui annoncent l'imminence de l'écrasement.

98. Exploitation des mines de lignite par foudroyage. — Le foudroyage est encore souvent pratiqué dans les mines de lignite.

En Allemagne, le toit est en général très ébouleux, et les couches puissantes. Le gisement est découpé d'abord, par des voies inclinées partant de la voie de fond, en panneaux de 150 à 300 m. que l'on découpe au dernier moment en un certain nombre de sections, qui sont elles-mêmes décomposées en carrés (9 ou 16) de 12 à 20 m². Ces carrés sont enlevés les uns après les autres, jusqu'au toit, ce qui nécessite un boisage important. En enlevant ensuite les bois, on provoque la descente du toit. L'ordre de dépilage des carrés d'une section est choisi de façon à réduire le traçage des voies de roulage nécessaires et à n'attaquer l'un d'eux que lorsque les éboulements seront suffisamment tassés. Au besoin on laisse des orgues contre les parois.

Dans d'autres mines on isole un bloc de lignite de 150 à 200 m². de base en le découpant d'abord en dessous, en boisant solidement puis en pratiquant des coupures sur les faces verticales, presque jusqu'au toit. En enlevant les bois sous la face inférieure, on provoque l'affaissement du bloc, qui se disloque.

Ces sortes de chambres sont séparées par des piliers de 2 à 3 m. de lignite, qui sont abandonnés. L'effondrement du toit remplit la chambre lorsqu'elle a été vidée.

99. Foudroyage par tranches horizontales. — Au lieu de dépiler en une fois toute la couche de charbon jusqu'au toit, on peut procéder par tranches horizontales prises en descendant, et en repassant sous les éboulements lorsque ceux-ci ont pris une consistance suffisante (fig. 79).

Le gisement est divisé en étages successifs ; un plan incliné permet d'amener à la base de l'étage les produits abattus dans la tranche T_1 en exploitation. Lorsque celle-ci sera terminée, on attaquera la tranche T_2 dont le traçage est fait pendant l'exploitation de T_1, et ainsi de suite en descendant.

La préparation de chaque tranche est faite comme s'il s'agissait d'une couche de moyenne épaisseur, en opérant par l'une des méthodes décrites au § 2, c'est-à-dire en la découpant en massifs distincts, ou en y disposant des chambres et des piliers.

Si la puissance de la couche n'est pas grande, on considère chaque tranche comme un seul massif long, que l'on dépile en rabattant vers le plan incliné. Au contraire, si la traversée horizontale est considérable, on la décompose en une série de piliers en direction. Une méthode de ce genre a été appliquée aux mines d'anthracite de La Mure (Isère). Les tranches horizon-

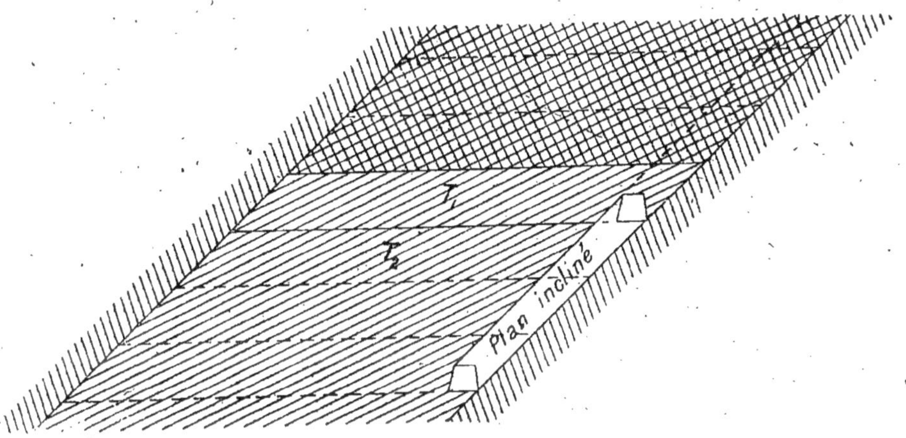

Fig. 79. — Exploitation par tranches horizontales avec foudroyage.

tales, de 5 ou 6 m. de hauteur, étaient préparées par une galerie au mur et une au toit ; on enlevait ensuite le charbon en rabattant, par recoupes successives, du mur vers le toit (traversée d'une quinzaine de mètres environ), en se protégeant le plus longtemps possible par une planche en couronne sous les éboulements.

100. Méthode par tranches inclinées. — Dans les couches puissantes, peu inclinées, on peut décomposer le gîte en une série de tranches parallèles au mur et au toit, qui sont traitées chacune comme une couche d'épaisseur moyenne (fig. 80).

On enlève d'abord la tranche 1, en laissant le toit s'affaisser, puis on passe à la 2ᵉ tranche, et ainsi de suite en descendant jusqu'au mur. Les plans inclinés et les voies principales de roulage sont tracés sur le mur.

Cette méthode, très employée autrefois dans les mines de houille, où l'on prenait des tranches de 4 ou 5 m. d'épaisseur, avait pour conséquence des pertes considérables dans les éboulements, qui amenaient fréquemment des incendies. Aussi est-elle actuellement abandonnée. Elle présente en outre un inconvénient sérieux si l'inclinaison est sensible ; c'est le danger de voir les éboulements glisser sur le mur du chantier.

On considère le remblayage comme indispensable dans l'exploitation des couches épaisses de charbon, tant pour éviter le gaspillage du gisement et les dangers de feux souterrains que pour diminuer les affaissements à la surface.

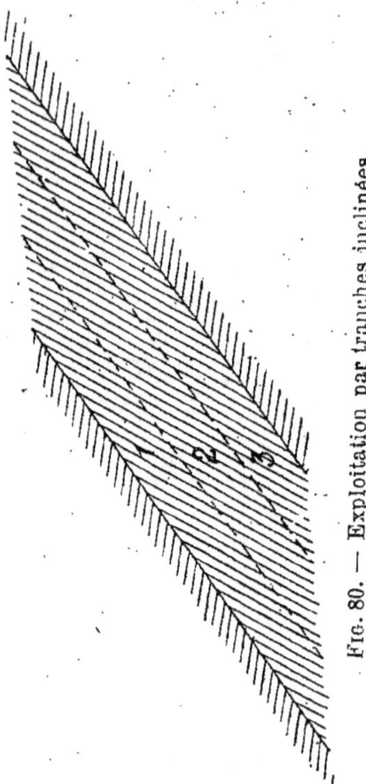

Fig. 80. — Exploitation par tranches inclinées.

§ 4. — FOUDROYAGE DE LA SUBSTANCE UTILE.

101. Mines de charbon. — L'application du foudroyage à la substance qui fait l'objet de l'exploitation ne se présente que dans deux cas bien distincts : soit pour les gisements très puissants, soit pour ceux dont l'inclinaison est très forte de telle sorte que la couronne du chantier est formée par la substance en place.

Nous venons de voir que le foudroyage du toit, dans les couches épaisses de charbon, était actuellement considéré comme inadmissible. A plus forte raison en est-il de même pour les méthodes qui entraînent celui du charbon lui-même. Nous en avons cependant cité un exemple, pour les mines de lignite, mais il est exceptionnel.

Dans les couches minces ou moyennes et très inclinées, le mineur travaille souvent avec le charbon au-dessus de la tête ; mais on évite de le disloquer et on emploie toujours des méthodes qui comportent le remblayage des chantiers.

102. Filons métalliques. — Le cas n'est pas le même dans l'exploitation des filons métalliques, où l'inconvénient des dislocations n'est plus aussi sensible. Nous verrons au chapitre X quelques exemples d'application du foudroyage du minerai. Pour le moment, nous n'examinerons donc que le cas de gisements puissants de substances autres que le charbon ou les filons métalliques, telles que les amas minéralisés ou les gîtes sédimentaires de peu de valeur.

103. Grès de Mechernich (Eifel). — Un exemple classique est celui des exploitations de grès de l'Eifel contenant des nodules de galène. Ils se présentent à Mechernich sous la forme d'une couche de 30 m. d'épaisseur, ébouleux, contenue entre des assises de conglomérats résistants.

L'exploitation se fait par grandes chambres d'éboulement, des-

Fig. 81. — Exploitation des grès de Mechernich.

servies chacune par un petit beurtiat conduisant à une galerie de roulage dans le mur (fig. 81).

On pratique d'abord à la base une première chambre (1), en isolant une série de piliers que l'on fait sauter, pour faire effondrer le grès. En se tenant sur les éboulis (dont l'excédent est évacué par le beurtiat) les ouvriers agrandissent ensuite la chambre (2), jusqu'à l'amener au contact du toit (3 . Les piliers entre les chambres sont abandonnés.

Cette méthode des *chambres d'éboulement*, rarement employée actuellement, se rencontrait autrefois dans des gisements assez nombreux, et même dans les houillères.

104. Glaisières. — On peut rapprocher du foudroyage de la substance utile le système employé pour exploiter les formations de glaise des environs de Paris (Vanves, Issy).

La masse argileuse, très puissante, est plastique. Lorsque les ouvriers ont creusé, autour du puits d'extraction, un réseau de galeries, ils abandonnent le quartier jusqu'au moment où la glaise a comblé ces galeries, et se présente de nouveau sous l'aspect d'une masse compacte dans laquelle on peut recommencer à creuser, en partant du même puits (1).

105. Résumé. — L'exploitation par foudroyage, c'est-à-dire sans soutènement du toit autre que le boisage provisoire, a été très employée autrefois dans les mines de charbon, où elle est remplacée de plus en plus par des méthodes qui comportent le remblayage des vides laissés par l'enlèvement des produits abattus.

Mais elle se rencontre encore fréquemment dans les mines qui exploitent des couches d'épaisseur moyenne, peu inclinées, lorsqu'on veut éviter les dépenses de remblayage, et que l'enlèvement total du gisement n'est pas avantageux. En particulier, les couches régulières, en plateures de grande étendue, des houillères anglaises ou américaines, sont encore souvent dépilées sans remblayage, en laissant le toit s'affaisser derrière les chantiers.

Le foudroyage n'est applicable que si la dislocation des assises supérieures, qui en est la conséquence, n'a pas d'inconvénients pour la surface du sol et n'amène pas des infiltrations d'eau gênantes. Il faut en outre qu'il n'entraîne pas de pertes exagérées de charbon ou de minerai dans les stériles; il est notamment à éviter dans les gisements de charbons inflammables.

La *solidité du toit* est un des principaux éléments à considérer lorsqu'on étudie la possibilité d'adopter une méthode par foudroyage. Un toit friable, ébouleux, exige naturellement des précautions spéciales, mais les meilleures conditions ne sont pas celles qui présentent, au toit de la couche, un banc solide capable de rester longtemps en place au-dessus de vides de très grande superficie. Les affaissements en masse, qui se produisent dans ce cas, occasionnent des mouvements de terrains dangereux pour la conservation des chantiers, sans parler des brusques perturbations qui en résultent pour l'aérage.

Le meilleur toit est celui qui s'affaisse régulièrement, en suivant à quelques mètres les chantiers en dépilage. Il est alors possible de prévoir la marche des affaissements et de déterminer la force et la disposition du soutènement provisoire.

La chute du toit est le plus souvent provoquée par un déboisage systématique dans les zones abandonnées.

La *préparation du gisement* se fait au moyen d'un traçage préalable, qui le découpe en massifs plus ou moins grands, et le dépilage est conduit, dans chaque quartier, en commençant par les parties les plus éloignées des voies de roulage principales. Dans les couches inclinées, on part de l'un des angles supérieurs du panneau préparé. On cherche à éviter, autant que possible, le maintien de galeries dans les éboulements, et à simplifier le traçage, pour

---

(1) Haton de la Goupillière et Bès de Berc, *Cours d'Exploitation des Mines.*

arriver plus vite à la période de dépilage, plus avantageuse comme production et comme prix de revient.

Les *avantages* du foudroyage sont : la suppression des frais de remblayage et la possibilité de réaliser une production intense. Par contre ses *inconvénients* sont sérieux et le font écarter, si les conditions ne sont pas particulièrement favorables : dangers d'éboulement, gaspillage du gisement, risques d'échauffements dans les mines de charbon, défectuosité de l'aérage, danger d'accumulation des gaz nuisibles dans les éboulements, affaissements à la surface.

Les *méthodes d'exploitation* sont caractérisées par le mode de traçage du gisement.

Dans la méthode des *massifs courts*, les galeries de traçage forment un réseau serré, isolant des piliers de petites dimensions ; la préparation d'un panneau est longue, mais l'extraction peut être rapidement augmentée en cas de besoin.

On rencontre plus souvent la méthode par *massifs longs*, c'est-à-dire par piliers beaucoup plus longs que larges, généralement orientés suivant la direction de la couche, surtout lorsque le pendage est sensible. Ces piliers sont ensuite repris par des tailles en direction, rabattant vers les voies de roulage en pente, ou par recoupes en travers.

Lorsque le toit est solide, on donne aux galeries de traçage une plus grande largeur, parfois même comparable à celle des piliers ; on arrive ainsi à la méthode dite par *chambres et piliers*, dont on rencontre des exemples caractéristiques dans les mines de fer de Lorraine, et dans l'exploitation des couches de charbon bitumineux aux Etats-Unis.

En Westphalie, la méthode des piliers longs comporte un mode particulier de traçage, avec recoupes d'aérage, et s'applique même aux parties inclinées du gisement. En Angleterre, la méthode connue sous le nom de *longwall* permet de dépiler, presque sans traçage, les grandes plateures régulières si fréquentes dans ce pays.

Le foudroyage est rarement appliqué dans les dressants, et il est presque totalement abandonné dans les couches puissantes de charbon. On le rencontre cependant *en Silésie*, pour l'exploitation de couches de plusieurs mètres d'épaisseur.

Le foudroyage, non plus du toit, mais de la substance utile elle-même, dans les gisements puissants ou très inclinés, n'est guère appliqué que dans les filons métalliques ou dans certains amas où l'on ouvre de grandes chambres d'éboulement.

CHAPITRE V

GÉNÉRALITÉS SUR LE REMBLAYAGE

SOMMAIRE

§ 1. — CONSIDÉRATIONS GÉNÉRALES.

106. Principe du remblayage. — Les deux méthodes générales exposées dans les chapitres précédents résolvent de façon contraire le problème du soutènement du toit, après enlèvement de la substance exploitée : la première abandonne des massifs assez solides et assez rapprochés pour empêcher tout affaissement du toit ; la seconde laisse cet affaissement se produire, en se bornant à le retarder suffisamment pour permettre le dépilage.

Le premier procédé conduit à un gaspillage du gisement et le second, d'application souvent dangereuse, n'évite les pertes qu'en partie, et au prix de graves inconvénients. — Il existe un autre moyen d'un emploi très général dans de nombreuses mines, en particulier dans les houillères. C'est celui qui consiste à combler les vides produits en y accumulant des matières stériles, de façon à limiter autant que possible les mouvements de terrain tout en enlevant complètement le gisement, dans des conditions de sécurité bien plus satisfaisantes.

107. Utilité du remblayage. — Le remblayage joue donc un double rôle : il complète et renforce le soutènement protecteur des galeries ; il remplit les vides et limite les mouvements de terrains. Ces résultats seront d'ailleurs atteints de manière très différents suivant la perfection avec laquelle le remblayage est fait, suivant la nature des terrains encaissants et celle du remblai lui-même. Enfin, cette opération a d'autres avantages précieux : suppression du transport à la surface des parties stériles, enlèvement complet du gisement, grande amélioration de l'aérage.

Au point de vue du *soutènement*, le remblai présente sur le boisage l'avantage d'être indéfiniment durable, et de ne pas céder sous la pression s'il est constitué en grosses pierres régulièrement disposées. En fait, on n'arrive pas à une protection suffisante pour supprimer tout travail d'entretien des galeries, ni tous risques d'éboulement dans les chantiers, à moins d'élever de véritables muraillements en pierre sèche. Mais on peut réduire considérablement ce travail et maintenir les voies pendant un temps largement suffisant, sans frais exagérés.

Le remplissage des vides, au voisinage des chantiers en exploitation augmente beaucoup la sécurité des mineurs et renforce l'action du soutènement provisoire.

Au point de vue des *mouvements de terrains*, le remblayage avec des matériaux de dimensions variables, rapidement mis en place, ne fait que retarder l'affaissement du toit et l'arrêter après une descente modérée.

S'il est fait avec des pierres qui foisonnent beaucoup, il n'empêchera pas que la pression des terrains, en produisant un tassement énergique, n'amène des dislocations, qui se propageront peu à peu, et atteindront même la surface. Toutefois, il diminue l'importance des affaissements, et par conséquent des dégâts à la surface et des frais que ceux-ci entraînent. Avec des matériaux menus, et surtout si la mise en place se fait hydrauliquement, le tassement est beaucoup moindre. En tous cas, comme la descente des assises du toit se fait plus lentement et plus régulièrement, elles se brisent moins, et les mouvements sont moins brutaux. La charge, dans l'ensemble de la mine, se fait moins sentir par coups brusques, et il en résulte une diminution des frais de boisage, même dans les zones assez éloignées des parties remblayées.

La *suppression de l'extraction de stériles*, qu'on laisse sur place dans la mine, simplifie les roulages souterrains, soulage le service de la machine d'extraction, rend disponible le personnel employé à la surface pour recevoir et mettre en dépôt ces stériles. Nous verrons cependant que dans les couches minces, surtout lorsqu'elles contiennent des intercalations rocheuses, on ne peut éviter d'avoir à extraire une quantité plus ou moins grande de stériles, provenant en particulier du creusement des galeries.

D'une façon générale, le remblayage diminue l'importance des *traçages* et contribue par conséquent à améliorer le rendement des ouvriers, tout en augmentant la proportion des chantiers productifs.

L'enlèvement du gisement est complet ou presque complet. On abandonne rarement plus de 5 %, du charbon ou du minerai. En effet, il n'y a plus de pertes dans les éboulements, les piliers de protection sont supprimés ou peuvent être enlevés. Outre l'avantage économique que procure ce résultat dans les gisements de minerais présentant une grande valeur, on supprime ainsi les risques d'incendies dans les mines de charbon. C'est là une des principales raisons qui ont amené beaucoup de houillères à adopter le remblayage.

L'amélioration de l'aérage est un des avantages les plus importants, dans les mines où l'on doit se préoccuper plus particulièrement de cette question, c'est-à-dire dans les mines grisouteuses, ou dans celles qui ont atteint une grande profondeur.

Le courant d'air est mieux distribué, et les courts-circuits à travers les anciens travaux sont, sinon supprimés entièrement, au moins grandement réduits. Les accumulations de gaz et les risques d'incendies du charbon sont beaucoup moindres. Pour que ces résultats soient atteints, il faut que les remblais soient bien serrés contre la couronne des chantiers, et qu'ils soient réguliers. S'ils comportent des parties peu compressibles, comme des murs en pierres dures, et d'autres qui se tassent et laissent un vide sous le toit, la circulation de l'air s'établit au-dessus des remblais, avec tous les inconvénients que l'on cherchait à éviter.

108. Conditions d'application. — Le remblayage peut s'appliquer dans presque tous les gisements, mais tandis que les couches minces fournissent un excédent de matériaux, par le creusement des galeries et l'enlèvement des intercalations stériles, on est obligé, pour les couches épaisses, d'introduire des remblais pris à la surface, dans des carrières, ou provenant des déchets des ateliers de triage et lavage ou des usines de la région. On rencontre parfois des difficultés pour trouver dans le voisinage de la mine des terrains fournissant des matériaux convenables, dont l'abatage ne coûte pas trop cher. Ainsi, dans certaines régions d'âge géologique ancien, formées de roches granitiques, on doit renoncer à ouvrir des carrières, et faire venir les remblais d'une distance plus ou moins grande.

109. Remblayage incomplet. — Si les nécessités de l'aérage n'obligent pas à combler tous es vides de l'exploitation, on se contente d'un remblayage partiel, en élevant le long des galeries, et en arrière des fronts de taille, des murs en pierres sèches ; on laisse le toit s'ébouler entre ces murs. On cherche à régulariser le passage de l'air dans ces vides ; au besoin, on dispose des tuyaux en fer permettant d'y faire des prélèvements d'air, que l'on analyse pour mesurer la teneur en grisou.

Ce système est applicable, même dans les régions où l'on pourrait créer des carrières à remblais, lorsque les dégagements de grisou ne sont pas trop dangereux, et que les conditions du gisement permettent le foudroyage partiel du toit.

110. Comparaison avec l'abandon de massifs et le foudroyage.
— Les considérations que nous avons développées sur les avantages et les inconvénients de l'abandon de massifs et du foudroyage, ainsi que sur l'utilité du remblayage, nous dispensent de nous arrêter sur la comparaison entre ces méthodes générales. Nous résumerons seulement, en quelques mots, leurs conditions d'application.

Dans les couches minces et les filons, qui fournissent un excédent de stériles, le remblayage est naturellement adopté. Au contraire, les amas de grandes dimensions exigent l'introduction de matériaux de l'extérieur, mais le foudroyage n'est applicable que très exceptionnellement, en raison de l'importance des vides créés par l'exploitation ; si la valeur du minerai ne justifie pas le remblayage, on sera amené à abandonner des massifs.

Dans les couches moyennes ou épaisses, l'abandon de massifs s'impose si l'on doit éviter toute dislocation de la surface ; seul un remblayage hydraulique très soigné permet d'arriver presque au même résultat.

Si l'on n'a pas à se préoccuper de cette considération, on ne se résoudra à abandonner une partie du gisement que lorsque celui-ci a trop peu de valeur pour se prêter aux autres modes d'exploitation.

Nous avons vu que le foudroyage ne s'appliquait guère que dans les couches moyennes, peu inclinées, à toit solide, et lorsqu'il ne s'agit pas de charbons grisouteux ou inflammables.

Dans tous les autres cas, couches d'épaisseur moyenne inclinées, ou à mauvais toit, ou sujettes à des dégagements de grisou et à des incendies, couches épaisses de charbon ou de minerais présentant une valeur notable, on emploie le remblayage. Cette méthode tend d'ailleurs de plus en plus à se substituer au foudroyage, même lorsque les conditions sont telles qu'on adoptait jadis uniquement cette dernière méthode.

§ 2. — NATURE ET PRÉPARATION DU REMBLAI.

111. Utilisation des produits stériles de l'exploitation. — Les travaux souterrains fournissent, même dans les couches propres, une quantité notable de produits stériles : d'abord dans les travers-bancs et galeries au rocher, puis dans les galeries et plans inclinés en couche, lorsque l'épaisseur du gisement est faible. Le plus souvent, il s'y ajoute une proportion plus ou moins considérable de stériles provenant des intercalations dans les couches ou de la gangue des filons métalliques. Remarquons en outre que les produits remontés à la surface sont le plus souvent triés, voire même lavés ou soumis à un traitement mécanique, et que les déchets peuvent être réintroduits dans la mine.

Tous ces matériaux sont employés pour le remblayage, parfois même sur place, lorsqu'ils sont abattus dans les chantiers de dépilage.

On doit se préoccuper, dans la conduite des travaux, de répartir ces remblais entre les chantiers où ils seront utilisés, en réduisant au minimum les frais de transport et les manutentions.

Cependant, on doit éviter d'employer, dans les endroits où des incendies seraient à craindre, les schistes charbonneux, ou les blocs auxquels restent adhérents des morceaux de charbon. Si l'on ne peut les utiliser en les mélangeant à des roches incombustibles, dans des endroits où l'on a pas à craindre de courts-circuits d'aérage, mieux vaut les remonter à la surface.

112. Remblais provenant de la surface. — Lorsque ces diverses sources de remblais sont insuffisantes, il faut introduire des matériaux provenant de la surface ; nous avons déjà signalé plus haut les divers moyens de se les procurer : création de carrières spéciales, si possible sur les affleurements du gisement, et utilisation de déchets industriels : laitiers de hauts fourneaux, scories de traitement métallurgique, etc...

113. Nature du remblai. — Ces divers produits n'ont pas tous la même valeur comme remblais.

Les terres argileuses ont le grand avantage de former un bourrage qui fait prise, imperméable à l'eau et à l'air, et qui s'oppose par conséquent aux courts-circuits d'aérage, à condition que le serrage en couronne soit énergique, et que l'affaissement du toit suive le tassement du remblai, qui est considérable.

Pour maintenir en place les terres, on est souvent obligé de construire des murs en pierres ; ces dernières, comme les gangues des filons, sont solides, mais ne font pas prise, et laissent passer l'air et l'eau.

Les graviers, les sables, les scories se mettent facilement en place, mais ne forment pas non plus un bourrage étanche, sauf sous une forte pression ; ils ne font pas prise, et se tassent presque comme la terre. Ils ne constituent donc pas un remblai satisfaisant, lorsqu'ils sont mis en place par les procédés habituels. Nous verrons cependant qu'ils sont employés avec succès lorsque le remblayage est fait hydrauliquement.

Parmi les roches, les meilleures sont évidemment celles qui se brisent, s'écrasent et font prise, comme les schistes argileux ; les grès donnent déjà de moins bons résultats. Quant aux quartzites ou aux granites, ils fournissent un soutènement résistant, mais qui ne devient pas étanche.

Les schistes charbonneux et déchets de lavage, dangereux à employer de suite, donnent au contraire un bon remblai lorsqu'on les a laissés s'échauffer et brûler dans les dépôts (ou *terris*) où ils sont accumulés.

114. Carrières à remblais. — La meilleure solution, pour se procurer les matériaux nécessaires, est d'ouvrir une carrière sur les affleurements du gisement. On réduit ainsi sensiblement le prix de revient des remblais, puisqu'on rend accessible, dans des conditions très économiques, un tonnage plus ou moins considérable de minerai. Il est vrai que dans beaucoup de mines métalliques, les affleurements sont en partie altérés, mais si le gisement n'est pas trop incliné, on peut atteindre la zone restée intacte ; dans les houillères, la profondeur à laquelle le charbon est assez altéré pour que sa valeur ait notablement diminué n'est pas très grande.

La création d'une carrière sur les affleurements présente un autre avantage : les remblais peuvent être introduits directement dans la mine, par un plan incliné et arrivent à la partie supérieure des étages en exploitation. Il faut toutefois prendre des précautions spéciales pour éviter que les eaux de pluie descendent dans les travaux. Si la carrière a une grande étendue, il suffit d'un orage violent pour y accumuler des masses d'eau considérables, dont la brusque irruption dans la mine risquerait de provoquer une catastrophe.

L'exploitation de la carrière est conduite par les méthodes exposées au début du présent volume ; les wagonnets chargés de remblais sont conduits à la tête du plan incliné pénétrant dans la mine, tandis que ceux qui viennent des gradins au charbon ou au minerai sont remontés à la surface et conduits directement aux ateliers de triage et de chargement.

Cette solution n'est pas toujours possible ; il faut alors ouvrir une carrière spéciale, entièrement au stérile. On en choisira l'emplacement de façon à obtenir des matériaux aussi satisfaisants que possible, en un point qui réduise au minimum les transports vers les puits de descente dans les travaux.

Les considérations de prix des terrains, de disposition des zones habitées, les difficultés d'établissement des voies de roulage vers les puits, conduisent souvent à des solutions qui sont loin de remplir les desiderata exposés ci-dessus. En particulier, lorsqu'il s'agit de se procurer des matériaux permettant l'emploi du remblayage hydraulique, on a été amené, dans certains cas, à créer des carrières très éloignées de la mine, et à transporter les produits, soit par chemin de fer, soit par câble aérien, à plusieurs kilomètres de distance.

Il peut arriver d'autre part qu'il ne se trouve pas, au voisinage de la mine, de terrains qui se prêtent à la production de remblais. C'est ainsi que dans toute une partie du Pas-de-Calais, le niveau aquifère est si rapproché de la surface qu'on ne peut penser à y ouvrir une carrière. Il faudrait faire venir les remblais de très loin, ce qui coûterait extrêmement cher, en raison des masses à transporter ; c'est pourquoi on trouve encore dans cette région des exploitations par foudroyage ou par remblais incomplets.

§ 3. — MISE EN PLACE DU REMBLAI.

115. Introduction dans la mine. — L'introduction du remblai dans la mine peut se faire soit par le puits d'extraction, soit par un puits d'aérage, soit par des puits ou des plans inclinés spéciaux.

Dans le premier cas, le poids des berlines chargées de terres ou de rochers dépasse sensiblement celui des berlines de charbon qui remontent dans l'autre cage. La machine est calculée en général pour enlever des berlines de charbon, tandis que la cage descendante ne contient que des berlines vides. On ne peut en effet s'imposer l'obligation de compenser toujours tout ou partie du poids du charbon extrait par un poids déterminé de remblais. Il en résulte que la charge que la machine doit extraire n'est pas constante : tantôt elle est égale au poids du charbon, tantôt à une partie seulement (par exemple, s'il y a quatre berlines pleines de charbon dans la cage montante, deux berlines de remblais et deux vides dans la cage descendante). Il peut même arriver, si l'on fait descendre une cage pleine de berlines de remblais, que la charge devienne négative, c'est-à-dire qu'au lieu d'avoir à exercer un effort de traction, la machine doive résister à l'entraînement dû au poids des remblais ; il faut alors travailler à contrevapeur, ou avec le frein plus ou moins serré. Nous reviendrons plus loin (VIII° partie du Cours) sur ces variations du régime de marche des machines, que nous ne faisons que signaler pour le moment. On évite autant que possible le cas extrême de la descente d'une cage plus lourde que celle qui monte, et on cherche à répartir les berlines de remblais et les berlines vides de façon que le travail de la machine soit diminué, mais reste positif.

Lorsqu'au lieu de charbon on exploite du minerai, cette question de différence de poids ne se pose pas, d'autant plus que le volume de remblais à introduire est toujours inférieur à celui du minerai abattu.

L'introduction des remblais par le puits d'extraction a un inconvénient. Arrivées à la recette inférieure, les berlines doivent être roulées dans les travers-bancs ou les galeries, dont la pente est toujours disposée vers le puits. Il faut donc qu'elles remontent, ce qui impose un travail pénible ; lorsque la proportion de remblais est élevée, il faut réduire le nombre de berlines dont se composent les convois. L'organisation des transports souterrains devient plus difficile. En outre, pour amener les berlines aux chantiers, il faut les remonter par les plans inclinés, qui doivent dès lors être munis de treuils. Le prix de revient du roulage est plus élevé que lorsque les transports peuvent se faire toujours en descendant, ou tout au moins que l'on profite du poids des berlines pleines pour faire monter les berlines vides dans les plans inclinés.

On préfère donc souvent utiliser le puits d'aérage pour faire descendre les remblais jusqu'aux galeries du sommet de l'étage, les rouler dans les voies de retour d'air et les amener ainsi à la partie supérieure des chantiers. Le principe est le même lorsque l'introduction se fait par un puits spécial. L'économie de roulage est sensible, car il suffit d'installer sur le puits à remblai (qu'il s'agisse du puits d'aérage, d'un puits particulier, ou d'un compartiment spécial du puits d'extraction) une balance munie d'un frein puissant. A l'intérieur, les roulages se font en descendant la pente des galeries, et les plans inclinés n'ont plus besoin d'être armés de treuils d'extraction.

L'inconvénient est de faire le transport dans les galeries de retour d'air, dont l'entretien est souvent difficile et coûteux.

116. Roulage circulaire. — On emploie souvent des berlines spéciales pour le transport des remblais, mais on se sert parfois des mêmes véhicules pour ces derniers et pour les produits abattus. Dans ce cas, si l'introduction des remblais se fait par un puits spécial (ou par une descenderie partant du fond de la carrière), on peut réaliser le *roulage circulaire*, c'est-à-dire le système qui consiste à faire continuellement descendre les berlines pleines (sauf dans le puits d'extraction) sans aucune force motrice. La fig. 82 montre, schématiquement, le circuit que parcourent les berlines.

Au sortir du puits d'extraction E, les berlines chargées de charbon sont vidées, puis envoyées (par exemple par traînage mécanique) à la carrière. Par le plan incliné p elles descendent au gradin A, où elles sont chargées de remblais ; de là elles sont amenées au fond de la carrière par le plan p' et se

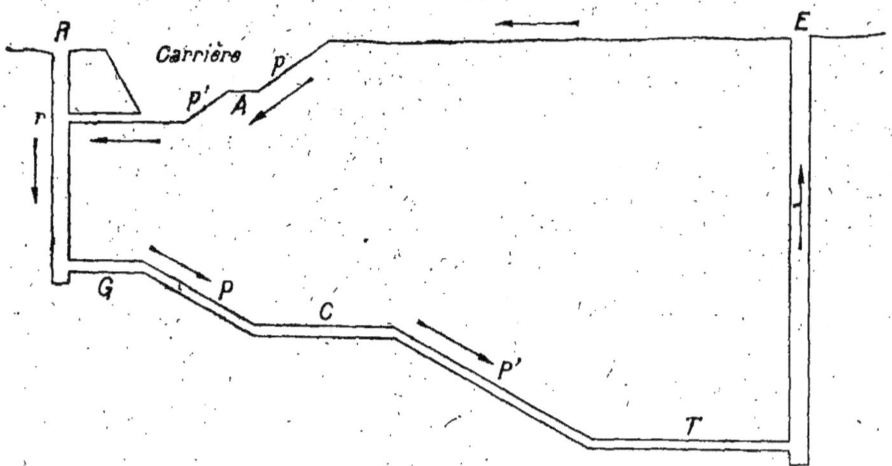

Fig. 82. — Schéma du roulage circulaire.

rendent à la recette r du puits à remblais R. Descendues au frein, au bas de celui-ci, elles vont par la galerie G, au sommet de l'étage en exploitation, jusqu'au plan incliné ou au beurtiat P, qui les amène au niveau C des chantiers, où les remblais sont déchargés et mis en place, et où elles sont chargées de charbon. Dans certains cas, les chantiers de remblayage et d'abatage ne sont pas au même niveau, et les berlines doivent être roulées, toujours en descendant, le long de galeries ou de plans inclinés.

Une fois pleines de charbon, les berlines sont descendues par le plan P' à la base de l'étage, et conduites par le travers-bancs T au pied du puits d'extraction.

La pente des galeries est choisie de façon à supprimer toute traction (ou à la rendre très facile si on ne peut s'en passer) ; les plans inclinés sont armés simplement d'une poulie à frein, et on profite de la descente des berlines pleines pour faire remonter les berlines vides.

Ce système, très séduisant à première vue, présente cependant des inconvénients sérieux. Il oblige à entretenir un réseau de galeries plus considérable, puisque le roulage ne peut s'y faire que dans un sens. De plus, pour que les berlines circulent d'elles-mêmes, il faut que la pente des galeries soit forte, et qu'on empêche les convois de prendre une accélération exagérée en immobilisant une ou deux roues par berline au moyen de cales ; l'usure des roues et des rails est sensiblement plus grande.

Ainsi poussé à l'extrême, le roulage circulaire a plus d'inconvénients que d'avantages. Par contre, on cherche à en conserver la disposition générale tout en effectuant le roulage dans les galeries à la main, ou par convois traînés par des chevaux. On peut ainsi se contenter pour les galeries d'une pente modérée, et y faire le roulage dans les deux sens. On garde les avantages du système : plans inclinés automoteurs, circulation descendante des berlines chargées.

117. Arrivée des remblais aux chantiers. — Dans les exploitations de couches peu inclinées, ou de couches épaisses par tranches horizontales, les berlines de remblais arrivent en général jusqu'au chantier où elles sont déchargées. De même dans les couches inclinées dans lesquelles les remblais sont culbutés directement dans le chantier depuis la galerie qui passe à sa partie supérieure.

Au contraire on se borne parfois à amener les remblais jusqu'à une galerie située à une certaine hauteur au-dessus des chantiers en dépilage, par exemple dans une exploitation par tranches horizontales, lorsque le massif séparant la tranche en dépilage du sommet de l'étage n'est pas trop épais. On peut alors creuser à travers ce massif (encore en place ou déjà remblayé) une

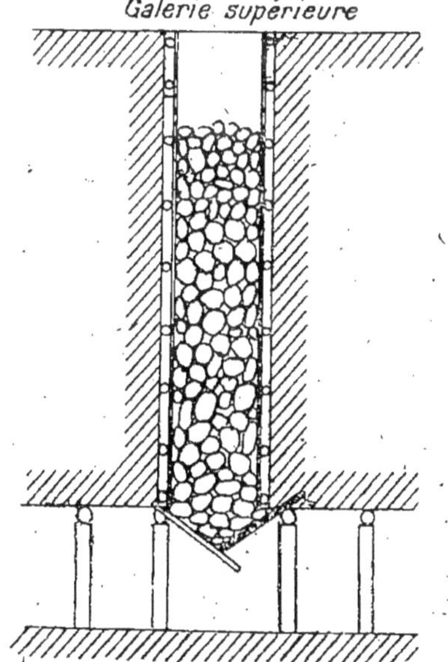

Fig. 83. — Cheminée à remblais.

cheminée, dans laquelle les remblais sont déversés à la partie supérieure et extraits à la base au fur et à mesure des besoins (fig. 83).

Cette *cheminée* est en somme un petit puits vertical ou très incliné, généralement boisé, muni à l'intérieur d'un garnissage en planches ou en tôles pour faciliter la descente du remblai.

A la base est une trémie de chargement. Il est recommandé de ne pas placer les cheminées dans l'axe d'une galerie de roulage, mais dans une voie latérale.

L'inconvénient principal des cheminées est de s'engorger ; les remblais se coincent et cessent de descendre. On est obligé de remettre la masse en mouvement, ce qui n'est pas sans danger pour les ouvriers chargés de ce travail.

On diminue considérablement la fréquence de ces engorgements en donnant à la cheminée une section légèrement croissante du haut vers le bas.

118. Mise en place par culbutage. — Le moyen le plus simple, pour mettre les remblais en place, consiste à renverser les berlines au haut du chantier et à faire glisser les matériaux dans ce dernier. Mais il faut pour cela que le gisement soit assez incliné et assez puissant pour qu'il ne se produise pas d'obstructions ; si les remblais comprennent des morceaux de dimensions trop différentes, il se produit une séparation entre ces éléments, et une répartition défectueuse. Il faut construire des murs en pierres sèches ou en planches pour empêcher l'envahissement du chantier par les pierres. Ce mode de mise en place est employé pour le remblayage de puits ou de plans inclinés, où la répartition des matériaux importe peu ; il est également adopté dans les chantiers très inclinés, où l'on ne peut amener les berlines jusqu'à l'emplacement définitif que devront occuper les remblais ; on s'efforce de bien tasser ceux-ci, et de remplir tous les vides.

119. Mise en place par pelletage. — Dans les galeries et dans les chantiers horizontaux ou peu inclinés, les berlines arrivent en général jusqu'au point où les matériaux sont mis en place. En tous cas, on s'arrange pour qu'on n'ait pas à relever les terres de plus d'un jet de pelle. Souvent on peut enlever la porte de la berline et prendre les remblais à la pelle pour les jeter en place.

C'est un travail assez fatigant, mais qui peut être exécuté rapidement, lorsque les remblais sont meubles, et ne sont pas en trop gros morceaux.

120. Organisation du travail. — Nous verrons un peu plus loin comment s'exécute le remblayage dans les divers types de chantiers : galeries, tailles horizontales ou inclinées. Une question générale se pose, en particulier pour le travail dans les chantiers d'abatage ; le remblayage peut être fait soit pendant l'abatage, soit pendant les heures libres de l'après-midi ou de la nuit.

Le premier système est avantageux au point de vue de la surveillance, et il est préférable, lorsque le dépilage fournit une grande quantité de stériles, qu'on met immédiatement en place. Il s'impose également lorsqu'on a adopté le roulage circulaire, et que les berlines chargées de remblais doivent être vidées pour servir à l'enlèvement des produits abattus.

Par contre, il ralentit la production, si les mineurs doivent procéder eux-mêmes au remblayage, et oblige à augmenter la largeur découverte, entre le front de taille et le remblai, lorsque celui-ci est mis en place par une équipe spéciale. Il faut en outre prévoir deux voies parallèles au front de taille ; l'une pour les berlines vides, l'autre pour les berlines de terres ; si le toit est trop mauvais pour qu'on puisse laisser vides deux travées de boisage, il faut réduire le nombre d'ouvriers dans le chantier, pour permettre le service par une seule voie, tout en évitant l'encombrement et les arrêts dus au manque de matériel roulant.

Le second système, en laissant les mineurs à leur travail d'abatage, se prête à une production plus intense, et à une concentration plus grande des ouvriers ; il évite l'encombrement des voies et des chantiers par les berlines de remblais et les ouvriers spéciaux. Il réduit la largeur nécessaire entre le front de taille et les remblais. Par contre il nécessite un nombre de berlines plus grand, puisque tous les matériaux produits dans les travaux du fond ou en carrière pendant la journée restent chargés jusqu'au soir.

Il est impossible de dire, à priori, quelle est la meilleure solution ; seul l'examen des conditions particulières de chaque exploitation permettra de choisir entre les deux systèmes.

121. Remblayage hydraulique. — Un nouveau procédé de transport et de mise en place des remblais s'est beaucoup développé, dans les houillères notamment, depuis une vingtaine d'années. Il consiste à faire descendre depuis la surface, jusqu'au chantier à remblayer, un courant d'eau chargé de sables ou de matières broyées qui viennent s'entasser dans le vide à combler ; l'eau, passant à travers un barrage filtrant, est évacuée, et laisse en place les matériaux. On obtient ainsi un remplissage beaucoup plus serré, imperméable aux fuites d'air, et qui rend beaucoup moins sensibles les affaissements du toit, par conséquent les dégâts à la surface.

Nous décrirons en détail (chapitre IX) les installations néces-
sitées par ce procédé, et la conduite de l'opération. Cette méthode
nouvelle, outre les avantages que nous venons de signaler, donne
plus de liberté pour choisir l'ordre d'enlèvement des tranches ou des
couches rapprochées, grâce à la rapidité avec laquelle est obtenu le
tassement des remblais, et à la diminution des dislocations des terrains. Elle n'est pas applicable à toutes les conditions d'exploitation, et nous aurons à indiquer les cas où elle peut être adoptée.
Dans l'exposé que nous ferons des méthodes d'exploitation avec
remblais (chapitres VI, VII, VIII) nous supposerons donc que ces
derniers sont mis en place par les anciens procédés.

122. Embouage. — Signalons enfin un système qui se rapproche
du remblayage hydraulique, et qui peut même en être considéré
comme la première application, mais qui en diffère, et n'est applicable que dans certains cas spéciaux. C'est l'*embouage*, qui consiste
à compléter un remblayáge ordinaire, ou à boucher les fissures d'un
terrain disloqué, en y envoyant un courant d'eau dans laquelle on
a délayé du sable ou de l'argile finement broyée. Cette introduction
se fait au moyen de tubes en fer de 8 ou 10 centimètres de diamètre ;
tantôt l'eau descend simplement d'un niveau supérieur et se déverse
librement à la surface des remblais déjà placés, tantôt au contraire
elle est envoyée sous pression dans les fissures ; on obtient ainsi un
colmatage des vides.

Rarement employé comme complément du remblayage de tout
un quartier, l'embouage permet de limiter les affaissements dans
les zones importantes : au voisinage de galeries principales, ou sous
les parties de la surface où les dislocations auraient de graves inconvénients.

Son emploi le plus caractéristique se rencontre dans la lutte
contre les feux souterrains, où l'on doit empêcher toute circulation
d'air dans les massifs échauffés.

On l'applique également, comme complément du remblayage
hydraulique, moins pour améliorer ce dernier que pour filtrer les
eaux qui ont servi au transport des matériaux, avant de les refouler
à la surface.

Il faut bien entendu, dans ce cas, disposer d'anciens travaux
remblayés à la main qui peuvent se colmater, et à la base desquels
les eaux peuvent être reprises.

La séparation complète de l'eau et des matières dont elle est
chargée demande parfois un temps prolongé, en particulier avec des
argiles finement broyées.

123. Remblayage des chantiers d'abatage. — Dans les chantiers en plateures, ou en tranches horizontales, où les berlines de terres sont amenées sur une voie parallèle au front de taille, on commence par élever des murs en pierres sèches le long de la galerie de roulage, et le long de l'allée où circulent les berlines (fig. 84).

Ainsi qu'on l'a vu plus haut, il peut être nécessaire de laisser deux allées libres si le remblayage se fait en même temps que l'abatage et si la production est intensive.

On entasse ensuite les terres derrière ces murs, en les élevant au fur et à mesure, et en serrant bien le remblai en couronne. C'est là une des conditions essentielles d'un bon remblayage, notamment au point de vue de l'aérage ; les surveillants doivent s'assurer que les remblayeurs n'ont pas élevé les murs de pierres jusqu'à la couronne sans combler entièrement les vides en arrière.

Si possible, avant de remblayer, on enlève une partie des bois.

Quand le toit est bon, et le boisage peu serré, on élève parfois des murs perpendiculaires au front de taille, en remplissant ou non tous les panneaux ainsi délimités suivant qu'on a décidé d'adopter le remblayage complet ou incomplet.

Lorsqu'on doit repasser rapidement sous les remblais, pour exploiter la tranche inférieure, on dame sur le sol des chantiers une épaisseur de 30 à 50 cm. de terre argileuse. De même on élève des murs le long du massif vierge quand il doit être dépilé peu après.

Dans les couches inclinées, le remblai est le plus souvent versé depuis la galerie au haut du chantier, entre des murs de pierres

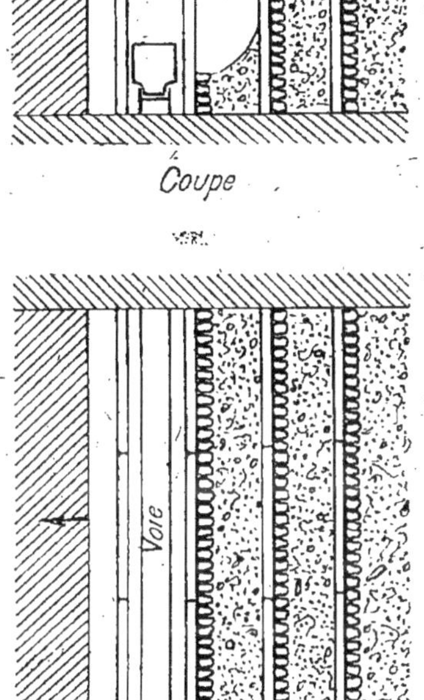

FIG. 84. — Remblayage d'un chantier en tranche horizontale.

sèches, et remanié pour assurer son homogénéité. Le problème est simple lorsque la taille, chassante, est en gradins renversés (fig. 85).

Les murs suivant le pendage sont établis de distance en distance ; pendant l'abatage, le charbon est conduit à la galerie de

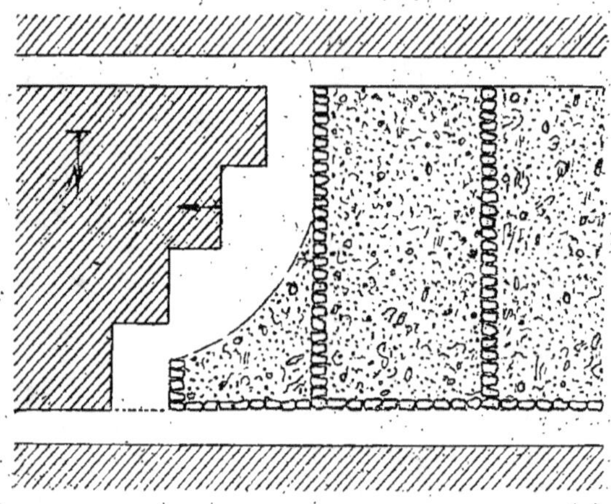

Fig. 85. — Remblayage en couche inclinée.
Coupe par le plan du gisement.

roulage soit par des trémies ménagées dans le remblai, soit par des couloirs posés sur les remblais. Suivant les conditions locales, des variantes nombreuses peuvent être adoptées.

Avec les gradins droits, la mise en place des remblais est plus compliquée. On peut par exemple disposer, sur toute la hauteur de la taille, des planchers, plus forts à la base, au-dessus de la voie de fond, et au haut du chantier.

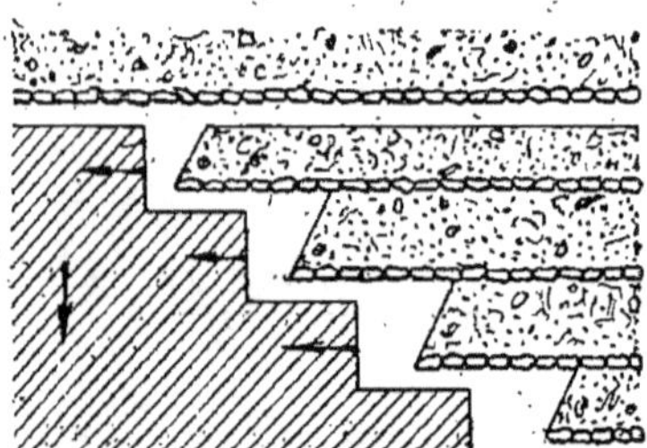

Fig. 86. — Remblayage dans une taille
en gradins droits.

On vide les terres sur le plancher supérieur, et on les fait couler de plancher en plancher, en crevant successivement ceux-ci. On peut, si la pente n'est pas trop forte, élever en face de chaque gradin un mur entre les épontes, faire couler les terres de gradin en gradin et les entasser entre les murs en leur laissant prendre leur talus naturel vers le gradin en place (fig. 86).

Si le pendage est fort, le remblai, dans la partie voisine du front de taille, est entièrement supporté par le boisage, rendu étanche par un garnissage en planches ou en paillassons. La nécessité de donner à ce boisage une grande solidité rend la méthode coûteuse. Les gradins droits sont d'ailleurs beaucoup moins employés que les gradins renversés, en particulier dans les mines de charbon.

124. Remblayage des galeries. — Le remblayage des galeries en plein rocher, ou dans un massif que l'on abandonne, est très simple, puisqu'il ne s'agit que de mettre en place les terres, amenées sur la voie de roulage en cul de sac. De même, les galeries provisoirement maintenues dans les remblais, protégées des deux côtés par des murs en pierres sèches, n'ont généralement qu'une faible tendance à s'écraser; leur remblayage a surtout de l'intérêt pour supprimer les pertes d'air.

La difficulté principale du travail réside dans le fait que ces galeries forment des culs de sac parfois très longs qu'il faut aérer, soit en ménageant au sol, au moyen de pierres sèches, un canal pour le passage de l'air, que l'on supprime sur les derniers mètres, et qui s'écrase d'ailleurs peu à peu, soit en posant des canars d'aérage amenant l'air d'un petit ventilateur.

Dans le remblayage des galeries en terrains qui chargent beaucoup, on a souvent de la peine à bien claver les terres en couronne, en particulier si les chapeaux des cadres de boisage sont brisés. Il faut avoir soin de profiter des passages où la couronne est meilleure pour établir des bouchons bien étanches, sur quelques mètres de longueur, en particulier à l'entrée de la galerie, lorsqu'elle s'embranche sur une voie d'aérage importante.

125. Remblayage d'une cloche. — Il se forme souvent, dans les chantiers ou les galeries, par éboulement de la couronne, une *cloche*, qu'il faut boucher, pour empêcher les éboulements de recommencer ; dans les mines grisouteuses, de semblables cloches, où le grisou tend à s'accumuler, ne doivent jamais rester ouvertes.

Ce travail de remplissage est délicat, et souvent dangereux si les terrains sont mauvais.

Si l'on craint de nouveaux éboulements, on consolide rapidement l'excavation en y élevant un quadrillage de bois, reposant sur des cadres renforcés (fig. 87). On peut ensuite procéder au remblayage, qui peut d'ailleurs se faire dans certains cas sans boisage préalable.

On établit d'abord un plancher au-dessus des cadres de la galerie, puis on bourre des lits successifs de terres et de roches en petits morceaux (1, 2, 3, 4), en laissant un espace (5) aussi petit que pos-

sible, dans lequel les ouvriers se glissent pour travailler, et qu'on
remplit, en terminant, avec de la terre bien serrée contre les parois,

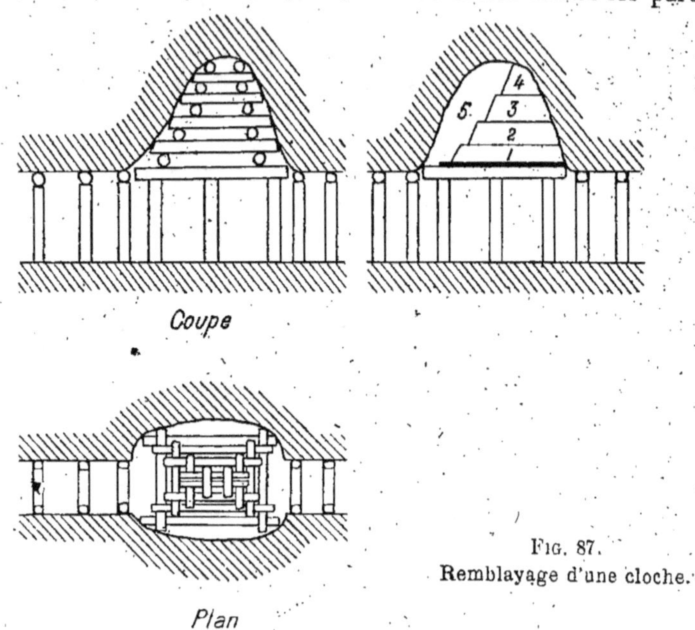

Fig. 87.
Remblayage d'une cloche.

supportée au besoin par de petits planchers soutenus par les bois
du quadrillage et encastrés dans le terrain.

126. Consommation de remblais. — Le volume de remblais
que l'on doit introduire dans la mine, pour combler les vides, est
naturellement inférieur à celui du charbon ou du minerai abattu,
par suite du foisonnement des produits.

Un mètre cube de roche en place produira par exemple 1 mc. 1/2
à 2 mc. 1/2 de remblai, suivant la grosseur des morceaux. On comprend dès lors que les bancs stériles intercalés dans une couche suffisent pour permettre un remblayage presque complet dès qu'ils
représentent 1/4 ou 1/3 de l'ouverture totale.

Pour évaluer la quantité totale de remblai nécessaire, on peut
tenir compte de l'affaissement du toit qui s'est produit avant le remblayage, et des galeries qui restent vides jusqu'à la fin de l'exploitation. On n'a donc pas besoin de plus de 0,7 à 0,8 mc. par mètre cube
de charbon ; avec un foisonnement de 1 1/2 seulement, ce volume
de remblais représente 1/2 mètre cube de matières en place, dans la

mine ou en carrièrre. Le poids spécifique du remblai étant environ le double de celui du charbon, on est conduit à la règle approximative suivante : la consommation de remblais est, en poids, sensiblement égale à la quantité de charbon produite.

Nous verrons que pour le remblayage hydraulique, en raison du tassement rapide des matériaux, le volume à introduire est sensiblement plus grand, et dépasse parfois celui du charbon abattu, en raison des pertes.

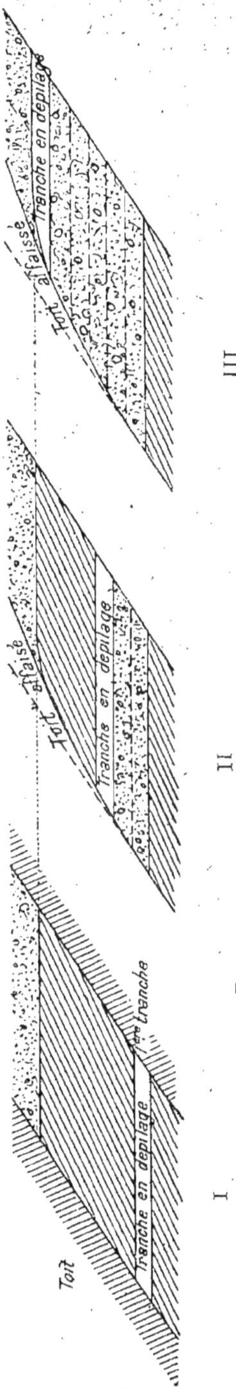

127. Tassement des remblais. — Les remblais, mis en place à la main, ne sont pas très serrés, quel que soit le soin apporté au travail, et subissent donc, sous l'influence de la pression des terrains, un *tassement* considérable qui atteint souvent 30 ou 40 °/₀. Dans les tranches horizontales, où les chantiers ont 2ᵐ,30 de hauteur, les remblais sont souvent réduits à 1ᵐ,50 ou 1ᵐ20, lorsque la tranche est finie et qu'on passe à la suivante. Ce tassement est plus fort le long des galeries de roulage, qui restent ouvertes plus longtemps. Lorsqu'on dépilera la tranche supérieure, on trouvera par endroits le charbon à 40 ou 60 cm. en contrebas par rapport à la nouvelle galerie de roulage. Au contraire, dans les zones où les chantiers de 1ʳᵉ tranche ont été dépilés en dernier, il faudra enlever des terres pour établir les galeries de desserte.

Il faut donc conduire le dépilage d'une tranche aussi régulièrement que possible pour que les remblais soient à la même hauteur lorsqu'on repassera en tranche supérieure.

Le tassement des remblais amène d'autre part un affaissement du toit et

Fig. 88. — Tassement des remblais et affaissement du toit.

des remblais de l'étage supérieur, beaucoup plus sensible sous le toit qu'au mur. Il se produit une sorte de mouvement de bascule (voir la figure 88), qui explique que la dernière tranche d'un étage se réduise parfois à un lambeau sur le mur et soit arrêtée du côté du toit par les remblais de l'étage supérieur.

Ces tassements ont comme résultat de disloquer et de fendiller la masse de charbon des tranches supérieures, facilitant l'abatage (bien qu'on observe au contraire parfois une sorte de mise en tension et d'endurcissement), mais risquant de provoquer des incendies dans les mines sujettes à des échauffements. Aussi est-on généralement obligé de réduire le nombre de tranches d'un sous-étage dans les charbons inflammables.

Les affaissements se transmettent aux terrains au-dessus du gisement, car le remblai ne fait que ralentir et limiter les mouvements, sans les supprimer. Nous reviendrons au chapitre XI sur les mouvements de terrains produits par l'exploitation.

§ 4. — Mise en terris des excédents de stériles.

128. Excédents de stériles. — Les gisements formés de couches minces, au lieu de nécessiter l'introduction de remblais, fournissent au contraire un excédent de stériles, provenant des intercalations et des creusements de galeries, qui ne peut trouver place dans les chantiers abandonnés. On est alors obligé de remonter ces stériles à la surface et de les y accumuler.

Dans les pays montagneux, surtout dans les régions peu habitées, on n'a pas grande peine, dans beaucoup de cas, à trouver des dépressions naturelles où déverser ces produits. Mais dans les pays plats, tels que le nord de la France ou la Belgique, où les terres sont fertiles et ont une grande valeur, on cherche à limiter au minimum les occupations de terrain. De là l'existence de ces immenses tas de déblais, d'une grande hauteur, qui modifient d'une façon si caractéristique l'aspect de ces régions.

129. Mise en terris. — On a créé des installations spéciales pour la manutention économique des déblais ainsi extraits de la mine.

On peut par exemple déverser les berlines B montant de la mine (fig. 89) dans des trémies **T**, à la base desquelles les déblais sont chargés dans les wagonnets VV' circulant sur deux voies parallèles et tirés par un câble passant sur des poulies P (le moteur de commande du câble, à la base du plan incliné, n'est pas figuré). Arrivés en haut de leur course, ces wagonnets se vident automatiquement.

Les voies sont disposées à la partie inférieure sur les déblais eux-mêmes, à la partie supérieure sur une sorte de passerelle posée sur la terre, et dont l'extrémité est en porte-à-faux; au fur et à mesure que le tas s'élève, on remonte cette passerelle. On peut arriver ainsi à une grande hauteur.

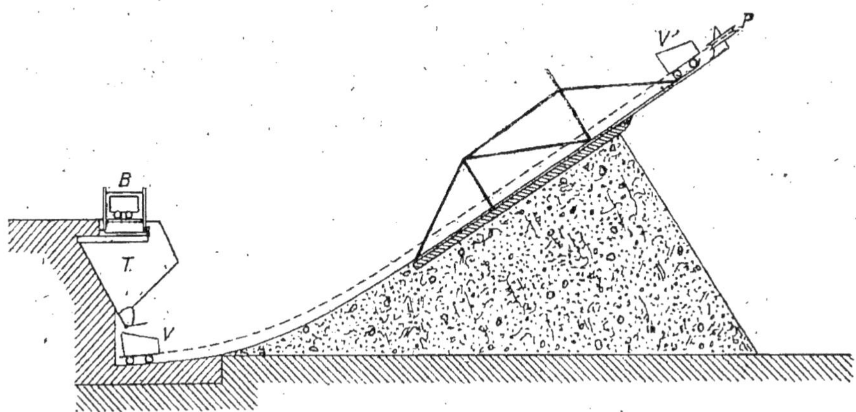

Fig. 89. — Mise des stériles en terris.

130. Résumé. — Le *remblayage* a pour but de renforcer le soutènement du toit des chantiers, et de combler tous les vides pour empêcher les pertes d'air à travers les vieux travaux.

Il améliore le *soutènement* en complétant l'action du boisage provisoire, et en constituant une protection durable le long des galeries. Il n'empêche pas les *mouvements de terrains*, mais les ralentit et les limite. Il diminue par conséquent les dégâts à la surface, et contribue à réduire les frais de boisage en régularisant les affaissements et en supprimant les effondrements étendus.

Il permet d'utiliser au fond, au moins en partie, les stériles provenant de l'exploitation : intercalations, faux-toit, roches abattues dans les galeries, etc....

Il diminue la proportion des traçages par rapport aux dépilages et augmente par conséquent le rendement du personnel employé. Un de ses avantages essentiels est de permettre un *enlèvement du gisement* bien plus complet que les autres méthodes. D'autre part, il améliore beaucoup l'*aérage*, ce qui est particulièrement important dans les mines de charbons inflammables.

Il s'applique à des gisements quelconques, pourvu que les frais qu'il entraîne ne soit pas disproportionnés avec la valeur des produits exploités. On doit y renoncer si les conditions locales ne permettent pas de se procurer des remblais d'une façon économique, soit par suite de la nature des terrains, soit par suite de la présence d'un niveau hydrostatique très voisin de la surface.

Comme *matériaux* on utilise d'abord les stériles produits par l'exploitation, à l'exception des schistes charbonneux qui risquent de provoquer des incendies. Si cette source de remblais est insuffisante, on ouvre des carrières à la surface, si possible sur des affleurement du gisement.

Les terres argileuses donnent un remblai imperméable, qui fait bien prise, mais qui tasse beaucoup. Les roches dures tassent moins, mais laissent filtrer l'air et l'eau ; les sables et graviers réunissent les inconvénients des deux groupes précédents de matériaux. Toutefois, si l'introduction des remblais se fait hydrauliquement, les sables donnent de bons résultats.

L'*introduction des remblais* dans la mine se fait en général au moyen de berlines, par le puits d'extraction, ou mieux par des puits spéciaux, qui permettent de les amener au haut des étages en exploitation. On cherche à éviter d'avoir à remonter les berlines chargées à contre-pente des galeries de roulage, ou le long des plans inclinés.

La *mise en place* dans les chantiers se fait par culbutage, par pelletage, ou hydrauliquement, soit simultanément avec l'abatage, soit pendant un autre poste. Les conditions du travail varient d'une mine à une autre, et la facilité d'exécution du remblayage est un des éléments importants à étudier dans le choix d'une méthode d'exploitation.

Le *tassement* des remblais, mis en place à la main, atteint parfois près de 50 °/₀ de la hauteur des chantiers et les affaissements produits se transmettent aux parties supérieures du gisement et aux assises du toit, jusqu'à la surface.

CHAPITRE VI

EXPLOITATION DES COUCHES MINCES

SOMMAIRE

§ 1. — Généralités.

131. Couches de charbon et filons métalliques. — Les gisements d'épaisseur faible, dont nous abordons l'exploitation, ne sont pas seulement les couches de charbon, qui feront plus particulièrement l'objet du présent chapitre, mais aussi un grand nombre de filons métalliques. Ceux-ci, en raison de la valeur de certains minerais, peuvent même s'exploiter jusqu'à une limite plus basse que les couches de combustibles, puisque cette valeur peut être assez grande pour qu'on entaille les épontes du filon lorsque l'épaisseur de ce dernier est trop faible pour laisser passage aux mineurs. C'est ainsi que les filons cuprifères du Mansfeld s'exploitent même lorsque leur ouverture n'est que de 20 cm.

Mais l'exploitation des filons métalliques présente certaines différences avec celle des gisements sédimentaires de matières moins dures, comme le charbon ; c'est pourquoi nous en remettons l'étude à un chapitre particulier ; nous examinerons d'abord les méthodes employées dans les couches de charbon.

132. Définition des couches minces. — La limite entre les couches *minces* et *moyennes* est forcément assez arbitraire, et les méthodes employées sont les mêmes dans beaucoup de cas. De plus, la nature des terrains encaissants et l'inclinaison jouent un rôle important et influent également sur le choix de la méthode d'exploitation.

D'une façon générale, on peut considérer comme couches *minces*, celles dont l'ouverture, entre toit et mur, est inférieure à 1ᵐ,50 environ ; ce qui caractérise les couches minces, c'est la nécessité où l'on est d'entailler la roche pour creuser les galeries de desserte. On voit de suite que si l'inclinaison est faible, on sera obligé de faire ce *coupage* du mur ou du toit dès que la couche aura moins de 1ᵐ,50 environ, tandis que dans les parties très inclinées, on pourra l'éviter, au moins pour les voies secondaires, dans des couches de 1ᵐ,25 à 1ᵐ,50.

133. Limite d'exploitabilité. — On n'exploite qu'exceptionnellement les couches de charbon inférieures à 0ᵐ30, limite au-dessous de laquelle les mineurs ne peuvent plus circuler ni travailler dans les tailles. Encore faut-il, pour qu'une couche aussi mince soit exploitable, qu'elle ne contienne presque pas d'intercalations stériles, sinon le rendement des piqueurs devient par trop faible.

Il n'est du reste possible de dépiler les gisements de très faible épaisseur que lorsqu'ils sont assez inclinés pour que le charbon abattu glisse le long du mur. Dans les plateures, où les produits doivent être déplacés à la pelle, les difficultés et les frais rendent le travail trop onéreux.

Une autre considération influe sur la puissance exploitable, c'est celle de la nature des terrains encaissants. Alors qu'on peut dépiler une couche de 0ᵐ,30 ou 0ᵐ,35, même en plateure, si le toit est très bon, on est arrêté déjà à 0ᵐ,45 ou 0ᵐ,50 si ce toit est mauvais et nécessite un boisage serré.

Outre les difficultés qu'il présente pour l'abatage, la mauvaise qualité du toit oblige à réduire le nombre des voies de desserte et conduit parfois à les placer entièrement dans le mur, à une certaine distance de la couche.

134. Inclinaison des couches. — Nous venons de signaler l'influence de l'inclinaison sur la limite d'exploitabilité. Elle se fait sentir également sur les conditions de transport des produits.

Dans les plateures on amène le charbon aux voies de desserte par pelletage, par traînage, ou par roulage dans de petits wagonnets si la hauteur des chantiers est suffisante. Au besoin on dispose les voies inclinées, non plus suivant la ligne de plus grande pente, mais en demi-pente.

A partir de 8 ou 10° on peut installer des plans automoteurs ; au-dessus de 25°, le charbon glisse sur des tôles bien lisses ; enfin, si la pente dépasse 40°, il suffit de le faire glisser sur le mur.

Ces facilités d'évacuation des produits dans les parties en dressants, jointes à la nécessité de précautions spéciales pour éviter les accidents au cours de l'abatage, ont conduit, pour l'exploitation des *dressants*, à des méthodes particulières.

135. Couches rapprochées. — Les gisements formés de couches minces comportent fréquemment des couches très rapprochées, séparées seulement par quelques mètres de stériles. L'exploitation, dans ces couches, doit être conduite d'après un plan d'ensemble.

Si l'intercalation n'a que 1 ou 2 m. d'épaisseur, on prend d'abord la couche supérieure, les dépilages en couche inférieure suivant à quelque distance ; naturellement, si les terrains sont peu résistants, il faut que l'intercalation soit plus épaisse, ou que l'on attende que les remblais aient fait prise dans la couche exploitée la première. La couche inférieure ne sera prise en premier que si le charbon est très dur et qu'on obtient ainsi une certaine dislocation de la couche supérieure, qui en facilite l'abatage.

Dans les parties en dressants, on peut enlever les deux couches simultanément ; cette méthode est même recommandable dans les couches grisouteuses, car on a remarqué que le drainage du gaz, qui serait provoqué dans la seconde couche par l'exploitation de la première, a pour résultat de rendre le charbon plus dur.

136. Classification des méthodes d'exploitation. — Les méthodes d'exploitation des couches minces sont caractérisées par des traçages, en direction et suivant la pente, au moyen de voies qui entaillent les roches encaissantes, tandis que les chantiers n'ont qu'une hauteur très faible, comprise entre les épontes. Ces chantiers, ou *tailles*, peuvent progresser soit suivant la pente, en montant ou en descendant, soit en direction, en *chassant* (c'est-à-dire en s'écartant de la voie inclinée de desserte), ou en *rabattant* vers cette voie.

D'autre part, ces tailles peuvent avoir une grande longueur ou au contraire être décomposées en *gradins*, droits ou renversés dans chacun desquels travaille un piqueur. C'est surtout dans les dressants que l'on rencontre ces tailles en gradins, mais on en trouve, dans certains cas, dans les plateures. Nous avons du reste fait remarquer en étudiant l'abatage (IIIe partie du Cours) que la distinction entre tailles montantes ou chassantes repose sur le sens général de progression du front de taille, considéré dans son ensemble, et non sur la conduite de chacun des piqueurs, lorsque le chantier est décomposé en gradins. Ainsi, les deux tailles représentées sur la fig. 90

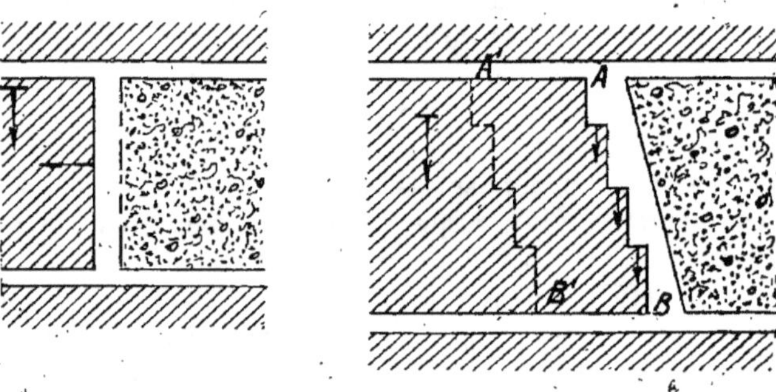

Fig. 90. — Tailles chassantes. Coupe par le plan de la couche.

sont *chassantes*, bien que la seconde soit prise par *enlevures* successives descendantes. En effet, au bout d'un certain temps le front de taille se sera déplacé de AB en A' B'.

Nous décrirons donc successivement les méthodes suivantes :

I. Tailles droites progressant suivant la pente { montantes, obliques, descendantes

II. Tailles droites en direction { chassantes, rabattantes

III. Exploitation des dressants par gradins renversés.
IV. Exploitation des dressants par gradins droits.
V. Méthodes particulières.

137. Méthodes appliquées en Angleterre et en Westphalie. — Parmi les méthodes appliquées à l'exploitation des couches minces, il en est que nous avons déjà rencontrées dans le chapitre relatif à l'exploitation par foudroyage, et qui sont également adoptées dans les couches moyennes.

En particulier, nous avons décrit, avec quelque détail, le système du *longwall* appliqué dans les houillères anglaises. Nous ne nous y arrêterons pas aussi longuement, d'autant plus que nous aurons l'occasion d'en reparler à propos des couches moyennes, beaucoup plus fréquentes en Angleterrre.

Il en est de même des méthodes appliquées en Westphalie, où les couches sont généralement plus épaisses que dans le bassin franco-belge. Certaines de ces méthodes présentent des particularités intéressantes. Nous les exposerons dans le chapitre suivant, où elles trouveront plus logiquement leur placé.

Notre but n'est pas, en effet de passer en revue toutes les méthodes applicables, mais de décrire les systèmes les plus généralement adoptés. Rappelons, comme nous l'avons déjà fait à plusieurs reprises, que l'art des mines n'a rien de schématique et qu'il est nécessaire d'étudier un grand nombre de cas concrets, non pour collectionner les procédés et choisir entre eux par des considérations uniquement théoriques, mais pour s'habituer à rechercher les raisons qui ont conduit à la solution adoptée. Les visites de mines ou la lecture de mémoires techniques ne sont profitables que lorsqu'on s'astreint à découvrir les principes généraux, et à apprécier si l'application qui en a été faite est judicieuse ou non, et si les modifications apportées aux méthodes ordinaires constituent une amélioration raisonnée plutôt qu'une solution de fortune.

§ 2. — TAILLES DROITES PROGRESSANT SUIVANT LA PENTE.

138. Principe et conditions d'application. — Le principe de la méthode des grandes tailles progressant suivant la pente consiste à partir d'une galerie de roulage à la partie inférieure (exceptionnellement à la partie supérieure) de l'étage, et à progresser suivant la pente du gisement, le chantier présentant une largeur suffisante pour que plusieurs piqueurs puissent travailler l'un à côté de l'autre. Les produits abattus, traînés ou roulés d'abord le long du front de taille, sont ensuite amenés à la galerie de roulage par une galerie secondaire suivant la pente, dite *voie thierne*, ménagée dans les remblais, et débouchant en général au centre de la taille.

Lorsque le chantier a suffisamment avancé, on en ouvre à côté un second, puis un troisième, qui progressent ainsi parallèlement. L'ensemble dessine une série de grands gradins, mais le long de chacun desquels travaillent plusieurs mineurs.

Cette méthode, dont nous allons décrire quelques variantes, s'applique particulièrement aux plateures, ou tout au moins aux gîtes peu inclinés, dans lesquels l'abatage peut se faire commodément, et sans danger pour les ouvriers. Elle nécessite le maintien de nombreuses voies thiernes dans les remblais, si l'on ne veut pas augmenter trop la longueur des transports parallèles au front de taille. Nous en verrons les avantages et les inconvénients ; signalons de suite que les tailles montantes ne peuvent être adoptées dans les dressants, car les ouvriers risqueraient d'être blessés par les blocs de charbon détachés au-dessus d'eux.

139. Différents types de tailles montantes. — Le cas le plus simple est celui des tailles ouvertes sur le côté d'une galerie de roulage tracée à la base d'un panneau (fig. 91).

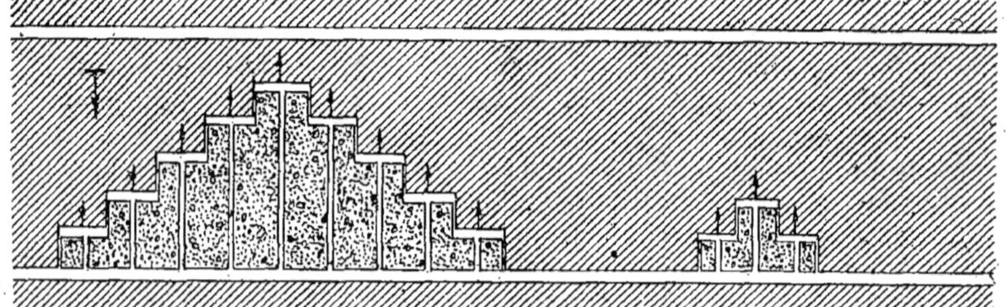

Fig. 91. — Tailles droites montantes.

Au lieu d'ouvrir simultanément des tailles des deux côtés de la première, on peut se borner à développer l'ouvrage d'un seul côté. On n'aura alors qu'une série de gradins, comme sur la fig. 92.

Si la longueur du panneau suivant la pente est considérable, les galeries de desserte des chantiers (*ou cayats*) prendraient un développement exagéré et leur entretien serait trop onéreux. On préfère alors établir une voie en direction bien boisée, à mi-hauteur de l'étage et supprimer, sauf un ou deux, les cayats compris entre cette galerie et la voie de base (fig. 92).

On remarquera sur cette dernière figure que la voie de base est double, avec des recoupes d'aérage de distance en distance. Cette disposition, que nous ne représentons pas sur toutes les figures, pour les simplifier, est très généralement adoptée pour favoriser l'aérage des voies en traçage et pour loger les remblais provenant du coupage des murs.

Lorsque les mines sont grisouteuses, on commence souvent par établir d'abord un percement, suivant la pente, entre les deux galeriés au bas et au haut de l'étage ; ce n'est qu'une fois cette communication établie qu'on ouvrira les chantiers des deux côtés.

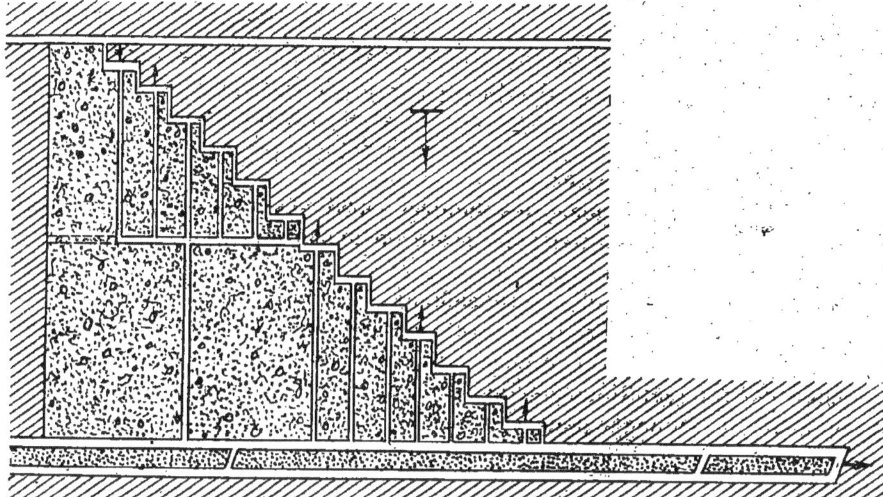

Fig. 92. — Suppression des cayats intermédiaires.

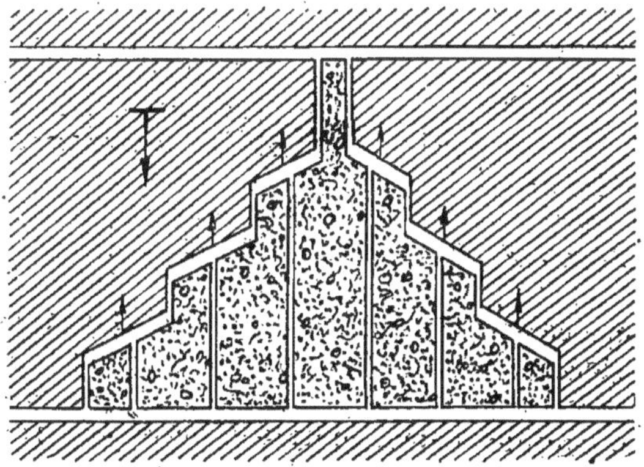

Fig. 93. — Tailles inclinées.

Pour améliorer l'aérage, on peut même incliner le front de taille (fig. 93), les galeries de desserte restant normales à la voie de roulage. Le courant d'air monte mieux le long du charbon, et il n'y a plus de culs de sac aux angles des chantiers. On cherche à faire coïncider l'inclinaison du front de taille avec les clivages du charbon, aussi n'ouvre-t-on, au besoin, de chantiers que d'un côté de la communication d'aérage.

140. Abatage et boisage. — Les tailles ont généralement 12 à 15 m. de largeur, ce qui réduit à 5 ou 6 m. le transport du charbon (ou *boutage*) jusqu'à l'entrée de la galerie de desserte ; elles se suivent à 6, 8 ou 10 m. de distance. Les piqueurs sont disposés à 2 ou 3 m. les uns des autres.

Le boisage comporte des flandres parallèles au front de taille supportées par des buttes ; au besoin on le complète par un garnissage sous le toit.

Le *remblayage* suit l'avancement ; il serait difficile de faire remonter dans les chantiers des remblais venant de l'extérieur ou d'une autre partie de la mine ; il faut donc, le plus souvent, se contenter des intercalations stériles, du faux-toit, des coupages du mur. On a soin de ménager pour l'aérage un passage le long du charbon, entre les chantiers successifs.

141. Aérage. — Le courant d'air arrive par l'une des deux galeries de base, qui sert en même temps de galerie de roulage. Il serait

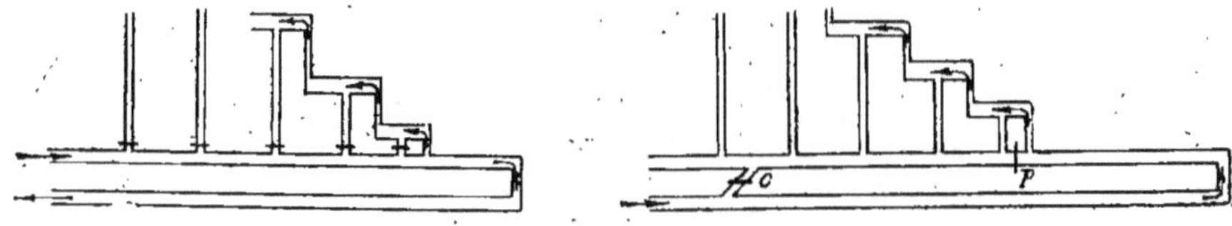

Fig. 94. — Distribution du courant d'air.

plus commode, à ce dernier point de vue, d'adopter la galerie supérieure, mais l'aérage serait défectueux, car il faudrait boucher par des toiles ou des portes toutes les galeries de desserte (fig. 94-I) pour forcer le courant d'air à continuer jusqu'au dernier chantier ouvert. Cette disposition est gênante pour le roulage et les pertes sont importantes. On préfère donc faire arriver le courant d'air par la galerie inférieure (*fig. 94*-II). Il suffit d'une porte P au delà de la dernière galerie de desserte.

Pour le roulage, on établit de distance en distance des recoupes C (barrées par des portes d'aérage), percées obliquement pour diminuer leur pente, qui permettent d'amener les convois dans la voie inférieure.

Dans les mines grisouteuses, le dispositif symétrique représenté sur la fig. 91 est inadmissible, car l'air redescend le long des chantiers et il se produirait des accumulations de gaz. On doit donc établir les communications d'aérage, avec la galerie supérieure, dont nous avons parlé plus haut.

142. Transport des produits. — Les produits abattus doivent d'abord être amenés à l'entrée de la galerie de desserte ; quand la distance n'est que de quelques mètres, ce *boutage* se fait par pelletage ; il devient onéreux et brise beaucoup le charbon lorsqu'il faut plusieurs reprises successives. Si la longueur est plus grande, par exemple si plusieurs tailles sont disposées dans le prolongement l'une de l'autre, avec une desserte commune, on fait le transport dans des sortes de traîneaux. Mais il faut pour cela que le mur ne soit pas trop incliné, et que le toit soit assez bon pour qu'on puisse laisser une voie libre, en arrière de l'allée où se tiennent les piqueurs.

Pour faciliter le boutage, on dispose parfois des tôles sur lesquelles on fait glisser le charbon.

Les galeries de desserte elles-mêmes sont le plus souvent munies d'une voie ferrée sur laquelle circulent de petits wagonnets. Lorsque la couche est très mince, il faut entailler, soit le mur, soit le toit, pour assurer le passage des wagonnets ; on préfère parfois faire glisser le charbon dans des traîneaux pour éviter ce coupage du rocher.

Dès que la pente dépasse 6 à 8°, la remontée des wagonnets vides devient trop pénible pour être faite à la main. On est donc obligé de modifier le système. On peut d'abord tracer les galeries, non plus suivant la ligne de plus grande pente, mais obliquement. Ce procédé conduit à orienter obliquement les fronts de taille eux-mêmes. Nous verrons un peu plus loin cette disposition intermédiaire entre les tailles montantes et les tailles chassantes.

On peut également installer dans les galeries en pente des couloirs en tôle. A partir de 25°, le charbon glisse de lui-même le long de ces couloirs. Jusqu'à cette inclinaison, on est obligé de le pousser ce qui le brise et produit beaucoup de poussières si l'on opère brutalement.

On a inventé, depuis quelques années, des dispositifs de couloirs oscillants qui provoquent la descente automatique du charbon. Ces systèmes, que nous décrirons dans la VIIe partie du cours ont pris un grand développement dans certaines houillères et ont le grand avantage de réduire la main-d'œuvre occupée dans la mine. Ils donnent une grande souplesse à l'exploitation, mais on ne peut songer à faire une telle installation dans un grand nombre de galeries qui ne débitent chacune que quelques tonnes par jour. On est donc conduit à modifier les méthodes adoptées en allongeant les fronts de taille et en augmentant la production des chantiers.

La pose de couloirs en tôle, sans dispositifs automatiques, a l'avantage de permettre la suppression du coupage du mur lorsque la couche mesure au moins 70 ou 75 cm. d'épaisseur. Le charbon reste propre et se charge facilement dans les berlines amenées au pied du couloir, dans la voie de roulage horizontale.

A partir de 35 ou 40° le charbon glisserait sur le mur, même sans

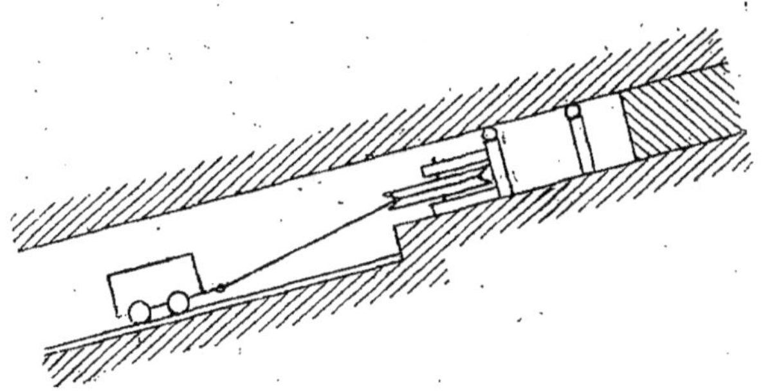

Fig. 95. — Plan incliné automoteur.

tôles, mais les tailles montantes sont presque toujours impossibles pour de telles inclinaisons, car l'abatage y devient trop dangereux.

Une dernière méthode consiste à transformer la voie de desserte en *plan incliné automoteur*, armé d'une poulie à la partie supérieure. La berline chargée qui descend remonte une berline vide (fig. 95).

Il faut donc deux voies, et le plus souvent il est nécessaire d'entailler le mur ou le toit. On est conduit, comme avec les couloirs oscillants, à porter le front de taille à 20 ou 25 m. pour réduire le nombre des plans.

La poulie est remontée au fur et à mesure de l'avancement du chantier. Elle est munie d'un frein à contrepoids normalement serré, que le mineur desserre pour faire descendre la berline chargée.

Au-delà de 20°, on ne peut charger suffisammment la berline, et on est amené à installer des chariots porteurs. Mais cette modification entraîne un coupage du mur sensiblement plus grand et augmente les frais de creusement et d'entretien du plan, ainsi que la quantité de pierres à loger dans la couche. Si celle-ci n'est pas très pure, on dispose d'un excédent de remblais qu'il faut remonter à la surface.

On préfère souvent, dans ce cas, adopter des couloirs, ou se contenter de plans à contrepoids ; ce dernier est suffisant pour remonter une berline vide, tandis qu'il est entraîné par une berline pleine. Mais le service du chantier est deux fois plus lent.

Au lieu de plans automoteurs, on peut enfin installer des plans armés d'un petit treuil à air comprimé à la base, avec une seule voie et poulie de renvoi au sommet. Ce système est très employé dans le bassin franco-belge ; il permet de remonter dans les chantiers les bois et les remblais nécessaires, et diminue le nombre d'accidents et de bris de matériel causés par les plans automoteurs lorsqu'ils sont conduits par des ouvriers inexpérimentés.

143. Tailles descendantes. — (*Exploitation en vallée*). L'ouverture de chantiers en aval de la galerie de roulage, qui progressent

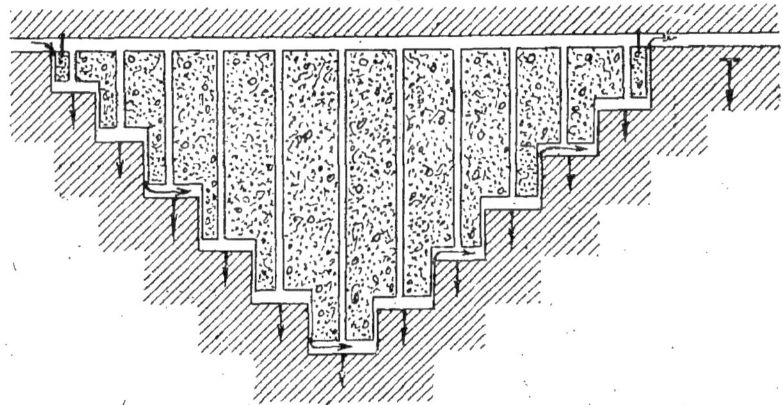

Fig. 96. — Exploitation en vallée.

en descendant suivant la pente (fig. 96) est évidemment une solution très défectueuse, dès que la pente est sensible. L'abatage est sans danger, mais beaucoup plus pénible puisqu'il n'est pas aidé par la gravité. Le transport des produits est difficile ; l'aérage est forcément descendant, donc défectueux dans les mines grisouteuses. Enfin, l'épuisement des eaux nécessite l'installation et le déplacement de pompes dans le chantier inférieur.

Par contre on réduit au minimum le traçage, et la mise en place de remblais provenant des étages supérieurs de la mine est facile.

L'exploitation en vallée n'est donc justifiée que dans des conditions exceptionnelles. On la rencontre cependant dans certains gisements, par exemple lorsqu'une partie de la couche forme, au dessous du travers-bancs venant du puits, un fond de bateau trop peu profond pour qu'il vaille la peine de faire un nouveau travers-bancs (partie A B sur la fig. 97), où qu'on se trouve (en C D) au voisinage

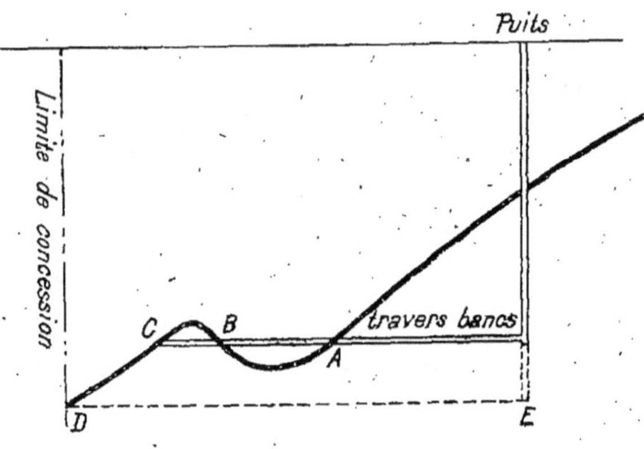

Fig. 97. — Exploitation en vallée.

de la limite de concession, à une distance telle du puits qu'un travers-bancs D E ait une longueur exagérée.

144. Tailles montantes obliques. — Nous avons signalé plus haut que-lorsque la pente de la couche dépassait 8 à 10°, on facilitait la desserte des chantiers en établissant les galeries obliquement par rapport à l'inclinaison. Ces voies, dites alors *demi-thiernes* s'embranchent presque normalement sur la galerie de base, et ne prennent leur direction définitive qu'au bout de quelques mètres, pour éviter la formation de piliers à angles aigus, qui s'écraseraient fa-

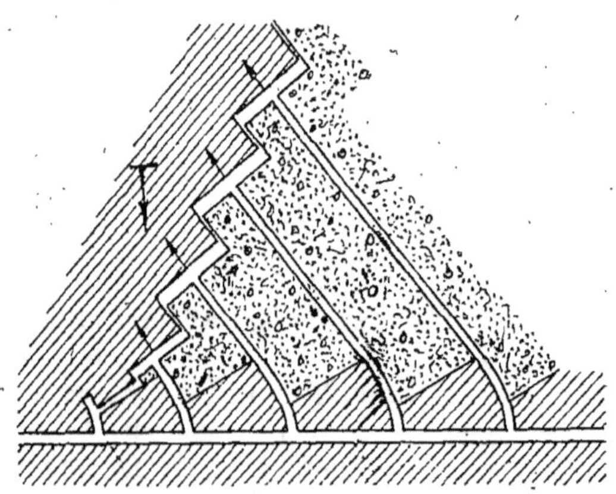

Fig. 98. — Tailles obliques et voies demi-thiernes

cilement (fig. 98). Au besoin, on laisse des piliers de protection contre la galerie. Elles aboutissent plus près de la base du chantier que la partie supérieure, pour qu'on n'ait pas besoin de bouter le charbon, en remontant, de plus d'un jet de pelle.

Si le toit est très bon, on place tous les chantiers en ligne, et on n'a qu'une grande taille oblique (fig. 99) desservie par des voies demi-thiernes distantes de 12 ou 15 m.

Les tailles obliques permettent d'attaquer le charbon en profitant de ses plans de clivage, ce qui améliore beaucoup les conditions d'abatage. Par contre, si les transports sont plus faciles, leur longueur est plus grande. Le boisage est plus difficile à établir et il tient moins bien, ainsi que les remblais.

L'avancement des chantiers est moins rapide que dans les tailles

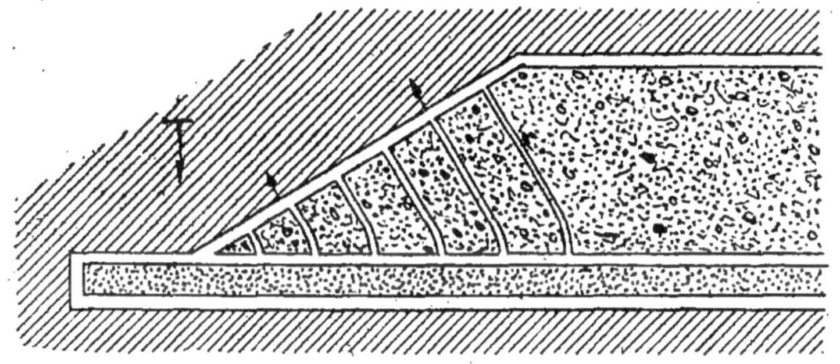

Fig. 99. — Grande taille oblique.

montantes ou chassantes. Enfin, la disposition des chantiers et des galeries ne garde sa régularité que dans les gisements de pente constante.

Pour toutes ces raisons, les tailles obliques sont peu appliquées et on préfère adopter simplement l'une ou l'autre des deux méthodes ordinaires, tailles montantes ou tailles chassantes.

§ 3. — TAILLES DROITES EN DIRECTION.

145. Principe et conditions d'application. — Les tailles en direction nécessitent un traçage un peu plus complet du gisement que les tailles montantes. On perce d'abord les deux galeries en direction à la base et au haut de l'étage, la seconde étant d'ailleurs le plus souvent constituée par l'ancienne voie de fond de l'étage supérieur.

On pousse ces galeries jusqu'aux limites du quartier de part et d'autre du travers-bancs venant du puits. On les réunit de distance en distance par des voies suivant la pente, le long desquelles le roulage se fera comme dans la galerie de base si la pente est faible, mais qui seront armées de poulies ou de treuils dans les parties inclinées.

Les panneaux ainsi délimités ont une hauteur variable suivant l'inclinaison et l'épaisseur de la couche. Nous avons vu au chapitre II les principes à observer pour la détermination de la hauteur des étages, et la division de ces derniers en sous-étages. Dans les conditions habituelles en couches minces, la distance entre les deux voies de fond est généralement de 100 à 150 m.

Quant à la longueur des panneaux, suivant la direction, entre deux plans inclinés, elle sera par exemple de 200 m.; une plus grande longueur entraînerait des dépenses exagérées d'entretien des galeries.

Si l'on veut pousser plus activement l'exploitation, il faut multiplier le nombre de ces plans.

Toutes ces voies de traçage nécessitent le coupage du mur, parfois du toit et fournissent des stériles qui sont remontés à la surface ou logés dans les chantiers comme remblais.

Le percement des voies de fond peut se faire en cul de sac, si la mine n'est pas grisouteuse. Dans le cas contraire, on pousse deux galeries conjuguées, ou simplement une galerie accompagnée d'une taille suffisante pour loger les déblais, en ménageant une gaîne d'aérage contre le massif en place. On peut également installer un ventilateur et des canars d'aérage.

Les tailles en direction sont ouvertes le long des plans inclinés; lorsque la première a suffisamment progressé, on en ouvre une seconde, au-dessus ou au-dessous, et ainsi de suite. Dans l'ensemble on obtient donc une série de grands gradins, renversés ou droits, d'un seul côté ou des deux côtés du plan; les remblais suivent, mais on conserve, à la base des chantiers, des galeries secondaires horizontales qui permettent d'amener les produits abattus jusqu'au plan et les bois ou les remblais de celui-ci au chantier.

Au lieu de procéder ainsi par tailles *chassantes*, on peut percer d'abord toutes les galeries secondaires, jusqu'au plan incliné suivant ou jusqu'à la limite du quartier, et on revient vers le plan par tailles *rabattantes*.

Cette méthode des tailles en direction est d'une application plus générale que celle des tailles montantes, et se rencontre dans les plateures comme dans les parties très inclinées. Dans ces dernières elle doit cependant subir quelques modifications.

146. Dimensions des tailles. — La longueur des tailles varie avec les conditions locales ; en général elle est de 15 à 25 m., elle peut atteindre 30 ou 40 m., ou bien se réduire à **6** ou **8** m. Une trop grande longueur rend difficile le transport du charbon jusqu'à la galerie de desserte, lorsque la pente est insuffisante pour que ce dernier glisse sur le mur. Dans les plateures, on réduit donc la longueur ; par contre dans les parties en dressants il est dangereux d'avoir un front de taille trop long, et les blocs, en descendant sur un mur très incliné, se brisent et donnent trop de menus. Enfin, il est imprudent de découper le toit sur une trop grande longueur rectiligne, si les terrains sont mauvais.

Lorsque les chantiers ont des dimensions trop réduites, le nombre des galeries devient exagéré, ce qui augmente les frais de traçage, donne une proportion trop forte de pierres, et complique le service du plan incliné. L'entretien de celui-ci est difficile s'il y a des recettes trop rapprochées, qui constituent des points faibles.

On voit qu'il faut chercher à concilier des desiderata contradictoires. On s'efforcera d'adopter une longueur de taille qui réduise au minimum le nombre de galeries et qui permette par conséquent d'employer comme remblais la plus grande partie possible des pierres provenant de l'entaillement des épontes, tout en observant les précautions indispensables pour la sécurité des ouvriers, et en procurant les meilleures conditions pour le transport des produits dans les chantiers.

Dans les plateures, on aura des tailles très courtes s'il faut faire le boutage à la pelle, et au contraire très longues si l'épaisseur de la couche est suffisante pour qu'on puisse installer de petites voies de roulage le long du front.

147. Abatage et remblayage. — Les piqueurs sont disposés les uns au-dessus des autres, à 3 ou 4 m. de distance ; on a tendance à les espacer plus en France qu'en Belgique. Dans certains cas spéciaux, par exemple dans les mines sujettes à des dégagements instantanés de grisou, où l'on veut avoir un avancement plus lent, on les place seulement à 8 ou 10 m. les uns des autres.

En resserrant les piqueurs, on diminue plutôt leur rendement, mais on obtient un avancement plus rapide du chantier et par conséquent une économie d'entretien.

Le remblayage suit le front de taille, de plus ou moins près suivant la qualité du toit et l'organisation du travail ; le remblai est introduit par la galerie de desserte supérieure, et il est déversé dans le chantier en aval-pendage, soit qu'il y coule de lui-même si

la pente est suffisante, soit qu'il faille le déplacer ou le remanier à
la pelle. On a vu au chapitre précédent la conduite du travail dans
ces différents cas.

148. Aérage. — Les tailles chassantes forment une série de
gradins, qui aboutissent en général à la galerie de base de l'étage
supérieur. On peut donc réaliser, plus facilement qu'avec les tailles
montantes, l'aérage ascensionnel dans les mines grisouteuses. Au

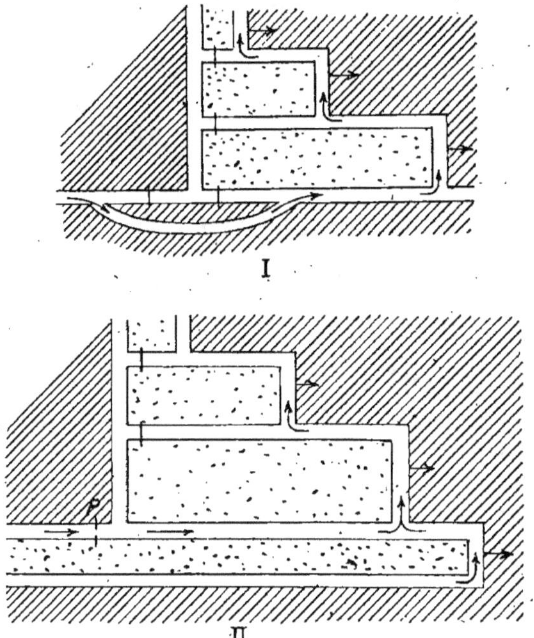

Fig. 100. — Distribution du courant d'air.

contraire, si le dépilage est commencé, d'un côté ou des deux côtés
du plan, sans que celui-ci ait percé dans la galerie supérieure, le
courant d'air montera le long des chantiers, d'un côté du plan, et
redescendra par celui-ci, ou par les chantiers de l'autre côté. Ce
tracé n'est admissible que dans les mines non grisouteuses.

Les *fig. 100* et suivantes montrent les différentes dispositions
du circuit d'aérage. Les galeries de desserte des chantiers doivent
être barrées par des portes ou des toiles ; si le plan aboutit à la base
dans la galerie d'arrivée d'air, il faut également fermer celle-ci par

des portes et percer pour l'aérage une galerie de contour (*fig. 100-I*).

Plus généralement, la voie de fond est accompagnée d'une galerie conjuguée par laquelle arrive le courant d'air, tandis que le plan débouche dans la galerie supérieure, qui n'est aérée que par un circuit dérivé passant par la porte à guichet P (*fig. 100-II*).

Le sommet des chantiers, lorsque les gradins inférieurs sont en avance sur les gradins supérieurs risque de ne pas être balayé par le courant d'air et, si la mine est grisouteuse, il peut s'y former des accumulations de gaz. On doit donc forcer l'air, par des toiles, à lécher la paroi de charbon jusqu'au fond de l'angle.

D'une façon générale, les quantités d'air qui passent dans les différentes séries de tailles d'un quartier, ou des sous-étages successifs sont réglées ainsi par des portes, pleines ou à guichets, et par des toiles (1).

149. Transport des produits. — Les produits abattus doivent d'abord être amenés, parallèlement au front de taille, jusqu'à l'entrée des galeries, où ils sont chargés en berlines. L'inclinaison des chantiers favorise ce transport. Si ce premier transport doit se faire par pelletage, il faut le réduire au minimum, car il détériore les charbons friables ; on a avantage, dans ce cas, à faire aboutir la galerie de roulage (ou *costresse*) au-dessus de la partie inférieure du chantier, et même au milieu si le pendage ne dépasse pas 4 ou 5°.

Entre cette limite inférieure et 25°, on traîne le charbon dans des paniers, ou bien on installe des couloirs en tôle. Les couloirs oscillants permettent d'allonger considérablement les tailles.

Ainsi que nous l'avons dit plus haut, à partir de 25° le charbon glisse de lui-même dans les couloirs en tôle, à partir de 35° ou 40° sur le mur.

Arrivé au bas du chantier, le charbon tombe dans les berlines placées dans la costresse ; il est roulé jusqu'au plan incliné, par lequel il est amené à la voie de fond.

Le plan incliné est automoteur, à deux voies si la qualité des terrains le permet. Avec les faibles pentes, on accroche directement les berlines au câble ; avec les pentes supérieures à 20° environ, on installe dans le plan des chariots porteurs.

Comme dans les exploitations par tailles montantes, on peut également installer à la base des plans un treuil à air comprimé, qui permet de remonter les berlines chargées de bois ou de remblais.

____

(1) Voir la X° partie du cours (Aérage).

On remplace parfois les plans inclinés uniques par des plans distincts $P_1 P_2$ entre chacunes des costresses (*fig. 101*).

Le toit n'étant plus découpé sur une aussi grande longueur rectiligne, l'entretien est moins onéreux. On peut de plus supprimer les fractions de galeries (comme AB) ou les anciens plans (P'_2) devenus inutiles. Mais pour que ce système soit avantageux, il faut évidemment que le nombre de ces plans ne soit pas exagéré, par conséquent que la longueur des tailles soit suffisante (une cin-

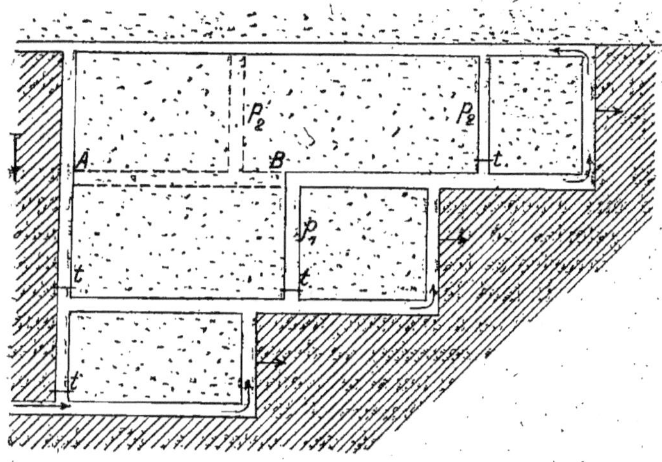

Fig. 101. — Plans inclinés en gradins.

quantaïne de mètres environ), ou que chacun des plans desserve deux ou trois chantiers.

150. Disposition générale des tailles. — Nous avons dit que les tailles pouvaient être chassantes ou rabattantes, et présenter l'aspect de gradins renversés ou droits.

Les tailles chassantes en gradins renversés (*fig. 102*) sont les plus fréquemment adoptées. Elles progressent des deux côtés du plan, le long duquel on laisse en général un massif de protection qui ne sera enlevé que lorsque le panneau desservi par le plan sera dépilé.

Le courant d'air, arrivant par la galerie de base monte par les deux séries de chantiers, les costresses et la base du plan étant barrées par des portes et des toiles.

Cette disposition a l'inconvénient de présenter des angles difficiles à purger des accumulations de gaz; mais dans les mines peu grisouteuses, elle est d'un emploi très général.

Les tailles chassant en gradins droits (fig. 103) sont préférables au point de vue de l'aérage; mais l'abatage se fait dans de moins

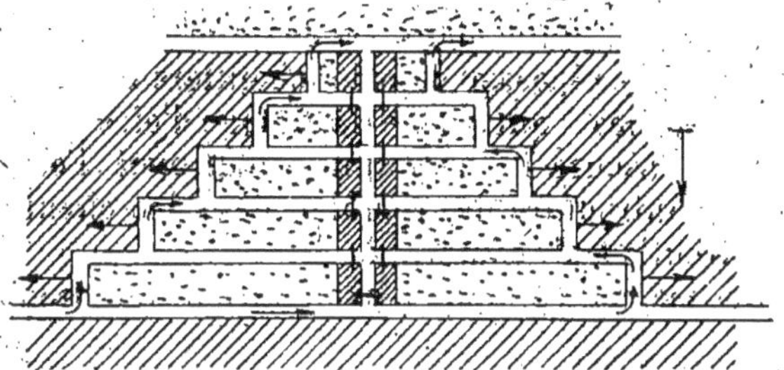

Fig. 102. — Tailles chassantes en gradins renversés.

bonnes conditions, ainsi que le transport des produits à la base du chantier. Aussi ne les rencontre-t-on guère que dans les mines franchement grisouteuses.

Dans ces deux méthodes, les tailles ne sont attaquées qu'après

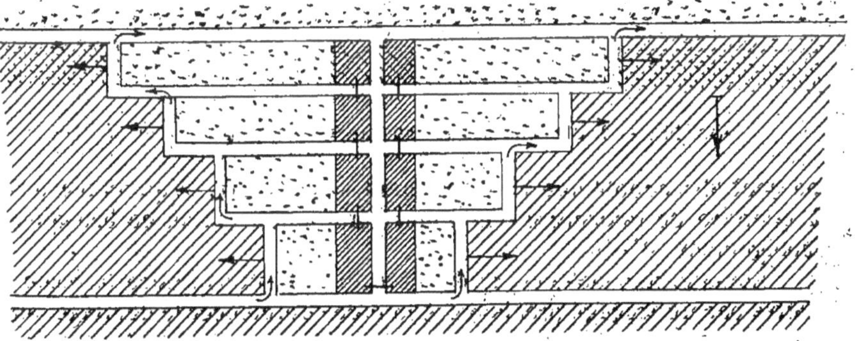

Fig. 103. — Tailles chassantes en gradins droits.

le percement du plan incliné dans la galerie au sommet de l'étage, et nous avons supposé que le dépilage se faisait simultanément des deux côtés du plan. Si le charbon présente des plans de clivage qui rendent l'abatage plus avantageux dans une direction que dans l'autre, on se contente de chasser d'un seul côté, en rapprochant au besoin les plans inclinés pour diminuer la longueur des panneaux.

Si les nécessités de l'aérage le permettent, on peut simplifier le traçage préalable en ouvrant les chantiers dès que le plan incliné s'est allongé d'une quantité suffisante pour commencer une nouvelle taille. On gagnera ainsi du temps, surtout si l'on chasse dans une seule direction (*fig. 104*). La durée d'entretien des plans est réduite au minimum. Mais on a alors un aérage descendant, soit dans les plans, soit plutôt dans les chantiers ; il est préférable en effet de ne pas faire repasser dans les chantiers l'air venant du traçage de la voie de base, qui risque davantage d'être chargé de grisou.

De plus, l'absence de communications avec l'étage supérieur oblige, s'il faut introduire des remblais dans les chantiers, à armer les plans de treuils à air comprimé.

De toutes façons, ce mode d'exploitation sans traçage préalable

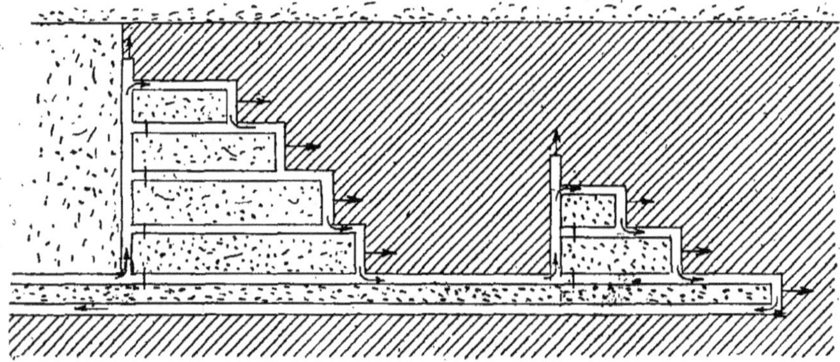

Fɪɢ. 104. — Tailles chassantes sans traçage préalable des plans.

ne peut être adopté que si le gisement est régulier, et qu'on n'a pas à craindre de rencontrer des zones improductives, ou de brusques changements d'allure.

Lorsque la couche est irrégulière, il faut au contraire la reconnaître par un traçage préalable. Avant de commencer le dépilage, on commence donc par percer toutes les costresses entre les deux plans inclinés. Après avoir ainsi découpé le gisement en un certain nombre de panneaux isolés, on les attaque par des tailles chassantes partant des plans. On voit que l'inconvénient de ce traçage préalable est de nécessiter l'entretien d'un réseau complet de galeries, d'abord au charbon, puis dans les remblais.

Les tailles chassantes peuvent également s'appliquer dans les *exploitations en vallée*, en aval-pendage de la galerie de roulage conduisant au puits (*fig. 105*). Les chantiers peuvent être disposés soit en gradins droits (I) soit en gradins renversés (II) d'un côté ou des deux côtés du plan.

Les inconvénients de cette exploitation en vallée sont moindres qu'avec les tailles descendantes, car les galeries de desserte sont horizontales, et on n'a à remonter les produits que le long du plan incliné, qui peut être armé d'un treuil. De même les eaux, qui s'accumulent à la base du plan incliné, ne gênent pas autant dans les chantiers. On ouvre parfois avec avantage un quartier en vallée, lorsque l'inclinaison n'est pas très forte, et qu'on augmente ainsi le champ d'exploitation d'un puits. Mais les inconvénients de la

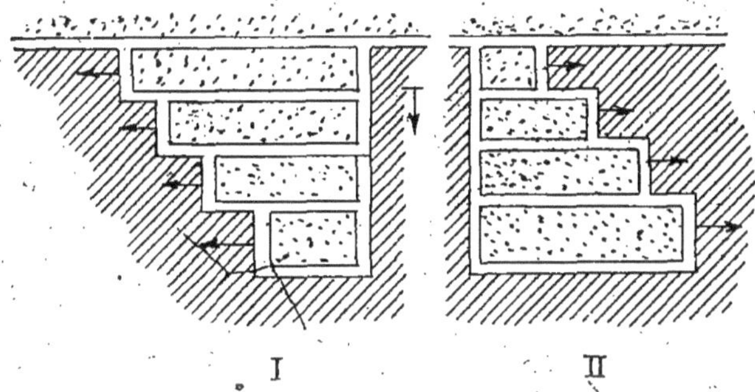

FIG. 105. — Tailles chassantes en vallée.

disposition en vallée subsistent, au point de vue de l'aérage et des dépenses de remontée des produits abattus.

151. Tailles rabattantes. — Jusqu'à présent, nous avons supposé que les chantiers progressaient en s'écartant du plan incliné. Si l'on commence par exécuter un traçage jusqu'aux limites du panneau, et qu'on dépile en revenant vers le plan, les tailles sont dites *rabattantes* (*fig. 106*).

Le traçage préalable est plus long, puisqu'avant de commencer le dépilage, on doit percer les costresses d'un bout à l'autre du panneau, entre les plans inclinés P et P', et ouvrir un montage M à droite et à gauche duquel seront prises les tailles. Mais au fur et à mesure que les chantiers se rapprochent des plans, on peut supprimer les parties des costresses devenues inutiles. On n'a donc pas à entretenir de galeries dans les remblais, ce qui est un gros avantage dans les terrains qui chargent beaucoup.

La longueur du roulage va sans cesse en diminuant, mais il est évident qu'au total, pour l'ensemble du panneau, la distance moyenne à laquelle il faut rouler les produits reste la même, que l'on exploite par tailles chassantes ou rabattantes.

La disposition la plus généralement adoptée est celle des gradins droits, qui permet de supprimer la partie supérieure des plans inclinés quand les massifs supérieurs sont dépilés.

Cette méthode n'est guère applicable dans les couches grisouteuses, car les traçages se font en cul-de-sac. Par contre elle est avantageuse lorsqu'on manque de remblais, car elle permet de se

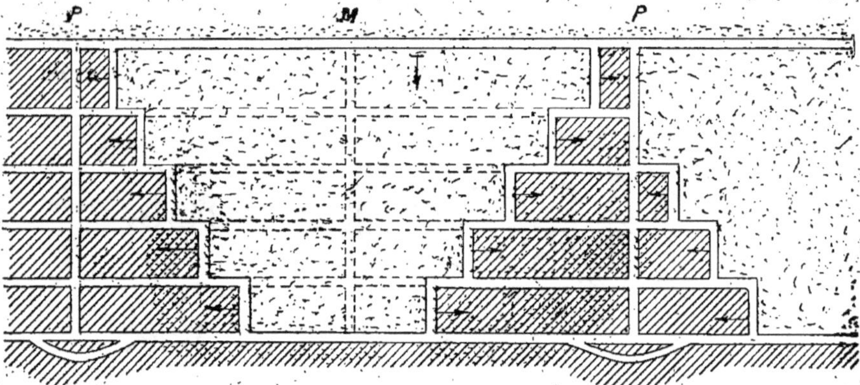

Fig. 106. — Tailles rabattantes.

contenter d'un remblayage partiel, et de laisser le foudroyage du toit compléter le remplissage des vides.

152. Longwall anglais et Stossbau westphalien. — On a vu au chapitre IV, à propos des exploitations par foudroyage, la méthode du *longwall* très répandue en Angleterre. Elle est appliquée également, et de plus en plus fréquemment, avec remblayage, mais les couches minces sont rares en Angleterre, et nous reparlerons de cette méthode à propos des couches moyennes. Pour la même raison, nous renvoyons au chapitre suivant la description de la méthode, classique en Westphalie, du *Stossbau*, qui n'est en somme qu'un dépilage par grandes tailles rabattantes sans creusement préalable des costresses.

153. Comparaison des tailles montantes et des tailles chassantes. — La comparaison entre les deux grandes méthodes que nous venons de décrire nous conduira à reconnaître quels sont leurs avantages et leurs inconvénients, et par suite dans quelles conditions on est amené à choisir l'une plutôt que l'autre.

Traçage : Les traçages sont réduits au minimum avec les tailles montantes, que l'on attaque directement sur le côté de la voie de fond. D'autre part, le percement des costresses horizontales, où le roulage se fait par berlines, exige un entaillement plus grand du mur que dans l'établissement des voies de desserte des tailles montantes, où l'on se contente souvent de poser des couloirs sur le mur ou de faire le traînage dans des paniers. Lorsque l'entaillement de l'une des épontes est nécessaire, on peut choisir, pour ces voies suivant la pente, la moins dure des deux roches, au toit ou au mur, tandis que dans les costresses, c'est toujours le mur qu'il faut recouper pour établir la voie ferrée.

Cet avantage des tailles montantes disparaît lorsque la couche est très mince et qu'il faut creuser de nombreux plans inclinés.

Abatage. L'abatage est plus facile en tailles montantes, où la pesanteur facilite le travail de l'ouvrier; de plus, on peut disposer le front de taille de manière à profiter des plans de clivage, qui sont le plus souvent parallèles (ou à peu près) à la direction qu'à l'inclinaison.

Les ouvriers sont plus indépendants les uns des autres en tailles montantes; le front de taille est plus facilement débarrassé des intercalations stériles, que les mineurs jettent derrière eux sur les remblais. On peut donc multiplier le nombre d'hommes; leur rendement individuel, ainsi que celui du chantier, est meilleur. C'est une des raisons qui font souvent préférer les tailles montantes lorsqu'elles sont applicables. Mais nous avons vu qu'au delà de 30 ou 35°, il fallait renoncer presque toujours à cette méthode, qui devient trop dangereuse.

Le *triage* du charbon est plus facile dans les tailles peu inclinées, mais il est à noter que l'éclairage est meilleur dans les tailles montantes, car les lampes sont en ligne horizontale; par contre, dans ces chantiers, il se perd une certaine quantité de charbon, qui glisse dans les remblais.

Le *soutènement* est meilleur dans les tailles chassantes, car les flandres n'ont pas tendance à rouler, et les buttes se renversent moins facilement. Il faut cependant noter que lorsque le mur est formé d'un banc peu épais, qui risque de glisser lorsqu'il est découpé par le traçage des costresses, le boisage est quelquefois sujet à des dislocations dangereuses.

Le *remblayage* est plus facile en tailles chassantes; sauf pour les intercalations stériles, qui sont mises directement en place, il faut, dans les tailles montantes, remonter le remblai par les voies de desserte, qui doivent alors être munies de treuils.

Les murs de pierres sèches qui maintiennent les remblais tiennent mieux en tailles montantes, car ils n'ont pas tendance à glisser, mais l'arrivée des matériaux par la costresse supérieure rend aisé leur mise en place dans les tailles chassantes.

Le *transport* des charbons abattus est moins long, en tailles montantes, jusqu'à l'entrée de la voie de desserte, qui débouche au milieu du chantier, et ce boutage horizontal risque moins de briser les morceaux que la descente le long du front de taille. Par contre les transports, dans les costresses et les plans inclinés, se font en berlines. Lorsque les voies des tailles montantes permettent l'établissement de couloirs, les frais sont réduits au minimum.

Un des inconvénients des tailles chassantes est de dépendre d'un plan incliné, dont les arrêts par suite d'accident de roulage ou d'éboulement, entraînent l'immobilisation d'un grand nombre de tailles.

L'*aérage* est bien meilleur dans les tailles chassantes, où l'évacuation du grisou se fait beaucoup plus facilement. Le danger des accumulations de gaz le long de chantiers horizontaux fait écarter les tailles montantes dans les mines grisouteuses.

Enfin, les *irrégularités d'allure* du gisement sont un sérieux obstacle à l'emploi des tailles montantes ; lorsque l'inclinaison augmente par places, ces tailles risquent de devenir dangereuses. Les variations de pente influent sur le mode d'évacuation des produits dans les voies de desserte ; si l'on a par exemple décidé d'installer des couloirs en comptant sur une inclinaison favorable, ils peuvent devenir inutilisables si la pente devient plus faible.

De même, les variations de direction sont très gênantes pour les tailles montantes, qui cessent de progresser régulièrement ; si les lignes de niveau décrivent une courbe, les tailles se rétrécissent ou s'élargissent ; dans ce dernier cas, leur desserte devient difficile à assurer.

En résumé, les tailles montantes sont avantageuses dans les couches d'une certaine épaisseur, régulières, peu inclinées, peu grisouteuses et ayant un bon toit. Si ces conditions ne sont pas réunies, on aura presque toujours avantage à adopter les tailles chassantes.

154. Application des grandes tailles aux dressants. — La méthode générale d'exploitation des dressants est celle des tailles chassantes décomposées en gradins de petites dimensions, droits ou renversés.

Mais il existe cependant certains cas où l'on adopte des tailles droites ; ce système était très employé autrefois ; il n'est plus conservé que dans des circonstances particulières, par exemple dans certains gisements sujets à des dégagements instantanés de grisou.

Les piqueurs sont disposés les uns au-dessus des autres, et attaquent le charbon devant eux, en le déposant sur des planchers PP′ P″ P‴ (*fig. 107*) reposant sur des bois encastrés dans le toit et le mur.

Chacun d'entre eux est un peu en avance sur celui qui est immédiatement en dessous (de 1 m. par exemple) et tous font avancer, pendant le poste, le front de taille d'une longueur égale à la distance entre deux lignes de boisage, soit 1 m. ou 1ᵐ,20.

A un signal donné, ils s'entendent pour faire descendre le charbon, de plancher en plancher, jusqu'à la galerie de base. Le boisage

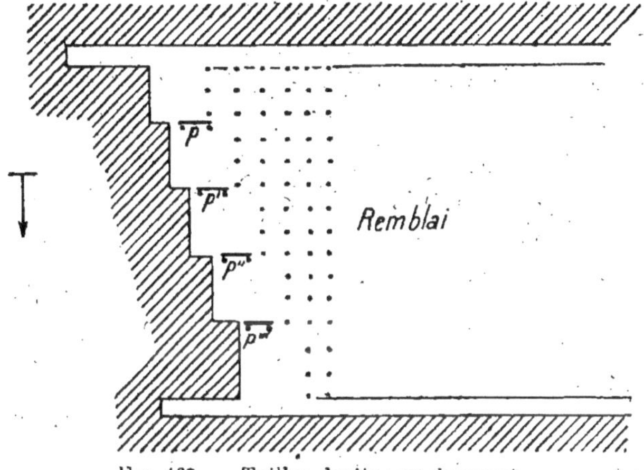

Fig. 107. — Tailles droites en dressant.
(Coupe par le plan de la couche).

et le remblayage sont faits ensuite, lorsque le front de taille a suffisamment progressé.

L'inconvénient principal de cette méthode réside dans l'étroite dépendance des ouvriers entre eux ; en outre le charbon se brise en tombant d'un plancher à l'autre. Par contre l'abatage n'offre pas de dangers ; grâce à la lenteur de l'avancement et à la grande surface découverte chaque jour, le drainage du grisou s'effectue bien.

§ 4. — EXPLOITATION DES DRESSANTS PAR GRADINS RENVERSÉS.

155. Principe de la méthode. — Dans les couches très inclinées (plus de 40°), il serait dangereux pour les mineurs de travailler au bas d'un front de taille chassant, le long duquel les blocs de charbon détachés risqueraient de rouler. Il est donc nécessaire que

chaque piqueur soit protégé, au-dessus de sa tête, par un massif de
charbon, à moins que le chantier ne soit disposé de telle sorte que
les blocs abattus restent sur une sorte de palier. Dans le premier
cas, les gradins sont renversés ; dans le second, ils sont droits. Chacun
d'eux est occupé par un piqueur, et pour que le front de taille garde
son profil, il faut que l'avancement soit sensiblement le même sur
chaque gradin.

Le premier système est beaucoup plus fréquemment employé
que le second, au moins dans les mines de charbon.

156. Disposition des chantiers. — Le massif compris entre les
galeries GG' au sommet et à la base de l'étage est d'abord décomposé

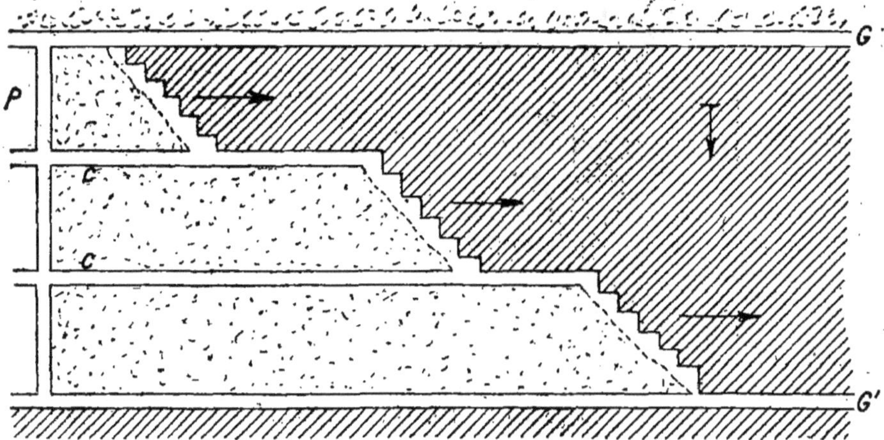

Fig. 108. — Gradins renversés.

en une série de chantiers, disposant chacun, à la base, d'une costresse C ménagée dans les remblais. Les chantiers progressent en
chassant, chacun d'eux étant en avance sur celui qui le surmonte.
De plus, le chantier est découpé en gradins individuels. Les produits abattus descendent à la costresse inférieure par laquelle ils
sont envoyés au plan incliné P. Nous verrons un peu plus loin les
divers procédés adoptés, pour la descente des produits jusqu'à la
costresse, et la disposition du talus de remblai, qui suit l'avancement.

La hauteur des chantiers est variable : 15 à 25 m. en général.
Celle des gradins n'est parfois que de 2 à 3 m. fréquemment 3 à 4 m. ;
en France on atteint même 6 m. ou 7 m. dans certains cas. L'avan-

cement journalier est naturellement en raison inverse de la hauteur du gradin, mais elle varie surtout suivant la dureté du charbon et les difficultés de boisage. Il est dans certains cas réduit à 1 m. ou 1ᵐ,20, et dépasse au contraire 2 m. dans les charbons tendres.

Les piqueurs se tiennent soit sur le talus de remblai, soit sur de petits planchers. Ils attaquent d'abord le haut du gradin, de façon à pouvoir se protéger par des bois en couronne (*fig. 109*) et n'en-lèvent le pied du massif que lorsqu'ils ont ainsi avancé la partie supérieure d'une certaine longueur, qui peut même être égale à la totalité de l'avancement journalier si le gradin est haut ou le charbon dur.

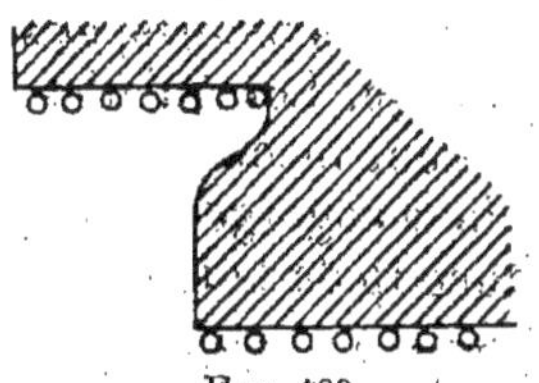

Fig. 109.
Dépilage d'un gradin.
(Coupe suivant le plan de la couche).

Le *boisage* est formé de flandres de longueur égale à celle du gradin, placées sous le toit et sur le mur suivant la ligne de plus grande pente, réunies par des buttes fortement serrées pour bien caler l'ensemble. Ce boisage est complété par un garnissage en direction, sous le toit et souvent aussi sur le mur. Au besoin, si l'on

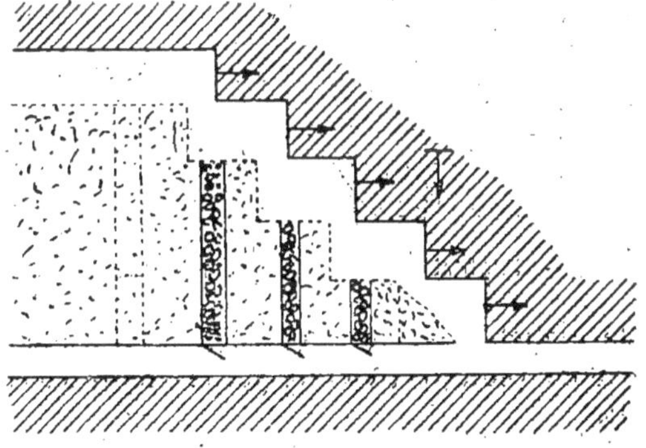

Fig. 110. — Cheminées pour la descente du charbon.

craint des pressions latérales, on poussarde les buttes entre elles pour éviter le renversement. Quant aux planchers de travail, ils sont supportés par des bois encastrés dans les épontes.

Le *transport des produits* jusqu'à la base du chantier peut se faire de diverses façons.

On peut d'abord ménager dans les remblais des cheminées qui

desservent un seul gradin (*fig 110*) si la hauteur de chacun d'eux est assez grande, deux au trois si leur hauteur est faible. Dans ce dernier cas, il faut que le remblai forme talus conduisant le charbon jusqu'à l'entrée de la cheminée.

Cette dernière débouche dans la galerie de base ; elle est fermée par une trémie sous laquelle passent les berlines à charger.

Ces cheminées sont solidement boisées et garnies de planches pour empêcher le mélange du charbon et des stériles ; elles sont maintenues pleines, et s'allongent au fur et à mesure que le dépilage progresse. Lorsqu'elles deviennent inutiles, on les remblaie.

Leur inconvénient est de se déformer, voire même de s'écraser et de s'engorger facilement. En outre leur installation consomme beaucoup de bois, et si leur orifice supérieur n'est pas bien fermé, elles constituent une cause de danger pour les ouvriers.

On préfère souvent disposer le remblai en talus (*fig. 111*), et

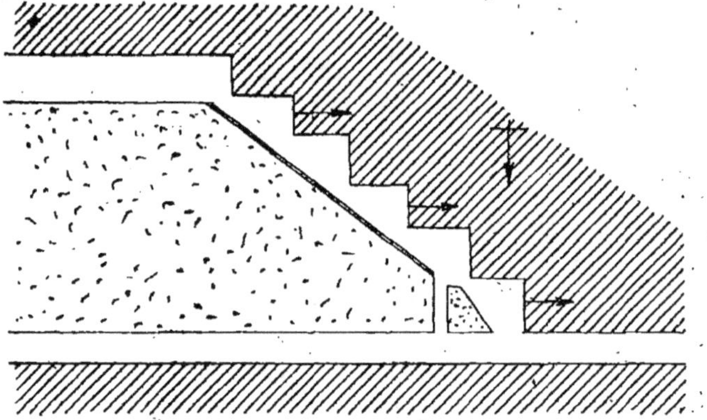

Fig. 111. — Remblai en talus pour la descente du charbon.

le recouvrir de planches ou de schistes bien tassés le long desquels on fait glisser le charbon jusqu'à une petite cheminée formant trémie de chargement.

Cette disposition empêche naturellement de procéder au remblayage en même temps qu'à l'abatage. On s'arrange pour que la hauteur et le décrochement des gradins soient tels que la pente du talus de remblai assure une descente facile du charbon, sans le briser par une chute trop rapide.

Le transport le long des costresses ne présente aucune particularité marquante. Quant aux plans inclinés, ils sont à chariot porteur, en raison de leur forte inclinaison.

L'*aérage* d'une taille en gradins renversés se fait toujours en montant, dès que la mine contient des traces de grisou. Les angles supérieurs des gradins constituent des points délicats, où le gaz a tendance à s'accumuler. Il faut donc disposer des toiles pour que le courant d'air vienne bien lécher ces parties en cul de sac.

157. Évacuation des produits en Westphalie.

— Les exploitations des dressants, en Westphalie, évitent l'emploi de cheminées et l'évacuation des produits s'y fait par glissement du charbon le long du talus de remblais. Ce dernier est recouvert, soit d'un couloir en bois, soit plutôt de schistes de lavoirs fins et humides, qui se tassent rapidement et forment une surface unie sur laquelle le charbon ne risque pas de se salir en entraînant des stériles.

Lorsqu'on ne peut pas attendre, pour faire le remblayage, la

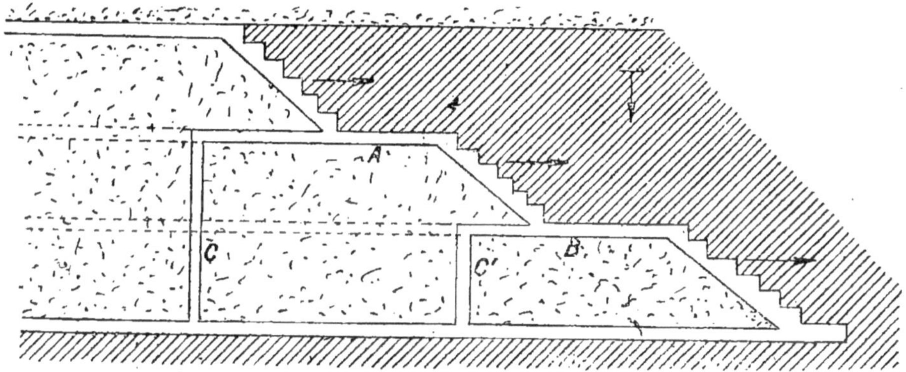

Fig. 112. — Évacuation des produits par cheminées.

fin du poste d'abatage, on place des glissières soutenues non plus par le remblai, mais par le boisage, en avant du talus. Le remblayage peut se continuer pendant l'abatage. Les glissières sont déplacées au fur et à mesure de l'avancement du front.

Lorsque la pente est très forte, on peut supprimer les plans inclinés, et les remplacer par des cheminées C, C', (*fig. 112*).

Lorsque le dépilage sera suffisamment avancé, la cheminée C' sera prolongée jusqu'à la costresse A, et on en ouvrira une nouvelle en avant pour la costresse B. On pourra alors remblayer C et la partie de A devenue inutile entre C et C' prolongé.

158. Exploitation des dressants dans le bassin franco-belge.

— Le bassin franco-belge, dont l'allure est si tourmentée, présente un grand nombre de dressants, souvent très minces ; aussi leur exploitation a-t-elle fait l'objet de beaucoup d'études, qui ont permis d'arriver à des méthodes rationnelles, dont les différences s'expliquent par les conditions particulières aux diverses régions.

La hauteur des étages est de 50 à 60 m, en général, divisée en une série de tailles, de 20 m. environ à Liège ; 12 à 15 m. à Mons, où le gisement comporte moins de couches et où l'on cherche par conséquent à multiplier le nombre de tailles.

Les gradins ont 3 à 4 m. dans la première région, 2 à 3 m. seulement dans la seconde. Nous avons dit qu'en France on dépassait parfois 5 m.

Une des difficultés à surmonter dans les mines grisouteuses est le percement des montages sur lesquels seront attaquées les tailles. Ce traçage se fait forcément en cul de sac ; lorsqu'on l'effectue en montant, ce qui est le cas général, un aérage énergique du chantier, par un ventilateur secondaire, est indispensable.

Les tailles inférieures sont en général en avance sur les tailles supérieures ; toutefois, dans les mines grisouteuses, on préfère souvent donner l'avance aux tailles supérieures pour ne pas avoir, au-dessous des chantiers, des remblais pleins de grisou.

159. Comparaison des gradins renversés et des grandes tailles. — Nous avons décrit (n° 154) une méthode par grandes tailles applicable dans les dressants.

Elle présente quelques avantages :

Triage du charbon plus facile sur les paliers, suppression des dangers du travail sous un massif de charbon découpé, qui risque de se détacher. En outre, elle permet d'obtenir plus rapidement une production normale ; l'ouverture d'une taille en gradins renversés nécessite en effet autant de jours qu'il y a de gradins, parfois même le double si chaque gradin doit être en avance sur le suivant de deux abatages journaliers. Cet inconvénient perd de son importance lorsque le panneau en dressant est d'une grande longueur, mais il est à considérer si la couche est formée de dressants et de plateures successifs, de faible étendue.

Par contre, les avantages des gradins renversés sont assez importants pour qu'on les préfère, dans la grande majorité des cas :

Avancement plus rapide, car le charbon, découpé sur deux faces, est plus facile à abattre et les piqueurs sont indépendants les uns des autres pour l'évacuation de leurs produits.

Hauteur plus grande de la taille, puisqu'on n'a plus à craindre qu'un bloc se détache et vienne blesser les ouvriers, à la base du chantier ; de plus le toit n'est pas découpé sur une aussi grande longueur en droite ligne.

Cette augmentation de hauteur entraîne une réduction du nombre des costresses à entretenir.

Boisage moins coûteux ; le talus de remblais est moins incliné et n'a pas besoin d'être maintenu aussi énergiquement.

Évacuation des produits plus facile, et meilleure proportion de gros ; la descente de plancher en plancher brise le charbon et produit une grande quantité de poussière.

§ 5. — EXPLOITATION DES DRESSANTS PAR GRADINS DROITS.

160. Disposition des chantiers. — Dans la méthode d'exploitation par gradins droits, le traçage général du gisement est le même

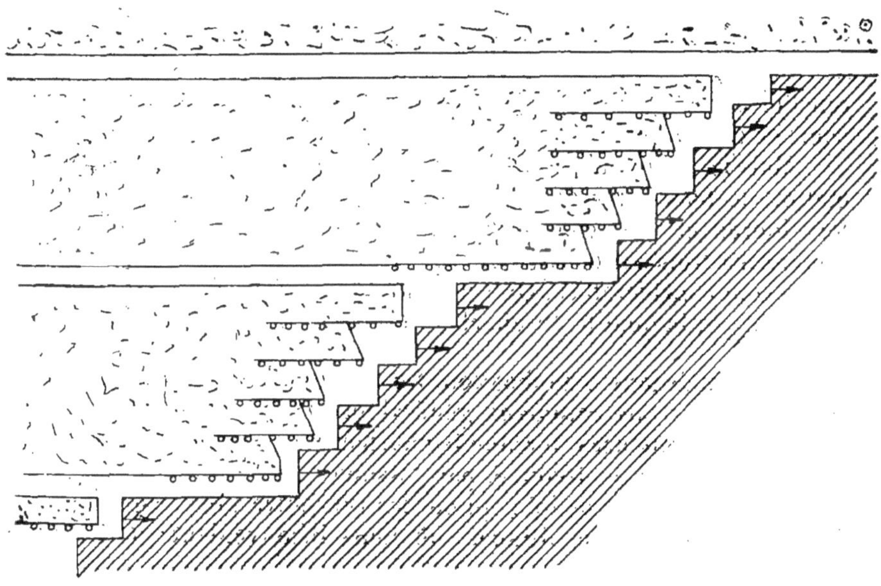

Fig. 113. — Gradins droits.

qu'avec les tailles par gradins renversés, mais le profil du chantier est inverse (*fig. 113*).

Les gradins, hauts de 2 ou 3 m., parfois davantage, se suivent en général à distance assez rapprochée, 2 ou 3 m. également.

Le mineur se tient debout sur le charbon et n'a plus à craindre le décollement d'un bloc. Les remblais dessinent au-dessus de lui des gradins renversés et sont soutenus par un boisage serré, pour éviter les accidents.

Les produits abattus sont descendus de gradin en gradin jusqu'à la costresse à la base de la taille.

161. Avantages et inconvénients. — La suppression des blocs en surplomb est avantageuse lorsque le charbon est friable et découpé par des clivages ; de plus, lorsque la mine est grisouteuse, cette méthode supprime les angles où le gaz s'accumule, à condition bien entendu de ne pas laisser une trop grande profondeur aux angles sous les planchers qui soutiennent les remblais.

Par contre les gradins droits ont des inconvénients nombreux : l'abatage est moins facile, car la pesanteur n'aide plus le travail du piqueur ; le charbon se brise, tant par le piétinement des ouvriers que par la chute de gradin en gradin.

Dans cette descente, il se mélange avec les intercalations stériles réduites en poussière sous les pieds des mineurs.

Cette détérioration des produits explique le peu de faveur que rencontre cette méthode dans les gisements friables, comme les couches de charbon.

Mais le principal inconvénient réside dans la grande consommation de bois nécessaire pour soutenir les remblais, qui sont à la fois lourds et sans cohésion. Dès que la couche cesse d'être très mince, les frais de boisage et les difficultés de mise en place des terres sont considérables. On est donc amené à préférer les gradins renversés, si la qualité du charbon ne s'y oppose pas absolument.

162. Conditions d'application. En résumé, les gradins droits ne sont appliqués que rarement, généralement dans des couches très minces et grisouteuses, lorsque le charbon n'a pas assez de cohésion pour qu'on puisse le découper par dessous.

Nous verrons plus loin qu'on les rencontre plus fréquemment dans les gisements métalliques, où leurs inconvénients sont moins sensibles.

§ 6. — Méthodes particulières.

163. Exploitation par remblais incomplets. — Dans les mines non grisouteuses, lorsque les travaux souterrains ne fournissent pas assez de remblai, et que les conditions de la surface sont telles qu'on ne puisse facilement ouvrir de carrières, comme dans le Nord de la France, on se contente parfois de pratiquer un remblayage incomplet.

On ne se borne naturellement pas à remblayer en partie les tailles, d'une façon irrégulière, suivant les ressources des chantiers les plus proches. La méthode est conduite suivant un plan rationnellement étudié. On élève d'abord des murs protecteurs le long des galeries ; dans les chantiers on supporte le toit par des piliers ou des murs, entre lesquels on déverse l'excédent de remblais dont on dispose encore.

Un système appliqué dans certaines mines du Nord de la France consiste à pousser à partir du plan incliné des tailles chassantes remblayées, séparées par des piliers que l'on dépile ensuite en revenant vers le plan, et qu'on ne remblaie pas. Cette disposition n'est admissible que lorsque les charbons sont assez résistants pour que les piliers ne s'écrasent pas avant leur dépilage (voir plus loin *fig. 119*).

164. Gisements à dégagements instantanés de grisou. — Quelques gisements, en particulier dans le bassin belge, aux environs de Mons, contiennent des accumulations de grisou qui se dégage brusquement, avec projection de charbon broyé, lorsqu'un chantier arrive au contact de ces poches. La brusque invasion des travaux par une masse de gaz provoque des accidents mortels, par asphyxie au voisinage du point où s'est produit le dégagement, par explosion si le gaz dilué vient à rencontrer la flamme d'une lampe mal fermée.

Ce danger a conduit à modifier, dans ces mines, les méthodes ordinaires d'exploitation et à prendre des précautions spéciales.

Des sondages, poussés en avant des chantiers, avertissent de la présence du grisou accumulé, et le drainent. Les explosifs ne sont pas employés au charbon. On continue cependant, au moins dans certaines mines, à tirer des coups de mine aux chantiers, mais uniquement dans les roches encaissantes ; les ouvriers s'abritent dans un refuge spécialement aéré ; au contraire on supprime momentanément l'aérage du chantier pour qu'en cas de dégagement brusque, la teneur du grisou soit au-dessus de la limite d'inflammabilité.

Dans la conduite de l'exploitation elle-même, on cherche surtout à empêcher les dégagements, en réduisant la vitesse d'avancement des chantiers (d'où la méthode décrite au n° 154), en facilitan le drainage du grisou, et en évitant les éboulements qui provoquent les dégagements brusques.

On facilite le drainage en disposant les fronts de taille avec une certaine inclinaison sur le pendage. La hauteur des gradins (en retrait de 1 m.) étant de 12 m. environ, et chaque mineur enlevant le charbon par bandes très étroites, (une trentaine de centimètres à la fois) le long du front de taille, l'avancement est très lent, et le drainage assez complet pour que les trous de sonde soient inutiles. Il subsiste un certain nombre d'inconvénients, difficiles à éviter : risques de dégagements au front des galeries de traçage dans les massifs vierges, malgré les sondages préventifs, faible rendement des chantiers, grande consommation de bois pour soutenir les remblais.

Il est à noter qu'on peut revenir aux gradins renversés, si le charbon est solide, à condition de procéder par gradins aussi élevés avec des retraits réduits à 60 ou 80 cm. et un front incliné sur le pendage ; on conserve ainsi les avantages principaux de la méthode : avancement très lent et suppression des angles profonds en massif vierge. C'est le procédé appliqué aux mines de l'Agrappe près de Mons, qui sont parmi les plus sujettes aux dégagements instantanés.

165. Exploitation des crochons. — Les crochons sont les points de rebroussement qui se rencontrent dans les gisements plissés où les couches présentent des zones de refoulement qui ont amené le renversement du mur au-dessus du toit (*fig. 114*).

Ces points de rebroussement sont parfois à angle très obtus, mais souvent au contraire à angle aigu ; dans ce cas, il y a en général épaississement local de la couche (en A par exemple) et même formation d'une queue (en B), d'importance et de longueur quelconques. Il arrive même qu'il y ait plusieurs queues, soit vers l'extérieur, soit vers l'intérieur de l'angle.

Ces amas constituent un enrichissement intéressant du gisement, mais ils en compliquent l'exploitation, car la méthode appliquée dans les parties régulières cesse d'être applicable dans ces zones tourmentées et de dimensions beaucoup plus grandes (1). Lorsque le charbon est inflammable, ils présentent un danger d'incendies.

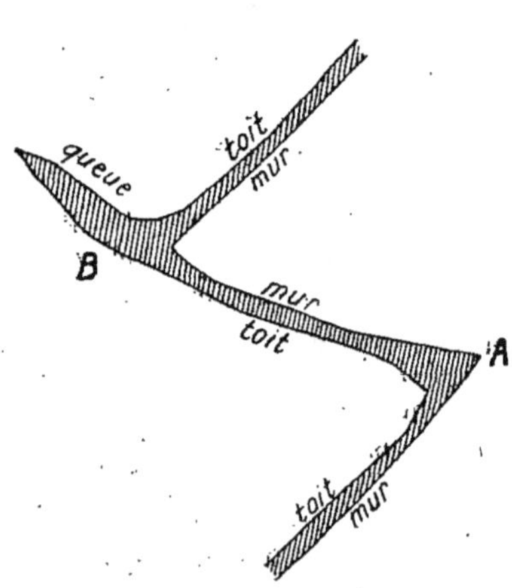

Fig. 114. — Crochons.

Dans les couchés puissantes, qui sont prises par tranches successives, horizontales, on n'a pas de modifications sensibles à faire

---

(1) Voir NIOLLET. *Exploitation des crochons à la Compagnie des mines de Douchy.* Bulletin de l'Industrie minérale, 4ᵉ série, Tome II, p. 1091 (1903).

subir à la méthode adoptée. Si l'on procède par tranches inclinées, il faut passer, pour le dépilage du crochon, à des tranches horizontales, ce qui nécessite des dispositions spéciales.

Dans les couches minces, exploitées par gradins droits ou renversés, il faut s'astreindre, lorsqu'on approche d'un crochon, à disposer les tailles en gradins droits, pour ne pas avoir de massifs de charbon découpés, susceptibles de s'ébouler et de former dans l'amas

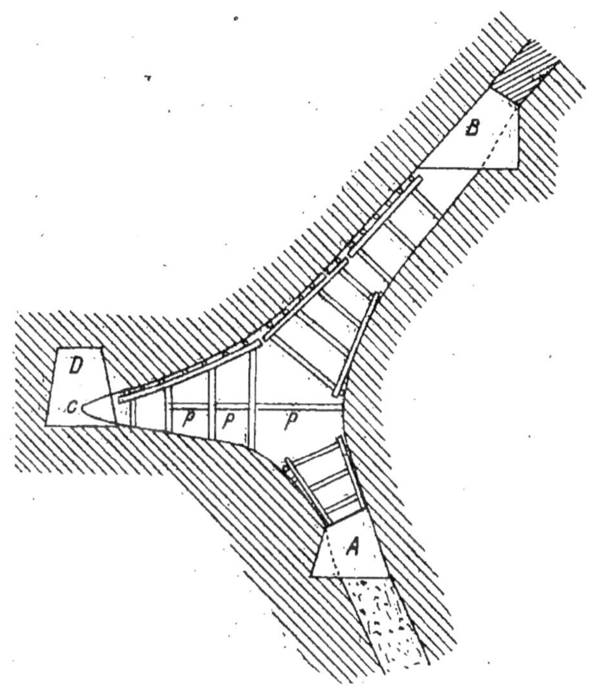

Fig. 115. — Boisage dans le crochon.
(Coupe verticale).

des cloches et des dislocations qui amèneraient des échauffements.

Dans les parties inclinées, les ouvriers sont protégés par des planchers placés au-dessus de leur tête.

Le boisage n'offre aucune particularité spéciale, sauf dans les parties où le mur est mauvais et exige la pose de flandres ; dans le crochon, les buttes sont reliées par des poussards p qui consolident le boisage (*fig. 115*).

Le remblayage doit être complet dans les parties en dressant et dans le crochon.

Dans les tailles en gradins, il suit de près l'abatage, soutenu par des planchers (ou *hourdages*) comme dans toute méthode par gradins droits. On utilise comme remblais les stériles provenant du creusement des galeries de roulage A et B. Mais il arrive fréquemment que les dimensions de la queue du crochon sont telles que l'on ait à y introduire une grande quantité de remblais. Pour éviter d'avoir à les transporter de loin, on préfère alors, aux mines de Douchy, creuser, à l'extrémité de la queue, une galerie D, qui fournit en partie les remblais nécessaires.

Il est d'ailleurs à remarquer que dans la plupart des cas cette galerie offre un avantage pour le transport des produits abattus, en particulier si la queue est longue. En effet, tandis que la galerie A est horizontale, la galerie D suit l'extrémité *c* de la queue, qui présente une inclinaison sur la direction de la couche (ou *ennoyage*) plus ou moins accentuée et se trouve, à une certaine distance en avant ou en arrière du plan de la coupe représentée sur la fig. 115, au niveau de A. On perce alors une recoupe horizontale, à ce niveau, entre A et D. On pourra donc faire descendre, par la galerie D, dans des couloirs ou des berlines, les charbons provenant de l'extrémité de la queue, et les amener à la voie de roulage A par la recoupe.

166. Résumé. — Les *couches minces*, c'est-à-dire ayant moins de $1^m,50$ environ, s'exploitent presque toujours avec remblayage, car le traçage des galeries produit une quantité notable de stériles. Dans les mines de charbon, on ne poursuit pas, en général, le dépilage lorsque l'ouverture de la couche descend au-dessous de 30 à 35 cm , car il faudrait entailler le mur et le toit pour permettre aux ouvriers de circuler ; la limite est même plus élevée dans les parties en plateure ou dont le toit est mauvais. Nous verrons, dans le chapitre relatif aux filons métalliques, que l'on accepte ce travail supplémentaire lorsqu'il s'agit de minerais riches.

Les *méthodes d'exploitation* des couches minces comportent un traçage préalable du gisement et l'ouverture de chantiers ou *tailles*, plus ou moins longues, droites ou découpées en gradins, progressant soit suivant la pente (tailles *montantes* ou *descendantes*), soit en direction (tailles *chassantes* ou *rabattantes*).

Les *tailles droites montantes* ne peuvent s'appliquer que dans les gisements dont la pente ne dépasse pas 30 ou 35° ; dans les parties très inclinées, l'abatage devient trop dangereux. Le *traçage* est réduit au minimum ; les chantiers progressent parallèlement, en retrait les uns des autres. Chacun d'eux est desservi par une galerie inclinée ménagée dans les remblais qui permet d'amener les produits abattus à la voie de roulage.

On dispose parfois les fronts de taille obliquement sur la ligne de plus grande pente.

Le *transport du charbon* se fait par pelletage jusqu'à l'entrée de la galerie de desserte, à moins qu'on n'installe des couloirs parallèlement au front de taille. Dans les galeries, lorsque la pente dépasse 6 ou 8°, on installe de même des couloirs, à moins qu'on ne transforme la galerie en plan incliné, armé d'une poulie à frein ou d'un treuil à air comprimé.

Les *tailles descendantes* se rencontrent plus rarement, car il faut remonter les produits ; mais elles s'imposent parfois dans certaines parties du gisement.

Les tailles *chassantes ou rabattantes* sont d'un emploi beaucoup plus général et se prêtent aux variations d'allure du gisement. Elles sont ouvertes successivement le long de plans inclinés espacés généralement de 150 à 200 m. La longueur des tailles peut être plus grande dans les parties inclinées, où le transport des charbons, jusqu'à la galerie de desserte horizontale ménagée dans les remblais pour amener les produits au plan incliné, peut se faire par glissement sur le mur ou dans des couloirs.

L'*aérage* est meilleur que dans les tailles montantes, ce qui fait adopter de préférence cette méthode dans les mines grisouteuses. La mise en place de remblais de l'extérieur est également plus facile, car on n'a pas besoin de les remonter jusqu'au chantier.

L'*abatage* est moins avantageux dans les tailles chassantes, car le piqueur n'est pas aidé par la pesanteur, mais le *boisage* tient mieux. *En comparant les deux méthodes*, on constate que les tailles montantes ne sont préférables que dans les gisements réguliers, pas trop minces, peu inclinés, ayant un bon toit, et sans grisou.

Les *dressants* s'exploitent toujours par tailles en direction, décomposées en gradins sur lesquels travaille seulement un ouvrier. Ces gradins sont *droits* ou *renversés*. Les premiers sont plus sûrs lorsque le charbon est friable, mais les mineurs travaillant sur le charbon abattu, brisent ce dernier qui souffre également dans les chutes successives de gradin en gradin jusqu'à la galerie de desserte. D'autre part la nécessité de supporter les remblais conduit à une grande consommation de bois.

Les *gradins renversés* sont beaucoup plus fréquemment employés ; leur hauteur est variable suivant les mines, ainsi que leur retrait les uns par rapport aux autres.

Les remblais suivent l'avancement ; les charbons abattus sont descendus soit dans des cheminées ménagées dans le remblai, soit le long du talus de remblais, qu'on recouvre au besoin de planches, de couloirs, ou d'une couche de schistes fins et humides. Dans certains cas on dispose même un plancher incliné spécial, en avant des remblais.

Ces méthodes générales doivent être modifiées lorsque les conditions locales l'exigent, par exemple dans les mines à dégagements instantanés de grisou, où l'on cherche à réduire la vitesse d'avancement et à supprimer les angles rentrants dans les chantiers.

CHAPITRE VII

EXPLOITATION DES COUCHES MOYENNES

SOMMAIRE

§ 1. — GÉNÉRALITÉS.

167. Définition des couches moyennes. — Comme celle des couches minces, la définition des couches moyennes est assez arbitraire.

Les limites que l'on donne généralement à cette classe de gisements peuvent se définir de la façon suivante : depuis la dimension minima qui permet le percement de galeries sans entaillement des épontes, jusqu'à celle qui permet l'enlèvement simultané de la couche sur toute son épaisseur.

La limite inférieure varie donc de 1 m. 25 à 1 m. 50, suivant que la couche est fortement inclinée ou au contraire presque plate. La définition donnée ci-dessus ne doit d'ailleurs pas être prise d'une façon absolue ; les galeries de roulage importantes, même dans une couche de plus de 1 m. 50, nécessitent souvent l'entaillement du mur et du toit. Quant à la limite supérieure, elle dépend de la qualité du toit, de la facilité de mise en place du soutènement provisoire, ainsi que des bois dont on dispose. Il est souvent plus facile de boiser un chantier de 4 m., sous un bon toit, en plateure, qu'un chantier de 3 m. dans un dressant, surtout lorsque les terrains chargent beaucoup.

D'une façon générale on peut donc dire que les couches sont d'*épaisseur moyenne* lorsqu'elles ont 1 m. 25 à 1 m. 50 au minimum, 3 m. environ au maximum.

Les caractéristiques du travail dans les couches moyennes sont les suivantes : les ouvriers peuvent se tenir debout dans les chantiers, ou tout au moins accroupis dans les parties plus basses.

Le traçage et le dépilage ne fournissent qu'une quantité insuffisante de stériles ; au lieu de devoir en remonter une partie au jour, on est obligé d'en introduire de la surface. Pour éviter cette sujétion, on adopte souvent, si la mine n'est pas grisouteuse, des méthodes par remblais incomplets ou même par foudroyage ; elles sont particulièrement répandues dans les exploitations de couches moyennes.

Le remblayage est toutefois nécessaire dans les gisements grisouteux, et dans les parties en dressants. Le remblayage incomplet s'applique dans les mines non grisouteuses et peu inclinées, lorsqu'on veut limiter les affaissements de surface.

168. Classification des méthodes d'exploitation. — On rencontre dans beaucoup de couches moyennes, les mêmes méthodes, par tailles droites, que dans les couches minces : tailles montantes ou descendantes, tailles chassantes ou rabattantes. Dans les dressants l'exploitation se fait par les procédés décrits au chapitre précédent, mais l'épaisseur de la couche nécessite des précautions spéciales et complique l'emploi des gradins renversés.

En Angleterre, le *longwall* est très appliqué.

Une méthode particulière, à laquelle nous avons fait allusion à propos des couches minces, est d'un emploi très général en Westphalie ; c'est celle du *Stossbau*, par tailles prises en direction, ou exceptionnellement en montant, avec un traçage réduit au minimum. Nous la décrirons avec quelque détail.

On emploie enfin, avec le remblayage, les mêmes méthodes qu'avec le foudroyage : traçage de piliers longs, dépilés par *recoupes* successives parfois assez larges pour constituer des *chambres*. Nous grouperons ces procédés sous le nom de *méthodes par recoupes*.

En résumé, nous décrirons successivement les méthodes suivantes :

Méthode des tailles droites	Montantes ou descendantes. Chassantes Rabattantes *Longwall*.
Méthode du *Stossbau*	Chassant Montant.
Méthodes par recoupes	Recoupes Chambres.

§ 2. — Méthodes des tailles droites.

169. Tailles montantes. — La limite entre les couches minces et moyennes étant assez arbitraire, il est naturel de retrouver dans l'exploitation de ces dernières les mêmes méthodes que dans les premières, c'est-à-dire les grandes tailles progressant suivant la pente, ou en direction. Mais certains des inconvénients inhérents à ces méthodes se font sentir avec plus d'intensité et expliquent qu'on applique aussi d'autres systèmes.

Les tailles montantes, comme dans les couches minces, ne sont applicables que dans les gisements réguliers, dont l'inclinaison ne dépasse pas 30 à 35 degrés. Elles nécessitent seulement le traçage de voies de roulage horizontales, et parfois d'un montage d'aérage assurant une communication immédiate avec l'étage supérieur. La disposition des chantiers et leur desserte sont les mêmes.

L'avantage principal des tailles montantes est de se prêter à un développement rapide de l'exploitation ; on peut facilement augmenter le nombre des chantiers, qui sont immédiatement productifs ; comme le rendement des piqueurs est favorisé par la pesanteur, on se trouve dans les meilleures conditions au point de vue de la production.

En supprimant la partie inférieure des voies de desserte des chantiers les plus éloignés de la voie de fond, après avoir tracé une galerie secondaire en direction (voir la *fig. 75*), on peut réduire la longueur des voies à entretenir. Le transport des produits est facilité par la pente et, grâce à l'épaisseur de la couche, on n'a pas à se préoccuper des grandes dépenses causées par l'entaillement du mur ou du toit.

Par contre, le remblayage présente des difficultés plus considérables que dans les couches minces. Les stériles provenant des intercalations ne donnent pas assez de remblais dans la plupart des cas, et les voies de desserte n'en fournissent que très peu, parfois même pas du tout. Il faut donc introduire la plus grande partie des remblais dans le chantier en les remontant par les voies de desserte. Si la pente dépasse 5 ou 6°, cette manutention, qui porte sur un tonnage important, rend l'exploitation très pénible. Les galeries doivent être munies d'un treuil à la base, avec poulie de renvoi au sommet. Dans les couches très barrées, où la proportion de remblais à remonter est faible, on peut parfois se contenter d'installer dans les voies de desserte des poulies à frein. Une berline pleine de charbon remontera une berline à demi pleine de terres. Mais c'est là un cas exceptionnel.

La difficulté est moindre dans les tailles descendantes, mais les inconvénients des exploitations en vallée font écarter le plus souvent ce mode de travail.

170. Tailles chassantes. — Il est inutile que nous décrivions de nouveau en détail cette méthode, qui a été exposée dans le chapitre précédent. Le traçage des quartiers par des voies de fond et des plans inclinés, la disposition des chantiers partant de ces plans sont les mêmes que dans les couches minces. Nous signalerons seulement les différences dues à l'épaisseur plus grande du gisement.

Dans les parties peu inclinées, on profite de ce que les costresses peuvent être faites à plus grande section, et surtout de ce que les chantiers sont plus hauts, pour amener jusque dans ceux-ci les berlines servant à l'évacuation par les voies de roulage principales ; on peut donc plus facilement adopter les mêmes berlines pour les remblais et les charbons, et réaliser le roulage circulaire.

Lorsque la pente est très faible, il suffit d'établir dans le chantier, parallèlement au front de taille, une voie provisoire, reliée à la voie dans la costresse par une plaque tournante. Les berlines sont empêchées de descendre trop vite, le long du chantier, par des cales qui immobilisent les roues et remplacent le roulement sur les rails par le glissement.

Ce moyen ne suffit pas si la pente est plus forte ; mais jusqu'à 10 ou 12°, on peut encore descendre les berlines dans les chantiers en les attelant à un câble que l'on enroule plusieurs fois autour d'un bois horizontal placé au-dessus du sommet de la voie. On peut régler le frottement du câble sur le bois et ralentir suffisamment le mouvement des berlines.

Au-dessus de 12°, ce procédé devient inapplicable. On descend les charbons jusqu'à la costresse dans des couloirs, formés de simples tôles, ou de pièces oscillantes assurant le déplacement des produits.

A propos de l'abatage dans les couches moyennes, indiquons que lorsque la bonne tenue du toit et la régularité du gisement le permettent, il est avantageux d'adopter des fronts de taille de grande longueur, pour pouvoir utiliser le havage mécanique, avec des appareils à chaîne ou à disque. En France, de telles conditions se rencontrent rarement, mais elles sont fréquentes en Angleterre et aux États-Unis.

L'allongement des fronts de taille présente encore un autre avantage, lorsque le toit est bon : en découvrant ce dernier sur une grande étendue, on favorise son affaissement régulier, et on rend également l'abatage plus aisé grâce à la pression qui s'exerce au front de taille.

Le remblayage nécessite, comme avec les tailles montantes, une plus forte proportion de remblais de l'extérieur, mais leur introduction dans les chantiers est plus facile, puisqu'elle se fait en général en descendant, d'abord par le plan incliné, puis horizontalement le long des costresses..

L'épaisseur de la couche a une répercussion sur la disposition des tailles. Dans les couches minces, ou lorsque la pente est faible, on peut sans difficulté spéciale donner l'avance aux tailles supérieures, et faire passer les rouleurs au-dessus du vide existant au haut du chantier inférieur, entre le massif et le remblai ; au contraire, dans les parties épaisses et inclinées, la voie risque de ne plus être stable, et il faut un boisage particulier pour soutenir les traverses (voir dans la IV⁰ partie du Cours, la description du boisage des galeries au vide). On adoptera donc presque toujours la disposition qui fait progresser les chantiers inférieurs en avant des chantiers supérieurs.

Les costresses n'entaillant pas, ou presque pas, les épontes, on peut parfois supprimer le boisage, lorsque le toit est bon et supporte celui-ci par des murs en pierres sèches (*fig. 116*). Nous avons vu également (IV⁰ Partie) l'emploi des piles de bois, ou des muraillements mixtes en pierres et bois.

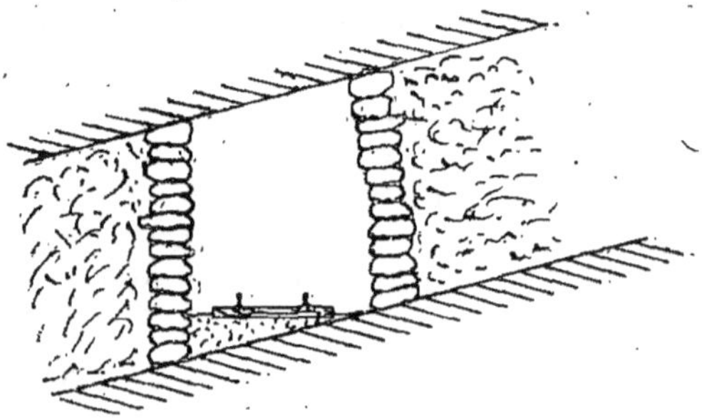

En général, la pression du toit, qui écrase les remblais, oblige à boiser solidement les galeries. Les frais d'entretien qui en résultent, surtout dans les couches dont l'épaisseur atteint 2ᵐ,50 ou 3 m., sont un des inconvénients de la méthode des tailles chassantes.

FIG. 116. — Galerie avec soutènement en pierre sèche.

Les plans inclinés sont moins coûteux à établir que dans les couches minces ; pour éviter des dépenses de boisage exagérées, on conserve en général des piliers de protection sur les deux faces. Lorsque les chantiers supérieurs sont pris les premiers, on peut supprimer progressivement la partie supérieure de ces plans.

Un moyen, employé dans certaines mines, pour réduire les ennuis des réparations successives du plan et des costresses, consiste à remplacer les plans, avant qu'ils ne subissent une trop forte charge, par de nouveaux plus rapprochés du front de taille. Le fractionnement d'un plan unique en plusieurs plans qui ne sont pas dans le prolongement les uns des autres donne aussi de bons résultats dans les terrains qui chargent.

171. Exploitation des dressants. — L'emploi des tailles chassantes en gradins renversés, dans les dressants, n'offre pas de difficultés spéciales, si le charbon est solide. Mais s'il est friable, ou coupé par des plans de clivage, l'abatage devient dangereux ; d'autre part l'épaisseur de la couche complique le boisage et le rend pénible, d'autant plus que les pressions suivant le pendage deviennent importantes.

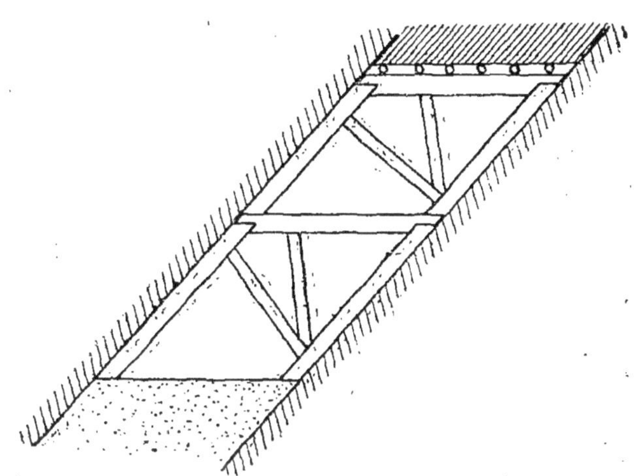

Fig. 117. — Boisage en dressants.

Dans les parties épaisses, on place donc horizontalement, sous le massif de charbon, un bois entaillé comme le chapeau d'une galerie, reposant sur des montants serrés contre le toit et le mur par une butte perpendiculaire à ceux-ci ; un garnissage sous le charbon complète la protection, et le chapeau est soutenu de plus par une butte verticale qui réduit sa portée (*fig. 117*).

On arrive ainsi à exploiter sans risques d'éboulements des couches de 2 m. ou davantage. Suivant les cas, le type de boisage figuré ci-contre est modifié.

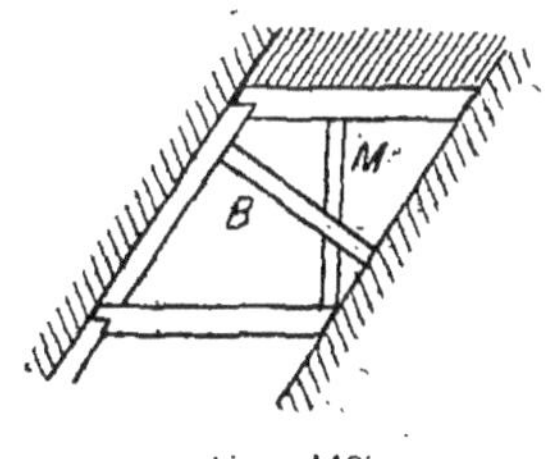

Fig. 118.
Autre type de boisage.

Il peut par exemple comporter simplement des montants le long du toit, avec un montant vertical M arrivant au milieu du chapeau et une butte B, perpendiculaire au mur (*fig. 118*).

On a fréquemment utilisé autrefois une méthode par *rabattages*, appliquée également dans les couches épaisses, qui consistait à abattre le charbon par enlevures descendantes, de 2 m. de hauteur, inclinées à 45°. Nous la décrirons un peu plus en détail à propos des couches épaisses.

Actuellement, on cherche à appliquer les gradins renversés, en prenant les précautions nécessaires.

La hauteur des gradins doit être faible, 3 à 4 m. au plus, surtout si les épontes sont de mauvaise qualité.

Nous ne pouvons nous étendre sur les variantes imaginées, mais il est intéressant de les étudier avec soin lorsque l'occasion s'en présente, car l'exploitation des dressants dans les couches d'une certaine épaisseur, surtout lorsque le charbon et les épontes ne sont pas solides, constitue l'un des problèmes les plus délicats de l'art des mines.

172. Tailles rabattantes. — Les tailles dépilées en revenant vers les plans inclinés, après un traçage poussé jusqu'à la limite du quartier, peuvent naturellement être adoptées dans les couches moyennes comme dans les couches minces, mais elles y sont aussi d'un usage plus rare que les tailles chassantes.

173. Exploitation avec remblayage incomplet. — Quand les traçages et le dépilage de la couche ne fournissent que peu de

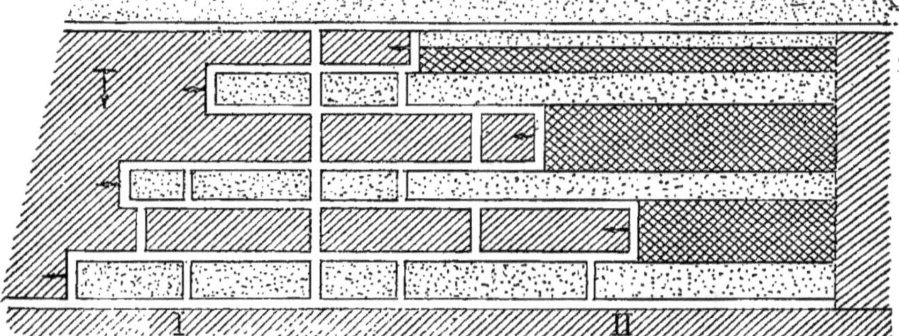

Fig. 119. — Exploitation avec remblayage incomplet.
Hachures : Charbon. — *Points* : Remblais. — *Quadrillages* : Parties non remblayées.

remblais, et qu'il est difficile d'en amener de la surface, on peut, ainsi que nous l'avons vu plus haut, se contenter d'un remblayage incomplet à condition que la mine ne soit pas grisouteuse.

Il faut que les voies de desserte des chantiers soient protégées par des massifs de remblais, et d'autre part les chantiers doivent également être à l'abri des éboulements provoqués par l'affaissement du toit. La méthode par tailles rabattantes a donc l'avantage d'une plus grande sécurité et d'un moindre entretien des voies, qui sont dans le massif et non dans la zone exploitée. Mais les traçages préalables qu'exige ce système sont peu avantageux. On peut arriver à un meilleur résultat en poussant d'abord des tailles chassantes, séparées par des piliers qu'on dépile ensuite en rabattant. La largeur des tailles chassantes dépend naturellement de la quantité de stériles dont on dispose, qui doit être suffisante pour remblayer complètement les chantiers, sauf une galerie de chaque côté, contre le massif en place, nécessaire pour l'aérage et la desserte ultérieure des tailles rabattantes (*fig. 119*).

Les piliers et les massifs de remblais sont recoupés de distance en distance par des galeries d'aérage.

La fig. 119 représente une exploitation de ce genre, dont il existe d'ailleurs plusieurs variantes.

Le croquis I montre la période de traçage, le croquis II celle de dépilage.

Lorsque la pente est faible, on peut opérer par tailles montantes remblayées et tailles descendantes non remblayées. Lorsque la galerie au sommet de l'étage doit être conservée, il faut la protéger par un massif de remblais soignés suffisamment épais, à moins qu'on ne conserve un pilier de charbon qui ne sera pris qu'au moment où la galerie deviendra inutile.

174. Longwall. — Nous avons décrit, à propos des méthodes de foudroyage, la méthode du *longwall* très employée en Angleterre. Par suite de la bonne qualité du toit, de l'horizontalité de beaucoup de couches et du bon marché du charbon, qui obligent à rechercher un prix de revient très réduit, le remblayage complet ne s'est guère développé. Le remblayage incomplet est presque seul appliqué, en particulier lorsque des galeries sont à maintenir dans les éboulements (*longwall working outwards*). Il est d'ailleurs à noter que lorsque le toit s'affaisse régulièrement et sur de grandes étendues à la fois, l'existence de bandes remblayées a un effet défavorable : il provoque des ruptures dans les bancs du toit et des éboulements brusques, qui donnent de violents coups de charge, compromettant ainsi la sécurité des chantiers et des galeries.

Dans les régions où le toit est mauvais, le remblayage complet est indispensable. Pour éviter d'en introduire de l'extérieur, on a parfois recours à des méthodes toutes particulières.

C'est ainsi que dans une mine du pays de Galles exploitant une couche de 2 m. sans intercalations, avec toit schisteux argileux, en bancs minces et fissurés, on profite des relevages fréquemment nécessaires des galeries

pour se procurer assez de stériles pour remblayer complètement les chantiers
(en y mélangeant toutefois 30 °/₀ de charbon menu non utilisé).

Les galeries sont à 10 m. l'une de l'autre. Elles doivent être réparées
assez fréquemment pour qu'à 22 m. en arrière du chantier (*fig. 120*) il ait
fallu déjà les relever trois fois.

§ 3. — MÉTHODE DU STOSSBAU.

175. Principe. — La méthode du *Stossbau* est extrêmement
répandue en Westphalie, où les couches moyennes sont très nombreuses, tantôt en plateures, tantôt en dressants. Elle consiste à isoler un certain nombre de panneaux, par des voies horizontales et
des plans inclinés, puis à dépiler ces panneaux par des tailles assez
courtes, généralement chassantes, qui laissent le long du massif
solide une galerie de desserte ; la taille chassante est conduite de
bout en bout du panneau avant que la suivante, en amont, soit

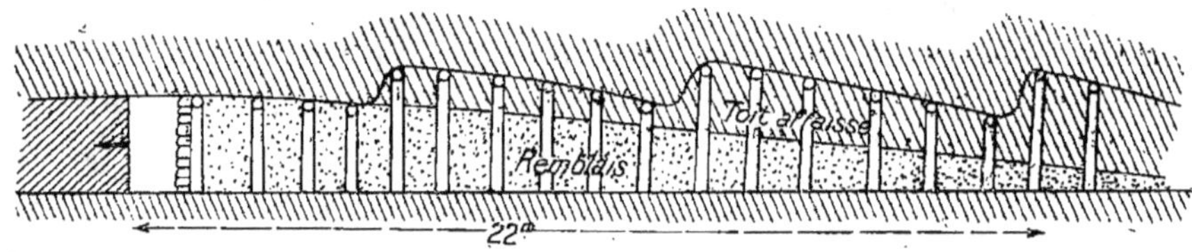

FIG. 120. — Relevage successif des galeries. — Vue du parement.

attaquée. Une variante consiste à opérer par tailles montantes. Le
traçage comporte alors un stade de plus : voies de fond, plans inclinés et voies secondaires de niveau en partant desquelles sont prises
les tailles montantes. La méthode s'écarte davantage du type normal,
et son application est plus restreinte, car elle exige un bon toit.

176. Stossbau chassant. — Dans la méthode ordinaire, après
avoir établi les voies de base des étages ou sous-étages, on complète
le traçage par des plans inclinés dont les uns (R) serviront de la descente des remblais, et les autres (P) à celle du charbon. Il est à remarquer, à ce propos, que les plans inclinés à charbon sont toujours
doublés en Allemagne par un montage qui sert à la circulation des
ouvriers, ceux-ci ne devant pas s'engager dans les plans inclinés.

De chaque côté du plan R on ouvre une taille qui progresse
vers l'un des plans P, soit avec un front rectiligne (à gauche de la
fig. 121), soit avec un front en gradins (à droite de la fig.). Ces
gradins peuvent d'ailleurs être droits ou renversés.

On enlève ainsi une première bande A, en laissant le plus souvent un massif de protection le long de la voie de base.

On passe ensuite à la bande B, puis à C et à D.

On a soin de laisser une galerie, à la partie supérieure de la taille, contre le massif en place. Au contraire, on remblaie au fur et à mesure, au bas de la taille, la galerie laissée par le dépilage de la bande inférieure. On ne conserve donc au total qu'une longueur de galerie égale à celle du panneau entre les plans R et P, un peu moins lorsque le front de taille est incliné sur le pendage ou en gradins renversés, un peu plus s'il est en gradins droits.

Au lieu de percer tout de suite les plans à charbon jusqu'au haut de l'étage, on peut les allonger peu à peu, en les arrêtant à la galerie de base de chaque nouvelle taille. Mais les nécessités de

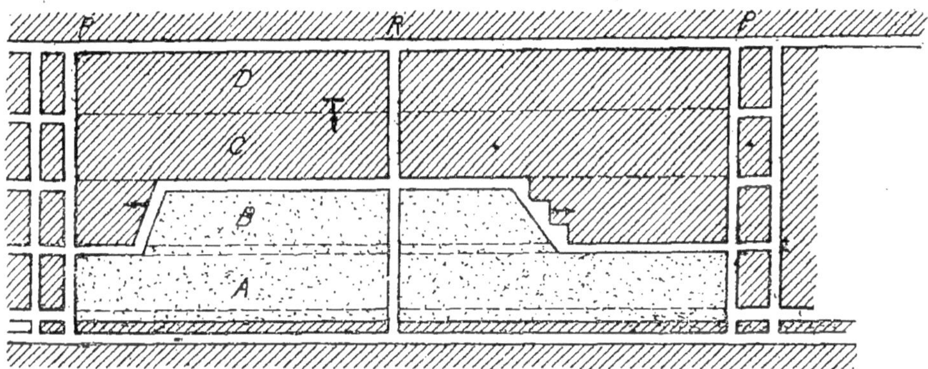

Fig. 121. — Stossbau chassant vers les plans à charbon.

l'aérage conduisent souvent à les creuser immédiatement sur toute leur hauteur.

Au lieu de faire partir les chantiers d'un plan à remblais, au milieu du panneau et de les pousser jusqu'aux deux plans à charbon situés aux extrémités du panneau, on peut partir de deux plans à remblai et revenir vers un plan à charbon unique au milieu du panneau (*fig. 122*). Les plans à charbon et à remblai peuvent d'ailleurs se succéder, en alternant, chacun recevant le charbon de deux côtés ou distribuant le remblai de deux côtés.

On peut même, si la pente est faible, se servir du même plan, au centre du panneau, pour la descente du remblai et celle du charbon. On n'aura plus, aux extrémités du panneau, que des montages d'aérage (voir *fig. 124*).

Dans ce cas, il y aura à faire un transport en montant le long de la taille ;

il est moins pénible de remonter les berlines de charbon ; pour cela, il faut que les chantiers aillent en s'écartant du plan. La section de galerie entre le chantier et le montage d'aérage n'est plus utilisée que par le courant d'air. Les galeries, servant au roulage dans les deux sens, sont tracées horizontalement, tandis que dans la méthode ordinaire, où le remblai va du plan R au chantier par la voie supérieure, le charbon du chantier au plan P par la voie inférieure, on peut leur donner une pente de R vers P.

Les dimensions des tailles sont variables d'après le pendage, la qualité du toit et l'épaisseur du gisement.

Dans les couches épaisses et inclinées, on ne leur donne que 2 m. ou 2^m,50, c'est-à-dire la hauteur d'une galerie. Le boisage de

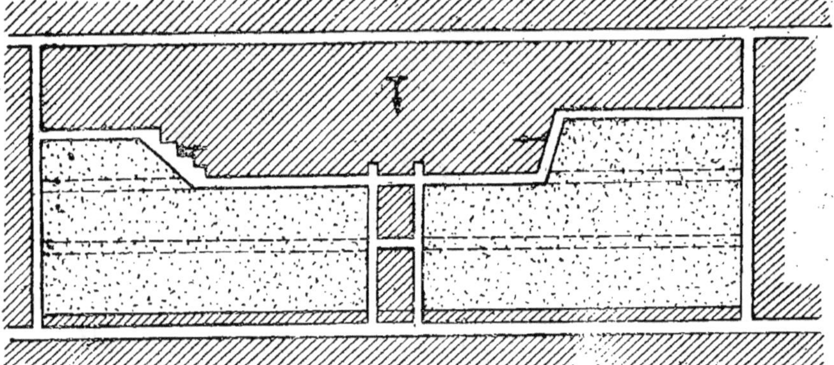

Fig. 122. — Stossbau chassant vers un plan à charbon au milieu du panneau.

la voie supérieure s'appuie directement sur celui de la voie inférieure ; si le toit est mauvais ou le charbon friable, on adopte également des tailles de petites dimensions, même dans les couches plus minces.

Au contraire, si le toit est bon, on peut augmenter la hauteur : 5 à 10 m. par exemple en plateures, 10 à 20 m. en dressants, où le remblayage est facile ; on arrive même parfois à 25 ou 30 m. dans les dressants en couche mince, en terrains solides.

Comme dans les méthodes ordinaires, on a soin du reste de décomposer le front de taille en gradins lorsque l'inclinaison dépasse 30 ou 35°.

Le *remblayage* ne diffère pas sensiblement du travail dans les tailles chassantes ordinaires ; facile dans les chantiers inclinés, en gradins renversés, il devient difficile lorsqu'on adopte les gradins droits. Pour éviter un vide exagéré à la partie supérieure du chantier, il faut donner au remblai un profil différent de celui du talus naturel d'éboulement, allant jusqu'à la verticale, ou même au-delà ; il devient indispensable de le maintenir par des planches qu'on remplace parfois, lorsqu'on ne dépasse pas la verticale, par des parois en toile épaisse fixée sur des planches clouées au boisage.

Sur les fig. 121 et 122 nous avons supposé les plans à remblai maintenus sur toute la hauteur du sous-étage. Lorsqu'ils ne sont pas nécessaires pour l'aérage, on peut en remblayer la base lorsque le dépilage passe d'une bande à la suivante.

L'*aérage* est simple, pour un seul panneau, mais il devient compliqué, en raison de la dispersion des chantiers, lorsqu'on a un grand nombre de panneaux exploités simultanément. Il faut alors des portes à guichets et des toiles pour régler une bonne distribution du courant d'air. Dans les mines peu grisouteuses, on peut le faire monter le long d'une taille et redescendre le long de celle qui lui est symétrique de l'autre côté du plan. Mais si la présence du grisou nécessite un aérage ascendant, la distribution de l'air est plus délicate et risque d'être défectueuse si la surveillance n'est pas suffisamment stricte.

177. Variantes. — L'enlèvement de tout un panneau par bandes successives, avec un seul chantier de chaque côté du plan, conduit

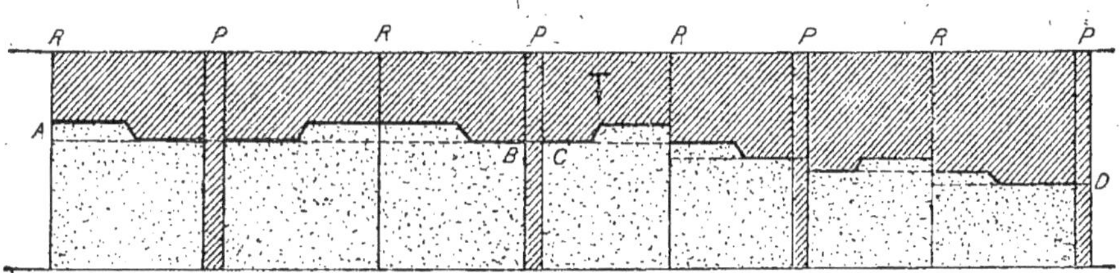

Fig. 123. — Schéma de la disposition des chantiers.

à une dispersion exagérée des chantiers lorsqu'on veut avoir une production importante.

Pour y remédier, on peut réduire la longueur des panneaux, mais on augmente ainsi la proportion de traçages ; on peut aussi opérer par tailles de plus grandes dimensions, mais on est alors limité par la qualité du toit ou du charbon.

Le rapprochement des plans a l'inconvénient de découper le

le toit sur une grande longueur avant que la pression ait eu le temps de tasser les remblais (*fig. 123, de A à B*). On peut y remédier en donnant l'avance au dépilage dans certains panneaux (*fig. 123, C à D*) ; mais la conduite des plans est plus gênante, puisqu'il y a deux recettes à desservir.

Une méthode couramment employée, pour augmenter la production, consiste à prendre plusieurs bandes à la fois dans un même panneau. La fig. 124 représente cette disposition, en même temps que l'installation d'un plan unique pour les remblais et le charbon.

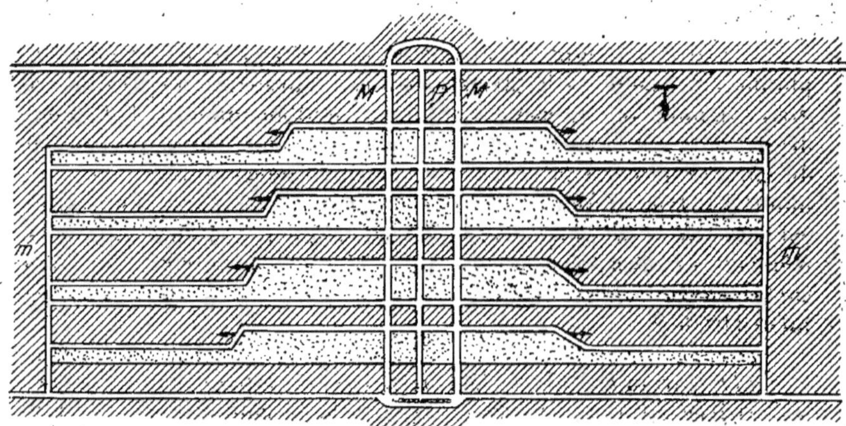

FIG. 124. — Prise simultanée de plusieurs bandes.
P = plan incliné ; *M* = montages pour la circulation ; *m* = montages d'aérage.

178. Transport des produits. — Les charbons abattus suivent la galerie le long du massif jusqu'au plan incliné automoteur et descendent à la voie de base de l'étage.

Celle-ci se continue jusqu'au travers-bancs et reçoit au pied de chaque plan les berlines provenant du quartier desservi par ce dernier.

Le roulage n'offre donc rien de particulier lorsque l'exploitation se développe ainsi dans une couche unique, de faible inclinaison. Par contre, lorsque le champ d'exploitation du puits comporte une couche en dressant ou plusieurs couches inclinées, suffisamment rapprochées, on peut remplacer les plans inclinés par des beurtiats au rocher, d'où partent, à chaque niveau de base d'une taille, des galeries allant rejoindre la couche. La fig. 125 représente cette disposition pour une seule couche.

Les remblais arrivent par le travers-bancs T à la galerie G, puis descendent aux chantiers par les plans R et R′ et les galeries *g* et *g′*.

Les charbons arrivent par les galeries K et K' à la galerie G' qui les conduit au beurtiat, à moins qu'on ne préfère les descendre par le plan C à la voie de base G', reliée au beurtiat par le travers-bancs T".

La base des plans R et R' peut être remblayée. L'air arrivant par G' monte par C, puis par les chantiers et les plans R et R' jusqu'à G. Les galeries et travers-bancs devenus inutiles peuvent également être remblayés. De même la voie de base G' lorsqu'elle ne sert pas à amener au travers-bancs T" les charbons venant d'un autre panneau.

Dans la figure ci-dessus, G' est maintenue à droite de C, pour le service du panneau au delà de R'.

Si l'air arrive à T' et T" par la base du beurtiat, il faut évidemment que la galerie G de sortie d'air communique, par un travers-bancs, avec un beurtiat conduisant à l'étage supérieur, et que le travers-bancs T soit fermé par des portes pour éviter les courts-circuits d'aérage.

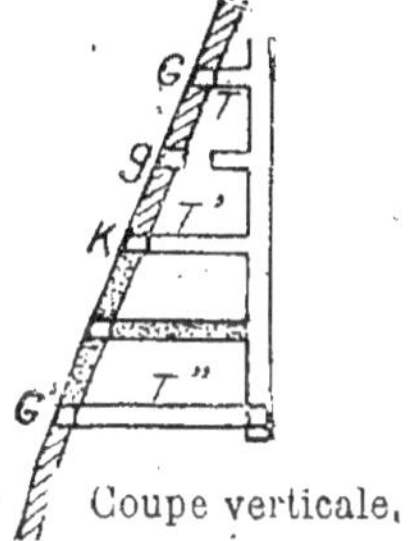
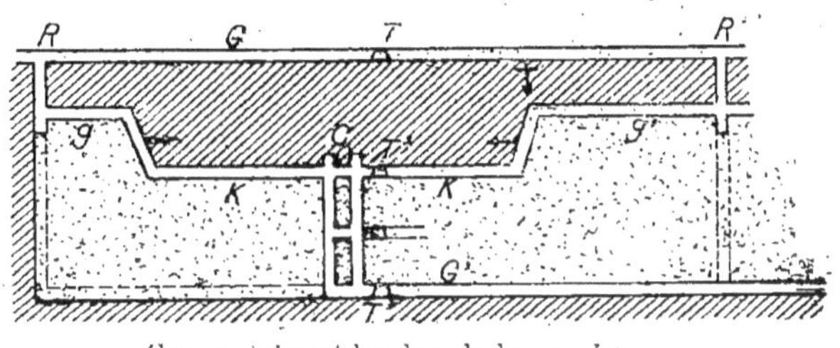

Coupe verticale.   Coupe suivant le plan de la couche.

Fig. 125. — Exploitation avec beurtiats au rocher.

On peut imaginer d'autres dispositions, notamment dans un faisceau de couches rapprochées. Les beurtiats peuvent desservir plusieurs couches, ou bien les chantiers de certaines d'entre elles peuvent communiquer par de petits travers-bancs avec des plans inclinés établis dans une des couches.

179. Disposition des chantiers dans les dressants. — Ainsi qu'il est dit plus haut, les tailles, dans les dressants, sont généralement plus longues (30-40 m. si le toit est bon) et découpées en gradins.

Ceux-ci sont renversés ou droits ; ces derniers sont moins dangereux en couches moyennes très inclinées, si le charbon est friable, mais le remblayage est difficile. La possibilité de desservir les chantiers par des beurtiats est une autre caractéristique des dressants.

Quant au transport des remblais ou des charbons le long des plans à forte pente, il peut se faire par chariots porteurs, ou par des cheminées placées dans ces plans. On emploie dans certains cas des couloirs en tôle, fermés. On supprime ainsi les manœuvres, mais il faut munir ces couloirs de dispositifs permettant de les déboucher lorsqu'ils s'engorgent ; en outre, les charbons se brisent et la proportion de menu est plus forte.

180. Stossbau montant. — Le stossbau chassant ne subit pas de modifications fondamentales lorsque la pente augmente, puisqu'elles ne concernent que la décomposition du front de taille en gradins, et le mode de transport des produits.

Le stossbau montant, par contre, est assez différent suivant qu'on l'applique à des plateures et à des dressants. Nous examinerons donc séparément ces deux cas.

181. Stossbau montant en plateures. — Dans les plateures, on doit d'abord tracer les galeries de base des étages G et G′ (*fig. 126*),

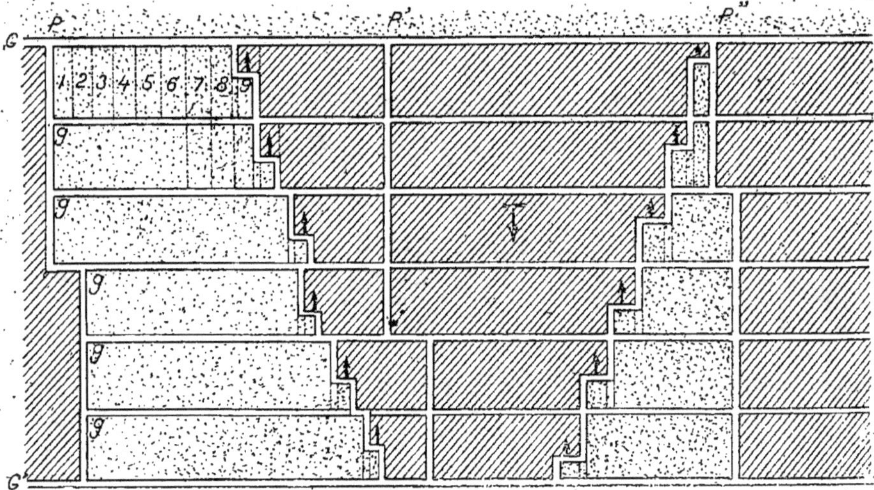

FIG. 126. — Stossbau montant en plateures.

puis les voies ou plans inclinés suivant le pendage (P, P′. P″). Si la relevée entre G et G′ est grande, on a avantage à remplacer le plan unique par deux ou trois plans moins longs, surtout si la pente n'est pas régulière.

En partant des plans, on perce ensuite des galeries intermédiaires g, qui suivent les lignes de niveau du gisement. On dépile ensuite les piliers longs, ainsi isolés, par des chantiers montants, en rabattant vers le plan de descente des charbons. Au fur et à mesure que le chantier progresse, on le remblaie en ménageant une galerie le long du massif. Au contraire, on remblaie la partie inférieure, devenue inutile, de la galerie laissée par le chantier précédent.

Pour avoir une production suffisamment intense, on est amené à multiplier le nombre des galeries intermédiaires, ce qui augmente la proportion des traçages par rapport aux dépilages.

Les remblais, arrivant par la galerie supérieure G, descendent par les plans P ou P″ jusqu'à la galerie g au-dessus du chantier, et sont conduits dans ce dernier par le tronçon supérieur de l'ancienne galerie ménagée contre le massif. Les charbons sont évacués par la nouvelle galerie de desserte, et par la galerie intermédiaire, au bas du chantier, jusqu'au plan P′. Ils sont roulés, par la galerie G′ et les travers-bancs, vers le puits.

Une fois une taille terminée, on en ouvre une nouvelle à côté, et on enlève ainsi le pilier par bandes successives 1, 2, 3... 9 etc... L'aérage se fait sans difficultés, l'air montant successivement par les tronçons de galeries de desserte jusqu'à l'étage supérieur.

Lorsque le pendage est faible, on peut rouler les berlines le long du front de taille de chaque chantier. Mais si la pente est assez forte, on ne peut le faire circuler dans les chantiers et le transport des remblais et du charbon doit se faire par pelletage. Les galeries de desserte étant aux extrémités du chantier, on doit réduire sensiblement la longueur du front de taille, qui peut au contraire être considérable lorsque la pente est faible.

182. Stossbau montant en dressants. — Dans les couches très inclinées, on ne peut plus transporter les produits par berlines dans les voies établies suivant le pendage, et il deviendrait très difficile de conduire simultanément l'abatage et le remblayage d'un chantier. On modifie donc la méthode en séparant ces deux opérations : pendant tout le dépilage, on laisse le charbon s'accumuler sous les pieds des mineurs. On ménage le long du massif, au moyen d'une cloison en planches C, un passage pour le courant d'air et la circulation des ouvriers. La base du chantier, au-dessus de la galerie de roulage (voie de base de l'étage, ou galerie intermédiaire) est fermée par un solide plancher, avec trémies permettant d'évacuer l'excédent de charbon provenant du foisonnement (*fig. 127*). Lorsqu'une taille est arrivée jusqu'à la galerie de niveau qui limite le pilier, on évacue entièrement le charbon et on remblaie la taille ; puis on en recommence une à côté.

Sur la fig. 127, les chantiers D et D′ sont entièrement remblayés, A et A′ en dépilage et pleins de charbon abattu, B et B′ en remblayage.

Lorsque le toit est mauvais, on ne donne que peu de largeur au chantier, car il ne faut pas que le charbon soit coincé par la pression des terrains, et le chantier doit rester ouvert jusqu'après son remblayage complet (exemple : A. B D à gauche de la figure). Au contraire, si le toit est bon, on peut augmenter la largeur du chantier et le décomposer au besoin en gradins (à droite de la figure).

L'évacuation des produits se fait par de petits travers-bancs conduisant à un beurtiat ou à un plan dans une couche voisine (*fig. 127*), ou au contraire par un plan amenant à la base de l'étage les produits provenant des galeries intermédiaires.

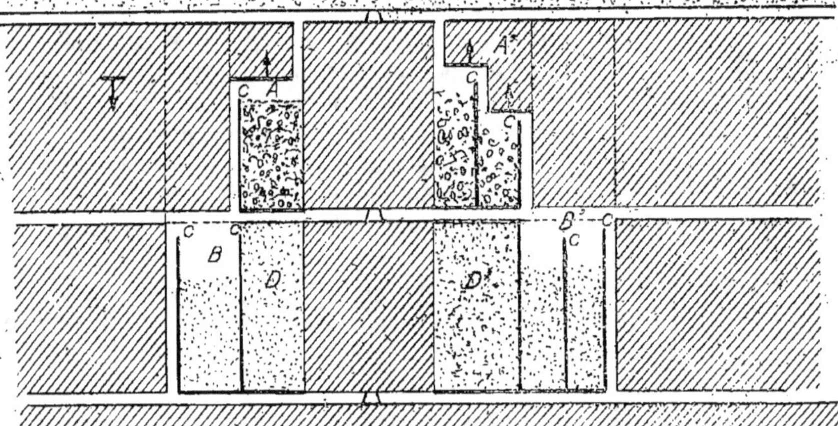

Fig. 127. — Stossbau montant en dressants.

L'aérage se fait par les passages réservés au moyen de cloisons. Une des difficultés de cette méthode, résultant de l'alternance du dépilage et du remblayage, est de conduire les chantiers d'un même quartier de telle façon qu'il n'y ait pas d'à-coups dans la production du quartier.

183. Avantages et inconvénients du Stossbau. — Les avantages principaux du *Stossbau*, qui expliquent son développement dans le bassin westphalien, sont les suivants :

Le traçage, au moins dans le stossbau chassant, est simple ; de plus les voies ont peu de durée, et elles ont toujours une de leurs faces contre un massif solide ; leur entretien est donc peu coûteux.

L'abatage, avec un front de taille réduit, convient bien aux couches dont le toit est mauvais ; le remblayage des voies de desserte est complet ; on évite d'avoir à soutenir des remblais dans les parties inclinées (dans les tailles chassantes). Grâce au petit nombre de galeries maintenues, l'isolement d'un quartier où s'est déclaré un incendie est facile.

Le stossbau montant, dans les plateures, permet d'attaquer un grand nombre de chantiers, dont le remblayage et l'aérage sont faciles ; il peut être appliqué à des couches épaisses, mieux que les tailles montantes ordinaires.

En dressants, le stossbau montant est très avantageux lorsque le toit est solide ; le charbon se brise peu, et les ouvriers travaillent commodément. Mais si le toit est mauvais et qu'on doive réduire beaucoup la largeur des tailles, ces avantages disparaissent, et il vaut mieux revenir à la méthode des gradins renversés.

Les inconvénients du stossbau chassant sont par contre assez notables : les chantiers sont très dispersés, et la production est moins intense, la surveillance et l'aérage plus difficiles ; l'organisation du roulage est compliquée. L'exploitation progresse lentement, et si on n'a pas soin de décaler les niveaux auxquels elle se poursuit, le toit se brise en grandes bandes suivant la direction.

En résumé, on emploie de préférence le *stossbau chassant* dans les couches assez épaisses, à mauvais toit, inclinées, le *stossbau montant* dans les couches en plateures, d'épaisseur quelconque, et de mauvais toit. Dans les couches de peu d'ouverture et de bon toit, on préfère souvent les tailles chassantes.

Enfin le stossbau montant ne s'applique aux dressants que si le toit est bon.

D'une façon générale, le stossbau est surtout avantageux dans les couches assez puissantes, où les tailles chassantes ou montantes sont souvent d'emploi difficile.

§ 4. — MÉTHODE PAR RECOUPES.

184. Principe. — Les méthodes par recoupes ou par chambres sont très employées dans les exploitations par foudroyage ; nous les avons déjà décrites plus haut. Mais il n'est pas inutile de les passer de nouveau rapidement en revue, tant pour compléter l'exposé des méthodes applicables aux couches moyennes que pour indiquer les modifications qu'entraîne le remblayage. Elles consistent à décomposer le gisement en un certain nombre de piliers allongés, que l'on dépile par recoupes successives, ou dans lesquels on découpe des chambres, séparées par des piliers que l'on enlève après remplissage de ces dernières.

185. Traçage. — Avec le foudroyage, on commence en général par tracer le quartier à exploiter, ou tout au moins un panneau, et le dépilage se fait en rabattant vers les voies principales de roulage. On évite ainsi l'entretien de galeries dans les éboulements, qui sont une des difficultés de l'exploitation conduite en chassant.

Lorsqu'on remblaie, on peut conserver les galeries dans les terres, et le dépilage peut se faire en suivant de près le traçage. (*fig. 128*).

Les galeries (horizontales ou obliques, si la voie principale G est tracée suivant le pendage) n'ont pas besoin d'être beaucoup en avance sur les chantiers ; si on les pousse assez loin, pour recon-

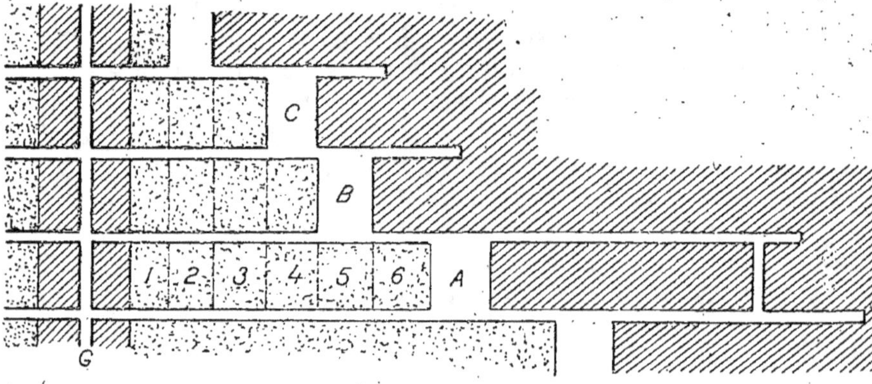

Fig. 128. — Dépilage par recoupes.

naître le gisement, on les réunit de distance en distance par de petites recoupes d'aérage.

On laisse en général un massif de protection le long de la voie principale et les piliers sont pris par recoupes successives 1, 2, 3... Pour éviter de découper le toit en ligne droite, on n'attaque pas tous les piliers à la fois.

Si la pente est faible, on peut donner indifféremment l'avance aux chantiers d'amont ou d'aval-pendage. Dans les parties inclinées, on commence plutôt par les piliers supérieurs.

Les recoupes sont conduites, au point de vue de l'abatage et du remblayage, de plusieurs façons différentes, qui seront exposées plus bas. La fig. 128 représente seulement, schématiquement, la disposition générale du quartier. Les recoupes, aux niveaux successifs, sont en avance de une largeur (par exemple B par rapport à C), ou plus souvent de deux (A par rapport à B).

Cette méthode *directe* est avantageuse au point de vue du traçage, mais lorsque les terrains chargent beaucoup, on préfère tracer d'abord tout un panneau, et rabattre vers la voie de roulage principale (*fig. 129*). C'est la méthode *rabattante* ou *rétrograde* qui s'impose également lorsque le gisement n'est pas régulier et nécessite une reconnaissance préalable complète.

La longueur de galeries à entretenir va constamment en diminuant, car on remblaie au fur et à mesure les tronçons devenus inutiles.

Comme sur la figure précédente, le quartier est représenté au moment où les recoupes (A B C D E) sont terminées et où on va les remblayer en

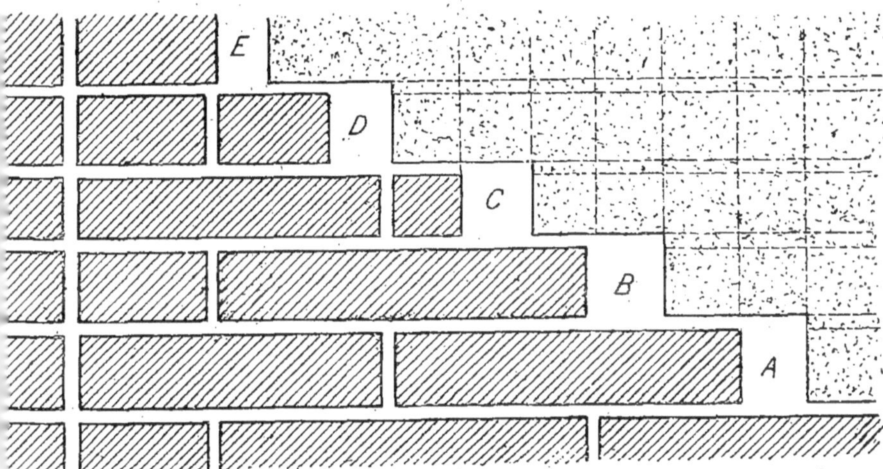

Fig. 129. — Dépilage par recoupes, en rabattant vers le plan incliné.

ménageant au besoin une gaîne d'aérage le long du massif. Les piliers, pendant le traçage, sont d'ailleurs recoupés de distance en distance par des communications d'aérage.

Les remblais sont introduits par la galerie en amont, les recoupes dépilées en montant et le charbon évacué par la galerie intermédiaire d'aval.

Comme disposition générale, on voit que cette méthode est très analogue à celle qui est adoptée avec le foudroyage.

186. Dépilage. — Les recoupes sont de largeur très diverses suivant les conditions locales, en particulier suivant la solidité du toit. Tantôt elles n'ont que 2 m. de large, tantôt elles dépassent 10 mètres. Leur disposition peut être plus ou moins compliquée, le remblayage permettant un plus grand nombre de variantes que le foudroyage. Certains types sont semblables à ceux qui ont été décrits au chapitre IV (n° 79), d'autres sont nouveaux. Nous allons les passer rapidement en revue (1).

Un premier cas est celui des chantiers étroits pris sur la galerie et traversant tout le pilier, ainsi que le montrent les fig. 128 et 129. On attaque le dépilage par la galerie inférieure G et on le pousse jusqu'à la galerie supérieure G' (*fig. 130-I*).

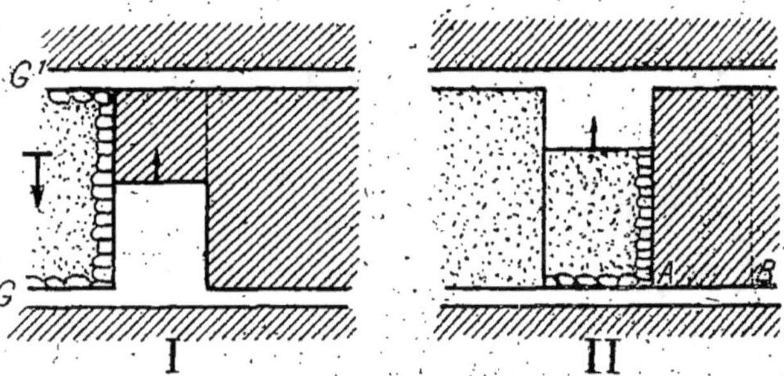

Fig. 130.

On passe ensuite au remblayage qui se fait par la galerie G'; après avoir établi un mur de pierres sèches le long de la galerie G, on recule vers G', en dressant un mur le long du parement de char-

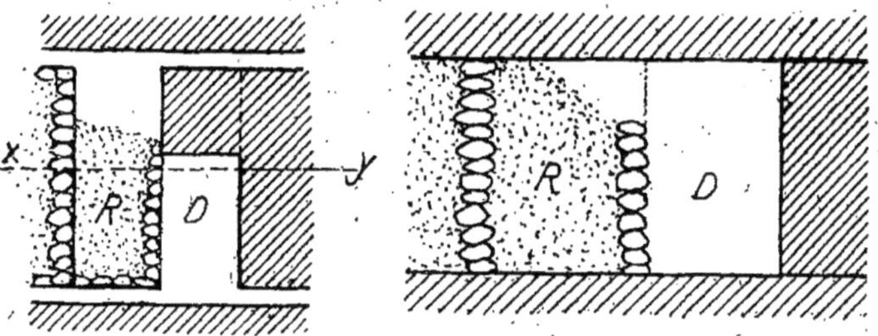

Plan.　　Coupe *xy* parallèle à la galerie de roulage.
Fig. 131.

bon, pour empêcher l'envahissement du chantier qui sera ouvert ensuite en AB (*fig. 130-II*).

Si l'on attend, pour attaquer ce dernier, que le remblayage soit terminé, on travaille en cul de sac ; si l'on veut éviter cet inconvénient, on laisse une gaine d'aérage.

---

(1) D'après HATON DE LA GOUPILLIÈRE et BÈS DE BERC. *Exploitation des mines.*

Un autre moyen consiste à commencer le nouveau chantier dès que le remblayage du précédent est fini le long de la galerie, et à le pousser pendant qu'on achève ce travail; on peut alors laisser, entre le chantier en remblayage R et celui en dépilage (qui suit d'assez près), une communication que l'on bouche au fur et à mesure de l'avancement du nouveau chantier (*fig. 131*). Ce procédé, qui permet une exploitation plus intense, ne peut s'appliquer si le toit est trop mauvais.

Si les terrains sont solides, on peut donner une plus grande largeur au chantier, et conduire le remblayage en même temps que

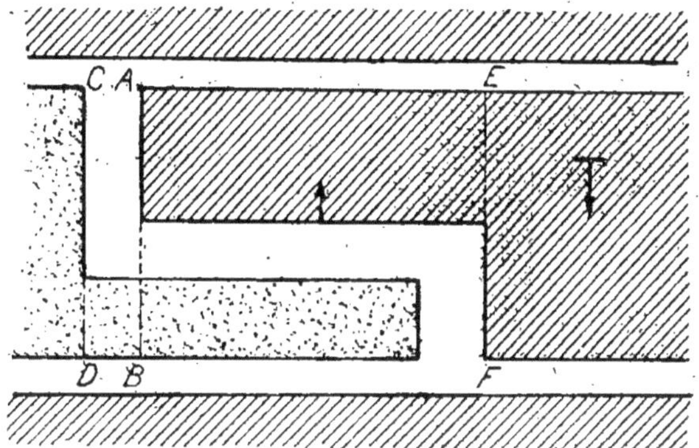

Fig. 132. — Disposition en baïonnette.

le dépilage. C'est la disposition *en baïonnette* (*fig. 132*).

La recoupe précédente a été dépilée jusqu'en AB, mais remblayée seulement jusqu'en CD, de manière à laisser un couloir libre qui servira à l'introduction des rem-blais (par la galerie d'amont), pendant l'exploitation de la re-coupe ABEF. Le dépilage de celle-ci, attaqué en BF, est conduit en montant jusqu'à AE. En même temps on remblaie en suivant le front de taille, mais en ména-geant une galerie le long du mas-sif EF, pour l'aérage et l'évacua-tion des berlines de charbon. Les murs de pierres sèches élevés pour maintenir les remblais ne sont pas figurés.

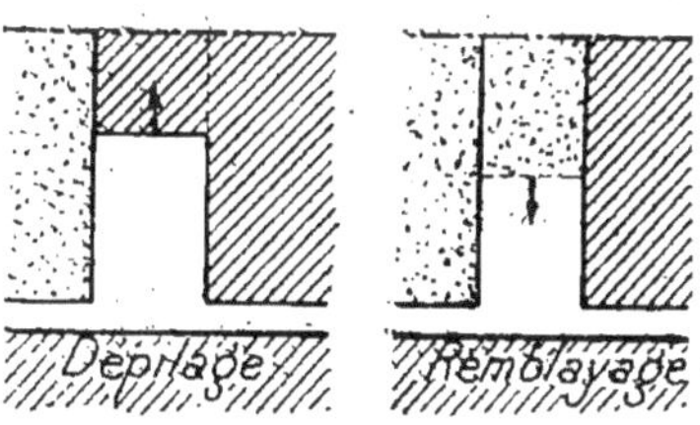

Fig. 133.

Au lieu d'être poussées d'une galerie à la suivante, les recoupes peuvent être percées seulement jusqu'au milieu du pilier ; l'autre moitié de celui-ci sera pris en venant de l'autre galerie. Cette méthode permet d'espacer les voies de roulage, mais elle ne peut s'appliquer que dans les gisements plats, ou tout au moins peu inclinés, sinon le transport des produits deviendrait trop difficile. Elle ne peut pas non plus être adoptée dans les mines grisouteuses, car les chantiers sont toujours en cul de sac.

Avec un mauvais toit, on pousse une recoupe étroite, qu'on remblaie ensuite en reculant (*fig. 133*).

Si le toit est meilleur, on donne une largeur plus grande au chantier, mais on en remblaie la moitié en suivant le dépilage (*fig. 134* I) et on termine le remblayage en revenant vers la galerie (*fig. 134* II).

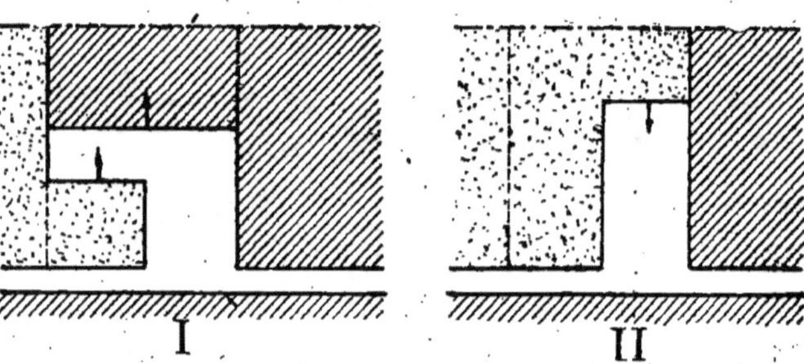

Fig. 134.

Inversement, on peut commencer par pousser le chantier sur la moitié seulement de sa largeur et revenir ensuite en dépilant l'autre

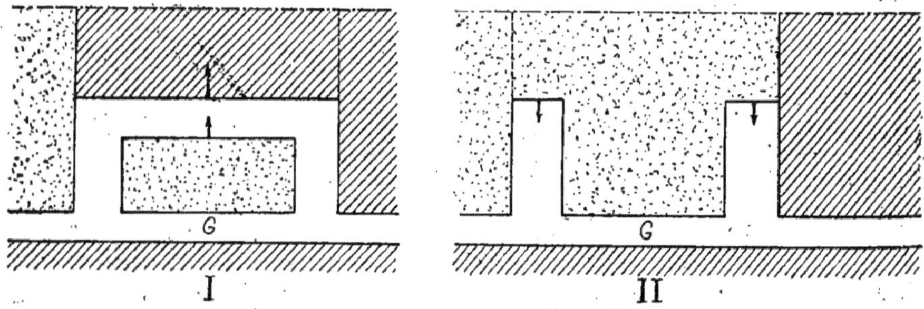

Fig. 135.

moitié, vers la galerie, en même temps qu'on remblaie sur toute la largeur en partant du fond.

Un dernier procédé (*fig. 135*) applicable si le toit est très bon, consiste à attaquer un front de taille beaucoup plus large, et à faire suivre le remblai, tout en ménageant des galeries de desserte des deux côtés, l'une pour l'entrée du remblai, l'autre pour la sortie du charbon.

Lorsque le dépilage est arrivé à la limite, on remblaie les deux galeries en reculant.

Si la galerie G est parcourue par un courant d'air, ce système permet d'établir un aérage dans le chantier, tout au moins pendant la première période.

187. Chambres. — Tous les exemples précédents supposent que les recoupes sont prises l'une à côté de l'autre, s'appuyant toujours d'un côté contre les remblais de la précédente. On peut évidemment, lorsque le traçage précède suffisamment le dépilage, accélérer le déhouillement d'un quartier en ouvrant simultanément plusieurs groupes de recoupes sur la même galerie.

Il existe une autre méthode, où les recoupes se succèdent en laissant entre elles des piliers de largeur égale à la leur, ou tout au moins analogue. Nous avons déjà vu dans les chapitres précédents cette méthode par *chambres et piliers*, avec abandon ou foudroyage des piliers. Elle est parfaitement applicable aux exploitations avec remblayage complet du gisement et se rencontre en particulier dans les couches plates et régulières.

Dans certaines mines de fer de Lorraine, on a simplement modifié la méthode par grandes chambres, là où elle était adoptée, en remplaçant le foudroyage des piliers par leur dépilage après remblayage des chambres. L'exploitation passe donc par deux phases successives : traçage, creusement et remblayage des chambres, en allant vers la limite du quartier, puis enlèvement des piliers en revenant vers l'entrée. On trouve aussi, dans d'autres mines, des piliers longs pris par recoupes contiguës.

Les diverses méthodes par chambres imaginées pour l'application du foudroyage sont également possibles, plus ou moins modifiées, avec le remblayage, notamment celles qui ont été signalées au chapitre IV à propos des exploitations aux États-Unis ou en Angleterre. Mais les conditions particulières à ces houillères et la nécessité d'arriver à un prix de revient très réduit conduisent à conserver le foudroyage lorsque la présence du grisou ou la crainte des affaissements de surface n'obligent pas à y renoncer.

Lorsque l'on veut ouvrir une chambre, on peut le faire sur toute la largeur, et ne la remblayer qu'après son achèvement. On peut au contraire adopter l'un ou l'autre des dispositifs décrits au n° 186. Dans les mines où l'on doit aérer les chantiers, il est préférable de remblayer la chambre, en même temps qu'on la creuse, en ménageant, contre les parois, des galeries de desserte et d'aérage.

La fig. 136 montre quelle peut être, dans ce cas, la disposition du courant d'air, tant dans la galerie de traçage, arrivée au bout du quartier, que dans les chambres.

Remarquons en passant que si l'on ouvrait les chambres en s'écartant progressivement de l'entrée, dès que le traçage a suffisamment dépassé le chantier précédent, la figure serait inverse de la fig. 136, c'est-à-dire que les

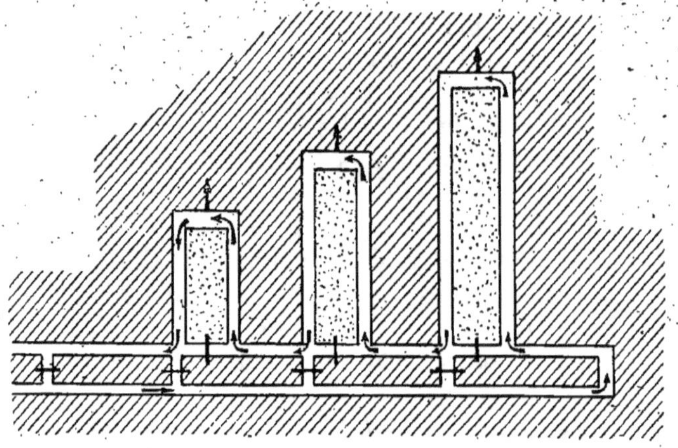

Fig. 136. — Dépilage par chambres avec remblayage.

chambres seraient de moins en moins longues au fur et à mesure qu'on approcherait du front de taille de la double voie en percement.

Quant à la largeur des piliers, elle ne dépasse pas, en général, celle des chambres et lui est plus souvent inférieure.

188. Reprise des piliers. — La reprise des piliers peut se faire en revenant sur toute la largeur, depuis l'extrémité de deux chambres voisines, et en se servant, pour l'aérage et la desserte des chantiers des deux galeries laissées à droite et à gauche du massif (*fig. 137*).

Le remblayage suit le dépilage, sur toute la largeur restant libre entre les piliers de remblais élevés dans les deux chambres entre lesquelles se trouvait le pilier.

Lorsque les terrains ne sont pas très bons, on a avantage à activer l'enlèvement des piliers ; de plus la charge du toit, qui n'est plus soutenu pendant la deuxième période, que par les remblais,

peut rendre difficile le dépilage de la partie des piliers la plus voisine de la galerie.

.On a donc appliqué, dans certains cas, tant pour activer le dépilage que pour laisser jusqu'au dernier
moment des massifs pour maintenir le
toit, une méthode plus compliquée qui
consiste à recouper les piliers par
des chantiers, perpendiculaires aux
chambres, qui peuvent d'ailleurs être
attaqués dès que celles-ci sont remblayées sur une certaine longueur, et
sans attendre qu'elles soient arrivées à
leur profondeur définitive (*fig. 138*).

Une autre raison peut conduire à adopter ce procédé : la création de ces chantiers augmente le volume de vides dans lesquels on pourra déposer (pendant leur creusement, ou seulement après) les stériles
provenant de la chambre, qui sont parfois
en excédent si la largeur de la bande remblayée au centre est insuffisante

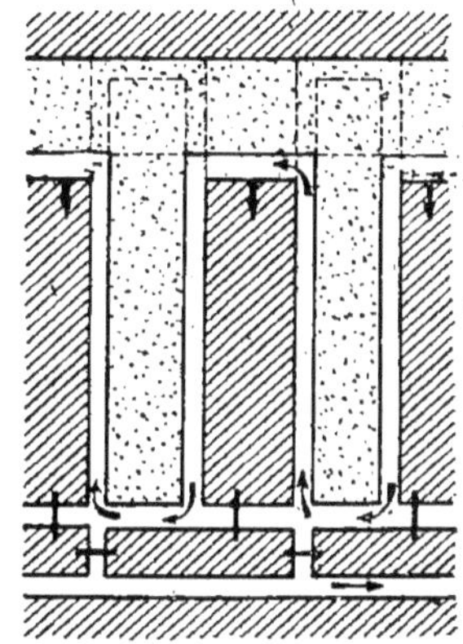

Fig. 137. — Reprise des piliers.

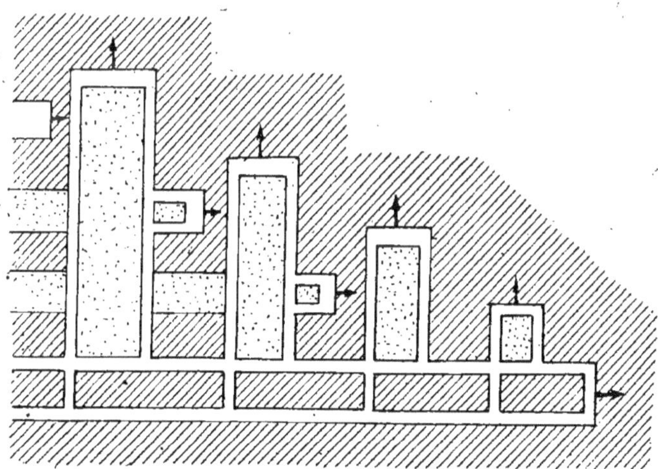

Fig. 138. — Reprise des piliers par recoupes en travers.

par rapport à celle des deux galeries laissées libres.

Il ne reste plus, lorsque les chambres sont terminées, qu'à reprendre
les massifs isolés.

Il existe naturellement d'autres dispositions possibles, soit dans la méthode par recoupes, soit dans celle par chambres, mais les exemples précédents suffisent à donner une idée des variantes nombreuses auxquelles se prêtent ces méthodes.

189. Avantages et inconvénients des méthodes par recoupes. — Les avantages des méthodes par recoupes (ou par chambres et piliers repris) sont les suivants :

Le toit n'est jamais découpé sur de grandes surfaces, et lorsque l'inclinaison est notable, on n'a pas de longs fronts de taille en porte à faux. En outre, elles permettent l'attaque d'un grand nombre de chantiers à la fois, et ne nécessitent pas un grand traçage avant le commencement des dépilages, lorsqu'on opère par chambres assez larges, ouvertes au fur et à mesure de l'avancement des galeries ; au contraire, si l'on trace d'abord tout un panneau, la proportion de traçages est désavantageuse au point de vue du rendement.

Les inconvénients de ces méthodes expliquent qu'elles ne soient pas adoptées lorsqu'on peut exploiter par grandes tailles, ou par *stossbau*.

Le peu de largeur des recoupes rend le travail d'abatage moins commode, surtout lorsqu'il faut poursuivre le boisage et le remblayage en même temps que le dépilage.

Le rendement des piqueurs est moins bon. En outre, leur dispersion dans un grand nombre de petits chantiers rend la surveillance plus difficile.

L'évacuation des produits et l'organisation du roulage sont compliquées lorsque les chantiers sont étroits et nombreux.

L'aérage est défectueux, surtout lorsque les chantiers sont en cul de sac ; on peut bien ménager des gaînes d'aérage, ou profiter de l'existence des galeries de desserte pour faire passer le courant d'air le long du front de taille, mais, la quantité de portes ou de toiles nécessaires, les coudes des galeries, la multiplication des angles dans le massif de charbon sont autant de causes qui rendent la distribution de l'air et l'évacuation des gaz difficiles. Dans beaucoup des exemples cités, le courant d'air est descendant sur toute une partie de son circuit.

Les pertes à travers les massifs de remblais sont d'autant plus importantes que ces massifs sont moins larges, et que la complication du circuit, en créant une plus grande résistance à la circulation de l'air, oblige à adopter des ventilateurs puissants, à forte dépression.

En résumé, les recoupes et les chambres ne sont adoptées que dans les couches peu grisouteuses, peu inclinées, où l'on ne doit pas découvrir le toit sur une grande surface, soit parce qu'il est mauvais, soit parce qu'on veut éviter des affaissements à la surface.

190. Résumé. — Les *couches moyennes*, c'est-à-dire ayant $1^m,25$ à $1^m,50$ au minimum, d'après l'inclinaison, 3 m. environ au maximum, peuvent être enlevées en une seule fois et les galeries peuvent y être tracées sans entamer les roches encaissantes, ou en ne les entaillant que dans une proportion très faible. Leur remblayage exige l'introduction de matériaux de la surface.

Les méthodes d'exploitation applicables sont analogues à celles adoptées dans les gisements minces. Toutefois, certaines méthodes comme le *stossbau* en Westphalie ou le *longwall* en Angleterre se rencontrent surtout dans les couches moyennes.

Les *tailles droites*, montantes ou en direction, n'offrent rien de particulier, sauf les difficultés plus grandes que présente le remblayage dans les parties inclinées.

Lorsque le toit est bon et le gisement régulier, les grandes tailles, en couches moyennes, se prêtent très bien à l'application de l'abatage mécanique, par haveuses à pic, à chaîne ou à disque.

Le boisage est plus difficile dans les couches assez épaisses et à fort pendage.

La méthode du *stossbau*, appliquée en Westphalie à des couches d'épaisseur et d'inclinaison très variables, consiste à tracer un panneau que l'on enlève par bandes successives ; le front de taille n'a pas une grande largeur et on le décompose parfois en gradins. On ménage, en remblayant, une galerie le long du massif, tandis qu'on remblaie la partie, devenue inutile, de la galerie laissée par le chantier précédent. L'une des deux voies, suivant les cas, sert à l'introduction des remblais, l'autre à l'évacuation des produits.

Le stossbau peut être chassant ou rabattant, montant ou descendant. La largeur de la taille est faible dans les couches épaisses et inclinées, et peut atteindre 25 ou 30 m. dans les dressants en couches minces.

Pour activer le dépilage d'un panneau, on prend parfois plusieurs bandes à la fois.

Le stossbau montant, en plateures, permet une exploitation intense et économique ; au contraire, dans les dressants, il n'est admissible que si le toit est solide. Le stossbau chassant (ou rabattant) est d'une application plus générale, mais les chantiers sont dispersés, et l'exploitation progresse lentement si on ne prend qu'une bande à la fois dans chaque panneau ; cet inconvénient disparaît si l'on dépile simultanément plusieurs bandes, mais alors l'aérage et le transport des produits sont plus difficiles.

La *méthode par recoupes* ne se rencontre que dans les couches dont le toit est trop mauvais pour pouvoir rester découvert sur une grande surface. Lorsqu'on commence par isoler les piliers qui seront ainsi pris par recoupes, la proportion de traçages par rapport aux dépilages devient désavantageuse. Certaines méthodes permettent au contraire d'attaquer les chantiers en suivant de près les progrès du traçage. Mais dans tous les cas le rendement des piqueurs et l'aérage sont peu satisfaisants.

La méthode par *chambres et piliers* peut être rapprochée de la précédente, au moins en ce qui concerne la reprise des piliers.

La disposition des recoupes présente un grand nombre de variantes plus ou moins compliquées, en cul de sac, avec remblayage direct ou exécuté en revenant vers la galerie, en baïonnette, etc... Le choix d'un type de chantier est basé surtout sur la qualité du toit.

CHAPITRE VIII

EXPLOITATION DES COUCHES PUISSANTES

SOMMAIRE

§ 1. **Généralités.** — Différents genres de gîtes puissants. — Difficultés d'exploitation. — Classification des méthodes d'exploitation.

§ 2. **Anciennes méthodes.** — Méthode verticale. — Méthode par rabattages.

§ 3. **Méthode des tranches inclinées** — Principe. — Conditions d'application. — Traçage. Ordre d'enlèvement des tranches. — Exploitation par tranches séparées. — Dépilage simultané dans les diverses tranches.

§ 4. **Méthode des tranches horizontales.** — Principe. — Aménagement du gisement ; étages et sous-étages. — Abatage et boisage. — Remblayage. — Aérage. — Transport des produits. — Traçage d'une tranche supérieure. — Dépilage des tranches. a) *Dépilage en travers.* — Couches de faibles traversée ; recoupes. — Traversée plus grande ; tailles en gradins. — *Exemples* : 1ʳᵉ couche de Blanzy. — Grande couche de la Béraudière. — Grande couche de Montrambert. — Amas de Saint-Eloy. b) *Dépilage en long.* — Couches de faible traversée. — Traversée considérable. — *Exemples* : 4ᵉ couche de Blanzy. — Grande couche du Soleil à La Malafolie. — Troisième Brûlante à Montrambert.

§ 5. **Comparaison des tranches inclinées et horizontales.** — Avantages et inconvénients. — Choix de la méthode. — Résumé.

§ 1 — Généralités.

191. Différents genres de gîtes puissants. — La distinction entre les couches moyennes et les couches puissantes est déterminée par la possibilité de les dépiler sur toute leur épaisseur en une seule fois ; nous avons vu qu'on pouvait fixer cette limite vers 3 m. Il est certain cependant qu'on trouve des couches de 4 m. ou 4ᵐ 50 exploitées par des méthodes généralement appliquées dans les couches moyennes, tandis que des couches de moins de 3 m. peuvent présenter des zones où l'on a recours aux procédés par tranches habituels dans les gîtes puissants.

Il n'y a pas de limite supérieure, car les méthodes modernes permettent de dépiler les gisements les plus considérables. Les couches de 15 ou 20 m. ne sont pas une rareté, et l'on rencontre dans certaines régions des amas, de charbon ou de minerais, dont les dimensions sont bien supérieures à ces chiffres. En particulier, certains gisements de minerais de fer atteignent une traversée et une hauteur de plusieurs dizaines de mètres. La difficulté d'empêcher des affaissements considérables à la surface conduit parfois à les exploiter par abandon de massifs, mais si la valeur du gisement est suffisante pour supporter les frais de remblayage, on peut enlever la totalité de la substance utile.

192. Difficultés d'exploitation. — On rencontre dans les couches puissantes les mêmes irrégularités que dans les couches minces : changements de direction ou de pente, appauvrissements locaux, failles, etc... qui obligent, dans certains cas, à modifier la méthode choisie. Mais l'épaisseur même du gisement donne naissance à des difficultés spéciales.

Tout d'abord, malgré le remblayage, les affaissements de la surface prennent une ampleur considérable. L'adoption du remblayage hydraulique permet de les limiter beaucoup, sans toutefois les supprimer.

Dans les minerais lourds, comme ceux de fer, il n'est pas possible de soutenir par un boisage, même serré, le poids d'une grande masse décollée des épontes et disloquée.

Dans les charbons, cette difficulté est beaucoup moindre, mais les mouvements provoqués par l'exploitation dans les massifs découpés à la base occasionnent la formation de fissures dans lesquelles l'air circule, oxyde le charbon et l'échauffe, finissant même par l'enflammer s'il est sujet à une rapide oxydation. Ces incendies souterrains, particulièrement dangereux dans les mines grisouteuses, sont l'une des difficultés principales de l'exploitation des couches puissantes de houille.

Le remplissage des vides provenant de l'abatage nécessite l'introduction d'une grande quantité de remblais, et par suite l'ouverture de carrières importantes. Nous avons vu plus haut qu'on avait parfois de la peine à trouver, à proximité de la mine, des terrains favorables à la création de celles-ci.

Enfin, la concentration des chantiers rend nécessaire une organisation précise des transports souterrains, pour éviter les embouteillages dans les galeries et les arrêts dans la marche normale de l'exploitation.

La réunion d'un grand nombre d'ouvriers dans un espace restreint est une circonstance défavorable lorsqu'il se produit un accident : coup d'eau, explosion, incendie. Il faut donc prendre des mesures de sécurité pour limiter les conséquences d'une catastrophe, et ne pas multiplier le nombre d'hommes placés dans le même circuit d'aérage.

193. Classification des méthodes d'exploitation. — Les gîtes puissants, couches ou amas, s'exploitent actuellement presque uniquement par tranches successives. Deux systèmes différents peuvent être adoptés dans la disposition de ces tranches : on peut découper le gîte parallèlement au mur et au toit (tranches inclinées) ou horizontalement (tranches horizontales) ; ce dernier procédé est seul applicable lorsque le gisement est d'épaisseur ou d'allure irrégulières.

On a essayé autrefois d'autres méthodes, qui ont presque toutes disparu. Nous ne citerons que deux d'entre elles, dont on peut encore rencontrer quelques exemples, ou qui ont donné naissance à des méthodes actuelles : ce sont la méthode verticale et la méthode par rabattages.

En résumé, nous passerons successivement en revue les méthodes suivantes :

Anciennes méthodes { Méthode verticale / Rabattages.
Méthode des tranches inclinées.
Méthode des tranches horizontales.

§ 2. — ANCIENNES MÉTHODES.

194. Méthode verticale. — La méthode verticale consiste à prendre le massif, compris entre deux étages, en s'élevant assez rapidement, et par conséquent sur une surface assez réduite, pour que le charbon n'ait pas le temps de se disloquer et de s'échauffer. On la rencontrait surtout dans les houillères très sujettes à des incendies, par exemple dans le Gard et dans l'Aveyron.

A la Grand'Combe (Gard) on procédait par tranches horizontales successives dont la longueur en direction n'était que de 10 m. ; ce n'était donc qu'une variante de la méthode générale que nous décrirons au § 4. Au contraire, à Firmy (Aveyron), le procédé adopté était bien spécial ; il est resté classique et c'est pourquoi nous en dirons un mot.

La couche, épaisse de 9 m., très inclinée, était découpée en étages de 12 m. de hauteur, dans lesquels on délimitait des panneaux de 100 m. en direction.

Deux galeries étaient poussées en direction, l'une au sommet entièrement muraillée, l'autre à la base muraillée de suite ou seulement au fur et à mesure de l'avancement des dépilages : au centre du panneau une cheminée les reliait ; on en partait pour dépiler en s'écartant des deux côtés.

Dans ce but, on enlevait successivement des *piles* ABCDEF, de
3 m. seulement en direction, en s'élevant au-dessus des remblais
de la précédente, en perçant d'abord une cheminée, puis en battant
au large vers le mur et le toit et en remblayant en reculant ; on
ménageait une cheminée M, prise sur la pile suivante, pour l'évacua-

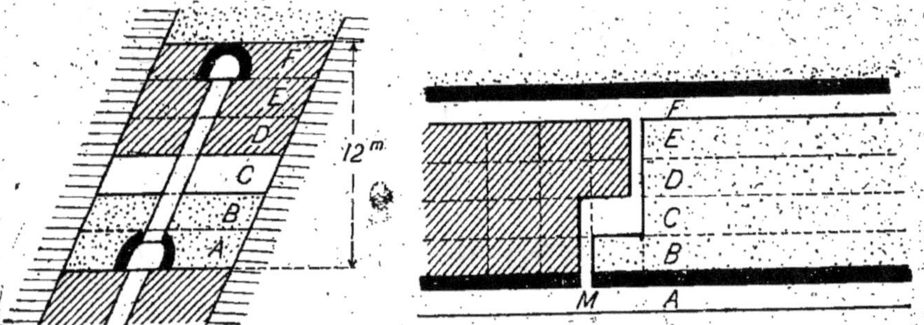

Fig. 139. — Méthode verticale à Firmy.

tion du charbon. La partie supérieure de la cheminée précédente
servait à l'introduction du remblai.

La *pile* était enlevée, sur toute sa hauteur, en 3 mois environ ;
on évitait ainsi les incendies, mais les inconvénients nombreux de la
méthode (bris du charbon dans les cheminées, aérage très défectueux, surveillance difficile, exploitation peu intense) l'ont fait abandonner et remplacer par des tranches horizontales.

On verra, au chapitre X, un type de méthode verticale dans une
mine métallique.

195. Méthode par rabattages. — La méthode par rabattages,
dite aussi *de Montrambert* consiste à prendre la couche, soit en travers, soit en long, sur toute la hauteur (5 ou 10 m.) comprise entre
deux galeries (*fig. 140*). Celle de base est d'abord poussée sur toute
la traversée, celle du sommet ménagée au fur et à mesure du remblayage. Lorsque le chantier progresse en travers, on ne prend
qu'une bande de quelques mètres de largeur, mais on peut ouvrir
plusieurs recoupes sur la même galerie.

Le talus de remblai doit avoir sa pente naturelle ; par suite le
front de taille est en surplomb ; la méthode n'est donc possible qu'a-
vec des charbons très solides.

Lorsque les chantiers progressent en direction, on limite la
longueur de chaque prisme ainsi enlevé, et on ouvre une série de
chantiers les uns en avant des autres.

Cette méthode présente malheureusement de sérieux inconvénients : dangers d'éboulements, difficultés de boisage, aérage défectueux, mélange des blocs de charbon abattus et des remblais, travail incommode sur les remblais mal tassés, mauvaise tenue de ces derniers, lorsque la recoupe arrive au contact de ceux de la série de chantiers voisins.

Bien qu'on ait réduit à 5 ou 6 m. la hauteur entre les galeries,

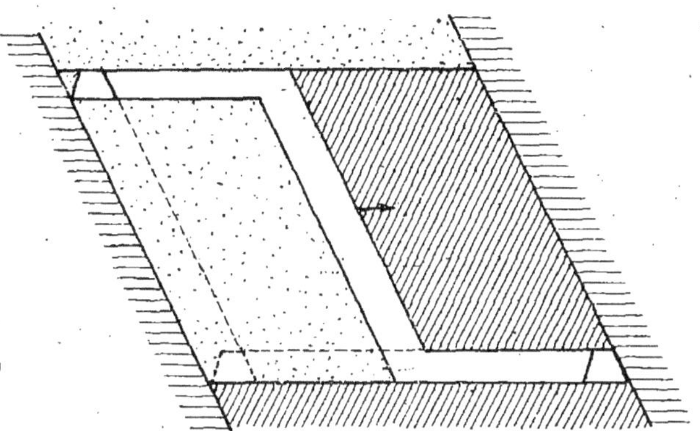

Fig. 140. — Méthode par rabattages (en travers).

on a peu à peu abandonné cette méthode, qui reste seulement applicable en direction dans des couches peu épaisses.

§ 3. — Méthode des tranches inclinées.

196. Principe. — Une couche épaisse est souvent formée de plusieurs bancs alternés de charbons et de stérile ; il est alors naturel de la considérer comme n'étant qu'une succession de couches minces très rapprochées et de chercher à l'exploiter en dépilant chacun des bancs de charbon comme une couche indépendante. S'il n'y a pas de telles intercalations, on peut de même imaginer cette division en tranches distinctes, et assimiler la couche épaisse à une juxtaposition de couches minces accolées. Pour la dépiler, on prendra chacune des tranches, successivement ou simultanément, par l'une des méthodes applicables aux couches minces ou moyennes.

La couche représentée sur la fig. 141, formée de deux bancs séparés par une barre stérile épaisse, sera par exemple divisée, pour son exploitation, en plusieurs tranches : A, entre le toit et la barre, B, C, D dans le banc du mur ; chacune de ces tranches, de 2 m. d'ouverture environ, sera traitée comme une couche moyenne.

Mais on voit de suite que l'indépendance de ces tranches n'est qu'imaginaire, même si l'on a, entre chacune d'elles, une intercalation de 2 ou 3 m. de rocher. L'exploitation de l'une a une répercus-

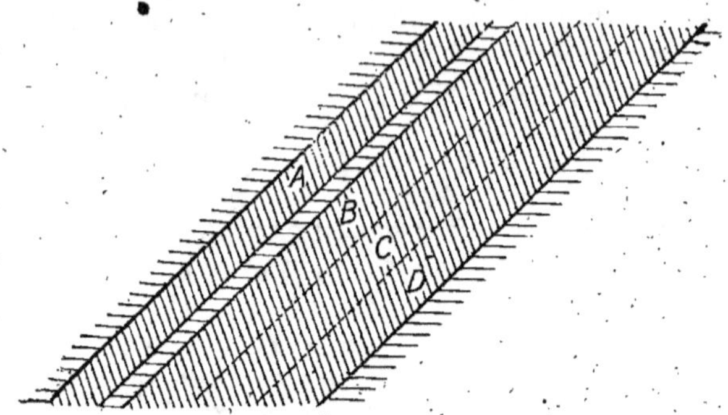

Fig. 141. — Tranches inclinées.

sion trop immédiate sur les autres pour qu'on puisse la négliger, et la méthode doit être étudiée en considérant l'ensemble du gîte.

197. Conditions d'application. — Tout d'abord, lorsqu'il s'agit réellement de tranches inclinées dans une même couche et non d'un faisceau de couches rapprochées, ce mode d'exploitation n'est possible que lorsque l'inclinaison n'est pas trop forte.

Dans les dressants, on rencontre toutes les difficultés signalées au chapitre précédent, pour le dépilage de ces tranches qui ont au moins $1^m,50$, dont l'abatage est dangereux, le boisage compliqué et coûteux, les remblais très difficiles à maintenir au-dessus des galeries de roulage ou d'aérage.

Mais ces inconvénients, déjà sérieux dans la première tranche, le sont plus encore dans les suivantes, puisqu'elles ont, comme mur ou comme toit, les remblais généralement mal tassés de la précédente.

Au delà d'une trentaine de degrés, on ne peut guère envisager l'emploi des tranches inclinées dans une couche homogène.

Il faut que le pendage soit régulier et qu'il n'y ait pas de modifications locales qui rendraient la méthode inapplicable dans une zone plus ou moins étendue. Il faut de plus que la puissance de la couche soit constante, sinon la dernière tranche aurait une épaisseur variable, ce qui en compliquerait beaucoup le dépilage.

Une inclinaison très faible est également désavantageuse pour l'emploi de cette méthode. En effet, comme nous le verrons un peu plus bas, une de ses caractéristiques est de conserver, pour le service de toutes les tranches, les voies de roulage principales sur le mur, pour qu'elles soient dans une partie de la couche non disloquée, et que leur entretien ne soit pas trop onéreux. Si l'inclinaison est faible, la longueur des galeries traversant la couche pour atteindre les tranches supérieures, devient exagérée.

Dans les couches trop épaisses, le nombre de tranches est excessif ; si elles sont prises en montant du mur au toit, la masse de charbon se disloque et s'échauffe, les remblais, qui se tassent irrégulièrement, rendent difficile l'installation des voies de roulage. Si on prend les tranches en descendant, on a finalement en couronne une masse considérable de remblais, ce qui exige un boisage coûteux.

Les tranches inclinées n'ont donc qu'un champ d'application assez restreint : couches pas trop épaisses, surtout si les charbons sont inflammables, d'allure et de puissance régulières, de pendage ni trop fort, ni trop faible, c'est-à-dire de 10 à 20° environ.

Au milieu du siècle dernier, où les tranches horizontales étaient encore peu appliquées, on considérait les tranches inclinées comme préférables, en raison du développement plus grand que pouvaient atteindre les fronts de taille. L'expérience a prouvé qu'en dehors des conditions que nous venons d'énumérer, leur emploi rencontrait au contraire de nombreuses difficultés.

Le principal cas où leur adoption paraît incontestablement désirable est celui de couches formées de plusieurs bancs, assez puissants pour pouvoir être exploités isolément, séparés par des barres de rocher dont l'enlèvement serait très onéreux si l'on opérait par tranches horizontales.

Elles peuvent aussi être avantageuses, quoique à un moindre degré, lorsque le charbon n'est pas séparé par des barres épaisses, mais présente cependant des *nerfs* et clivages qui rendent l'abatage plus facile dans des chantiers progressant parallèlement à ceux-ci.

198. Traçage. — La préparation d'une couche que l'on se propose d'exploiter par tranches inclinées comporte d'abord la détermination d'un certain nombre d'étages et de sous-étages, de hauteur variable suivant l'épaisseur et l'inclinaison du gisement. Nous ne nous étendrons pas sur ces questions d'aménagement général, déjà exposées dans des chapitres précédents, et sur lesquelles nous reviendrons brièvement à propos des méthodes par tranches horizontales. Nous considérerons seulement l'exploitation d'un étage. Le travers-bancs T reliant la base de celui-ci au puits atteint presque toujours la couche par le mur (*fig. 142*).

On trace d'abord, sur celui-ci, la voie de base G_1, et les plans inclinés P, aboutissant à la galerie supérieure G′, qui servira au retour d'air.

La préparation de la première tranche est complétée par des voies de niveau intermédiaires A, partageant l'étage en deux ou plusieurs sous-étages. La tranche inférieure (supposée ici prise en premier) est alors prête à être dépilée. Pendant ce travail, on prépare la 2ᵉ tranche (par la voie de base G_2), puis la 3ᵉ (par la voie G_3). Lorsque le dépilage d'une tranche est presque fini, on complète le traçage

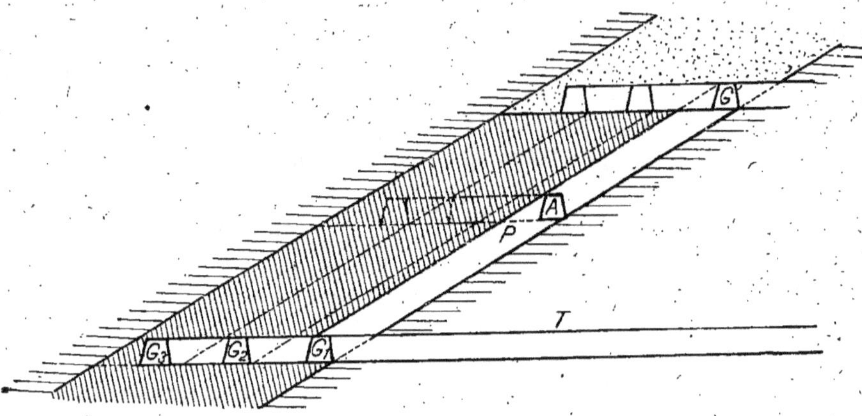

FIG. 142. — Préparation du gisement.

de la suivante par des plans inclinés et des galeries intermédiaires ; ces voies, installées sur des remblais, sont peu stables et difficiles à entretenir. On préfère les réduire au minimum et concentrer le roulage principal dans les voies sur le mur.

Si l'on prend les tranches en descendant du toit vers le mur, on a moins à craindre ces difficultés d'entretien, mais on a avantage à réduire la longueur des plans à creuser, et à concentrer le mouvement dans ceux qu'on établit de suite dans la tranche du mur, et qui servent pendant toute la durée de l'exploitation.

On voit que le passage d'une tranche à l'autre est très simple et se fait de niveau, par des galeries recoupant la couche du mur au toit ; au lieu de traverses branchées sur les galeries G_1 ou A, il suffira de dévier ces dernières pour les faire pénétrer dans la tranche voisine. La possibilité de tracer une tranche en amenant les produits dans les galeries de la précédente, sans changement de niveau, est un avantage sur la méthode des tranches horizontales, à condition toutefois que la distance horizontale à franchir pour passer de G_1 en G_2 puis en G_3 ne soit pas trop grande.

199. Ordre d'enlèvement des tranches. — Les tranches peuvent être dépilées soit successivement, soit simultanément. Dans le premier cas, on attendra, pour passer à la deuxième, que la première soit remblayée ; dans le second cas, les dépilages se suivront, dans les diverses tranches, avec un certain décalage, pour que les chantiers ne se gênent pas mutuellement.

Avec l'enlèvement successif, *par tranches séparées*, ces dernières sont prises, le plus souvent, en reportant les mineurs dans la suivante dès l'achèvement de celle qu'on exploitait d'abord ; mais on a parfois laissé s'écouler un long intervalle, pour que les remblais aient eu le temps de se tasser complètement et de faire prise. Cette précaution, qui allonge évidemment beaucoup la durée pendant laquelle les voies maintenues doivent être entretenues, a surtout pour but d'améliorer l'aérage ; chaque tranche peut alors bien être considérée comme une couche mince indépendante.

Les tranches sont prises soit en montant du mur au toit, soit en descendant du toit au mur.

Dans l'ordre *montant*, on peut établir les galeries et ouvrir les chantiers sur les remblais, même s'ils ne sont pas complètement tassés ; au besoin, on place des semelles pour supporter la base des montants du boisage. Le massif de charbon, découpé par le dépilage de la tranche inférieure, se fissure le plus souvent et son abatage est plus facile. Mais lorsque les charbons sont inflammables, cette dislocation entraîne des risques d'incendie, aussi la méthode cesse-t-elle d'être applicable dès que l'épaisseur de la couche est grande.

L'ordre *descendant* obvie à ce danger, mais il a un autre inconvénient grave. Comme on doit repasser sous les remblais, il est nécessaire d'attendre pour cela qu'ils soient bien tassés, ce qui oblige à ralentir l'exploitation. On a donc soin, en pratiquant le remblayage, de damer sur toute l'étendue du sol de la tranche, une couche de 30 à 40 cm. de terre argileuse, qui fera prise plus rapidement et constituera un meilleur toit pour les chantiers de la tranche inférieure.

On ne rencontre ce mode descendant que dans les couches inflammables ; même pour celles-ci, on ne peut l'adopter que si l'on a à sa disposition des remblais de qualité voulue.

Avec l'*enlèvement simultané*, on peut donner l'avance aux tranches inférieures, même dans les charbons inflammables, car le massif découpé à la base ne reste jamais longtemps avant d'être dépilé. L'exploitation peut être plus intense, mais l'aérage est difficile à bien répartir. Même lorsque les tranches sont séparées par des bancs de rocher, on a souvent des fuites par les cassures provoquées dans ceux-ci par les mouvements de terrain. En outre, le tassement des remblais se produisant à la fois sur toute l'épaisseur de la couche, les affaissements ont une amplitude plus grande et leur répercussion sur la surface du sol est plus sensible que s'ils ne se produisent qu'en plusieurs étapes successives.

200. Exploitation par tranches séparées. — Les tranches inclinées, prises indépendamment l'une de l'autre, sont assimilables, au point de vue du dépilage, à des couches moyennes ; leur inclinaison, ainsi que nous l'avons vu, est rarement très faible, mais ne dépasse guère une trentaine de degrés.

Cette inclinaison semble favorable à l'adoption de tailles montantes, et on peut en effet les adopter, si l'abatage des intercalations stériles fournit assez de remblai sur place. Mais si la couche est pure, il faudrait introduire de l'extérieur une forte quantité de remblais ; la nécessité de les remonter dans les tailles oblige à armer les voies de desserte de treuils à air comprimé et élève exagérément les frais de remblayage. Aussi préfère-t-on dans ce cas y renoncer et adopter les tailles chassantes ou les méthodes par piliers, dépilés par recoupes ou en rabattant.

Comme *exemples*, nous décrirons sommairement l'exploitation d'une couche de 8 à 10 m. par tranches prises de haut en bas (I), et une ancienne exploitation par tranches prises de bas en haut et découpées en piliers longs pour le dépilage (II).

I. — Aux *Houillères de Saint-Etienne* (Puits Mars), la couche n° 15 mesure 8 à 10 m. de puissance ; elle est prise en 4 tranches de 2^m60 de hauteur en commençant par la tranche supérieure pour éviter les incendies et les accumulations de grisou. On remblaie avec des blocs et des argiles schisteuses qui forment, pour la tranche inférieure, après tassement, une couronne solide, moins dangereuse que le toit lui-même, d'autant plus qu'on ne repasse sous les remblais qu'après 18 mois.

Les tranches sont exploitées par tailles chassantes, partant d'un plan incliné ; leur longueur, entre les deux voies de roulage, est de 30 à 40 m. et le front de taille est pris par enlevures montantes de $1^m,30$ de largeur ; le toit n'est découpé, le long du massif, que sur une largeur très faible. Chaque enlevure sert d'abord à l'évacuation des produits par la galerie inférieure, puis à l'introduction des remblais par la galerie supérieure.

L'exploitation ne progresse pas très rapidement, mais elle présente des conditions de sécurité satisfaisantes contre les risques d'éboulements ou d'incendies.

La fig. 143 montre l'aspect d'une tranche. La bande A est en dépilage, la bande B est libre pour l'évacuation du charbon, tandis qu'on remblaie C.

Ce remblayage se fait en même temps que l'abatage, avec application du roulage circulaire. L'aérage est satisfaisant, le courant d'air montant successivement le long des tailles comprises entre les diverses galeries intermédiaires, qui forment une série de grands gradins droits, en avance de 40 m. l'un sur l'autre.

II. — La *méthode par piliers longs*, dans des tranches se succédant du mur au toit, a été appliquée dans certaines houillères pour arriver à une exploitation plus intense qu'avec des tailles uniques de chaque côté d'un plan incliné.

La tranche inférieure, sur le mur, est découpée en un certain nombre de piliers longs par des plans inclinés P (espacés par exemple de 100 m.), reliant

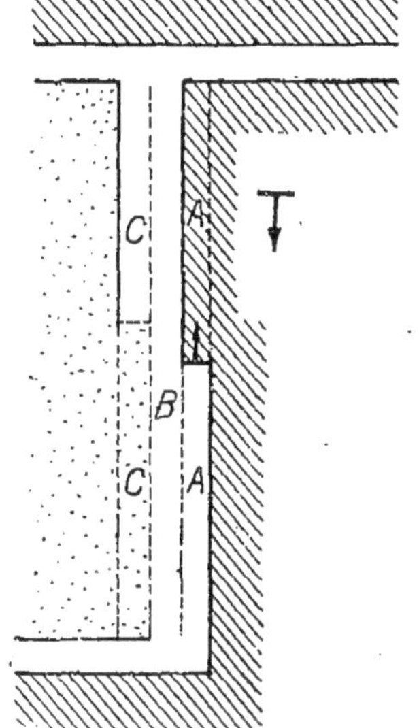

Fig. 143. — Coupe par le plan d'une tranche.

deux galeries A et B, l'une au sommet, l'autre à la base du sous-étage (*fig. 144*).

Tous les 30 ou 40 m., on perce des cheminées C, des deux côtés desquelles partent des tailles allant à la rencontre l'une de l'autre, le remblayage suivant le front de taille.

Chaque chantier n'a donc à dépiler que 15 ou 20 m., et dans un panneau de 100 m. on aura par exemple 5 d'entre eux en dépilage.

Si les clivages de la couche rendent plus avantageux de ne progresser que dans un sens, on réduit de moitié la distance entre les cheminées pour conserver le même nombre de chantiers.

La première tranche terminée, on passe à la seconde, préparée de même au moyen de galeries A′ et B′. Mais, en général, on ne conserve que les parties de celles-ci placées le long de massifs de charbon, en remblayant les tronçons inutiles (fig. 144-III).

Les produits abattus passent de B′ en B par de petites recoupes, et sont conduits au plan P sur le mur. On opère de même pour les tranches suivantes.

Dans les *houillères de la Ruhr ou de la Sarre*, on rencontre éga-

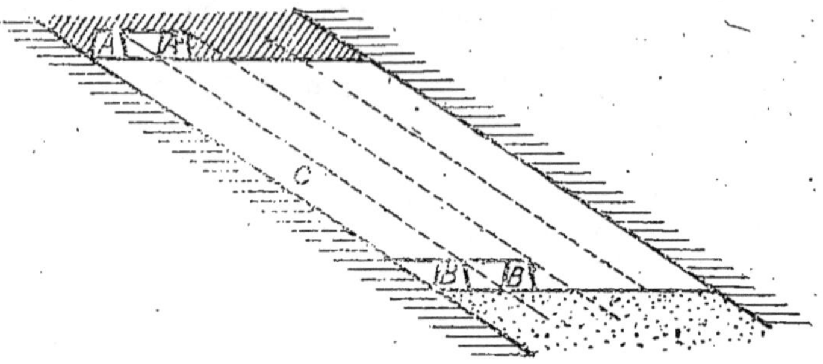

I. — Coupe verticale d'un sous-étage.

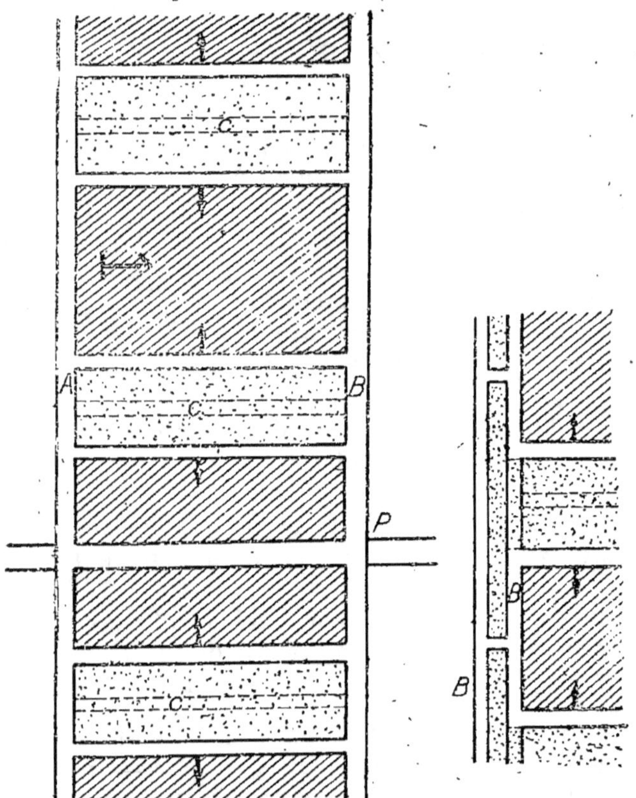

II. — Plan de la 1ʳᵉ tranche.   III. — Dépilage de la 2ᵉ tranche.
Fɪɢ. 144. — Prise d'une tranche par piliers longs.

lement des couches épaisses, souvent formées par la réunion de deux couches moyennes très rapprochées ; le banc intermédiaire de rocher conduit à diviser l'exploitation en deux tranches prises successivement.

Au siècle dernier, on appliquait encore très généralement le foudroyage et il paraissait normal de dépiler d'abord la tranche supérieure, en laissant son toit s'affaisser et remplir le vide, puis de passer au dépilage de la tranche inférieure, sous le banc de rocher formant un toit solide. Mais, souvent, ce banc se fracturait, par l'effet des mouvements de terrains qui l'amenaient à se soulever vers le vide laissé par l'enlèvement de la tranche supérieure.

Avec le développement du remblayage, partiel ou complet, plusieurs méthodes ont été essayées, suivant les conditions locales, et il n'est pas rare de rencontrer des solutions très différentes dans des couches analogues à première vue.

Une méthode assez fréquente dans la Sarre consistait à prendre d'abord la tranche inférieure par tailles chassantes allant jusqu'aux limites du champ d'exploitation, avec remblayage complet, puis la tranche supérieure en revenant vers l'entrée, par piliers et foudroyage ou par piliers avec remblayage.

A la mine *Dudweiler*, on exploitait 3 couches (de 1^m,75 et 2 m. à la base, 1 m. environ pour la couche supérieure) séparées par des bancs de rocher de 0^m,50.

La couche inférieure est prise d'abord par tailles chassantes avec remblais complets, puis la couche intermédiaire par le même procédé, enfin la couche supérieure par piliers, en direction pris en rabattant, avec remblais complets. On utilise, pour cette dernière, les galeries de la couche intermédiaire, auxquelles on a donné une hauteur suffisante, par l'enlèvement de l'entredeux de rocher.

Dans la Ruhr, on exploite, de la même façon, dans certaines mines, des couches formées de deux veines séparées par un banc de rocher. A la mine *von der Heydt* (veines de 1^m,20 et 0,70 séparées par 2 m. de stériles, charbon peu inflammable, pente 8°, toit mauvais) on prend la veine inférieure par tailles chassantes, puis la veine supérieure en rabattant ; à la mine *Shamrock* (couche de 4^m,50 avec 50 à 80 cm. de stériles, inflammable, peu solide, pente 22 à 31°) on enlève d'abord la veine inférieure, puis la veine supérieure, toutes deux par tailles chassantes.

201. Dépilage simultané dans les diverses tranches. — L'exploitation simultanée des diverses tranches permet d'éviter les inconvénients de l'ordre descendant, tout en réduisant au minimum la durée du dépilage d'un panneau, sur toute son épaisseur du mur au toit, ce qui est précieux dans les charbons inflammables.

Les chantiers, dans les diverses tranches, se suivent à peu de distance ; l'impossibilité de passer sous des remblais récents conduit à donner l'avance aux tranches inférieures. Nous ne donnerons qu'un exemple, d'ailleurs classique, de cette méthode, en décrivant l'exploitation de la couche *Grand-Baume* à la Grand'Combe (Gard).

Cette couche comprend un banc inférieur de 6 m., surmonté de deux autres, épais de 1^m,20 à 2 m. suivant les endroits ; les intercalations rocheuses entre ces bancs, minces au sud et à l'ouest, deviennent considérables au nord et à l'est. Enfin une couche de 2 m. environ, située au toit, est séparée des bancs supérieurs par une barre de rocher, de 2 m. également. Le charbon est inflammable, la pente de 25 centimètres par mètre en moyenne.

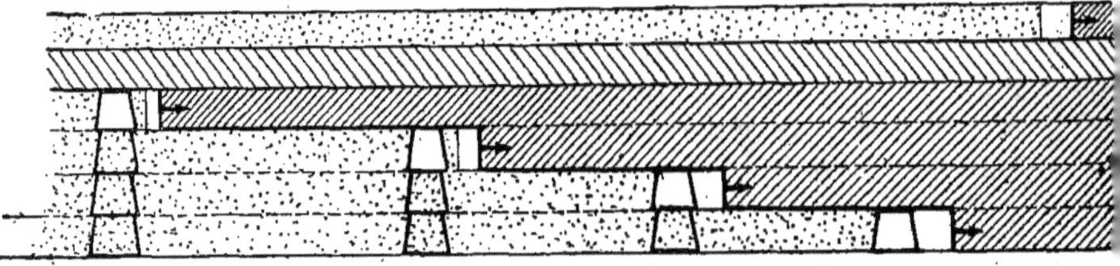

FIG. 145. — Schéma de la méthode d'exploitation de la couche Grand-Baume (coupe en direction).

Dans la région où les intercalations rocheuses sont faibles, on a donc, sans parler de la couche supérieure, une puissance totale de 8 à 10 m., dont 0^m,60 de stériles. On la décompose en 4 tranches (ce chiffre s'élève à 5 dans certaines zones).

On commence par dépiler la couche supérieure, dont l'exploitation a pour effet de drainer le grisou des bancs inférieurs. On passe ensuite au traçage dans la tranche au mur du groupe principal, traçage qui sert pour le dépilage des 4 ou 5 tranches, qui se faisait d'abord uniquement par tailles chassantes, partant d'un plan incliné P_1. Dès que la taille en première tranche a progressé de 30 ou 50 m., on établit un nouveau plan incliné P_1' sur le mur. En même temps le plan primitif est relevé en deuxième tranche (en P_2) et on ouvre une taille en deuxième tranche, qui suit la première à 50 au 60 m. On continue ainsi en créant un plan P_1'', en relevant P_1' en P_2', et P_2 en P_3 pour ouvrir la 3e tranche (*fig. 145*), puis ultérieurement la 4e.

Dans les régions où la pente de la couche est supérieure à 15°, et où on ne pouvait plus continuer à faire descendre les berlines le long du front de taille tracé suivant la ligne de plus grande pente, on a placé ce front sensiblement en direction, passant ainsi des tailles chassantes aux tailles montantes (1). Grâce à cette modification, on a pu continuer à appliquer la méthode des tranches inclinées jusqu'à une pente de 30 à 35° ; mais il faut alors que le toit soit bon, et la couche régulière. Lorsque ces conditions sont remplies, on a l'avantage, par rapport aux tranches horizontales, d'un front de taille de grande longueur.

§ 4. — Méthode des tranches horizontales

202. Principe. — La méthode des tranches horizontales consiste à découper la couche en une série de bancs horizontaux, hauts de 2 m. à 2^m,30, que l'on dépile comme des couches moyennes en plateure, dont la

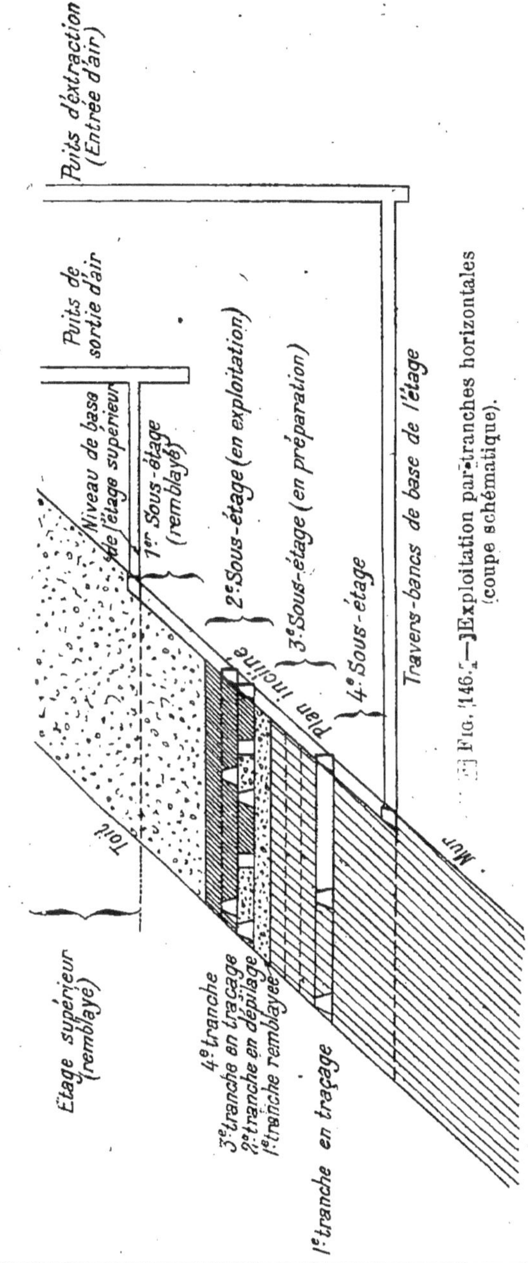

Fig. 146. — Exploitation par tranches horizontales (coupe schématique).

(1) Voir note de M. Delage, *Bulletin de l'Industrie Minéral*, 1902, p. 143.

traversée serait beaucoup moindre dans un sens que dans l'autre.

Le gisement est divisé en étages, pris en descendant, décomposés eux-mêmes, le plus souvent, en plusieurs sous-étages ; ces derniers sont exploités séparément ou simultanément ; ils comprennent un certain nombre de tranches, dépilées successivement, soit en montant, soit en descendant, et remblayées après l'enlèvement du charbon (ou du minerai).

La fig. 146 représente schématiquement cette méthode qui peut s'appliquer à des gisements d'épaisseur et d'inclinaison quelconques. Elle est d'un emploi beaucoup plus général que celle des tranches inclinées, et s'impose dans l'exploitation des couches épaisses très inclinées ou de pendage variable et des amas d'épaisseur irrégulière.

Aussi se rencontre-t-elle beaucoup plus fréquemment que la méthode inclinée, et nécessite-t-elle une étude plus détaillée.

203. Aménagement du gisement. — Etages et sous-étages. —

Nous avons exposé au début du présent volume (chapitre II) les considérations qui entrent en ligne de compte lorsqu'il s'agit de déterminer la hauteur des étages.

Dans les couches épaisses, surtout lorsque l'inclinaison est faible, on est amené à choisir une hauteur d'étage bien moindre que dans les couches minces. Mais par contre le désir de réduire le nombre des recettes dans le puits d'extraction et la longueur de travers-bancs à creuser conduit à ne pas diminuer trop cette hauteur. D'autres considérations, telles que le nombre de couches desservies par le puits, l'étendue du champ d'exploitation, la nature des terrains, etc., interviennent aussi et empêchent de fixer des règles absolues et de pouvoir citer des chiffres précis. Parfois l'étage n'aura que 20 ou 25 m., parfois il sera de 50 ou 60 m., plus rarement de 70 ou 80 m.

La *hauteur des sous-étages* est plus étroitement conditionnée par la méthode choisie, puisqu'elle repose sur le nombre de tranches qu'il est possible de prendre, soit en descendant, soit, plus généralement, en montant

Au début de l'application de cette méthode, on prenait 8 ou 10 tranches, quelquefois même plus. Mais on a dû y renoncer dans la grande majorité des exploitations.

En effet, dans les charbons inflammables, la dislocation de la masse ainsi découpée à la base amenait des incendies, et il fallait fréquemment abandonner une partie de la mine ; dans ces charbons, on réduit souvent la hauteur du sous-étage à 4 ou 5 tranches, dans

certains cas à 2 ou trois seulement ; on peut même être obligé de
prendre les tranches en descendant.

Naturellement, plus le champ d'exploitation est étendu, plus l'enlèvement d'une tranche est long, et plus il faut réduire le nombre de tranches si
l'on ne dispose pas d'assez de mineurs pour pousser le dépilage d'une façon
intense ; encore est-on arrêté, dans cette dernière voie, par la nécessité de
ne pas accumuler trop d'ouvriers dans un quartier peu étendu.

Une autre considération conduit à limiter le nombre de tranches
prises en montant : c'est celle du tassement irrégulier des remblais.
Lorsqu'on arrive en 4ᵉ ou 5ᵉ tranche, ce tassement ne s'est pas exer-
cé d'une façon égale sur toute la surface de la tranche. Il en résulte
que les remblais de l'étage supérieur ne sont pas descendus régulièrement. Dans certaines zones, on les atteindra plus rapidement que
dans les autres, notamment au voisinage du toit. Par suite de l'affaissement plus rapide du toit et des remblais qui en sont rapprochés,
les dernières tranches du sous-étage ont une traversée de moins en
moins grande. Nous reviendrons plus loin sur ce mouvement ; joint
à l'irrégularité du tassement, très sensible dans les couches dont la
traversée horizontale est considérable, il explique qu'on dépasse
rarement 6 tranches, même dans les charbons peu inflammables, et
qu'on s'arrête souvent à 4 ou 5 tranches, c'est-à-dire à 10 à 12 m.,
comme hauteur des sous-étages. On cherche à en prendre au moins
trois, car la dernière, sous les remblais, est toujours plus irrégulière
d'épaisseur, et de dépilage plus difficile, tandis que la première
présente toujours un certain imprévu qui complique le traçage.

La *hauteur des tranches* est de 2 m. à 2ᵐ,50, quelquefois 2ᵐ,75
ou 3 m. en charbon dur. Nous avons vu qu'on les prenait en général
en montant ; l'ordre descendant exige un remblayage très soigné et
oblige à attendre, avant de revenir au-dessous de la tranche remblayée, qu'un temps suffisant se soit écoulé. Il ne permet pas une
exploitation rapide et entraîne des frais d'entretien élevés. Son seul
avantage est d'offrir une sécurité complète contre les risques d'é-
chauffement du charbon.

Les sous-étages sont toujours pris en descendant. Dans certains
cas, un seul est en dépilage à la fois et on prépare le suivant lorsque
ce dépilage approche de la fin. Dans d'autres cas, on conduit simultanément l'exploitation dans plusieurs sous-étages.

A la base de chaque sous-étage est une voie de roulage principale ; des plans inclinés, sur le mur de la couche ou au rocher, ou
des beurtiats servent à descendre les produits à la base de l'étage ;
les communications nécessaires (plans ou beurtiats) assurent la sor-

tie de l'air à la partie supérieure du sous-étage. Dans celui-ci les produits descendent à la voie de base par un plan incliné.

Quant au dépilage d'une tranche, il est fait par diverses méthodes sur lesquelles nous reviendrons plus bas.

204. Abatage et boisage.. — Quelle que soit cette méthode, les piqueurs travaillent debout sur un sol horizontal ; ils ne profitent pas de l'inclinaison de la couche qui facilite l'abatage dans les tranches inclinées, et ils ne peuvent pas aussi bien utiliser les plans de clivage, généralement parallèles aux épontes. Mais le boisage, dans ces chantiers de hauteur modérée, est plus facile à poser. Tout au plus nécessite-t-il l'installation de semelles sous les montants, lorsque les remblais ne sont pas suffisamment résistants.

Le boisage se fait le plus généralement par lignes de flandres en couronne, parallèles au front de taille, avec garnissage pour éviter la chute de blocs de charbon ; sous les remblais, le soutènement et surtout le garnissage doivent être plus serrés. Dans les chantiers étroits, on boise par cadres comme dans une galerie, en soutenant au besoin le chapeau, lorsqu'il est trop long, par une butte au milieu.

205. Remblayage. — Les berlines de remblais arrivent jusque dans les chantiers, et les produits sont mis en place par pelletage, après confection de murs en pierres sèches le long des galeries principales et des voies de desserte des chantiers. Sous l'effet de la pression de la masse de charbon (ou de terres) des tranches supérieures, les remblais se tassent rapidement. Mais ce mouvement n'est pas régulier sur toute la surface de la tranche.

Les parties dépilées en premier sont plus affaissées, lorsqu'on passe à la tranche supérieure, que celles qui ont été enlevées en dernier, ce qui n'est pas sans gêner la conduite des travaux dans cette seconde tranche. Une partie des chantiers auront, au sol, une certaine épaisseur de terres à enlever. D'autres auront à prendre, en contrebas, 20 ou 30 cm. de charbon, parfois même 40 ou 50 cm.

Nous avons signalé au chapitre V que le tassement des remblais était plus grand sous le toit, et entraînait un affaissement de ce dernier qui réduisait de plus en plus la traversée horizontale au fur et à mesure qu'on arrivait aux dernières tranches d'un sous-étage (voir *fig. 88*).

Il n'est pas rare qu'une couche de 12 ou 15 m. de traversée en première tranche n'ait plus que 4 ou 5 m. en 5e ou 6e tranche, et qu'en certains points on rencontre déjà les remblais de l'étage supérieur alors qu'on croyait avoir encore une tranche à prendre en couronne.

Pour parer à cet inconvénient, on donne parfois une hauteur plus grande aux chantiers au voisinage du toit, au moins dans les couches inclinées. Mais ce procédé ne remédie qu'incomplètement à l'irrégularité du tassement.

L'enlèvement du charbon et la mise en place du remblai sont commodes à l'extrémité des chantiers sous le toit lorsque celui-ci est peu incliné. De même à la partie supérieure des chantiers le long du mur.

On préfère quelquefois en exploitant la première tranche A (*fig. 147*) laisser sur le mur un prisme *abc* qui sera pris par la deuxième tranche B ; en deuxième tranche un prisme *a'b'c'* qui sera pris par la troisième tranche C, et ainsi de suite. On a soin en première tranche de prendre de suite un prisme *mnp* qui n'aura pas à être enlevé par la dernière tranche du sous-étage inférieur. De même la quatrième et dernière tranche D du sous-étage considéré n'aura pas à abattre le prisme *m'n'p'*, déjà enlevé et remblayé avec la première tranche du sous-étage supérieur.

Inversement, sous le toit, on enlève en couronne un prisme *uvw*, *u'v'w'*, *u"v"w"* qu'on remblaye, ce qui facilite le travail en tranche supérieure.

206. Aérage. — Dans les tranches horizontales, le courant d'air arrive par la base de l'étage, monte dans la voie de fond du sous-étage en exploitation, (ou des sous-étages si plusieurs sont pris simultanément), parcourt les chantiers en dépilage, et monte ensuite, par des plans inclinés conservés dans les remblais, jusqu'au sommet du sous-étage. De là il gagne (également par des plans dans les remblais, ou par des plans ou beûrtiats au rocher) le haut de l'étage, et le puits de sortie d'air. La distribution dans les chantiers est assurée par des portes et des toiles, au besoin par des ventila-

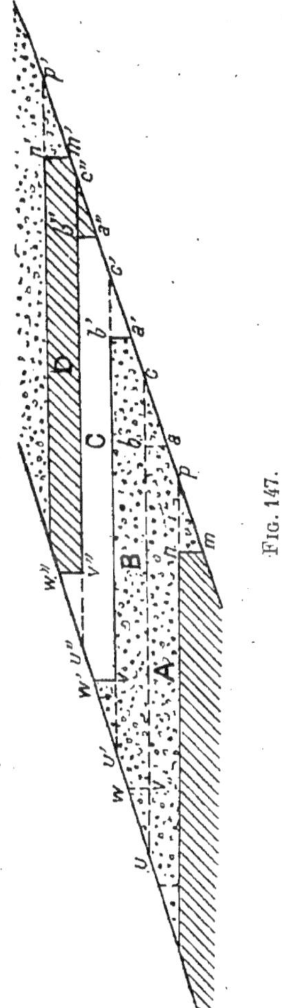

Fig. 147.

teurs secondaires lorsque les galeries de traçage forment des culs
de sac trop longs.

On cherche à réaliser non seulement l'aérage ascendant dans
l'étage en exploitation, mais encore diagonal dans les tranches, c'est-
à-dire entrant par une extrémité du quartier et sortant par l'autre
ou bien entrant par le milieu et sortant aux deux extrémités.

207. Transport des produits. — Le roulage dans les tranches
est aisé, puisqu'il se fait horizontalement. Lorsqu'on peut appliquer
le roulage circulaire, on donne aux galeries une pente favorable ;
les plans inclinés n'ont pas besoin d'être munis de treuils pour la
remontée des remblais, mais simplement de poulies à frein.

Les berlines arrivent dans les chantiers, soit vides, soit pleines
de remblai. Ces dernières sont déchargées et les terres mises en
place, soit pendant le poste d'abatage, soit après celui-ci (voir chapitre V).

Les voies de roulage reliant la base des étages au puits sont au
rocher. Dans les sous-étages, les plans inclinés sont au charbon,
généralement sur le mur de la couche, si celui-ci a une pente assez
régulière. Il est naturellement tentant de tracer toutes les voies en
direction ou les plans dans la couche, pour éviter les frais de creusement au stérile, ainsi que les dépenses d'entretien, plus coûteuses
lorsque celui-ci ne se fait pas au charbon.

Mais on est souvent conduit à tracer les galeries en direction,
et même les plans inclinés ou beurtiats, dans le rocher, au mur de
la couche.

Il peut d'abord arriver que le mur soit irrégulier, ou le charbon trop
peu solide. Dans ce dernier cas, l'entretien des plans sera onéreux, tandis
qu'un ouvrage au rocher, plus coûteux de premier établissement, ne deman-
dera qu'un faible entretien. S'il doit être de longue durée, l'opération se tra-
duira finalement par une économie, au moins si l'on n'est pas obligé, pour
trouver un banc solide, de s'écarter trop du mur, ce qui entraînerait des
frais exagérés pour le percement des recoupes reliant le plan aux travaux
en couche, à la base de chaque sous-étage.

La principale raison qui conduit à tracer les voies de fond et les
plans en dehors de la couche est la crainte des incendies, dans les
charbons inflammables. Si un feu se déclare, il est nécessaire de
barrer toutes les galeries conduisant au point dangereux, et d'isoler
le feu pour l'étouffer. Si la voie de fond est au charbon, on ne peut
la boucher sans supprimer le roulage dans toute la tranche et en
arrêter l'exploitation.

Il est plus avantageux, lorsque le déhouillement d'un sous-étage doit durer assez longtemps pour qu'on puisse craindre des

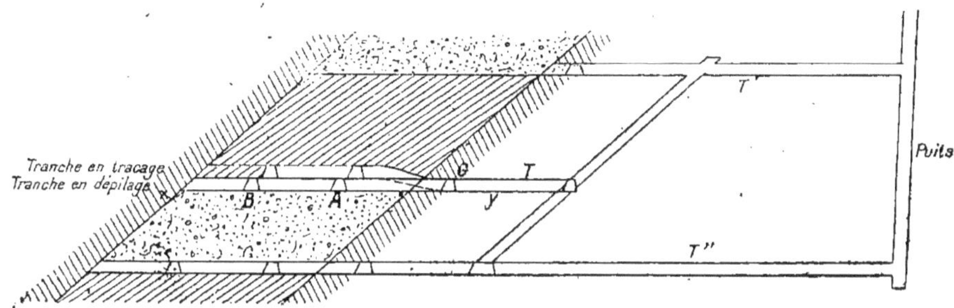

Coupe verticale en travers.

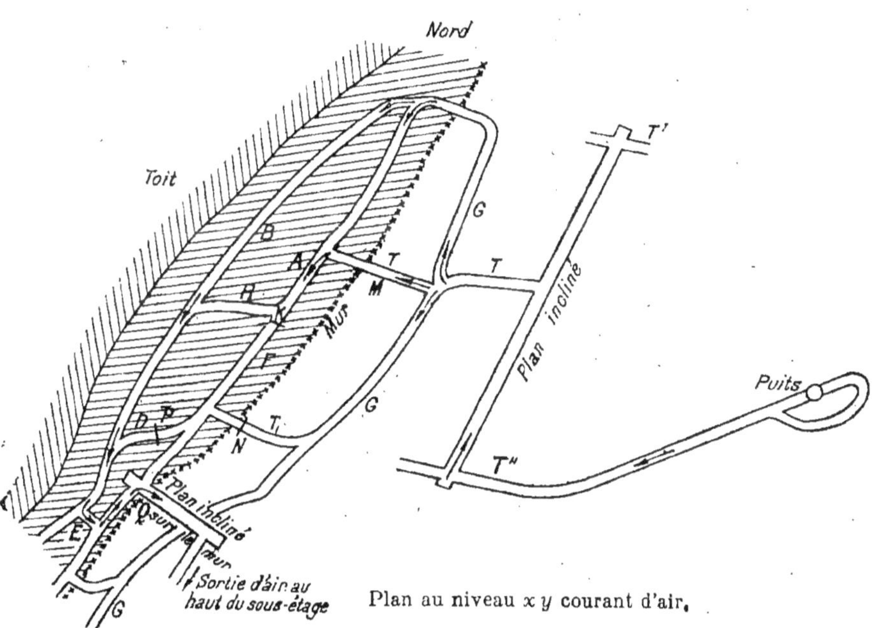

Plan au niveau x y courant d'air.

Fig. 148. — Traçage avec galeries et plans au rocher.

échauffements, de tracer les plans inclinés au rocher, à une certaine distance du mur, ainsi que les voies en direction. De ces dernières partent, de distance en distance, des recoupes rejoignant la couche (*fig. 148*).

Si un feu se déclare, par exemple en F, on barrera les galeries A en K et T en M ; si le barrage K n'est pas suffisant, on bouche de plus T, en N, D en P. Les chantiers desservis par la galerie en couche A, entre la recoupe R et le plan de sortie d'air Q seront arrêtés, mais ceux qui sont entre la recoupe R et l'extrémité nord du quartier pourront être desservis par la galerie G, et continueront à être exploités, ainsi que ceux au sud de la recoupe E, même si la galerie B, entre R et D, est inutilisable pour le roulage.

Si la couche, au lieu d'être assez puissante pour permettre le percement de deux galeries au charbon, A et B, n'a qu'une faible traversée horizontale, et qu'il n'y a qu'une galerie (*fig. 149*), l'utilité des voies en direction au

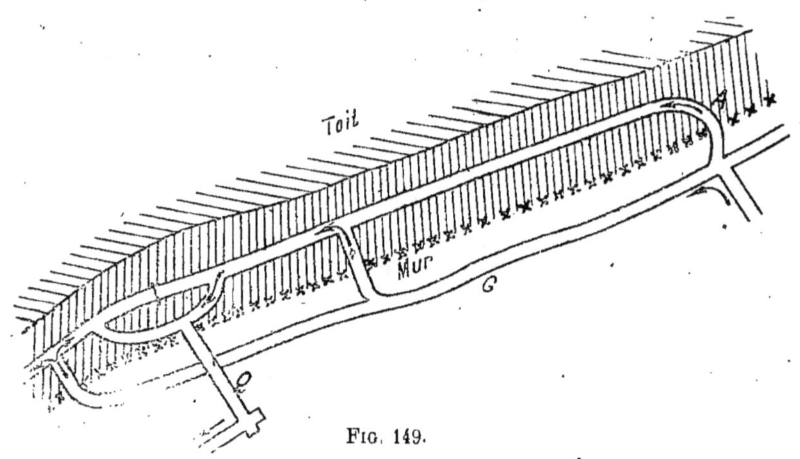

Fig. 149.

rocher pour rendre possible l'isolement du feu et la continuation de l'exploitation est plus évidente encore, car un feu dans la couche entraînerait l'arrêt de tout le quartier, si le courant d'air qui alimente celui-ci entrait en A et le parcourait jusqu'au plan Q

Lorsqu'on monte en 2e puis en 3e tranche, il faut raccorder les voies au charbon avec la galerie au rocher par des rampes, établies au dernier moment en remblayant l'extrémité de la galerie devenue inutile.

208. Traçage d'une tranche supérieure. — Pendant qu'on dépile une tranche, il faut avoir soin de préparer la suivante, pour que l'abatage puisse commencer sans retard dans celle-ci lorsque l'autre sera finie. Le traçage comporte la création de galeries en direction, et au besoin de recoupes en travers, sur les remblais (*fig. 150*).

On ouvre ces galeries le long des voies en 1re tranche ; on les attaque en plusieurs points, pour aller plus vite, lorsqu'on ne craint pas que les *culbutes d'aérage* du courant d'air, qui monte dans ces traçages et redescend ensuite dans la galerie, soient dangereuses. Dans les mines grisouteuses, on effectue séulement le traçage en partant de la remonte d'aérage à l'extrémité du quartier, et en établissant des communications avec la galerie inférieure, près du front de taille. Le traçage est alors plus lent et doit être commencé plus tôt, mais on peut alors remblayer l'extrémité de la galerie en

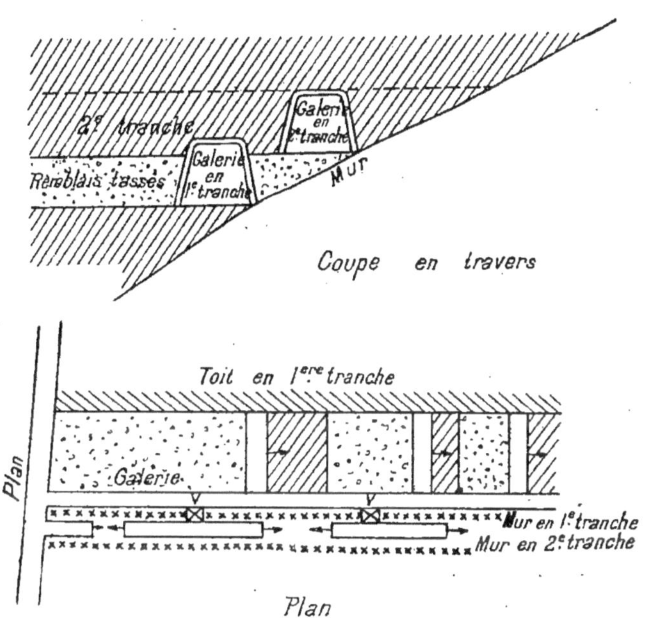

Fig. 150. — Traçage de la tranche supérieure.

1re tranche lorsqu'elle devient inutile. Pour ouvrir un traçage, on établit une *verse* V.

Dans ce but on s'engage dans les remblais, perpendiculairement à la galerie en 1re tranche, pendant 3 ou 4 m., en élevant peu à peu le boisage jusqu'à la couronne de la 2e tranche (*fig. 151*), et en enlevant les remblais de manière à pouvoir ranger une berline vide. On termine cette recoupe par une paroi verticale.

On continue de même, au-dessous des remblais sur 3-4 m., puis on attaque le traçage de la galerie en 2e tranche. Les berlines pleines provenant de ce traçage sont roulées jusqu'à la recoupe et vidées dans une berline amenée contre la paroi de la verse au niveau de la 1re tranche.

Quand les traçages sont terminés en 2ᵉ tranche, et les galeries de 1ʳᵉ tranche, devenues inutiles, remblayées au fur et à mesure de l'achèvement des dépilages, on profite d'un jour de chômage pour établir les rampes de raccordement entre la nouvelle tranche et les

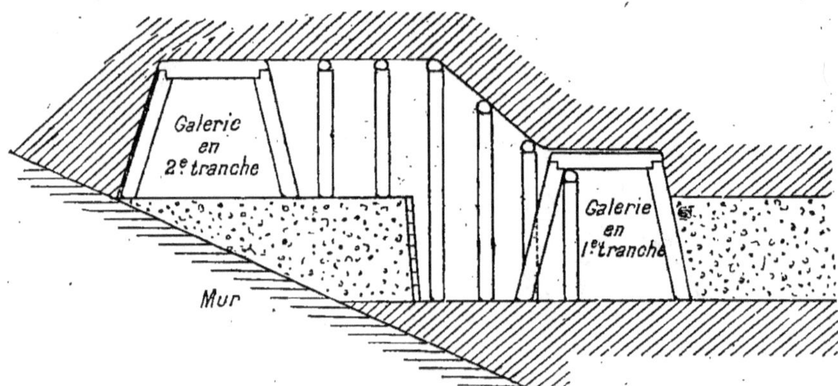

FIG. 151. — Etablissement d'une *verse*.

voies de base du sous-étage. On peut alors commencer l'exploitation normale de la tranche.

209. Dépilage des tranches. — Méthodes applicables. — Le dépilage d'une tranche est analogue à celui d'une couche moyenne ; le champ d'exploitation peut être considérable en direction, mais la traversée est parfois réduite à quelques mètres. Toutes les méthodes décrites au chapitre VII ne sont donc pas applicables.

Suivant le sens dans lequel progressent les chantiers, on peut distinguer deux grands groupes :

a) Dépilage en travers : chantiers allant vers le mur ou vers le toit.

b) Dépilage en long : chantiers progressant en direction.

Dans chacune de ces méthodes, les fronts de tailles sont droits ou découpés en gradins.

a) *Dépilage en travers.*

210. Couches de faible traversée. — Recoupes. — Les couches de faible traversée horizontale entre le mur et le toit sont rarement prises en travers. On en trouve cependant des exemples, par recoupes étroites, lorsque la solidité du charbon est trop faible pour qu'on puisse découvrir la couronne sur une longueur égale à la traversée de la couche.

On attaque directement ces recoupes sur la galerie de roulage généralement placée au voisinage du mur. Leur largeur n'est que de 4 m. et on en remblaie la moitié en suivant l'abatage. Au besoin cette largeur est réduite ; si possible, on la porte à 8 m. (2 longueurs de flandres), avec une galerie ménagée à chaque bout, ce qui améliore l'aérage.

Les galeries de desserte sont remblayées en revenant vers la galerie de roulage. L'extrémité de celle-ci, vers le *montage d'aérage* est remblayée au fur et à mesure, en laissant toutefois une gaîne pour le passage de l'air.

On ouvre simultanément plusieurs recoupes sur la galerie, et

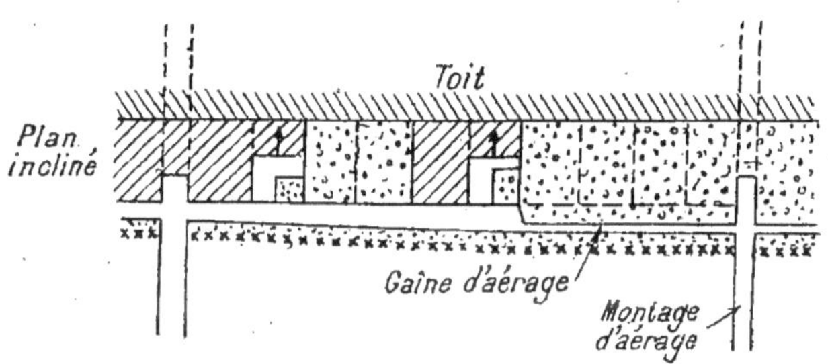

Fig. 152. — Dépilage par recoupes en travers.

on enlève ainsi le charbon par bandes successives, en revenant vers le plan incliné de descente des produits et d'entrée d'air.

Dans certains cas on attaque la seconde recoupe en laissant un massif égal à une largeur de chantier entre cette nouvelle attaque et la précédente, puis on enlève ultérieurement le massif, entre les deux masses de remblais.

La méthode par recoupes étroites est plus lente que par grandes tailles, ce qui peut avoir des inconvénients dans les charbons inflammables. De plus l'aérage est médiocre. Son emploi est en général réservé aux mines qui chargent beaucoup.

211. Traversée plus grande. Tailles en gradins. — Lorsque la traversée est considérable, et que le charbon est assez solide, on peut opérer par tailles plus longues, se suivant en gradins *(fig. 153)*.

Leur longueur est égale à une ou deux fois celle des flandres de boisage (4 m. ou 8 m. en général) et les gradins se suivent à quelques mètres de distance.

On peut remblayer une partie des galeries de desserte en n'en
laissant par exemple subsister qu'une pour deux chantiers. Le courant d'air parcourt une série de chantiers et revient dans la galerie
de roulage. L'aérage est médiocre, par suite des pertes dans les
remblais.

Cette disposition a l'avantage d'activer le dépilage, car les chan-

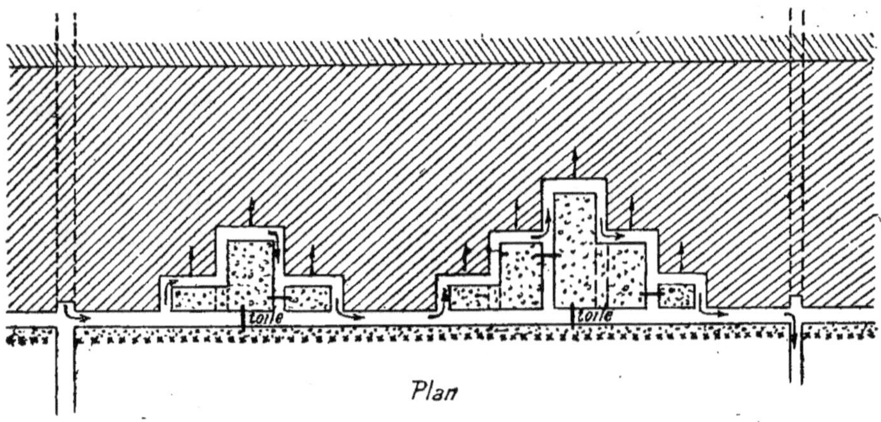

Fig. 153. — Dépilage par tailles en travers.

tiers ne nécessitent aucun traçage préalable et sont nombreux. Mais
le tassement des remblais n'est pas régulier dans la tranche, ce qui
est très gênant lorsqu'on passe à la suivante.

Exemples.

**212. Exploitation de la première couche de Blanzy dans les vieux
travaux.** — Comme premier exemple d'exploitation par chantiers en
travers, nous citerons la méthode appliquée à Blanzy (Saône-et-Loire),
dans la première couche. Cette dernière avait été exploitée autrefois,
vers 1830-1840, au voisinage de la surface, par piliers et estaus. La plus
grande partie du charbon était restée et les galeries s'étaient comblées
par suite des éboulements et des affaissements. La reprise des ces
vieux travaux était difficile, car on rencontrait des régions où le
charbon était déplacé; des vides et des cassures augmentaient les
risques de feux.

On a donc limité à trois le nombre des tranches des sous-étages,
pour activer l'enlèvement de ces derniers et pour réduire la quantité de charbon perdue lorsqu'il fallait abandonner une région à la

suite d'un feu. Les quartiers n'étant pas grisouteux, l'aérage n'avait pas besoin d'être intense.

Le dépilage était conduit par recoupes de 4 m., quelquefois de 8 m. partant des galeries de roulage, progressant soit vers le mur, soit vers le toit. Leur boisage se faisait comme celui d'une large galerie, avec une butte (*ou chandelle*) sous le milieu du chapeau. Une moitié du chantier était remblayée, l'autre conservée pour le roulage, chaque chantier de 4 m. était occupé par deux mineurs ; le rendement en charbon était bon, la consommation de bois moins forte que dans les grandes tailles, tant qu'on n'était pas obligé de

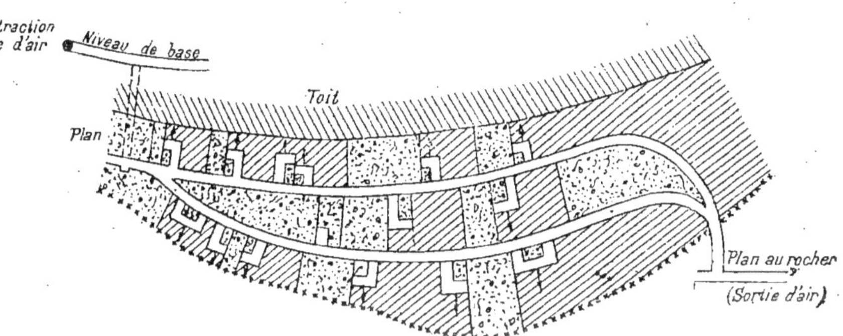

Fig. 154. — Exploitation dans les vieux travaux.

réparer la galerie de desserte. Cette dernière considération amenait à ne pas dépasser 12 ou 15 m. (depuis la galerie de roulage) dans les charbons déplacés. Dans les massifs solides, on n'était limité que par le défaut d'aérage.

L'enlèvement d'une tranche n'était pas très rapide, car on ne pouvait prendre à la fois un trop grand nombre de chantiers. Mais on gagnait le temps pris par le traçage qui précédait l'ouverture de tailles en direction, ainsi que celui que prend le déplacement de la voie de roulage dans les galeries de desserte de ces tailles.

Les chantiers de 8 m. étaient formés simplement par l'accolement de deux chantiers de 4 m., les voies de roulage étant placées à l'opposé l'une de l'autre.

213. Exploitation de la grande couche de la Béraudière (Saint-Etienne). — Cette couche a une puissance de 15 m. environ, avec inclinaison souvent supérieure à 45°. Le charbon n'est pas dur, mais assez grisouteux. Les terrains chargent beaucoup, ce qui exige que l'exploitation soit menée rapidement. L'exploitation par grandes tailles en travers convient à cet égard. Elle est conduite de la façon suivante : (1)

Les étages ont 50 m. et sont divisés en 5 sous-étages de 12^m,50 pris en descendant, formés chacun de 5 tranches de 2^m,50 prises en montant. On ne peut prendre plusieurs tranches à la fois, à cause de la charge.

La galerie de roulage est placée, en première tranche, sous le toit de la couche, pour faciliter la reconnaissance de l'allure de cette dernière. Dans les tranches suivantes, on trace la galerie de roulage le long de celle de première tranche, tantôt vers le mur, tantôt vers le toit, ce qui est le cas général.

On attaque des chantiers en travers, allant vers le mur et se suivant en gradins (*fig. 155*), assez rapprochés, par groupes de 4

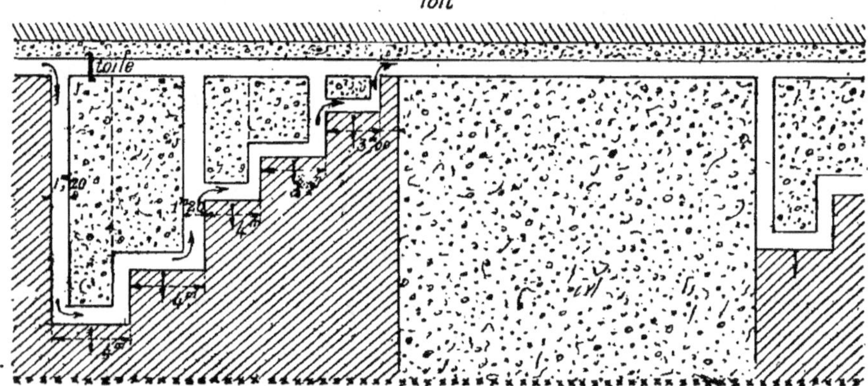

Fig. 155. — Exploitation par tailles en travers à La Béraudière.

ou 5. Chacun d'entre eux n'a que 3 ou 4 m de front de taille et l'on ménage dans les remblais une galerie de desserte de 1^m,20 alternativement à une extrémité et l'autre front de taille.

Pour améliorer l'aérage, on ne dispose qu'une série de gradins, l'air entrant toujours par le chantier le plus en avance. Mais s'il y a plusieurs groupes de chantiers ouverts à la fois, il faut plusieurs toiles dans la galerie de roulage. Elles sont souvent déplacées, aussi l'aérage n'est-il pas excellent.

Chaque chantier n'est occupé que par deux mineurs. L'exploita-

---

(1) Voir sur les exploitations des couches puissantes l'article de M. Pasquet : *Bulletin de l'Industrie minérale* 3e Série, tome XII, 1898, pages 1 et 265.

tion progresse du plan à remblais vers le plan de sortie des charbons. On peut donc commencer le traçage en tranche supérieure, en partant du plan à remblais et en supprimant la galerie de roulage en tranche inférieure.

Le remblayage ne peut se faire en même temps que l'abatage. Il est donc exécuté de nuit. Le volume à placer est environ de 50 °/₀ de celui du charbon abattu, et le tassement moyen est de 40 °/₀.

214. Exploitation de la grande couche de Montrambert. — Cette couche est la même qu'à la Béraudière, mais se présente dans des conditions un peu-différentes.

La puissance est d'environ 13 m. et l'inclinaison de 45°, ce qui

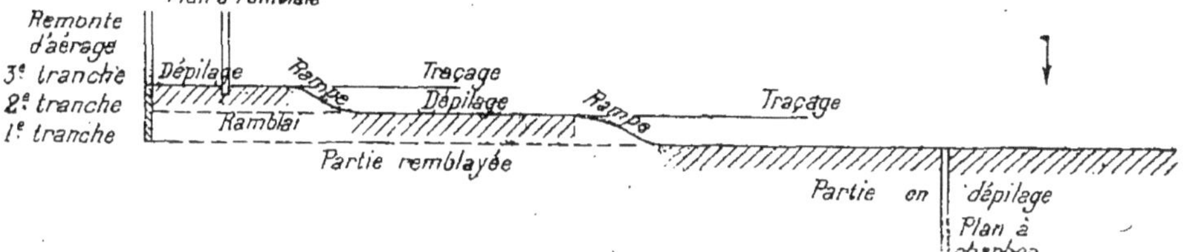

Fig. 156. — Schéma de l'exploitation simultanée de 3 tranches.

donne une quinzaine de mètres de traversée horizontale, mais il y a des amincissements ou des renflements locaux notables.

Le charbon n'est pas dur, et il n'y a presque pas de grisou.

Comme à la Béraudière, les étages ont 50 m. et sont décomposés en 4 sous-étages de 12ᵐ,50 comprenant 5 tranches de 2ᵐ,50.

On prend les sous-étages en descendant, les tranches en montant. Les terrains chargeant peu on dépile 2 ou 3 tranches simultanément.

Le champ d'exploitation, dont la longueur dépasse 1100ᵐ, est divisé en deux quartiers ayant chacun un plan d'évacuation du charbon au milieu et un plan d'arrivée des remblais vers l'extrémité ; la remonte d'aérage est au delà de ce plan à remblais.

On trace de bout en bout la première tranche d'un sous-étage (par galerie au mur), et on commence les dépilages, par recoupes en travers, en revenant du plan à remblais vers le plan à charbon (*fig. 156*).

Lorsque les dépilages sont achevés dans la partie voisine du plan à remblais, on commence le traçage en deuxième tranche, en remblayant la galerie inférieure ; au bout de 60 m. on crée une rampe et on ouvre des chantiers en deuxième tranche tout en continuant le traçage. Quand on a gagné suffisamment vers le plan à charbon, on crée une nouvelle rampe et on peut entamer la troisième tranche.

Il n'est pas prudent d'attaquer plus de trois tranches à la fois. Quand la première est terminée, on a par exemple la deuxième en dépilage et la troisième en traçage et dépilage, la quatrième en traçage et ainsi de suite.

Cette simultanéité rend l'exploitation beaucoup plus active, mais devient, en cas d'échauffements, une source de difficultés, car l'isolement du point dangereux est impossible à réaliser complètement par suite des fuites dans les remblais.

Les chantiers progressent de la galerie vers le toit, formant une série de gradins, se suivant à 3-4 m. et ayant une largeur de 7 où 8 m., avec une galerie de desserte (de 1^m,20 à l'intérieur des montants) au centre et des gaînes d'aérage de 30 à 35 cm. le long du massif, ou avec une galerie de chaque côté (*fig. 157-I et II*).

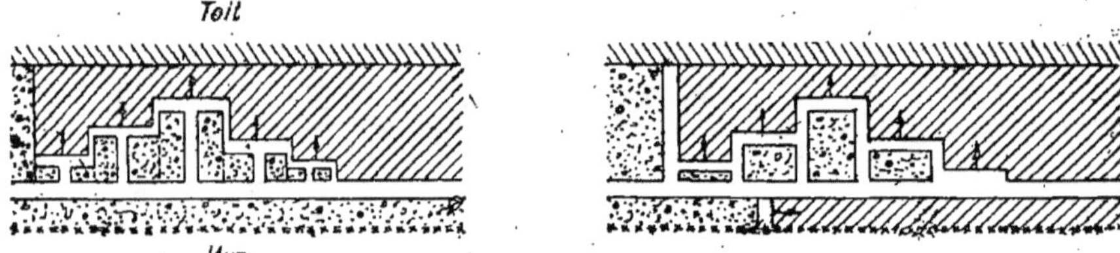

Fig. 157. — Dépilage par recoupes en travers.

La bande entre la galerie et le mur est prise par des chantiers en direction. Dans les parties très larges de la couche, on peut placer la galerie au milieu de la traversée et ouvrir des recoupes vers le mur comme vers le toit.

L'aérage se fait surtout par diffusion à travers les remblais, ce qui est sans danger, en raison de l'absence de grisou. Le remblayage se fait de nuit.

215. Exploitation des amas de Saint-Eloy (Puy de Dôme). — Nous décrirons enfin, comme dernier exemple des dépilages en travers, la méthode appliquée pour l'enlèvement des parties les plus larges de la couche exploitée à Saint-Eloy (Puy de Dôme) (1).

Le gisement présente en effet les caractères d'un amas, de traversée horizontale très considérable (250 m. environ au niveau 206). En réalité la couche a une trentaine de mètres d'épaisseur en deux

---

(1) Voir l'Etude de M. Louis Martin : *Bulletin de l'Industrie minérale*, 5e Série, tome XVI, 1919, page 261.

bancs de 8-10 m. au toit, 15-20 m. au mur, séparés par un entre-deux stérile de 0-10 m. Ce sont les plissements de la couche qui donnent une traversée horizontale aussi forte (*fig. 158*), qui n'est pas entièrement au charbon, mais recoupe, suivant les niveaux, le toit, ou le mur et le toit, en plusieurs points.

Le banc supérieur est généralement tendre, celui du mur est dur.

Le charbon est peu grisouteux, mais très inflammable.

L'exploitation la plus intéressante est celle de la masse principale AB, qui présente en plan la forme d'une lentille allongée, la grande dimension, Nord-Sud, étant égale à 6 fois la traversée AB.

On opère par tranches horizontales avec étages descendants de

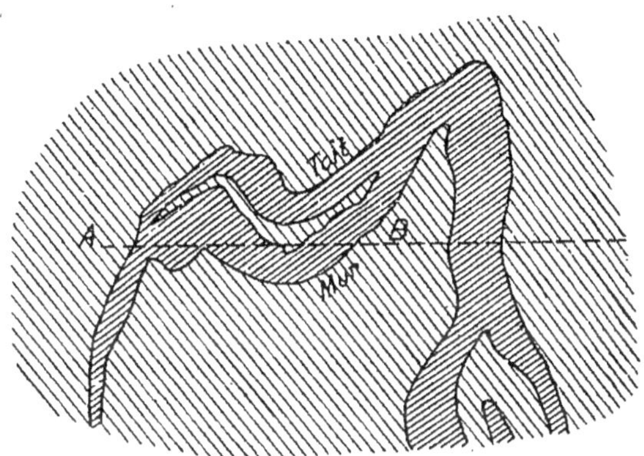

Fig. 158. — Coupe transversale Est-Ouest.

55 à 60 m., divisés en sous-étages, pris en descendant, de deux tranches seulement. Les tranches mesurent 2^m,50, ce qui fait 5 m. pour le sous-étage mais, après tassement, les remblais sont réduits à 1^m,40 dans la tranche inférieure. Les étages sont desservis par deux travers-bancs, l'un au sommet, l'autre à la base. Aux deux extrémités sont des plans inclinés au rocher (pente 35e) à 50 m. de la couche, orientés parallèlement à la direction ; un beurtiat est creusé au rocher, au milieu du champ d'exploitation. Des travers-bancs réunissent les plans et le beurtiat à la couche, à la base de chaque sous-étage.

La *méthode appliquée* au dépilage d'une tranche est celle des recoupes en travers.

On commence par tracer des galeries en direction A, B et des recoupes traversant la couche et s'arrêtant au banc stérile (*fig. 159*) les recoupes, qui serviront d'amorces aux dépilages, isolent des panneaux qui n'ont pas, en général, plus de 20 m. de largeur. L'entrée d'air se fait par des plans spéciaux P, en couche, la sortie par les plans inclinés au rocher et le beurtiat.

Le traçage en seconde tranche se fait le long des galeries de première tranche, sur les remblais, avec attaques en plusieurs points et installation de *verses*.

Le traçage est donc serré, et produit environ 15 % du charbon abattu, ce qui une proportion élevée ; mais on peut ensuite pousser rapidement le dépilage.

Ce dernier se fait, dans chaque panneau, en partant de l'extrémité des recoupes et en revenant vers la galerie en direction. Le

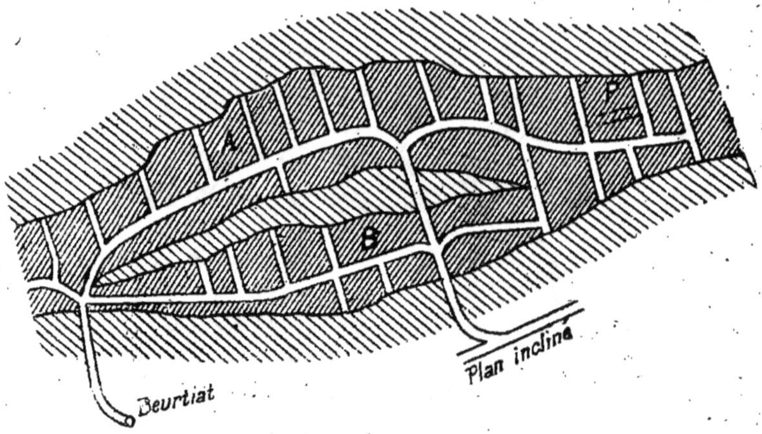

Fig. 159. — Traçage d'une tranche.

panneau, entre deux recoupes espacées de 20 m., est divisé en deux parties, de sorte que les chantiers n'ont que 10 m. de longueur.

Le front de taille progresse parallèlement à la recoupe, c'est-à-dire en travers, mais il est pris par enlevures de 2 m. perpendiculaires à la recoupe (*fig. 160*).

Les deux chantiers compris entre deux recoupes voisines sont décalés, l'un par rapport à l'autre, pour ne pas découper le massif en droite ligne sur une trop grande longueur.

Le remblayage suit d'assez près pour qu'il n'y ait jamais plus de 2 m. de découvert.

On laisse d'ailleurs un massif de protection le long des galeries.

Quand les panneaux ont moins de 20 m., on fait jouer à la galerie le rôle de recoupe et on procède par enlevures perpendiculaires à la direction.

Les massifs de protection sont enlevés par cette méthode, aussitôt que possible, car les galeries se conservent mieux dans les remblais.

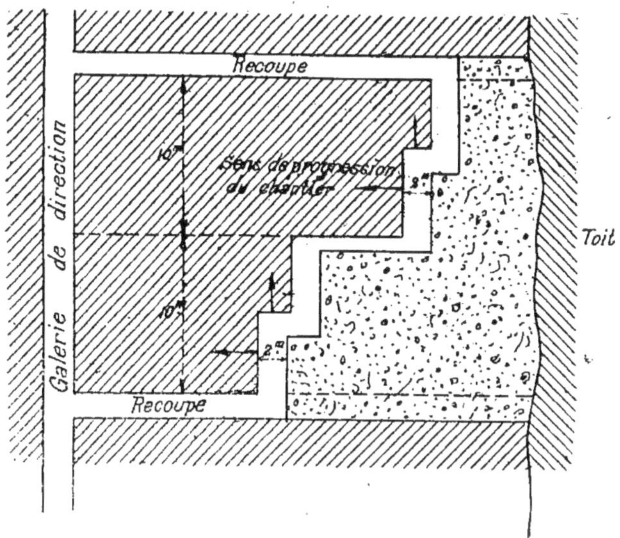

Fig. 160. — Conduite du dépilage.

Pour ouvrir les chantiers, près du toit et du mur, on perce une galerie perpendiculaire aux recoupes, mais en restant à 3 ou 4 m. du toit (ou du mur). La bande qui reste est prise par chantiers étroits de 2 m., perpendiculaires à cette galerie (*fig. 161*).

D'une façon générale, le dépilage d'une tranche progresse du sud au nord, et dans l'ensemble du gisement, trois tranches sont en cours d'enlèvement (soit un sous-étage et une tranche du suivant ou du précédent).

Pendant ce temps, on poursuit la préparation des sous-étages inférieurs.

La méthode appliquée permet un enlèvement rapide, ce qui est particuliè-

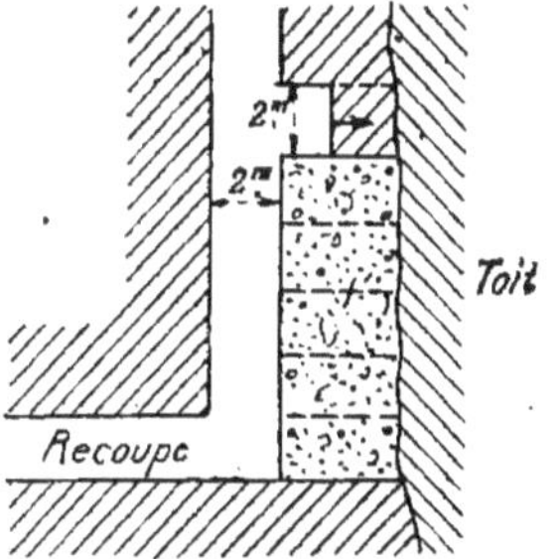

Fig. 161.
Chantiers au toit ou au mur.

rement important dans cette mine sujette à des échauffements. Des mesures spéciales sont prises contre les feux : remblayage très soigné, hydraulique dans certaines zones, emploi de terres argileuses à la base des premières tranches et contre le mur et le toit, barrages préparés etc....

En moyenne, on repasse sur les remblais au bout de 4 mois, sous les remblais du sous-étage supérieur après 16 à 18 mois.

b) *Dépilage en long.*

216. Couches de faible traversée. — Les couches de faible traversée sont prises le plus souvent par tailles progressant en direction, parallèlement à la galerie tracée le long du toit ou, plus généralement, le long du mur (*fig. 162*). On commence par pousser

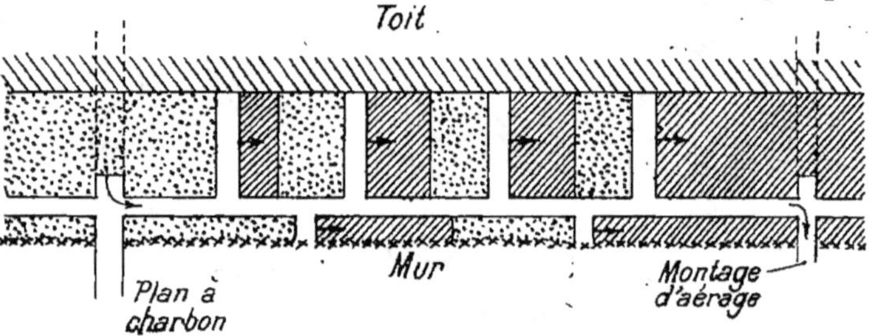

Fig. 162. — Dépilage en long avec galerie unique.

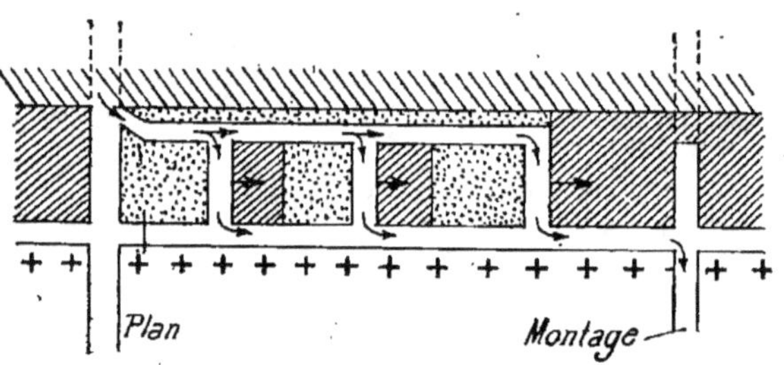

Fig. 163. — Dépilage en long entre deux galeries.

des galeries en travers, jusqu'au toit, puis on attaque le massif sur un des côtés de cette galerie, en progressant parallèlement au toit.

Chaque fois que le front de taille a avancé d'une largeur d'allée, on déplace la voie de roulage secondaire et on remblaie l'allée abandonnée, pendant qu'on dépile l'allée suivante ; ces deux opérations, abatage et remblayage, peuvent d'ailleurs être simultanées, ou se faire pendant des postes différents.

L'air pénètre dans le quartier par le plan de descente des charbons et sort par un montage d'aérage. Les chantiers eux-mêmes sont aérés en cul de sac, ce qui n'est admissible que s'ils sont courts et que la mine n'est pas grisouteuse.

Dans ce dernier cas, il faut tracer deux galeries en direction, l'une au toit, l'autre au mur (*fig. 163*) entre lesquelles sont attaqués les chantiers. L'air entre par exemple par la galerie du toit, lèche les fronts de taille et ressort par la galerie au mur. Des toiles l'empêchent de continuer directement jusqu'au montage d'aérage et le répartissent entre les chantiers.

Si la galerie au toit ne sert pas au roulage, on peut la remplacer par un passage étroit.

217. Traversée moyenne. (20 à 40 m.). — Si la traversée est trop grande pour qu'on puisse la prendre par un seul chantier, on place la galerie de traçage au milieu (*fig. 164*), et on ouvre des chantiers des deux côtés, soit en cul de sac, soit en traçant également des gaînes d'aérage au mur et au toit.

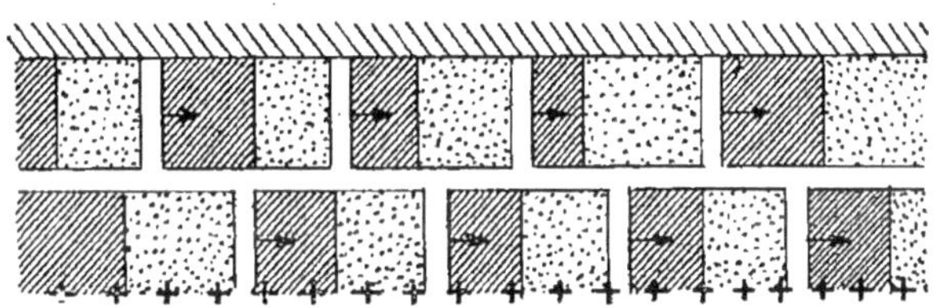

Fig. 164. — Dépilage en long avec galerie médiane.

On a soin de ne pas avoir deux chantiers l'un en face de l'autre, pour ne pas créer une ligne de faible résistance trop longue.

Si la mine est grisouteuse, on préfère souvent tracer une galerie au mur et une au toit, entre lesquelles on attaque des tailles chassantes, droites ou découpées en gradins (*fig. 165*). Cette dernière disposition est naturellement moins commode pour l'évacuation des produits, qui ont à passer par les communications ménagées entre les gradins avant d'arriver aux galeries de roulage. Pour faciliter l'aérage, on percera une cheminée faisant communiquer le plan d'entrée d'air avec la galerie au toit, l'air sortant, à l'autre extrémité du quartier, par un montage sur le mur.

Au lieu de tailles chassantes, on peut prendre des tailles rabattantes qui ont l'avantage, si on n'a qu'une taille en exploitation, de supprimer l'entretien des voies de roulage dans les remblais.

Du reste, tant au point de vue de la disposition des chantiers qu'à celui de l'aménagement du courant d'air, les solutions possibles sont nombreuses, mais il serait fastidieux de les énumérer ; nous en donnerons plus loin quelques exemples.

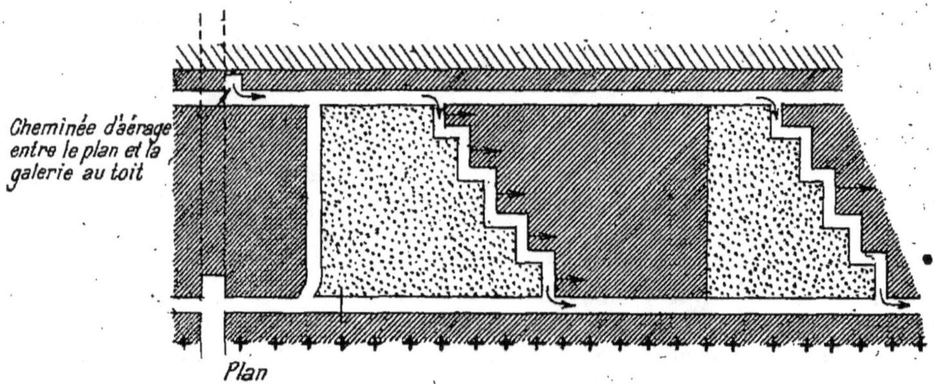

Fig. 165. — Grandes tailles en long.

218. Traversée considérable. — Pour des traversées plus grandes encore, le problème se complique, surtout lorsque la largeur est variable d'une région à une autre. On trace un certain nombre de galeries en direction isolant des panneaux que l'on dépile par l'une des méthodes indiquées ci-dessus. Au besoin, on dépile certains panneaux sur toute la hauteur d'un sous-étage avant de passer aux voisins.

D'une manière générale, le dépilage en long, surtout par grandes tailles, permet un déhouillement plus rapide que le dépilage en travers, mais à condition que le charbon soit assez solide pour pouvoir être découpé sur une grande longueur. L'aérage est meilleur, lorsqu'on dispose au moins de deux galeries de traçage.

Exemples.

219. Exploitation de la quatrième couche de Blanzy. — La traversée horizontale de la quatrième couche de Blanzy (10 à 20 m. d'épaisseur) est variable, par suite des changements d'inclinaison. Elle est parfois considérable. Ainsi, au niveau 400 du puits Saint-François, elle atteint 200 m.

Les terrains chargent beaucoup, le charbon n'est pas très dur, mais il est grisouteux et sujet à s'échauffer.

La méthode appliquée est la suivante : les sous-étages n'ont que 3 ou 4 tranches de $2^m,30$, prises en montant. Un seul sous-étage est en exploitation.

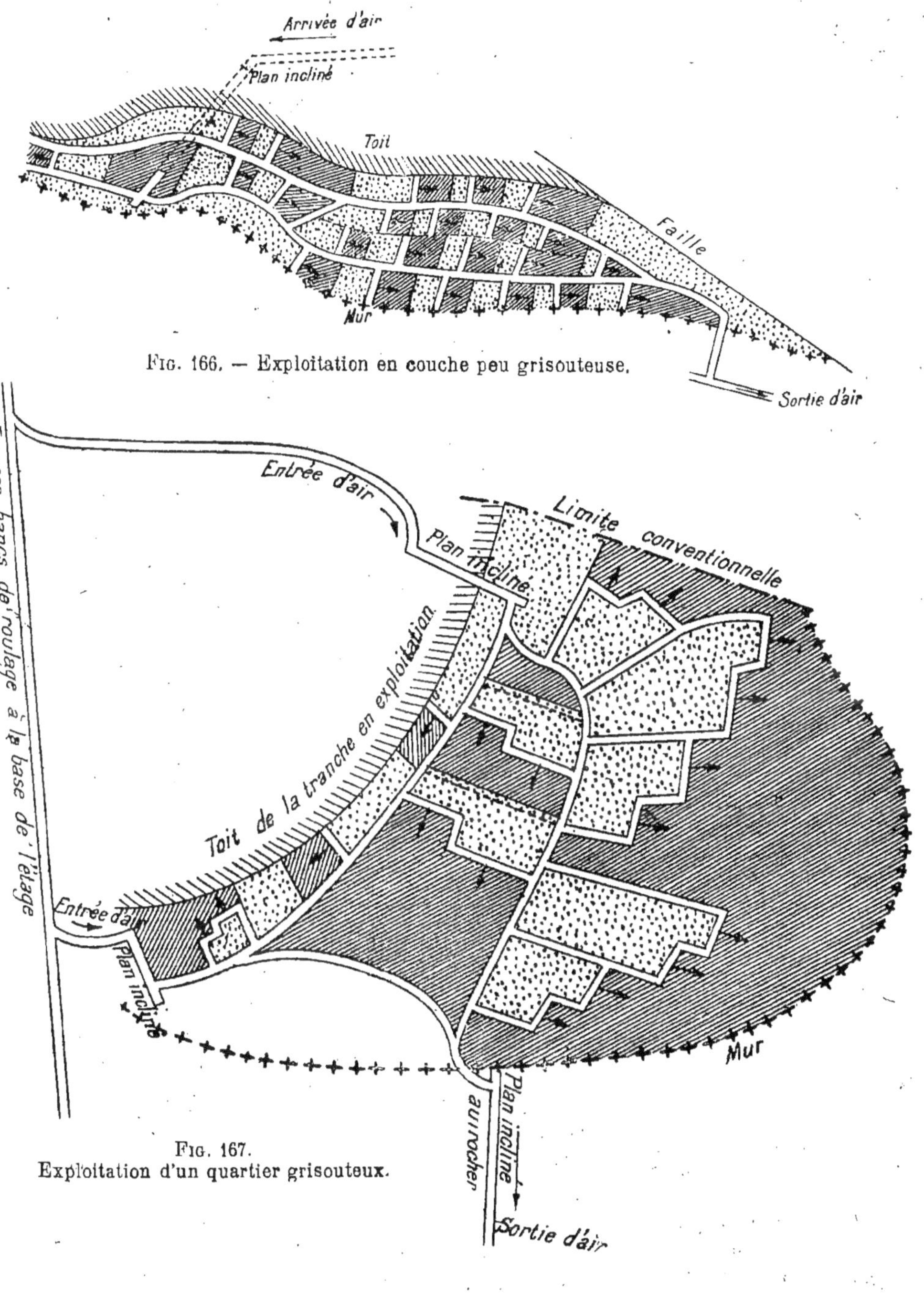

Fig. 166. — Exploitation en couche peu grisouteuse.

Fig. 167.
Exploitation d'un quartier grisouteux.

Les remblais arrivent par le puits d'extraction, et passent par les mêmes plans inclinés que le charbon pour se rendre dans les chantiers.

Les plans inclinés desservant les sous-étages sont en général tracés au charbon, sur le mur de la couche, tandis que dans certains quartiers, notamment en première et troisième couches, on a dû les placer dans le mur, ainsi que les galeries de roulage de base des sous-étages.

Le traçage des tranches se fait par galeries en direction laissant entre elles des panneaux d'importance variable.

Dans les régions où la couche est peu grisouteuse, on exploite par tailles chassantes, en cul de sac, qui suivent les galeries (*fig. 166*). Les piliers ont alors une largeur d'environ 30 m., qui est prise par deux chantiers d'une quinzaine de mètres.

Dans la zone très large du puits Saint-François, on opère par tailles se suivant en gradins (*fig. 167*), que le courant d'air parcourt successivement. Les piliers sont plus larges ; néanmoins les tailles n'ont guère plus de 25 à 30 m., en raison de la charge des terrains et de la difficulté de desserte des chantiers.

Pendant le traçage, les galeries en cul de sac sont aérées au moyen de ventilateurs à air comprimé qui envoient l'air jusqu'au front de taille dans des colonnes en tôle de 30 ou 35 cm. de diamètre.

Sur ces galeries sont branchées des traverses qui les réunissent et qui servent de départ pour les tailles.

Pour ouvrir celles-ci, les mineurs passent des flandres ou *perches* P de 4 m. sous les chapeaux de la traverse, soutenues par des montants verticaux (*chandelles*).

Ils enlèvent ensuite les montants de l'ancien boisage, devenus inutiles, et attaquent le charbon sur toute la largeur du chantier (*fig. 168*). Au fur et à mesure de l'avancement du front de taille, ils disposent des lignes de perches, soutenues par des chandelles, plus ou moins rapprochées suivant la

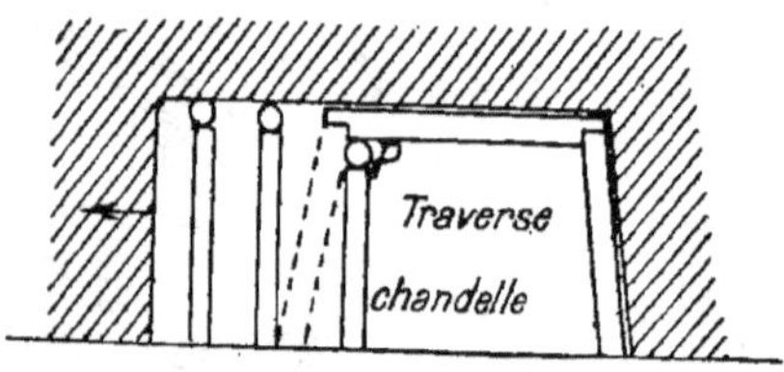

Fig. 168. — Ouverture d'un chantier.

qualité du charbon. Au-dessus des perches ils garnissent la couronne avec des *croûtes* ou *écoins*.

Lorsque le chantier s'est avancé d'une largeur de galerie, on remplace les chandelles par des cadres de boisage, et la voie de roulage est transportée de la traverse dans cette nouvelle galerie ; la traverse est remblayée.

Le chantier progresse ainsi, présentant toujours trois allées parallèles la 1re en dépilage, la 2e servant pour le roulage, la 3e en remblayage.

On remarquera, sur la fig. 167, que certains chantiers, ouverts sur les galeries en direction, progressent en travers vers le mur ou le toit.

Le remblayage est fait par les mineurs du chantier, mais des équipes de remblayeurs, au poste de nuit, achèvent les chantiers en retard pour une cause ou l'autre, et comblent les portions de galeries devenues inutiles.

On prend d'abord les chantiers sur le mur, de façon à pouvoir attaquer les traçages de la tranche suivante, en installant des *verses*.

La *montée en tranche* se fait un dimanche ou un jour de chômage : elle nécessite la création de rampes dans les galeries et de nouvelles recettes dans les plans inclinés au charbon.

220. Exploitation de la grande couche du soleil à la Malafolie. (*Saint-Etienne*). — Cette couche, qui est la même que celle exploitée au puits Mars par tranches inclinées (voir n° 200), présente à la Malafolie une puissance de 15 m. et un pendage de 30° environ, ce qui donne une traversée horizontale de 40 m., qui atteint même 65 m. au milieu du champ d'exploitation, par suite d'un accident local.

Le charbon est moyennement dur, mais grisouteux, et de plus inflammable par suite de la présence de pellicules de pyrite feuilletée.

Le champ d'exploitation n'a que 300 m. environ en direction ; il est desservi au centre par un plan au charbon, au toit de la couche, descendant au niveau de roulage à la base de l'étage. Vers les deux extrémités du champ d'exploitation sont des plans à remblais, sur le mur de la couche, communiquant au niveau supérieur de l'étage avec le puits de sortie d'air, par lequel arrivent les bois et les remblais.

Les étages étaient d'abord divisés en sous-étages de 6 tranches ; ils étaient pris en descendant, et les tranches en montant. Mais chaque sous-étage a été encore décomposé en deux groupes de trois tranches. Celles-ci ont 2 m. au mur, 2^m,60 au toit, soit en moyenne. 2^m,30.

Le dépilage des tranches est fait par quatre grandes tailles en direction, qui s'étendent du mur au toit, deux de chaque côté du plan à charbon, partant des deux côtés des plans à remblais (*fig. 169*).

On commence, en première tranche, par faire une recoupe, du mur au toit, en face du plan à remblai, puis on part en chassant, d'une part vers le plan à charbon, d'autre part vers la limite du quartier. Chaque taille dépile un pilier de 75 m.

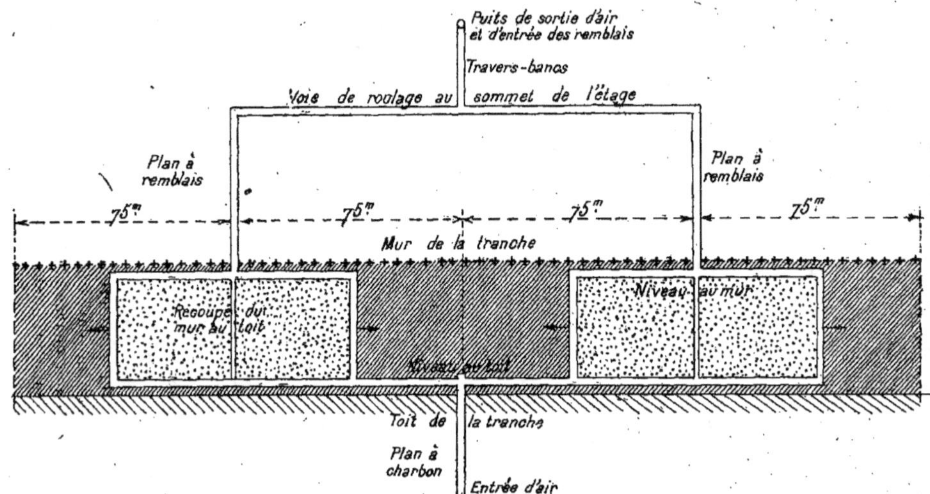

Fig. 169. — Schéma de la méthode d'exploitation. (Grande couche du Soleil).

Le niveau au toit, par lequel les charbons sont amenés au plan à charbon, est tracé sur toute la longueur entre les deux recoupes avant qu'on puisse commencer les dépilages. Les niveaux au mur ne sont tracés qu'au fur et à mesure de l'avancement des tailles. Lorsqu'on a dépilé la première tranche, on s'élève en deuxième en établissant une rampe vers le toit, depuis le pied des plans à remblais, au-dessus de la recoupe de la première tranche. On trace ensuite le niveau au toit, le long du niveau inférieur et on le raccorde au plan incliné, en prolongeant ce dernier ou en établissant un petit plan auxiliaire. On peut alors attaquer les tailles de deuxième tranche (*fig. 170*).

La conduite des chantiers n'est pas toujours identique d'une tranche à l'autre. Dans certains cas, notamment si les terrains chargent beaucoup, on a tracé des galeries au mur et au toit jusqu'à limite du champ d'exploitation, et on a dépilé en rabattant, ce qui a permis de supprimer les galeries dans

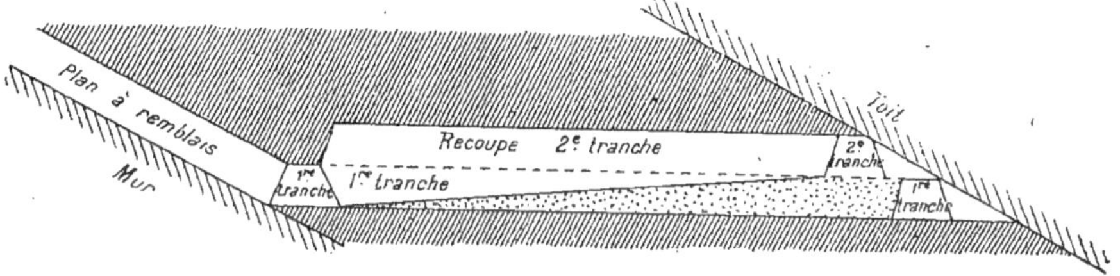

Fig. 170. — Passage en 2ᵉ tranche.

les parties remblayées ; le boisage étant serré, il est difficile de remblayer assez bien pour éviter les infiltrations d'air d'une galerie à l'autre, à travers les remblais, et par suite les échauffements.

D'une façon générale, l'enlèvement d'une tranche n'est pas très rapide et dure environ un an, bien qu'on ait par exemple 18 piqueurs dans une taille de 38 m., et qu'on ait été jusqu'à 26 piqueurs pour 48 m.

Le boisage doit être très serré, par lignes de bois de 3 m. (et non de flandres), supportés par des buttes reposant sur des semelles.

Dans les parties qui chargent beaucoup, les lignes de bois sont rapprochées à 60 cm. au lieu de 1ᵐ,10 et on établit des cadres porteurs pour ménager une voie de roulage le long du front de taille.

Le remblayage est exécuté en même temps que l'abatage, au moins si les terrains ne chargent pas trop. Dans ce dernier cas, on ne peut laisser trois allées découvertes (une en remblayage, une pour les berlines de terres, une pour les berlines de charbon) et il faut remblayer de nuit.

221. Exploitation de la 3ᵉ Brûlante à Montrambert. — Comme dernier exemple, nous citerons l'exploitation de la couche *3ᵉ Brûlante* à Montrambert, qui n'a que 2 à 6 m. de puissance, mais dont le pendage dépasse 45°. Elle est prise par tranches horizontales, par étages de 50 m., et sous-étages descendants de 12ᵐ,50, divisés en 5 tranches de 2ᵐ,50 dépilées en montant.

Le charbon n'est pas dur, mais inflammable.

Ce qui caractérise la méthode appliquée, c'est l'enlèvement simultané de plusieurs tranches, avec champ d'exploitation limité à 60 m. (*fig. 171*).

Au sommet de l'étage, on trace un niveau dans une petite couche au toit, et tous les 120 m. on perce un petit travers-bancs rejoignant

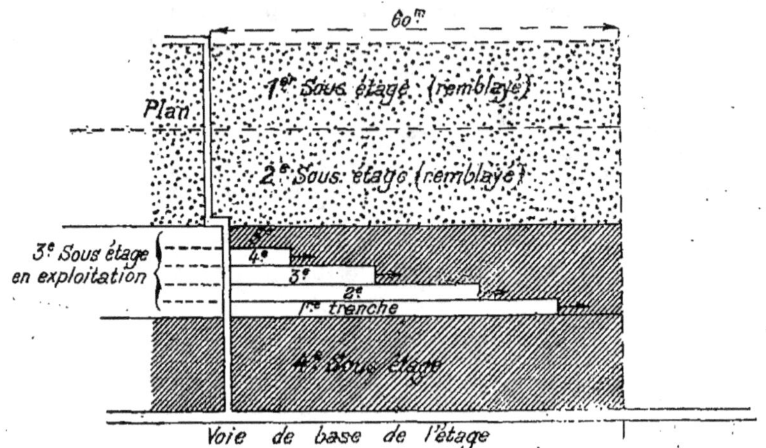

Fig. 171. — Exploitation de la 3ᵉ Brûlante à Montrambert.

la *3ᵉ Brûlante*. On installe alors dans la couche, en face de ces travers-bancs, un plan incliné descendant à mi-distance de l'étage inférieur, suivi, après un palier, d'un second plan, également à chariot porteur, descendant à la base de l'étage. On attaque d'abord une taille en 1ʳᵉ tranche, allant du plan vers la limite. Quand elle a progressé de 15 m., on attaque immédiatement la seconde, et ainsi de suite, les fronts de tailles se suivant à 15 m. de distance. Cette simultanéité est nécessitée par la charge dans une couche tendre aussi inclinée. Elle est rendue possible par la confection, en couronne des remblais, d'un matelas de terre argileuse sur laquelle on peut passer. La voie de desserte de chaque taille est conservée en plein remblai, à mi-distance entre le mur et le toit.

§ 5. — COMPARAISON DES TRANCHES INCLINÉES ET HORIZONTALES.

223. Avantages et inconvénients. — Nous avons déjà signalé que les tranches horizontales étaient toujours possibles, tandis que les tranches inclinées exigent une inclinaison modérée et régulière, une couche de puissance constante et pas trop considérable. Mais lorsque les deux méthodes sont possibles, il est intéressant de comparer les avantages de l'une et de l'autre.

Traçage. — Dans les tranches horizontales, une seule galerie de roulage peut suffire, pour les charbons et les remblais, alors que dans les tranches inclinées, il en faut toujours une pour les charbons et une pour les remblais. Mais, par contre, lorsque la traversée de la couche est étroite, les voies de traçage, tant de niveau que suivant la pente, prennent une proportion plus forte du gisement et diminuent le rendement moyen des piqueurs.

D'autre part les tranches inclinées permettent d'ouvrir plus rapidement de grandes tailles, au moins lorsque le charbon est solide, peu inflammable, et que la couche n'est pas trop épaisse ; dans ce cas, il faut réduire considérablement le champ d'exploitation.

Au point de vue de la conduite du déhouillement, les tranches horizontales permettent de limiter le nombre de tranches prises en montant, tandis que les tranches inclinées ne se prêtent guère à cette division, et cessent pratiquement d'être applicables lorsque la couche est trop épaisse.

Les tranches horizontales, ainsi qu'on l'a vu, se plient à l'enlèvement d'un gîte irrégulier, mais il est à remarquer que leur étendue est très variable lorsque la couche présente des raplatissements, des selles ou des fonds de bateau.

Abatage. — L'abatage est plus avantageux en tranches inclinées, car on peut profiter des plans de clivage et des joints du charbon ; d'autre part on peut laisser en place des intercalations stériles, qui sont souvent prises comme mur ou comme toit d'une tranche, et utiliser les bancs tendres pour y faire le havage. Au contraire, la méthode horizontale conduit à recouper ces barres ou bancs stériles, rendant le travail plus pénible et amenant le mélange du charbon et des stériles.

Enfin, si la couche est peu inclinée, l'enlèvement des prismes sous le toit ou sur le mur est difficile.

Par contre, les tranches inclinées perdent leur avantage si l'inclinaison est trop forte, car le travail devient incommode et même dangereux ; le charbon, en glissant sur le mur, se brise et se mélange aux remblais. En tranches horizontales, le charbon abattu se trie plus facilement.

Boisage. — Le boisage est plus difficile dans les tranches inclinées ; les montants tendent à se renverser, les flandres sous la couronne à glisser ou à rouler ; les éboulements sont plus à craindre. En particulier, lorsque le toit est mauvais, les tranches horizontales sont préférables, car elles ne le découvrent que sur une faible étendue.

Remblayage. — Les remblais sont moins faciles à mettre en place en tranches inclinées, car on peut rarement les faire glisser depuis le haut d'une tranche, et il faut les transporter par jets de pelle successifs. De plus, ils sont moins réguliers, car les gros morceaux roulent au bas du chantier ; le tassement est inégal.

En tranches horizontales la confection des murs en pierres sèches est aisée, la mise en place ne demande qu'un seul jet de pelle et le tassement est plus régulier.

Roulage. — Lorsque le pendage est faible, le roulage bénéficie en tranches inclinées de cette inclinaison, tant pour l'évacuation des charbons que pour l'arrivée des remblais. Mais, généralement, il est plus facile en tranches horizontales, où il est d'ailleurs possible de donner aux galeries une légère pente dans le sens de la circulation des berlines pleines.

Aérage. — Les tranches inclinées se prêtent mieux à l'aménagement d'un courant d'air ascendant, et l'aérage y est meilleur que dans les tranches horizontales de grande étendue, où la distribution de l'air dans le réseau de galeries et de chantiers est difficile à assurer.

Par contre, la limitation du champ d'exploitation dans les tranches horizontales, notamment dans le cas d'une faible traversée, est favorable à un bon aménagement du courant d'air, que l'on peut amener par l'une des extrémités du quartier et faire sortir à l'autre extrémité.

Enfin, dans les couches grisouteuses, la méthode horizontale présente un avantage sérieux : en première tranche, on observe un drainage du grisou contenu dans le massif où l'on pénètre ; dans les tranches suivantes, comprises entre les remblais de la première tranche et ceux du sous-étage supérieur, on a des dégagements beaucoup moins intenses.

Mesures contre les feux. — Les mesures de précaution contre les feux (barrages préventifs, isolement des quartiers échauffés) sont plus faciles en tranches horizontales.

223. Choix de la méthode.

— *En résumé*, les tranches inclinées s'appliqueront à des gisements peu inclinés, de puissance modérée, où les bancs stériles permettent une séparation aisée en tranches de hauteur convenable.

On peut considérer qu'un pendage de 35° est un maximum, surtout en charbon tendre, et que l'épaisseur ne doit pas dépasser une douzaine de mètres.

La méthode horizontale est seule applicable dans les couches très puissantes, ou inclinées, ou dont l'allure est irrégulière.

224. Résumé.

— Les couches puissantes, c'est-à-dire dont l'épaisseur dépasse 3 ou 4 m. ne peuvent être prises en une seule fois sur toute leur épaisseur, et leur exploitation présente des difficultés spéciales. Les affaissements de la surface prennent une ampleur particulière, même avec un remblayage complet, au moins lorsque celui-ci est fait par les procédés habituels à la main.

On a essayé autrefois diverses méthodes, qui ne se rencontrent plus que rarement : *méthode verticale* de Firmy, par piles de 3 m. en direction, *méthode par rabattages* de Montrambert. Cette dernière ne peut s'appliquer qu'avec des charbons solides, car le front de taille est en surplomb

Les deux grandes méthodes actuelles consistent à découper le gisement en tranches, soit parallèles au mur et au toit *(tranches inclinées)* soit *horizontales*, prises successivement.

Les *tranches inclinées* constituent en somme des couches d'épaisseur moyenne (2 à 3 m.), dépilées par les méthodes décrites au chapitre précédent. Mais on est amené à passer au-dessus ou au-desous de remblais parfois mal tassés, et les difficultés d'abatage ou de boisage ne permettent pas d'adopter cette méthode si la couche est trop inclinée (plus de 35° en charbon dur, sensiblement moins en charbon tendre), ou trop épaisse (plus d'une douzaine de mètres), et si son allure n'est pas bien régulière.

L'aménagement du gîte comporte des travers-bancs et voies de roulage au sommet et à la base des étages, et des plans inclinés dans la couche ; le passage d'une tranche à la suivante se fait simplement par une recoupe horizontale.

Les tranches sont généralement prises en montant du mur vers le toit.

Leur dépilage est conduit le plus souvent par tailles chassantes, ou par chantiers en direction dans des piliers longs.

Dans certains cas, on dépile simultanément plusieurs tranches, pour activer l'enlèvement d'un gîte inflammable.

Les tranches horizontales, en plus des voies au sommet et à la base des étages, et des plans inclinés, nécessitent le traçage de galeries en direction dans la tranche, avec communications en travers si la distance du toit au mur est considérable.

Les sous-étages, pris en descendant, ont rarement plus de 4 ou 5 tranches, dépilées soit en montant, soit en descendant. Ce dernier procédé n'est adopté que dans les charbons très tendres ou très inflammables.

Les plans inclinés et les voies de base des sous-étages sont parfois placés dans le mur de la couche lorsqu'on craint des échauffements.

Le dépilage d'une tranche se fait par chantiers en direction ou en travers.

Les premiers sont généralement adoptés lorsque la traversée de la couche est faible; on les dessert par une galerie en direction tracée le long du mur ou au milieu de la couche.

Les chantiers en travers sont surtout employés dans le cas de charbons peu solides, ou d'une grande distance entre le mur et le toit. Lorsque l'épaisseur de la couche et la qualité du charbon le permettent, on opère par grandes tailles, droites ou en gradins.

La *comparaison* des tranches inclinées et horizontales montre que l'abatage est plus avantageux en tranches inclinées dans les charbons bien planchés ou contenant des bancs stériles, mais que le boisage, le remblayage, le roulage, et presque toujours l'aérage sont plus faciles en tranches horizontales. Ces dernières sont seules applicables dans les gîtes très puissants, ou de forte inclinaison, ou d'allure irrégulière.

CHAPITRE IX

REMBLAYAGE HYDRAULIQUE

SOMMAIRE

§ 1. **Généralités.** — Principe. — Historique. — Installations nécessaires.

§ 2. **Préparation du remblai.** — Matériaux utilisables. — Carrières. — Préparation des matériaux, — Dosage et proportion d'eau. — Confection du mélange, au fond ou à la surface.

§ 3. **Distribution dans les travaux.** — Canalisations. — Coudes. — Bifurcations. — Usure des tuyaux. — Revêtements. — Préparation des chantiers. — Conduite du remblayage. — Clarification et évacuation des eaux.

§ 4. **Méthodes d'exploitation applicables avec le remblayage hydraulique.** — Couches moyennes. — Couches puissantes. — *Exemples*. Mines de Bruay, de Petite Rosselle, de Saint-Eloy, de la Mure. — Embouage.

§ 5. **Influence du remblayage hydraulique sur les travaux souterrains et la surface.** — Avantages. — Influence sur les affaissements à la surface. — Conditions d'application. — Résumé.

§ 1. — Généralités.

225. Principe. — Le transport des remblais par un courant d'eau semble à première vue avoir comme intérêt principal de simplifier les manutentions, au prix d'une certaine complication dans les installations. En réalité, l'importance de ce nouveau procédé de remblayage réside surtout dans la perfection avec laquelle les vides sont comblés, et par suite dans la diminution qui en résulte pour les mouvements de terrains et les affaissements de surface.

L'opération nécessite le broyage des matériaux utilisés en morceaux assez fins pour être entraînés par un courant d'eau ; on les mélange avec une quantité d'eau suffisante pour que les canalisations conduisant les remblais jusqu'aux chantiers ne se bouchent pas par suite des dépôts qui tendent à s'y former.

On voit donc que tous les matériaux ne se prêtent pas également bien à ce mode de remblayage, et que le degré de broyage nécessaire, ainsi que la quantité d'eau à employer seront variables suivant la nature de ces matériaux et le trajet qu'ils devront suivre dans la mine.

Enfin, la mise en place du remblai nécessitera des installations spéciales pour maintenir les matériaux, tout en laissant filtrer l'eau, en la recueillant pour la remonter à la surface.

226. Historique. — Les premières applications du remblayage hydraulique datent de la fin du siècle dernier. Dans certaines mines de Pensylvanie, on avait imaginé, vers 1880, d'envoyer dans les chantiers non remblayés, par des trous de sonde, un mélange d'eau et de *schlamms* (c'est-à-dire des résidus très fins du lavage mécanique). On avait ainsi un double avantage : on se débarrassait de matériaux encombrant, à la surface, et on assurait un remplissage des vides qui permettait la reprise des piliers entre les chantiers, en diminuant par conséquent les pertes de charbons.

A la même époque, le remblayage hydraulique fut également appliqué dans les couches épaisses de Haute-Silésie, primitivement exploitées par foudroyage.

Dans les toutes premières années du XXe siècle, il prit une grande extension dans cette région, d'où il ne tarda pas à se répandre en Westphalie et dans le reste de l'Europe.

On l'utilisa d'abord dans les couches très puissantes, ou dans celles où des échauffements étaient à craindre. La diminution des dislocations, qui est un de ses avantages les plus précieux, a conduit à en généraliser l'emploi pour l'enlèvement des piliers de protection ainsi que des parties d'un gisement comprises sous des zones habitées ou des ouvrages tels que les routes, canaux, chemins de fer, qui ne doivent pas être compromis par les mouvements de terrains.

227. Installations nécessaires. — L'emploi du remblayage hydraulique nécessite d'abord des installations spéciales pour l'obtention et la préparation des matériaux ; si l'on peut ouvrir des carrières de sables, on obtient immédiatement des produits qu'il suffira de délayer dans une quantité d'eau suffisante pour avoir un mélange convenable ; mais si l'on utilise des schistes de lavoirs, ou des pierres, il faudra d'abord les concasser pour les réduire en morceaux assez menus.

Une fois les matériaux ainsi préparés, la confection du mélange peut se faire à la surface, ou dans la mine, mais en tous cas à une hauteur assez grande au-dessus du point à remblayer (hauteur variable avec la distance horizontale) pour que le courant d'eau garde une vitesse suffisante dans les canalisations.

La distribution du mélange se fait dans des tuyaux, ou parfois dans des conduites ouvertes. Arrivé au chantier, il est déversé à la partie supérieure du vide à combler. Des barrages retiennent les matériaux et laissent filtrer l'eau ; celle-ci passe en général dans des bassins de clarification, puis elle est renvoyée à la surface.

§ 2. — Préparation du remblai.

228. Matériaux utilisables. — En principe, tous les matériaux sont utilisables : sables, argiles, pierres, laitiers de haut-fourneau, etc..., mais ils demandent à être broyés plus ou moins finement et exigent pour leur transport des quantités d'eau très différentes. En outre de cette considération de transport, il faut se préoccuper de la qualité du remblai obtenu.

Le *sable non argileux* a l'avantage d'être fin, de bien se délayer dans l'eau, par suite d'être entraîné facilement dans les conduites et de ne pas les obstruer ; il n'exige qu'un volume égal d'eau ; dans le chantier il remplit bien tous les vides, sèche rapidement et donne un remblai serré, qui se tasse peu. Il a donc d'importantes qualités, et c'est pourquoi il est très recherché. Par contre, il ne fait pas prise, et on ne peut reprendre, sans précautions spéciales, un massif le long d'un chantier rempli de sable, et encore moins repasser sous une tranche ainsi remblayée. En outre, la masse n'est pas étanche.

Un *sable argileux* exige plus d'eau et demande une surveillance plus grande pour éviter les engorgements dans les conduites. Mais, tant que la proportion d'argile reste faible, le dépôt se fait d'une façon satisfaisante ; il fait prise et devient imperméable à l'eau ou à l'air.

L'*argile seule* exige environ 3 fois son volume d'eau. Le mélange obtenu se dépose lentement et retient longtemps l'eau ; il en résulte que le chantier se remplit d'une masse imprégnée d'eau, et que celle-ci ne sera chassée que par l'effet de la pression des terrains ; le tassement et par conséquent les affaissements à la surface seront sensibles.

La *craie* est souvent argileuse et compressible.

Le *laitier* de haut-fourneau donne un bon remblai, mais il est en général peu abondant ; il use beaucoup les tuyaux et n'est pas assez dense.

Les *pierres broyées* provenant des travaux au rocher (grès et schistes) nécessitent un concassage, comme les pierres provenant des *terris*. Les grès restent en morceaux assez gros, tandis que les schistes sont plus finement broyés et remplissent les intervalles entre les morceaux durs.

Cette composition mixte présente un gros avantage ; en combinant convenablement les dimensions des morceaux, et en choisissant des matériaux de natures diverses, on peut arriver à constituer un remblai analogue à un béton, les morceaux durs jouant le rôle d'une sorte de maçonnerie, cimentée par les menus qui font prise et comblent tous les vides.

Comme autres matériaux utilisés, citons encore les *déchets de lavoirs*, généralement schisteux. Ils se composent également de fragments de dimensions variables, mais les *schlamms*, presque toujours argileux, se déposent mal et retiennent de l'eau. Lorsque les déchets de lavoirs sont encore charbonneux, on peut craindre des échauffements ; en réalité, avec un remblayage bien fait, ce danger n'est pas considérable, à moins que des travaux à un niveau inférieur ne viennent disloquer la masse du remblai et y provoquer une circulation d'air. On emploi aussi des *cendres des chaudières* ; fines, elles donnent de bons résultats, mais les scories ordinaires tassent trop.

Dans la majorité des cas, on disposera de matériaux d'origines diverses ; on cherchera alors à composer un mélange qui assure un minimum de tassement ; nous reviendrons un peu plus loin sur cette question.

229. Carrières. — Une partie des matériaux provient donc des travaux de fond, des ateliers de traitement mécanique ou des usines métallurgiques voisines. Mais ces sources sont généralement insuffisantes, et il est nécessaire de recourir à l'exploitation de carrières spéciales de sables, de terres ou de graviers.

On recherche naturellement les matières qui ne nécessiteront pas un broyage ultérieur, et qui sont meubles par elles-mêmes. Leur abatage se fera au moyen d'excavateurs à godets, de pelles à vapeur ou d'autres engins analogues. Un procédé d'abatage est particulièrement indiqué, lorsque les matériaux sont homogènes et peu consistants : c'est l'emploi d'un jet d'eau sous pression.

La quantité d'eau et la pression nécessaires varient suivant les terrains. Une pression de 7 atmosphères suffit dans les sables purs, tandis qu'il faut 16 à 17 atmosphères dans les argiles fermes.

Pour ces dernières, la quantité d'eau est naturellement plus élevée que pour les sables purs ; mais c'est avec les sables argileux qu'elle est le plus faible.

Cette méthode, d'un emploi exceptionnel, a été appliquée en Haute Silésie. A la mine *Concordia*, on utilisait des lances capables d'envoyer 2 mètres cubes d'eau par minute à la pression de 15 atmosphères, ce qui permettait d'abattre en 10 heures (avec 3 lances) 900 mètres cubes d'argile ou 1500 m³ de sable. Le mélange se rendait directement au puits par une rigole creusée dans le sol.

L'installation nécessitait une force motrice de 85 chevaux, et on calculait que l'économie réalisée sur l'abatage avec des dragues atteignait 53 °/₀. De plus, le mélange d'eau et de sable était meilleur que s'il était fait dans un entonnoir, et il en résultait une économie sur la consommation d'eau, qui diminuait les frais d'épuisement.

On ne dispose malheureusement pas toujours de terrains sablonneux au voisinage immédiat de la mine. Dans certains cas, on a été amené à transporter les sables, par voie ferrée, de plusieurs kilomètres, ce qui élève sensiblement le prix de revient de remblayage.

230. Préparation des matériaux. — Les matériaux doivent être réduits en fragments assez légers pour être entraînés par l'eau, dans les conduites.

On ne dépasse pas, en général 60 ou 70 $^m/_m$, et seulement pour une proportion très réduite du mélange. Cette limite n'est d'ailleurs admissible que si la canalisation n'est pas trop longue et ne présente pas de coudes brusques ou de sections montantes. Dans le cas contraire, on peut être amené à ne pas dépasser 20 ou 25 $^m/_m$.

Le broyage se fait au moyen d'un concasseur à mâchoires, installé soit à la surface, soit au fond. Avant le concasseur, les matériaux passent dans un trommel, (ou un crible), qui élimine les menus dont le passage dans l'appareil est inutile ; à la sortie de ce dernier, un autre trommel arrête les morceaux qui dépassent les limites admises.

La plupart du temps, les matériaux ne sont pas trop durs, et on dispose d'une proportion notable d'éléments menus, sables, laitiers, schlamms etc... Il suffit donc, pour préparer un volume suffisant de remblais, d'un ou deux appareils. Lorsqu'on doit broyer des roches dures, et qu'il faut installer un atelier plus complet, le prix de revient est sensiblement plus élevé.

Les matériaux préparés sont accumulés dans une trémie, à la base de laquelle est fait le mélange avec le courant d'eau ; lorsqu'on n'a pas à pratiquer l'opération de broyage, on supprime souvent cet emmagasinement et on se contente de constituer un tas suffisamment grand pour que le mélange se continue régulièrement.

231. Dosage des divers matériaux et proportion d'eau. — Nous avons vu qu'on obtenait des résultats particulièrement satisfaisants en mélangeant des grains de dimensions différentes, de façon à former une sorte de béton. Les formules de dosage varient avec les sources de matériaux dont on dispose. Un exemple classique est celui du mélange adopté au puits Trinité, à Polnisch-Ostrau : argile

30 %. Cailloux durs à arêtes vives : 20 %, sable 10 %, poussier de coke 25 %, déchets de lavoirs 15 % (broyés à moins de 20 $^m/_m$).

Dans les mines qui disposent de sables plus abondants, on force en général la proportion de ce produit. On cherche, en tous cas, à avoir au moins moitié de grains fins (moins de 6 $^m/_m$).

Quant à la proportion d'eau elle est commandée non seulement par la nature du remblai, mais encore par les dimensions et le profil de la canalisation, dans laquelle la vitesse du courant doit être de 1^m,50 au moins. L'expérience seule permet de fixer le chiffre à adopter, qui sera de 1 volume à 1 volume 1/2 avec des remblais menus et peu argileux, et montera à 2 et même 3 volumes si les terres argileuses sont en forte proportion. Toutes choses égales d'ailleurs une plus grande hauteur de chute de l'eau permet de diminuer la consommation de celle-ci.

232. Confection du mélange. — Pour éviter les engorgements et limiter la dépense d'eau, il faut assurer une arrivée régulière des matériaux, un mélange intime avec l'eau et un débit suffisant pour que les canalisations soient aussi pleines que possible.

Dans les premières installations, on se contentait de déverser les produits sur une grille au dessus d'une trémie ; la grille a pour effet d'empêcher la formation des mottes ; avant d'y arriver, les remblais sont dilués par des jets d'eau ; la base de la trémie forme l'entrée de la canalisation. La pression de l'eau (provenant d'un réservoir à un étage supérieur) est d'au moins 3 kg. et atteint parfois 10 ou 15 kg.

On a perfectionné le mélangeur en remplaçant la grille simple par une succession de 2 ou 3 cribles superposés, et en installant dans le coude qui précède la canalisation un tuyau donnant une série de jets verticaux (*fig. 172*). On peut également disposer sous la grille des jets d'eau de bas en haut pour diviser la masse et la mettre en mouvement et un autre jet, de haut en bas, pour entraîner le mélange dans la canalisation.

L'entonnoir est parfois construit entièrement en béton armé, mais on préfère en général le faire en tôle, surtout lorsque la tuyauterie d'arrivée d'eau est un peu compliquée ; on peut mieux entretenir l'installation et changer les parties usées. Le tout est soutenu par des poutrelles, dans un petit puits spécial.

Dans une installation de ce genre, il n'y a pas d'accumulateur de matériaux formant volant. Il faut disposer, au début de l'opération de remblayage, d'un nombre de berlines pleines suffisant pour ne pas interrompre le travail.

Il est difficile d'aménager, au fond, des accumulateurs d'un volume suffisant ; actuellement, on a tendance à en installer à la surface, au-dessous des ateliers de concassage, et à leur donner une capacité de plusieurs centaines de mètres cubes, soit que le mélange se fasse au jour et soit distribué ensuite dans les travaux souterrains, soit qu'on dispose des canalisations de descente pour les remblais secs, l'addition d'eau ne se faisant qu'au fond.

On a pourtant profité parfois de l'existence d'anciens beurtiats ou de montages très inclinés pour créer des accumulateurs au fond. Ainsi, à la

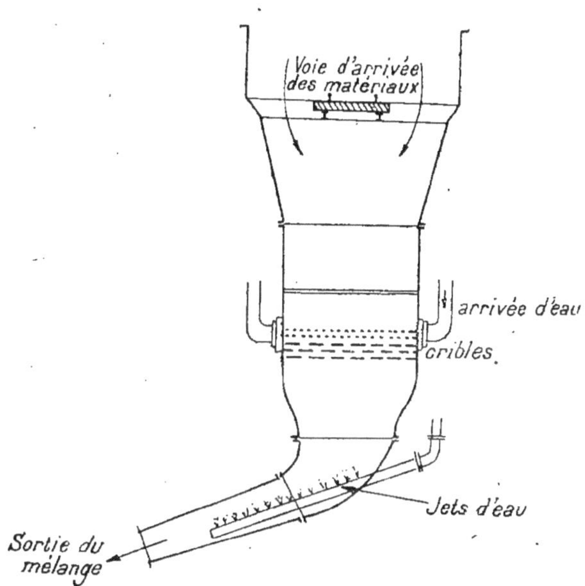

Fig. 172. — Schéma d'une installation de mélange.

mine Hibernia (Westphalie), on a installé en 1907 un broyage au jour, le remblai descendant à l'étage de 380 m. par une canalisation de 385 $^m/_m$ et venant s'accumuler dans un ancien beurtiat bétonné, de 3 m. de diamètre, haut de 30 m. situé assez près du puits pour que le remblai sec puisse y couler par un couloir incliné à 60°. On pouvait ainsi emmagasiner 200 m³, ce qui suffisait à 2 ou 3 heures de fonctionnement du remblayage, c'est-à-dire plus qu'il n'en fallait pour la durée normale de l'opération pendant une journée.

Quel que soit le procédé d'alimentation de l'accumulateur, le mélange se fera à sa base ; on laissera par exemple couler le remblai dans un entonnoir, en filets assez minces qui passent devant des jets d'eau qui le diluent et l'entraînent. On doit prévoir des dispositifs de sûreté qui ferment automatiquement l'arrivée de remblai lorsque la venue d'eau s'interrompt, ou même diminue dans des proportions telles que des obstructions risqueraient de se produire dans les conduites.

233. Confection du mélange à la surface. — La confection du mélange à la surface est évidemment plus commode, aussi bien pour le montage des installations que pour la conduite de l'opération. Mais la descente du remblai hydraulique dans la mine présente des difficultés sérieuses lorsque la profondeur dépasse 300 ou 350 m.

Tout d'abord, l'usure des tuyaux devient considérable, notamment pour les coudes à la base de la conduite principale de desserte ; nous verrons plus loin qu'elle est très rapide lorsque les produits employés sont siliceux.

D'autre part, si l'on n'utilise pas des eaux provenant des travaux souterrains recueillies à une certaine hauteur au-dessus de l'installation de mélange, mais qu'on introduit de l'eau depuis la surface, on augmente les frais d'épuisement, dans une proportion d'autant plus grande que la profondeur des travaux est plus considérable. Aussi dépasse-t-on rarement 300 m. pour la descente du remblai préparé, et préfère-t-on, dans les mines profondes, faire descendre les matériaux secs, soit en berlines, soit en tuyaux comme à *Hibernia*.

§ 3. — DISTRIBUTION DANS LES TRAVAUX.

234. Canalisations. — Les tuyaux employés sont en fer, en fonte ou en acier.

Le *fer* est plus léger que la fonte, et il est très employé, par exemple en Haute-Silésie où le remblayage hydraulique s'est développé en premier.

La *fonte* exige une épaisseur plus considérable, ce qui augmente le poids de la canalisation et les frais de montage. Elle garde, après usure des tuyaux, une certaine valeur, mais on ne l'emploie cependant que rarement sauf dans les coudes. On lui reproche également d'être sujette à des éclatements si la pression d'eau est élevée.

L'*acier* est plus résistant ; malgré son prix, il est fréquemment adopté en France et en Westphalie.

La question de l'usure, particulièrement importante dans l'étude du remblayage hydraulique, sera examinée plus loin.

Les tuyaux en fer ont en général une épaisseur de 8 à 10 $^m/_m$, quelquefois moins, ceux en fonte 15$^m/_m$ environ, ceux en acier 6 ou

7 $^m/_m$ pour des installations ordinaires, parfois 10 ou 12 lorsque la pression d'eau est considérable.

Quant au diamètre intérieur, qui dépasse 200 $^m/_m$ dans certaines mines, on préfère parfois la limiter à 150 ou 160 $^m/_m$, et on est même descendu à 120 $^m/_m$.

Avec les grandes épaisseurs et les grands diamètres, on réduit la longueur des tronçons pour faciliter le montage de la canalisation.

La réunion des tuyaux se fait au moyen de collets et de brides, de façon à permettre leur rotation au bout d'un certain temps. L'usure se fait naturellement sentir le long de la génératrice inférieure. En tournant le tuyau de 90° ou de 60°, on prolonge sa durée et on diminue les frais d'entretien de la canalisation. Mais nous verrons qu'on préfère souvent munir les tuyaux d'un revêtement protecteur à l'intérieur

Le transport se fait mieux dans les tuyaux ovales où les matériaux restent mieux immergés ; cette forme ne se prête pas au retournement à 60°, mais elle convient bien à l'installation de revêtements intérieurs.

En tous cas, les joints doivent être bien serrés, munis de rondelles compressibles, pour assurer l'étanchéité.

235. Coudes. — Les coudes sont sujets à une usure plus rapide que les parties droites, surtout si leur rayon est faible. On les fait souvent en fonte, et on leur donne un rayon d'au moins un mètre. Ils ne peuvent être retournés, comme les tronçons de tuyaux droits, aussi leur protection contre l'usure a-t-elle une importance particulière.

La question des revêtements sera étudiée plus loin ; on a proposé aussi de leur donner un diamètre plus grand et de les munir de nervures (*fig. 173*) qui retiennent une partie du remblai. Il se forme ainsi un matelas protecteur. Mais ces pièces sont compliquées et sujettes à des obstructions.

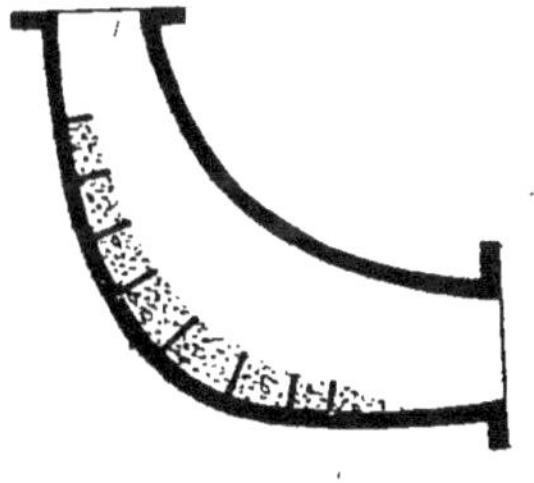

Fig. 173.
Coude avec nervures.

Les coudes qui s'usent le plus vite sont ceux qui sont placés à la base de la colonne de descente verticale.

236. Bifurcations. — La canalisation doit, en certains points, comporter des branchements permettant de diriger le mélange soit dans une direction, soit dans l'autre.

On peut employer des dispositifs avec vanne ou registres, fermant l'une des branches de la bifurcation. Mais l'usure en est rapide ; non seulement il faut remplacer souvent les pièces, mais elles cessent bientôt d'être étanches.

Lorsque les changements ne sont pas fréquents, on se contente souvent de fixer, à l'extrémité de la colonne d'arrivée, un coude relié à l'une ou l'autre des conduites secondaires. Mais s'il faut éviter les pertes de temps occasionnées par les démontages et remontages du coude, ou encore si l'angle des deux tuyaux secondaires ne permet pas ce procédé, il faut en revenir à l'emploi des bifurcations, en remplaçant ces pièces lorsqu'elles ne sont plus en bon état.

L'un des modèles les plus répandus (de la *Westfalia*) comporte deux pièces que l'on glisse dans des rainures et que l'on maintient en place par des vis de pression. L'une est annulaire, et son diamètre intérieur est égal à celui du tuyau par lequel doit passer le mélange ; l'autre est pleine et ferme le tuyau que l'on veut barrer.

237. Usure des tuyaux. — La question de l'usure des tuyaux, qui est une des difficultés du remblayage hydraulique et une des causes principales de dépenses, a fait l'objet d'études détaillées, qui ont permis de formuler quelques conclusions pratiques (1).

L'usure varie beaucoup avec la nature du remblai : les matériaux siliceux (sables, laitiers, grès) sont beaucoup plus nuisibles que les matériaux argileux (schistes de lavage, argile) surtout lorsque ces derniers sont très fins.

L'addition de matériaux argileux dans un remblai siliceux amène une diminution intéressante de l'usure ; celle-ci est plus rapide si les éléments sont de dimensions notables.

La vitesse du courant a une importance facile à comprendre, mais difficile à évaluer avec précision. Cette vitesse doit naturellement être sensiblement plus forte si les matériaux sont en morceaux plus gros. Il faut d'ailleurs noter que le tuyau est rarement plein ; l'air entraîné se comprime et se détend, amenant des variations de vitesse dans le courant. Il y a donc avantage à augmenter le débit ou à diminuer la section du tuyau pour se rapprocher de la marche à tuyau plein. Le courant devient plus régulier et l'usure n'est pas augmentée ; au contraire, on diminue les usures anormales.

En tuyaux horizontaux, si la proportion d'eau est trop faible pour que

---

(1) Voir en particulier : M. Victor Viannay, De l'usure des tuyauteries de remblayage. *Bulletin de l'Industrie minérale*, mai 1913.

tous les grains soient entourés de liquide, l'usure est considérable. Les meilleures conditions semblent réalisées quand la quantité d'eau est juste celle qu'il faut pour que tous les grains soient baignés dans le liquide. Au contraire, si l'on augmente la proportion d'eau, l'usure s'accroît car les grains viennent en plus grand nombre frotter contre les parois au lieu de s'user les uns contre les autres. On observe toutefois une diminution d'usure si la vitesse du courant est très grande ; dans ce cas, une partie des grains est entraînée assez rapidement pour ne pas venir en contact avec les parois.

En pratique, la proportion d'eau qui répondrait aux conditions ci-dessus serait trop faible pour assurer le transport du remblai, mais il faut conclure de ces considérations qu'il n'y a pas avantage à augmenter la quantité d'eau au-dessus de celle qui donne un transport sans arrêts ni obstructions.

En tuyaux verticaux, la vitesse du courant est plus grande au centre, et il est en général avantageux d'augmenter la proportion d'eau, car les grains sont alors écartés des parois.

La *nature des parois* est également à considérer. Les tuyaux en fonte sont moins répandus que ceux en fer ou en acier. En Haute-Silésie, avec des sables fins, on a constaté une usure de 1 $^m/_m$ par 20.000 m³ de remblais (sans retournement de la conduite) en partie horizontale, 1 $^m/_m$ par 13.000 m³ en partie inclinée à 20°. En s'usant les tuyaux perdent leur solidité.

On emploie assez souvent les coudes en fonte, qui s'usent moins que ceux en acier.

Les *tuyaux en fer étiré*, très répandus en Haute-Silésie, donnent naturellement des résultats très différents suivant la nature du remblai. On estime que l'usure, avec des remblais argileux et des schistes de lavage, est trois fois plus faible qu'avec le sable, et six fois plus faible qu'avec les laitiers et gros graviers (M. *Viannay*, article cité).

En conduite horizontale on a observé une usure de 1 $^m/^m$ pour 10.000 à 50000 m³ de sables suivant la teneur en argile, et pour 4000 à 6000 m³ de laitiers ou graviers. En conduites verticales l'usure atteint 1$^m/^m$ pour 30.000 à 95.000 m³ dans le premier cas, pour 12.000 m³ dans le second. Dans les conduites inclinées elle est de 5000 à 10000 m³ pour les sables.

Tous ces chiffres moyens, d'ailleurs peu précis, ne concernent que l'usure normale, dans les canalisations en ligne droite, et avec un mélange à peu près constant, circulant presque à tuyau plein. Lorsque ces conditions ne sont pas remplies, l'usure est bien plus rapide.

En particulier, dans les exploitations où l'on a injecté de l'air dans les tuyaux pour améliorer l'aérage dans les chantiers, il se forme des tourbillonnements et des pulsations qui provoquent des ricochets et une usure rapide.

Les coudes s'usent particulièrement vite, surtout ceux dans lesquels le courant passe du mouvement horizontal au mouvement vertical (*fig. 174-I*) ; les morceaux sont projetés contre la paroi et sous l'effet de cette sorte de bombardement l'usure est énorme : 1 $^m/_m$ pour quelques centaines de mètres cubes de remblai avec de la fonte ordinaire, pour 1000 à 2000 m³ avec de la fonte dure. Les coudes à la base des conduites verticales (*fig. 174-II*) s'usent presque aussi

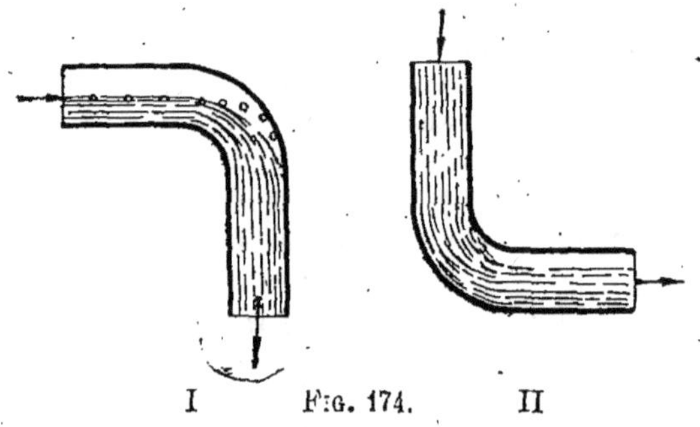

I   Fig. 174.   II

vite, les coudes horizontaux dans les galeries sensiblement moins, lorsqu'on a soin de leur donner un rayon suffisant.

238. Revêtement. — Pour protéger les tuyaux, on a proposé divers modes de revêtement.

La terre cuite et le ciment armé n'ont pas donné de résultats satisfaisants.

Les *douves en chêne*, épaisses de 20 mm., en anneaux longs de 20 cm., ont été très durables avec des sables fins et un peu argileux, mais avec des laitiers ou des cailloux durs on a observé des arrachements et par suite des engorgements.

On a imaginé d'employer un revêtement en *anneaux de porcelaine*, épais de 4 à 6 1/2 $^m/_m$, longs de 250 $^m/_m$. Les résultats ont été excellents (à *Deutscher Kaiser*, Westphalie) avec des laitiers granulés ; en conduite horizontale, après le passage de 200.000 m³, on n'observait aucune usure appréciable. Mais si le remblai contient des morceaux siliceux, de dimensions notables, l'usure est beaucoup plus rapide. La porcelaine, excellente avec des remblais fins ou des schistes de lavage, est très peu avantageuse avec des pierres concassées, des scories, des morceaux de silex.

On a enfin proposé des *revêtements métalliques*, soit pour tuyaux

ronds (*fig. 175 I*), soit pour tuyaux ovales (*fig. 175 II*). Le premier a
l'inconvénient d'élargir le fond de la section libre et de le rendre
plus plat ; cette modification est désavantageuse lorsque le tuyau
n'est pas plein, ce qui est le cas général.

Le tuyau ovale, qui n'est évidemment applicable que pour les
parties horizontales ou inclinées, a certains avantages : meilleures
conditions de frottement et régularité plus grande du courant lorsque
le remplissage varie ; d'autre part les morceaux les plus lourds, qui
descendent au fonds du tuyau, sont dans une partie étroite où le
courant est plus rapide.

Le revêtement peut se faire en fer ou en acier laminé. Il est

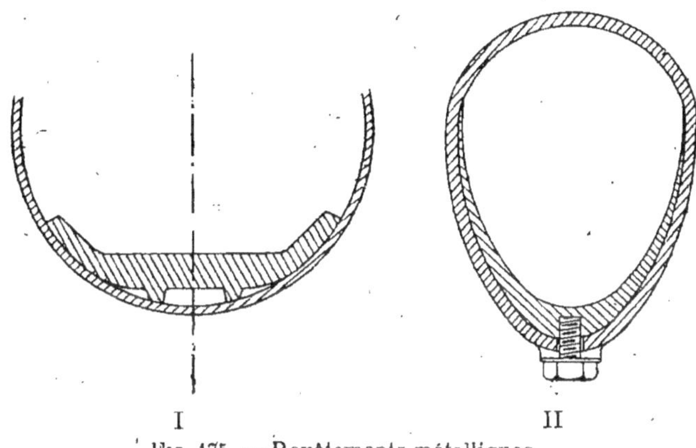

Fig. 175. — Revêtements métalliques.

fixé à l'intérieur par des vis et peut se remplacer facilement. On a
tendance à employer actuellement des anneaux en fonte trempée ou
en acier très dur.

239. Préparation des chantiers. — La préparation d'un chantier dans lequel le remblai doit être déposé hydrauliquement varie
beaucoup suivant les conditions du gisement et suivant la méthode
appliquée, mais elle consiste essentiellement à monter des barrages
isolant le vide où s'accumulera le remblai, tout en laissant filtrer
l'eau. Certains matériaux, comme les sables ou les laitiers se
séparent facilement ; au contraire les schlamms ou les sables argileux se déposent lentement. Il faut laisser au mélange le temps de
se décanter ; le barrage doit donc être solide pour supporter la pression de la masse imbibée d'eau, et assez serré pour filtrer convenablement cette dernière.

On peut se contenter parfois de simples barrages en planches jointives, maintenues par des bois, et dont on bourre les interstices avec du foin, ainsi que les vides contre les parois, le sol et la couronne. Il faut éviter un ravinement du sol, aussi établit-on le barrage dans une rigole bourrée de terre.

Dans certaines parties, qui doivent résister à une pression élevée (par exemple le long des galeries ou des chantiers), on élève souvent des murs en pierres sèches, avec bourrage, et au besoin intercalation de toiles.

Le barrage ne doit pas être partout complètement étanche, mais au contraire laisser filtrer l'eau, plus ou moins rapidement suivant

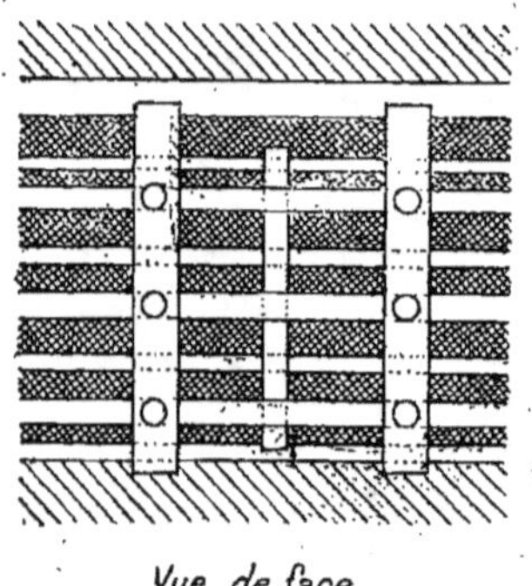

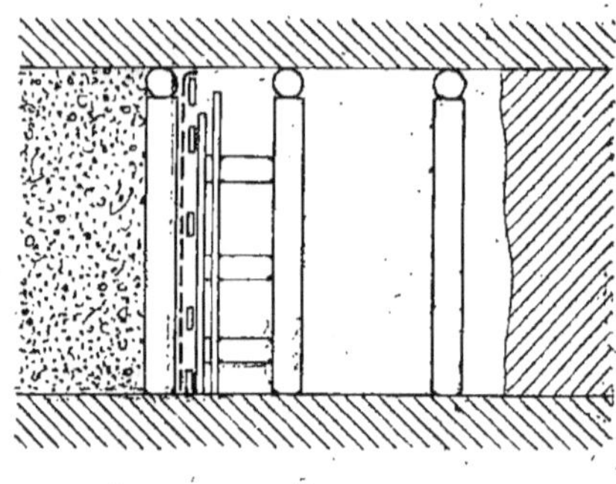

Fig. 176. — Barrage.

la nature du remblai. On dégage donc les interstices entre les planches au fur et à mesure de l'avancement du remblayage, en observant que l'eau ne passe pas trop boueuse.

Dans les parties qui n'ont pas à supporter une grande pression on se contente souvent de toiles clouées sur des planches (toiles de sacs, toiles d'emballage renforcées avec des fils de fer, toiles métalliques) (fig. 176).

Dans certaines mines on a utilisé des grilles de criblage recouvertes de toiles. Ailleurs (région de Liége) on se sert de fagots placés côte à côte, réunis par des ligatures et maintenus par des planches clouées au boisage.

On s'efforce d'utiliser plusieurs fois de suite les matériaux employés pour la confection des barrages ; de même on cherche à enlever le boisage au fur et à mesure que le chantier est rempli par les remblais. Cette dernière opération n'est d'ailleurs possible que si les terrains ne chargent pas trop et que les remblais prennent rapidement une consistance suffisante.

Nous verrons plus loin quelques exemples d'application du remblayage hydraulique, qui nous donneront l'occasion de revenir sur cette question de l'établissement des barrages. Remarquons, dès à présent, que dans les couches inclinées il faut établir un barrage au sommet du vide à remblayer, comme à la base et sur les côtés, afin de pouvoir remplir le haut du chantier (*fig. 177*). Il restera d'ailleurs forcément un vide, qu'il faudra bourrer à la main.

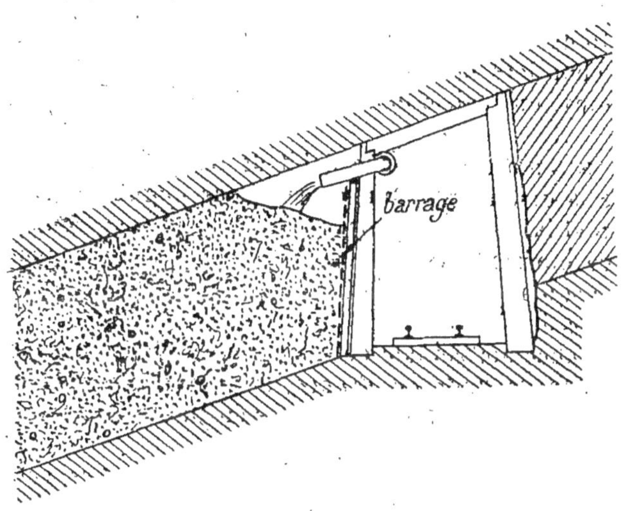

Fig. 177. — Barrage au sommet d'un chantier.

Il en sera de même, en tranches horizontales, le long de la galerie d'arrivée du remblai.

240. Conduite du remblayage. — Lorsque le pendage est fort, il suffit de déverser le remblai à la partie supérieure du chantier ; mais l'opération ne se fait pas aussi facilement avec les terres argileuses, schistes, scories, laitiers, qu'avec les sables qui sont bien entraînés et se disposent horizontalement.

Avec les sables, on a pu, en Haute-Silésie, remplir ainsi des vides de 10 m. en direction et 100 m. suivant l'inclinaison, avec un pendage de 5° seulement ; en France ou en Westphalie avec des matériaux mélangés, on a pu atteindre 25 m., 45 m. et 60 à 80 m.

avec des pendages respectivement de 10°. 15° et 20° (1). On peut remblayer, avec ces matériaux, 3 ou 4 m. en direction sans déplacer le tuyau d'arrivée. A *Deutscher-Kaiser*, on a atteint 8 m. avec du laitier granulé.

Dans les parties peu inclinées, par exemple en tranches horizontales, on doit d'abord amener le jet jusqu'au fond du chantier, et raccourcir progressivement le tuyau.

Le remblayage est exécuté soit pendant le poste d'abatage, soit après.

Le remplissage est rapide. Le débit horaire est de 75 à 200 m³ et même davantage, surtout si l'on emploie une pression de 10 à 15 atmosphères. On remblaie, en un poste, 100 à 200 m³ de vide dans les conditions les plus défavorables ; on comble, en Haute-Silésie, deux chantiers de 1200 m³ en 10 heures. En dehors de l'économie de temps, on réalise donc une économie considérable de main-d'œuvre.

Il est à remarquer que le débit de remblais diminue sensiblement avec la distance, si l'on ne veut pas augmenter exagérément la pression et la consommation d'eau. On dépasse rarement 2000 m. de distance horizontale, sauf avec des sables argileux pour lesquels on a été jusqu'à plus de 4.000 m. en Haute-Silésie, avec une hauteur de chute de 370 m.

La distance horizontale de transport ne dépasse guère 10 à 12 fois la hauteur de chute en France, et peut atteindre 14 ou 15 fois cette hauteur avec les sables employés en Haute-Silésie.

241. Clarification et évacuation des eaux. — Les eaux qui s'échappent des chantiers après avoir déposé les matériaux qu'elles charriaient sont recueillies dans des rigoles pour éviter qu'elles ne ravinent les galeries ou les plans inclinés, ne déchaussent les boisages et ne s'infiltrent partout dans les terrains.

Avant d'être envoyées aux pompes, elles doivent être décantées, car elles sont encore chargées, le plus souvent, d'une certaine quantité de matières fines, d'autant plus abondantes que les remblais sont plus argileux.

Lorsqu'on dispose d'anciens travaux, à un niveau inférieur, on y laisse écouler les eaux qui s'y clarifient. Mais si le remblayage hydraulique est appliqué dans un gisement vierge, il faut créer des bassins spéciaux, par exemple dans la couche elle-même ; on y laisse

---

(1) M. FRANTZEN : Etude sur le remblayage hydraulique. *Bulletin de l'Industrie Minérale*, juillet 1914.

la décantation se produire et lorsqu'un bassin est plein, on en met en service un nouveau. Si le gisement ne se prête pas à cette solution, ou que les eaux sont très chargées et donnent un dépôt abondant, on se sert de vieilles galeries ou de bassins creusés au rocher, que l'on vide lorsqu'ils sont pleins.

Cette opération de la clarification est parfois difficile et coûteuse, et il peut même arriver que certains matériaux donnent des boues dont la décantation est pratiquement impossible.

Les eaux sont ensuite évacuées à la surface. Si ces eaux sont encore boueuses, l'usure des pompes est rapide, et leur rendement diminue, tant par suite des dépôts qui se forment que par suite de la détérioration des clapets par les particules siliceuses restées en suspension dans l'eau.

§ 4. — Méthodes d'exploitation applicables avec le remblayage hydraulique.

242. Couches moyennes. — Toutes les méthodes d'exploitation que nous avons passé en revue dans les chapitres précédents ne se prêtent pas également bien à l'emploi du remblayage hydraulique.

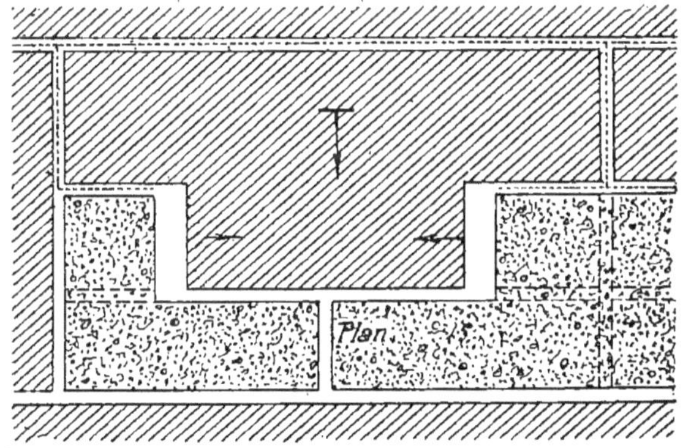

Fig. 178. — Stossbau.
..... Canalisations.

Celles qui comportent le maintien des galeries dans les remblais obligent à multiplier les barrages et à les faire plus solides.

C'est le cas des tailles chassantes en couches minces ou moyennes, ou des tailles montantes avec galeries de desserte nombreuses. Les méthodes de dépilage par piliers longs pris en rabattant ne présentent pas cet inconvénient, mais nécessitent un long traçage préalable ; de plus les eaux sortant des chantiers risquent, comme avec les tailles chassantes, d'inonder les chantiers inférieurs.

Le *stossbau*, surtout avec de grands fronts, est très bien approprié à ce mode de remblayage ; en fait, il est d'emploi courant en Allemagne, et a été adopté dans certaines mines françaises (*fig. 178*). Lorsque les chantiers se développent des deux côtés du plan de descente de la canalisation, la partie inférieure de ce plan peut être remblayée. Le plan à charbon peut être ménagé dans les remblais, ou creusé au préalable sur toute la hauteur du panneau.

Si le pendage est faible, on peut adopter le stossbau montant en dépilant les panneaux par bandes successives de 20 à 30 m. prises en montant, le remblayage suivant le front de taille, et une galerie étant ménagée le long du pilier vierge.

Il est à remarquer que les couches moyennes (et à fortiori les couches minces) donnent toujours une certaine proportion de remblai placé à la main. Souvent le remblayage hydraulique n'est qu'un complément. Son application constitue surtout une modification sérieuse dans les couches qui étaient prises par foudroyage. Mais l'élévation du prix de revient qui en résulte en limite l'emploi.

243. Couches puissantes. — C'est dans les couches puissantes, prises par foudroyage, que le remblayage hydraulique a d'abord été appliqué. Il permettait en effet de réduire considérablement les pertes de charbon, les affaissements de surface et les risques de feux.

Même en Haute-Silésie, son application n'est pas générale. La méthode adoptée au début était la même qu'avec le foudroyage : traçage de panneaux découpés en piliers longs, mesurant 10 à 15 m. suivant l'inclinaison, pris par recoupes montantes. Mais on a appliqué aussi dans certaines mines le *stossbau*, chassant ou montant.

Jusqu'à 6 ou 8 m. d'épaisseur on prend toute la couche en une fois ; au-delà, on opère par tranches inclinées, prises en montant.

La solidité du toit, dans ce gisement de Haute-Silésie, permet de laisser des vides de grandes dimensions qui sont remblayés en une fois ; grâce aux matériaux dont on dispose (sables non argileux), le remplissage est rapide, l'évacuation et la clarification des eaux faciles.

Dans d'autres régions, où le toit charge davantage, on est obligé d'isoler des piliers de dimensions réduites.

En France, dans les couches puissantes, on opère surtout par tranches horizontales, prises par grandes tailles (qui ont l'inconvénient de nécessiter une grande étendue de barrages), ou par recoupes.

On ne peut prendre les tranches qu'en montant, car les remblais hydrauliques, fins et denses, sont trop lourds pour qu'on puisse les maintenir en couronne des chantiers.

Si l'on procède par recoupes, et qu'on doit longer des remblais frais, il faut un garnissage serré pour empêcher ces derniers de couler dans le chantier. Lorsque la traversée de la couche n'est pas considérable, et qu'il y a une seule galerie de traçage, au mur par exemple, les eaux doivent venir s'évacuer à l'entrée de la recoupe, qui forme un cul de sac ; la conduite d'arrivée doit d'abord être poussée jusqu'au fond du chantier, puis raccourcie. Le talus de remblais qui se forme monte derrière le barrage, et il faut avoir soin de compléter le remplissage à la partie supérieure, le long de la galerie.

EXEMPLES.

244. Couche moyenne. — (*Bruay, Pas-de-Calais*). (1).
Le remblayage hydraulique a été appliqué en 1905 à la fosse n° 3 de Bruay ; l'installation a été perfectionnée en 1907.

Les remblais se composent de déchets de lavoir, de scories fines et surtout de matériaux concassés : terres brûlées de terris, roches du fond, scories de chaudières. Les produits sortant de l'atelier de concassage sont mis en berlines et culbutés, au moment du remblayage, dans une fosse où ils sont repris par des norias et déversés au-dessus d'un entonnoir, sous l'arrivée d'eau venant des pompes.

La canalisation part de l'entonnoir à la surface ; elle est formée de tuyaux en acier, de 180 $^{m}/_{m}$ de diamètre intérieur et 7 $^{m}/_{m}$ d'épaisseur. Il y a avantage à diminuer ce diamètre pour éviter les obstructions. La colonne de descente dans le puits a 270 m. de longueur ; elle est munie de boîtes de dilatation à la partie supérieure et au sommet.

L'envoi du remblai au fond se fait sur ordre téléphonique du chef de chantier ; il est précédé et suivi d'un lavage de quelques minutes à l'eau pure. En marche normale, le débit de remblais est de 130 m³ à l'heure. La quantité d'eau pour le transport est en moyenne de 1 m³ 200 par m³ de remblais, et s'élève à 1 m³ 450 avec les lavages.

Les veines exploitées ont de 1 à 2 m. et sont peu inclinées.

Elles sont dépilées soit par piliers longs, en direction, pris en rabattant vers le plan situé au milieu du chantier, soit par tailles montantes (*fig. 179-I et II*).

---

(1) Voir M. C. DOISE. Le remblayage hydraulique au siège n° 3 des mines de Bruay *Bulletin de l'Industrie Minérale*, juillet 1912.

Dans ce dernier cas, le remblayage hydraulique est appliqué à la voie de desserte de chaque taille et aux vides entre les remblais de deux chantiers voisins.

Les barrages sont en toile d'emballage maintenue par des fils de fer fixés aux bois à l'aide de clous et par des planchettes. Dans les tailles montantes, le coffrage est constitué par les murs de remblais dressés le long des voies de desserte ; à la base de ces tailles, on élève au moment voulu un mur en pierres sèches garni de fumier.

Le remblayage est fait en général au poste d'après-midi ; il est

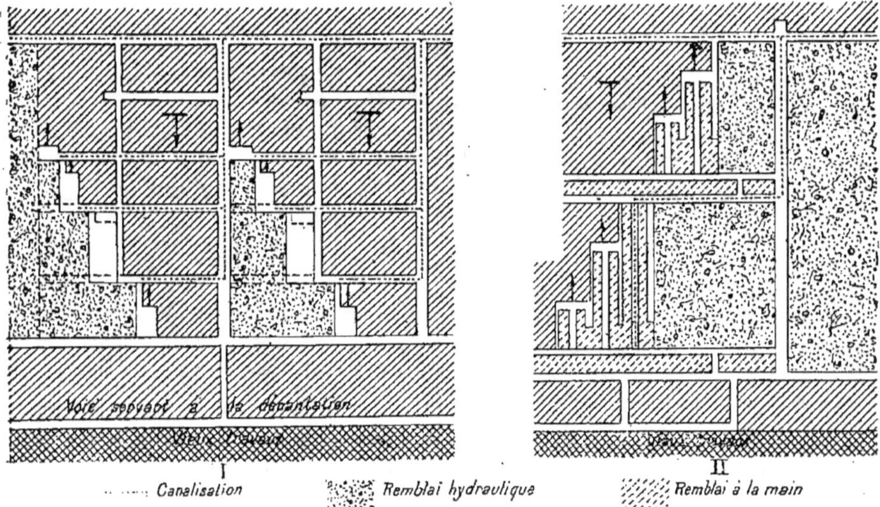

Fig. 179. — Exploitation à la fosse n° 3 de Bruay.

conduit par une équipe composée de six hommes et d'un surveillant. Par suite de la violence du jet qui comprime les remblais, et des pertes, on emploie 130 m³ de remblais non tassés pour 100 m³ de vide à remplir.

245. Couche de 8 m. (Petite-Rosselle-Lorraine). — Aux mines de Petite Rosselle, en Lorraine alors annexée, on appliquait, avant la guerre, le remblayage hydraulique à une couche de 8 m., de 20 à 25° de pendage, prise en 4 tranches. Le remblai utilisé était du sable un peu argileux et des déchets de triage broyés.

La méthode employée était celle du stossbau, par tailles de

8 m. rabattant du plan d'entrée de la tuyauterie (P'), vers le plan à charbon (P).

Les panneaux mesuraient 120 m. suivant le pendage et 60 m. entre plans (*fig. 180*).

Les tranches, prises dans l'ordre ascendant, se suivaient à 30 m. de distance et étaient desservies par le même plan incliné.

246. Couches épaisses (Saint-Eloy). — L'installation hydraulique aux mines de Saint-Eloy (1) comporte des ateliers de concassage importants, une trémie magasin de 450 m³ et une trémie de mélange à la surface.

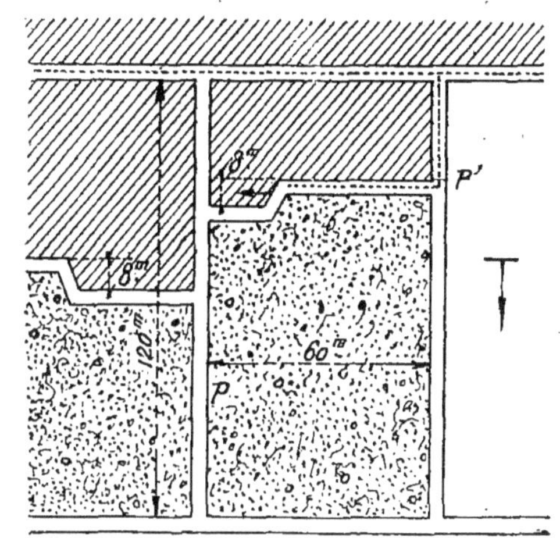

Fig. 180. — Stossbau avec remblayage hydraulique.
.... Canalisation.

Les remblais employés se composent en moyenne de :

Terres de tranchées (grès et schistes coupants) .   0,65 °/₀.
Terrains brûlés des anciens terris .   .   .   .   55,07 °/₀.
Stériles de l'intérieur et déchets de triage .   .   .   44,28 °/₀.

Les tuyauteries ont 165 ᵐ/ₘ de diamètre intérieur.

Les barrages dans les chantiers sont formés de toiles fixées sur des planches espacées de 10 à 15 cm.

Le remblayage est appliqué soit en tranches horizontales, soit en tranches inclinées. Dans le premier cas, on ne dépasse pas, comme vide à remblayer, une longueur de 6 m. pour une largeur de 4 m. et une hauteur de 2ᵐ,30, ce qui ne fait que 55 m³, et qui est donc peu avantageux. La hauteur de charge est de 150 m. avec un transport horizontal qui dépasse en certains points 1100 m. On ne remblaie que 70 à 75 m³ à l'heure.

En tranches inclinées on peut atteindre 80 m³ à l'heure, car la distance horizontale est plus faible; on n'est pas limité par le cube à remplir.

____

(1) Voir Communication de M. GAMZON : *Bulletin de l'Industrie Minérale,* comptes rendus mensuels, avril 1912.

La consommation d'eau est élevée : au total environ 4 m.³ our 1 m³ de vide. On met en place 1ᵐ³,06 de remblai par m³ de vide.

247. Couches épaisses. (La Mure, Isère).

— On a commencé en 1906 à appliquer le remblayage à l'eau, aux mines d'anthracite de la Mure, dans une couche de 12 m. d'épaisseur (1).

Les remblais utilisés sont des déchets de triage, et surtout des grès houillers provenant d'une carrière. Ils sont broyés à moins de 40 ᵐ/ₘ, et transportés par une toile sans fin en caoutchouc jusqu'au sommet d'une trémie prismatique de 250 m³. Repris à la base de celle-ci, ils sont déversés dans un entonnoir où ils se mélangent à un courant d'eau sous 20 m. de pression. Le rapport entre la hauteur verticale de la descente dans la mine et la projection horizontale du parcours souterrain ne doit pas être inférieur à 1/5, sinon le débit décroît sensiblement.

Les tuyaux ont 200 ᵐ/ₘ de diamètre.

La méthode d'exploitation adoptée est celle des tranches horizontales prises par recoupes en travers, avec traçage au mur.

Les chantiers ont 4 m. de largeur, sur 10 m. environ de longueur, et 3 m. à 3ᵐ,25 de hauteur. On prend d'abord des recoupes séparées par des massifs de 4 m. qui sont pris ultérieurement entre les remblais des premières recoupes.

Les tuyaux à remblais descendent de l'entonnoir par des cheminées inclinées et sont prolongés jusqu'à 3 m. du fond du chantier. Ils se terminent par un cône de 2 m. de long et 90 ᵐ/ₘ d'orifice, qui augmente la portée du jet de remblai.

L'entrée du chantier est fermée par un barrage, monté d'abord jusqu'à mi-hauteur, puis jusqu'au sommet.

Les avantages principaux du remblayage hydraulique ont été : une économie notable sur le soutènement, le remplacement des tranches de 2ᵐ,50 par des tranches de 3 m. et même de 3ᵐ,25, une augmentation de 5 °/₀ dans la production moyenne par ouvrier du fond. Les affaissements du sol, qui étaient de 40 °/₀, sont devenus très faibles.

Enfin, la diminution des pressions dans les travaux du fond a procuré une amélioration de la proportion de gros.

248. Embouage.

— L'embouage, c'est-à-dire le remblayage avec

---

(1) M. H. de RENÉVILLE: Exploitation par remblai hydraulique des couches épaisses aux mines de Totis (Hongrie) et La Mure (Isère). *Bulletin de l'Industrie Minérale*, février 1909.

un mélange boueux composé de matériaux très fins, peut être considéré comme une variante du remblayage hydraulique proprement dit.

Il s'applique rarement pour le remplissage de vides importants, car la séparation des éléments, au moins lorsque ceux-ci sont argileux, est très lente, et prend le caractère d'une décantation plutôt que d'un dépôt.

On a vu plus haut que les matériaux trop argileux sont d'un emploi difficile, et que la formation d'une masse assez consistante pour résister à la pression du toit est lente. Par contre, les mélanges boueux s'infiltrent dans les cassures fines, ou entre les blocs plus gros, et finissent par constituer un remplissage très serré.

Ces différences dans les propriétés des mélanges ordinaires et des boues argileuses montrent quelle est l'utilisation rationnelle de l'embouage. On adopte ce dernier lorsqu'il s'agit d'obtenir un remblayage étanche, imperméable à l'air. Tel est le cas dans la lutte contre les feux. Nous aurons l'occasion d'y revenir dans la XIᵉ partie du Cours.

On l'adoptera aussi pour compléter un remblayage ordinaire, fait à la main, par exemple dans les couches minces ou barrées, qui fournissent sur place une proportion notable de stériles.

On n'a pas, dans ce cas, à se préoccuper de serrer le premier remblayage, fait à la main. Il est au contraire avantageux qu'il conserve des vides. La boue argileuse est délayée dans une quantité d'eau aussi faible que possible. Les premiers paquets qui sortent des tuyaux et s'étalent sur les remblais en place sont délavés par les eaux qui continuent à arriver. Peu à peu les vides importants se comblent, mais les interstices entre les morceaux de petites dimensions ne sont pas bouchés, car il se produit un colmatage à la surface du remblai.

L'opération est forcément assez lente, et lorsque le remplissage est complet, les affaissements du toit ont déjà produit un tassement notable; de plus, l'argile, en séchant, a un retrait important, si bien que le tassement total atteint souvent 40 %.

C'est ainsi que dans les couches minces de Westphalie où le procédé a été appliqué, on a pu évaluer les tassements aux chiffres suivants (1) :

Cas du remblayage à main seul . . . . 75 %.
Cas de l'embouage . . . . 42 %.

---

(1). Voir M. L. Chussard : Notes sur le remblayage hydraulique. *Bulletin de l'Industrie Minérale*, novembre 1910.

Le remblai à main remplit la moitié des vides créés par l'exploitation, la pesée du toit, avant embouage, en comble le tiers, le reste est bouché par l'argile.

§ 5. — Influence du remblayage hydraulique sur les travaux souterrains et la surface.

249. Avantages du remblayage hydraulique dans l'exploitation. — Les avantages du remblayage hydraulique sont importants à divers points de vue :

L'*aérage*, grâce au remplissage complet des vides, est bien meilleur. Les courts-circuits à travers les chantiers remblayés sont supprimés alors que les remblais ordinaires ne deviennent étanches que lorsque la pression les a transformés en une masse compacte.

On a beaucoup plus de facilité pour répartir le courant d'air comme on le désire, et pour amener aux chantiers la quantité d'air voulue. D'autre part, on ne risque plus d'accumulations de gaz nuisibles dans les vieux travaux, d'où ils sortent, quand la pression de l'air diminue ou qu'un brusque affaissement des terrains se produit.

Les *feux* sont moins fréquents, et s'il se produit un échauffement, son isolement est plus facile à réaliser. Mais on ne peut compter sur une suppression complète du danger, car les remblais tassés et séchés peuvent se fissurer et laisser passage à des infiltrations d'air.

Les *dangers d'éboulement* sont diminués, car les mouvements de terrains sont limités. La différence est naturellement particulièrement nette dans les mines autrefois exploitées par foudroyage, comme en Westphalie.

Les *dépenses d'entretien* sont réduites ; la consommation de bois et par suite les frais de main-d'œuvre sont moins grands.

Cette dernière économie, c'est-à-dire la suppression d'une partie du personnel employé à des travaux improductifs, est une des plus importantes. Non seulement une partie des boiseurs, mais une forte proportion des ouvriers employés au remblayage deviennent inutiles. On peut affecter un plus grand nombre d'hommes à l'abatage et ceux-ci, débarrassés d'une partie des besognes accessoires, ont un meilleur rendement. A l'époque actuelle, où la main-d'œuvre manque souvent, l'économie ainsi réalisée par le remblayage hydraulique est à considérer. Mais il ne faut pas perdre de vue que ce procédé est d'un prix de revient élevé, surtout lorsqu'on ne dispose pas sur place de matériaux avantageux.

Avant la guerre, on estimait que ce prix de revient était souvent double de celui du remblayage à la main, dès qu'il fallait recourir au concassage de matériaux. Même lorsqu'on disposait de produits directement utilisables (sables, laitiers grenus etc...) il restait supérieur à celui du remblayage à la main.

Un des avantages indirects du remblayage hydraulique est de limiter les *pertes de charbon*. Tout d'abord il permet de réduire les massifs de protection, soit autour des puits et le long des voies principales, soit au-dessous des zones de la surface qu'il faut préserver. En outre, il permet, jusqu'à un certain point, de laisser exploitables des couches que les mouvements de terrains dans les couches en exploitation risqueraient de disloquer et de rendre inutilisables dans l'avenir. C'est là une considération qui n'a pas, dans certaines régions, un intérêt immédiat, mais le développement des besoins de combustibles conduira peut-être plus tard à dépiler des couches qu'on laisse actuellement de côté, comme trop minces ou de trop mauvaise qualité.

250. Influence sur les affaissements à la surface. — On avait parfois espéré, au début de l'application du remblayage hydraulique, que ce procédé supprimerait presque entièrement les affaissements, et permettrait par conséquent d'exploiter librement les gisements sous les zones habitées ou sous les points importants comme les chemins de fer, les routes, les canaux. En réalité, il n'en est pas complètement ainsi. Le remblayage hydraulique diminue les affaissements, mais ne les supprime pas. Il constitue, à ce point de vue, un progrès sur les méthodes de remblayage à la main, et surtout sur les méthodes de foudroyage, mais non pas un remède absolu.

On a fait des recherches pour évaluer les affaissements au dessus de couches exploitées par cette méthode. Les résultats sont variables, naturellement, suivant la nature du remblai employé. Avec des sables peu argileux, les affaissements sont très réduits. Au contraire avec des schistes de lavage ou des scories, ils sont encore considérables.

C'est ainsi qu'on a constaté 5 à 8 % en Haute-Silésie avec du sable (1), 10 % dans la Sarre avec du sable et 20 % avec d'autres matériaux, et même bien davantage avec des schistes de lavage. Dans la Ruhr, on a constaté 10 %, en France 15 à 25 %, et même 30 %.

Les affaissements paraissent d'ailleurs ne pas diminuer avec la profondeur.

____

(1) FRANTZEN, *article cité plus haut.*

On voit que les mouvements de terrains ne sont pas considérablement diminués, et que la charge, dans les travaux souterrains reste à peu près la même. Les économies de boisage constatées tiennent plutôt à la rapidité du remblayage et à la régularisation des mouvements.

On a donc observé, à la surface, des dénivellations sensibles, et par suite des dégâts aux bâtiments ou aux voies ferrées qu'on voulait protéger.

Il reste cependant un résultat intéressant, qui est de nature à justifier l'emploi du remblayage hydraulique sous les parties de la surface dont la dégradation est à éviter : si les mouvements de terrains ne sont qu'atténués, ils sont par contre rendus plus réguliers. La masse se disloque moins et descend d'un mouvement plus constant. Il se produit moins de cassures à la surface, et par conséquent moins d'infiltrations d'eaux. Les terrains écrasent peu à peu le remblai sans se briser. Pour arriver, à cet égard, à des résultats satisfaisants, il faut d'ailleurs que la méthode d'exploitation conduise à un dépilage régulier de la couche. Si certains massifs restent trop longtemps intacts, les bancs supérieurs, maintenus en place pendant qu'ils s'affaissent à droite et à gauche, se briseront, et la cassure se propagera jusqu'à la surface.

En règle générale, on arrive beaucoup plus vite au tassement définitif des terrains.

251. Conditions d'application du remblayage hydraulique. — Si l'on recherche, en résumé, les conditions dans lesquelles le remblayage hydraulique est avantageux, on arrive aux conclusions suivantes :

Il peut être appliqué, en principe, dans un gisement quelconque et avec des matériaux de toute nature, mais les résultats économiques sont bien différents suivant les cas.

Il devient trop coûteux si l'on ne dispose que de matériaux nécessitant un concassage difficile et qu'on n'a pas à se préoccuper des dégâts à la surface.

Il ne présente que peu d'intérêt dans les couches minces où les stériles provenant des traçages ou de l'abatage des bancs stériles permettent un remblayage complet. Il est au contraire avantageux lorsque le gisement se trouve dans une région habitée, ou qu'il est surmonté de terrains aquifères. On limite d'ailleurs le plus souvent son application à certaines zones, à moins qu'on n'ait, en abondance et à un prix très peu élevé, des matériaux de bonne qualité.

Il est surtout indiqué dans l'exploitation des couches puissantes, lorsque des incendies sont à craindre ; il peut également être économique si l'on manque de main-d'œuvre pour le remblayage à la main.

252. Résumé. — Le remblayage hydraulique est d'application assez récente, puisque celle-ci ne date guère que d'une vingtaine d'années ; de Haute-Silésie, elle n'a pas tardé à se généraliser, notamment dans l'exploitation des couches puissantes.

Il consiste à envoyer dans les vides à combler un courant d'eau chargé de matériaux menus ou broyés assez finement pour ne pas engorger les canalisations.

Les *matériaux utilisables* sont en première ligne les sables, de préférence peu argileux, puis les déchets de lavage, les laitiers et scories, les pierres broyées provenant des travaux du fond ou des carrières. Les particules argileuses se séparent mal de l'eau ; les sables siliceux forment vite un remblai serré, mais qui ne fait pas prise.

On est souvent obligé de mélanger des matériaux de provenance et de dimensions diverses ; le remblai ainsi constitué a l'aspect d'une sorte de béton qui fait bien prise et ne laisse pas de vides.

Le volume d'eau à employer est en général de 1 à 2 m² pour 1 m³ de remblais, parfois même 3 m³ si ces derniers sont trop argileux.

Dans les grandes installations modernes, le concassage et le mélange se font au jour, où l'on a la place suffisante pour monter des ateliers importants et des accumulateurs de grandes dimensions.

Les *canalisations* sont le plus souvent en fer ou en acier, les coudes se font fréquemment en fonte dure.

Leur usure est rapide lorsque les matériaux sont siliceux, et en morceaux de dimensions notables (3 à 4 cm.).

Elle est plus grande dans les tuyaux horizontaux que dans les conduites verticales ; dans les premiers, elle s'exerce surtout le long de la génératrice inférieure, ce qui permet de retourner les tuyaux à 60° ou 90° et de les faire resservir.

On cherche à augmenter la durée des tuyaux en les munissant d'un revêtement intérieur, que l'on remplace après usure ; la porcelaine donne de bons résultats avec les matériaux fins. On emploie de plus en plus des revêtements en fer, en acier très dur ou en fonte trempée.

Les chantiers à remblayer sont fermés par des *barrages* en planches, disposés de façon à laisser filtrer les eaux à travers des toiles ou des tamis métalliques.

Les eaux sont recueillies dans des bassins spéciaux ou dans des galeries qui forment bassins de décantation et peuvent resservir après s'être clarifiées.

Les *méthodes d'exploitation* appliquées avec le remblayage hydraulique sont de préférence celles qui limitent le nombre de galeries à entretenir dans les remblais. En couches moyennes ce seront par exemple les piliers dépilés en rabattant, ou le stossbau, en couches épaisses les tranches horizontales ou inclinées. On cherche à remblayer en une fois des vides aussi grands que le permet la solidité du toit, et à réduire la longueur des barrages par rapport au volume à remplir.

Dans les couches qui fournissent sur place une quantité importante de stériles, le remblayage hydraulique est un complément du remblayage à la main et permet de le rendre plus étanche et plus serré.

Les *avantages* principaux du remblayage hydraulique résident dans l'amélioration de l'aérage par la suppression des pertes dans les vieux travaux, la diminution des risques de feux, la réduction du nombre d'ouvriers employés à des travaux improductifs, la diminution des mouvements de terrains.

Ces derniers ne sont pas supprimés, mais rendus moins forts et plus réguliers. Bien que les affaissements soient souvent de 10 à 20 %, parfois davantage, les dislocations sont moins sensibles, ce qui permet de prendre les parties du gisement situées sous des lieux habités ou des terrains aquifères.

Le *prix de revient* du remblayage hydraulique devient prohibitif lorsqu'on ne dispose pas de matériaux appropriés et que la préoccupation de protéger la surface ne justifie pas les frais supplémentaires qu'entraîne ce procédé.

CHAPITRE X

EXPLOITATION DES MINES MÉTALLIQUES

§ 1. — Généralités.

253. Différences entre les mines de charbon et les mines métalliques. — Dans les chapitres précédents, nous avons surtout étudié l'exploitation des mines de charbon, qui sont beaucoup plus répandues en France que les mines métalliques (sauf les gisements ferrugineux). Les méthodes d'exploitation appliquées dans ces dernières ont naturellement beaucoup d'analogie avec celles qui ont été décrites plus haut, mais il est intéressant de voir quelles modifications y sont apportées pour les adapter aux conditions spéciales dans lesquelles se présentent les minerais métalliques.

Ces gisements se rencontrent le plus souvent sous l'aspect de filons, parfois d'amas, plus rarement de gîtes sédimentaires.

La matière à abattre est presque toujours très dure ou comprise dans une gangue dure ; c'est là une première différence importante avec les gisements houillers ; les épontes, c'est-à-dire les roches encaissantes sont quelquefois moins dures que le minerai, mais souvent d'une dureté comparable ; elles sont en général solides et peuvent être découvertes sur une grande surface.

L'inclinaison est presque toujours très grande.

Le remplissage des filons est irrégulier et l'épaisseur très variable d'un point à un autre. Les parties riches sont mélangées à la gangue et celle-ci doit être abattue en même temps que le minerai ; très souvent, on doit également entamer les épontes, lorsque l'on rencontre des étranglements du filon. La dureté des roches encaissantes étant analogue à celle du minerai, il n'en résulte d'ailleurs pas de modification essentielle dans le travail.

Un triage sérieux doit pouvoir se faire au chantier, pour séparer les parties à remonter à la surface de celles qui peuvent être employées comme remblai.

Mais le minerai étant peu friable, il n'est pas déprécié, en général, s'il est manipulé brutalement ou piétiné. Il est destiné à subir un traitement ultérieur, et la proportion de gros morceaux influe rarement sur sa valeur.

En raison de son poids, il est difficile à soutenir par un soutènement, lorsque sa masse a été disloquée par l'exploitation. Par contre, on n'a pas à se préoccuper des dangers que présente le grisou dans les houillères. L'aérage est plus simple, ainsi que l'éclairage ou l'emploi des explosifs. L'abatage se fait en général à l'aide de perforatrices.

254. Couches et filons. — Certains métaux se sont déposés sous forme de gisements sédimentaires, dont l'exploitation est alors moins différente de celles des couches de charbon. Mais la plupart des minerais métalliques, notamment ceux d'or, d'argent, de cuivre, de zinc, d'étain, etc…. se rencontrent en filons. C'est surtout de ceux-ci que nous nous occuperons.

255. Mines de fer. — Les gisements de minerais de fer constituent un cas intermédiaire, car ils constituent tantôt des couches, tantôt, mais beaucoup plus rarement, des filons. En outre, leur dureté est souvent bien moindre que celle des minerais de métaux précieux et leur valeur est faible. C'est pourquoi leur exploitation, en France par exemple, offre moins de particularités intéressantes. Nous avons déjà parlé à plusieurs reprises des méthodes employées, notamment en Lorraine, en Suède, en Russie, aux États-Unis. On se rappellera seulement que lorsque leur dureté est comparable à celle des minerais métalliques que nous allons étudier, leur exploitation se rapprochera davantage de celle de ces derniers.

§ 2. — FILONS MINCES.

256. Méthodes applicables. — Les méthodes appliquées pour l'exploitation des filons minces, qui sont presque toujours très inclinés, sont les mêmes que dans les dressants des houillères : gradins droits ou gradins renversés. Dans les filons ou les couches moins inclinées on rencontre des procédés différents, qui rappellent les grandes tailles chassantes ou montantes des houillères. Grâce à l'abondance de stériles, le remblayage est presque toujours appliqué.

257. Aménagement du gisement. — L'aménagement d'un gisement filonien comporte des descenderies ou des puits d'extraction et des travers-bancs reliant ces derniers au filon, aux divers étages, puis des galeries de niveau poussées dans le gîte.

Ce traçage préalable s'étend en général à plusieurs étages et sur une longueur considérable ; ce grand développement des travaux préparatoires est une des caractéristiques des mines métalliques. Il s'explique par l'irrégularité de ces gisements. Tandis que dans une houillère, ou dans une couche de minerai de fer, le gîte présente, le plus souvent, une régularité suffisante pour que quelques reconnaissances, écartées les unes des autres, permettent de fixer un programme d'avenir, on ne doit pas oublier que les filons changent de composition et de richesse, en des points très rapprochés. Les zones riches sont disposées de la façon la plus inégale, et l'on passe brusquement dans des zones pauvres ou stériles, sans qu'aucun indice ne l'annonce. Pour assurer une extraction constante, et éviter des surprises ruineuses, il faut reconnaître d'avance, par un réseau serré de galeries et de descenderies, une surface du gisement correspondant à la production normale de plusieurs années. Les galeries ainsi tracées resteront longtemps ouvertes, mais l'absence du grisou et la solidité des terrains permettent de les conserver sans danger et sans frais d'entretien sensibles.

On ne peut naturellement pas indiquer de règles précises pour la hauteur des étages ou sous-étages ou la dimension des champs d'exploitation. Tout dépend de l'allure du gîte de son épaisseur, de la régularité de son remplissage et de la production moyenne qu'on se propose d'entretenir.

Une autre raison empêche, dans de nombreuses mines, de se baser sur un chiffre de production constant pour aménager le gîte : les changements de valeur des métaux sur les marchés commerciaux font varier les débouchés possibles dans des proportions considérables, si la teneur du minerai exploité est faible, il faut que la mine soit prête à augmenter rapidement sa production aux moments favorables, comme à la réduire ou même à la suspendre, si les cours baissent au point de ne plus être rémunérateurs.

258. Gradins droits. — Dans l'abatage par gradins droits, les chantiers s'approfondissent peu à peu en s'écartant, soit d'un côté, soit des deux côtés d'une descenderie. Les mineurs travaillent sur le minerai. Celui-ci est descendu de gradin en gradin jusqu'au fond,

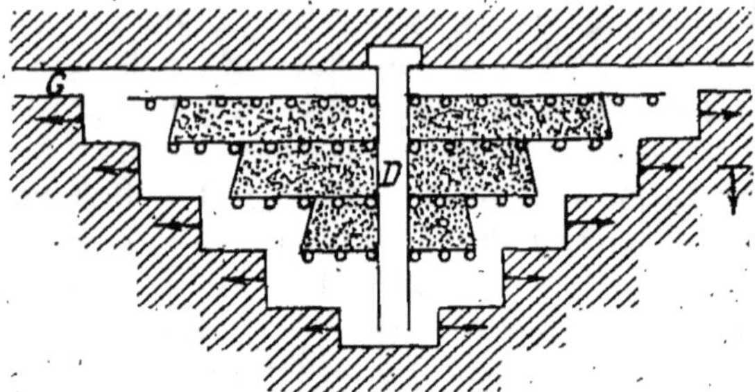

Fig. 181. — Gradins droits.

et remonté par la descenderie D (*fig. 181*) maintenue dans les remblais, jusqu'à la galerie de roulage G.

Si le nombre de gradins est élevé, il est préférable de ménager

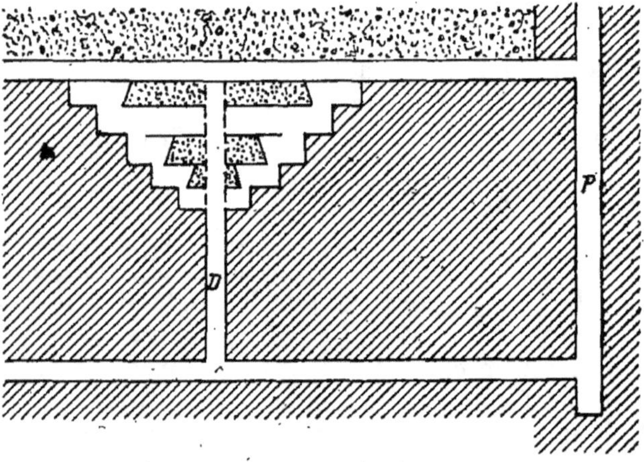

Fig. 182. — Gradins droits avec descente à l'étage inférieur.

des galeries allant jusqu'à la descenderie et desservant un groupe de deux ou trois gradins. Les remblais sont disposés sur des planchers, supportés par des buttes, au-dessus de la tête des ouvriers.

Si le gisement est humide, les eaux s'accumulent au pied de la descenderie et doivent être remontées par une pompe.

C'est là une gêne pour le travail ; de même la nécessité de remonter les produits dans chaque descenderie est coûteuse. Une meilleure solution consiste à partir d'une descenderie percée d'un étage à l'autre, dans laquelle on déversera les produits comme dans une trémie, pour les charger en wagonnets dans la galerie de base et les emmener au puits (*fig. 182*) ; au besoin, un passage est réservé dans la descenderie pour la descente des eaux.

La hauteur des gradins n'est parfois que de 2 ou 3 m. ; dans certains cas, elle peut atteindre 12 ou 15 m.

Le système est applicable avec une pente quelconque, mais il est surtout avantageux pour les fortes inclinaisons, car le minerai peut descendre par son propre poids jusqu'à la base de l'ouvrage.

259. Gradins renversés. — A l'inverse des gradins droits, les

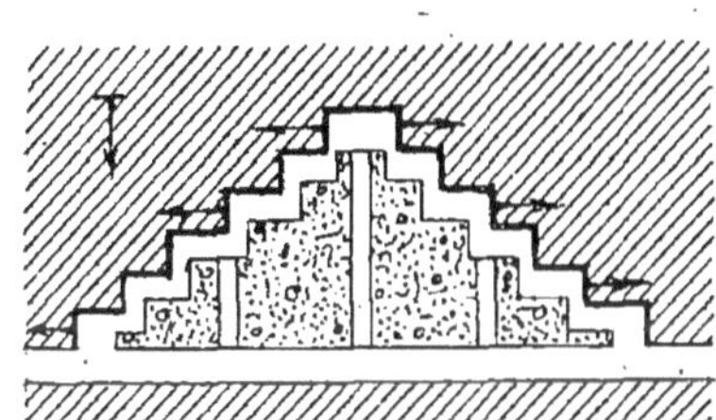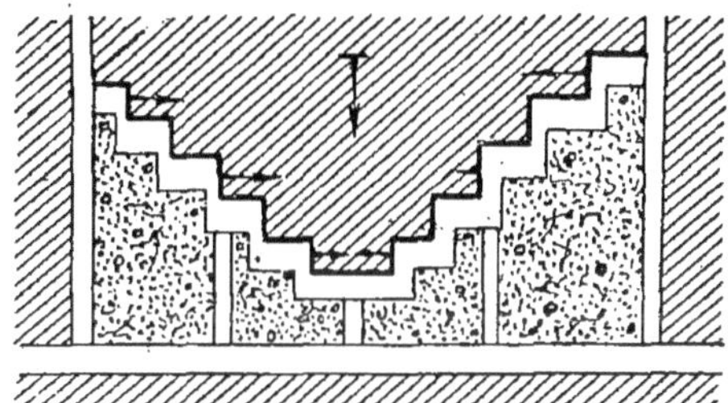

I   Fig. 183. — Gradins renversés.   II

gradins renversés s'étendent en montant, les mineurs ayant le minerai au-dessus de la tête et les remblais sous les pieds.

Dans l'ensemble, le front de taille se présente sous forme d'un escalier renversé, soit simple, si le panneau est attaqué seulement par l'un de ses angles inférieurs, soit double et divergent s'il est attaqué au milieu de la distance entre deux descenderies (*fig. 183-I*), soit enfin double et convergent s'il est attaqué par les deux angles inférieurs, à la base des descenderies (*fig. 183-II*).

De distance en distance, les mineurs ménagent dans les remblais des cheminées, pour la descente des produits jusqu'à la galerie de roulage. Ces cheminées se terminent à la base par des trémies de chargement.

Le minerai abattu est trié sur place, et les stériles sont laissés comme remblais.

Des échelles placées dans certaines des cheminées permettent d'atteindre les chantiers, à moins que les gradins ne soient attaqués à la base d'une descenderie, par laquelle on pourra arriver au gradin supérieur, pour descendre de là aux gradins inférieurs.

Cette méthode ne présente pas le même inconvénient que les gradins droits lorsque la mine est humide, car les eaux s'évacuent d'elles-mêmes.

Le plus souvent, on ne laisse pas de piliers de protection au-dessus de la galerie, mais cette mesure est parfois adoptée lorsque la pente est faible.

Les dispositifs ci-dessus supposent que le minerai est trié sur place et qu'on laisse dans la mine les parties stériles. Un autre cas peut se présenter ; c'est celui où l'on remonte à la surface tous les produits abattus pour les soumettre à une préparation mécanique ou chimique. On profite alors du foisonnement de ces produits pour constituer la base sur laquelle se tiennent les mineurs. A la partie inférieure, en couronne de la galerie de roulage, sont des trappes qui permettent d'évacuer, au fur et à mesure, l'excédent du minerai.

Il n'y a plus lieu de ménager de cheminées de desserte, mais parfois des passages pour la circulation du personnel.

Lorsque le chantier est arrivé à l'étage supérieur, on le vide entièrement ; il est nécessaire, dans ce cas, de conserver un massif de protection au-dessus de la galerie de roulage, pour éviter son écrasement lorsque les épontes se refermeront sur le vide ainsi créé. Au besoin, on laisse des massifs intacts, s'étendant sur toute la hauteur de l'étage, de distance en distance, pour soutenir le toit.

Dans les dépilages par gradins droits, nous avons vu qu'un boisage était nécessaire pour recevoir les planchers destinés à supporter les remblais. Dans les dépilages par gradins renversés, le soutènement constitué par les remblais suffit lorsque les épontes sont solides. Mais s'ils chargent, un soutènement par buttes devient indispensable, notamment lorsqu'on se propose d'évacuer tous les produits abattus. Dans ce dernier cas, il faut en effet éviter que la pression des terrains, en s'exerçant sur la masse de minerai laissée en place ne serre celle-ci au point d'empêcher sa descente vers la galerie de roulage.

Dans les parties du gisement dont l'inclinaison n'est pas trop forte, on peut remplacer le boisage par le maintien d'un certain nombre de piliers de minerai.

260. Comparaison des gradins droits et renversés. — Les *gradins droits* présentent un certain nombre d'avantages :

Le forage des trous de mines, surtout lorsqu'il est fait à la main, est plus facile.

La sécurité est plus grande lorsque le minerai manque de consistance.

Le triage des produits abattus qui reposent sur le minerai en place compact, est plus facile. Cette considération est surtout importante dans les gisements de minerais précieux, lorsque ceux-ci se présentent sous la forme de composés qui se réduisent en poussière lorsqu'ils sont séparés de leur gangue. Avec les gradins renversés, les pertes dans les remblais deviendraient très onéreuses.

Enfin, l'abatage, en gradins droits, donne moins de menus avec les minerais friables.

Par contre, les gradins droits ne s'appliquent qu'aux veines très inclinées. Comme la place disponible pour loger les stériles est limitée, ils conviennent mal aux gisements dans lesquels on abandonne au fond une grande partie des produits abattus.

Il n'est pas possible de garder au fond de la mine une masse importante de minerai abattu, formant volant pour l'extraction, comme dans les gradins renversés.

Enfin, lorsque les gradins sont peu profonds, le minerai abattu gêne le travail et diminue le rendement des piqueurs.

Un des plus sérieux inconvénients est la consommation de bois, qui est très élevée lorsqu'on a à loger une proportion notable de remblais. Il en résulte, en particulier, que la méthode cesse d'être applicable dans les filons épais.

Les *gradins renversés* sont d'un emploi beaucoup plus général, et se prêtent mieux aux variations d'épaisseur ou d'inclinaison. Les étages peuvent être plus écartés.

La sécurité est meilleure, lorsque la couronne du chantier est assez solide, car on peut mieux surveiller celle-ci ; dans les gîtes inclinés, où elle est constituée par le minerai lui même, elle se renouvelle constamment.

L'abatage est plus facile, et il est aidé par la pesanteur. Le transport des minerais et le remblayage sont plus aisés. Les gradins peuvent être plus rapprochés et la production plus élevée, pour une même étendue de quartier.

Nous avons signalé plus haut l'avantage provenant de la possibilité d'accumuler le minerai, lorsque celui-ci doit être entièrement remonté à la surface.

Les *inconvénients des gradins renversés* sont :

Le risque de pertes de menus dans les remblais.

Le danger d'éboulements si le minerai est friable ou a tendance à se briser en gros blocs ; dans ce cas, la méthode peut devenir inapplicable. Lorsque l'inclinaison est faible et que le toit est mauvais, la consommation de bois est grande.

On combine quelquefois les deux méthodes dans un même chantier, en l'attaquant à la base en gradins renversés et à la partie supérieure en gradins droits; si la pente est forte (45 ou 50° par exemple), la longueur de la partie exploitée en gradins droits est plus grande que celle prise en gradins renversés. C'est l'inverse si la pente est faible (30 ou 35° par exemple).

261. Veines peu inclinées. — Si la pente est faible, c'est-à-dire que le minerai abattu ne descend plus par son propre poids, on remplace les gradins par des tailles droites, qui ont l'avantage d'être plus productives comme abatage, et avec lesquelles on peut amener les wagonnets au front de taille.

Les dispositions des chantiers sont analogues à celles que nous avons étudiées à propos de l'exploitation des mines de charbon.

262. Autres méthodes. — Il existe encore d'autres variantes, applicables dans des cas particuliers.

C'est ainsi que si le filon est très mince, et qu'on veut éviter de mélan-

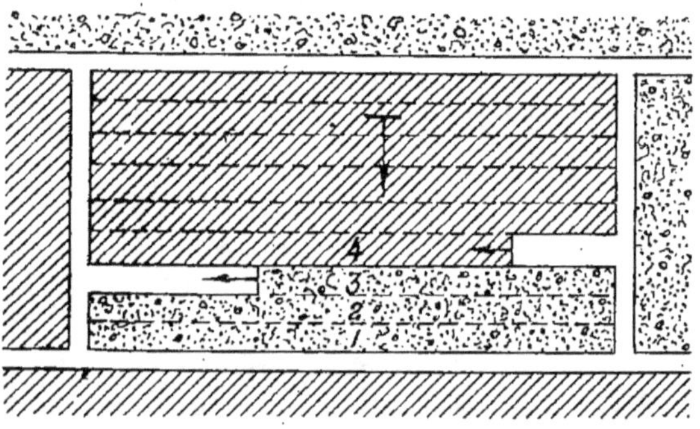

FIG. 184. — Méthode en long.

ger le minerai et les roches encaissantes, on peut tracer les niveaux et descenderies dans le mur, au contact du filon, puis enlever celui-ci de manière à mettre à nu le minerai, que l'on dépilera ensuite indépendamment du stérile, ce qui permet de l'obtenir plus pur que s'il est abattu en même temps que la roche encaissante.

Un autre procédé a été appliqué dans certaines mines, en France ou à l'étranger.

C'est la *méthode en long* qui consiste à prendre un chantier, sur l'épaisseur totale du filon (en entamant au besoin les épontes), et à le pousser sur toute la largeur du panneau avant de le remblayer. On s'élève ensuite sur ces remblais pour attaquer un nouveau gradin, d'ailleurs sans attendre que le remblayage soit terminé. La fig. 184 représente cette méthode.

Les bandes 1 et 2 sont remblayées, la bande 3 en remblayage, la bande 4 en dépilage.

L'inconvénient de la méthode est évidemment la lenteur du dépilage.

On peut augmenter la production en prenant une bande plus haute ; le minerai est évacué par une galerie à la base, en avant du front de taille, et le remblai arrive de la descenderie à l'autre extrémité du panneau, par une galerie au sommet du chantier. C'est en somme la méthode du stossbau (*fig. 185*).

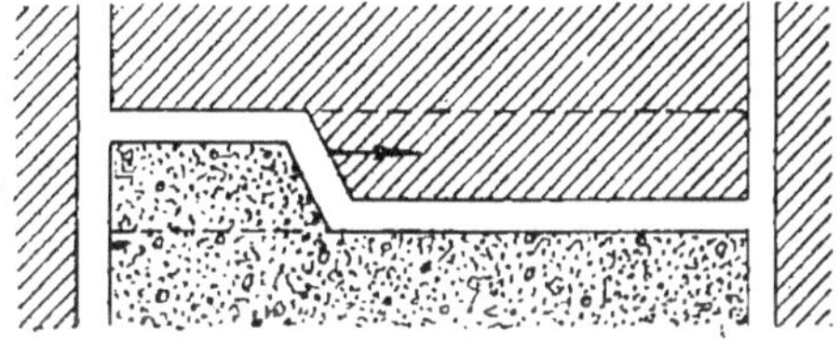

Fig. 185. — Stossbau.

§ 3. — Filons d'épaisseur moyenne.

263. Méthodes applicables. — On peut considérer comme filons d'épaisseur moyenne ceux qui ont plus de 2 ou 3 m. d'épaisseur, mais qui ne dépassent cependant pas une dizaine de mètres. Nous décrirons au paragraphe suivant les méthodes particulières employées dans les filons puissants et dans les amas.

On retrouve, dans l'exploitation des filons d'épaisseur moyenne les trois grands systèmes déjà énumérés à propos des gisements houillers : abandon de massifs, foudroyage, remblayage. Nous ne reparlerons pas du premier, mais nous donnerons quelques indications sur un procédé, signalé dans la IVe partie du Cours, qui consiste à maintenir les épontes par une sorte de charpente en gros bois assemblés, qui porte le nom de *piles rectangulaires*. Ce mode de soutènement est encore assez répandu dans les mines métalliques américaines.

Le problème du soutènement se pose en effet d'une façon particulière dans l'exploitation des filons épais de plusieurs mètres.

Tandis qu'on ne peut penser, dans la plupart des cas, à découper, sur une largeur de plusieurs mètres, une couche de charbon,
qui se disloquerait et s'éboulerait, on peut au contraire ouvrir des
vides considérables dans un gisement métallique, dont la solidité
est souvent comparable à celle d'une roche compacte, et dont les
épontes sont composées de roches dures.

264. Aménagement du gisement. — On n'est plus obligé, dans
les mines métalliques, de limiter la hauteur des étages en décompo-
sant ceux-ci en sous-étages qu'on prendra rapidement, avant que la
masse se soit échauffée.

On peut espacer les galeries de niveau, en les traçant seulement
tous les 30 ou 50 m. et s'élever sur toute cette hauteur d'étage. C'est
seulement si le minerai est irrégulier, de richesse très variable,
qu'on serre davantage le réseau de traçage, pour mieux reconnaître
le gîte et éviter les surprises.

Une fois les travaux préparatoires suffisamment avancés, on
passe au dépilage.

Si la pente est très forte le soutènement est fait par buttes ou
par piles rectangulaires, qu'on abandonne si l'on ne remblaie pas.
Dans les veines peu inclinées, on n'établit qu'un boisage provisoire
et on provoque le foudroyage du toit à moins qu'on ne recourre au
remblayage complet.

265. Foudroyage du toit. — Le foudroyage du toit n'est applicable que dans les gîtes peu inclinés, dont le toit n'est pas trop
solide, et s'éboule régulièrement, suivant de près l'enlèvement du
minerai.

Aux mines d'or *Mercur and Golden Gate, Utah*, où la couche,
inclinée à 25° environ est comprise entre des calcaires, on trace un
plan incliné sur le mur (1), puis on perce des galeries en direction
déterminant des sous-étages de 4^m,50 à 7^m,50 (*fig. 186*). On enlève
une tranche A, puis on déboise et on laisse ébouler le minerai en
couronne. Les roches du toit suivent. Les minerais, roulés le long
de la tranche, sont descendus par des cheminées C jusqu'aux galeries du sous-étage inférieur. Pendant le foudroyage, les mineurs se
réfugient dans les galeries.

Le système est applicable à des gîtes d'épaisseurs différentes et

---

(1) WALTER R. CRANE. *Exploitation des Mines métalliques.*

se prête à une extraction intensive, il est peu dangereux si la surveillance est suffisante. Mais il entraîne des pertes de minerai sous les
éboulements.

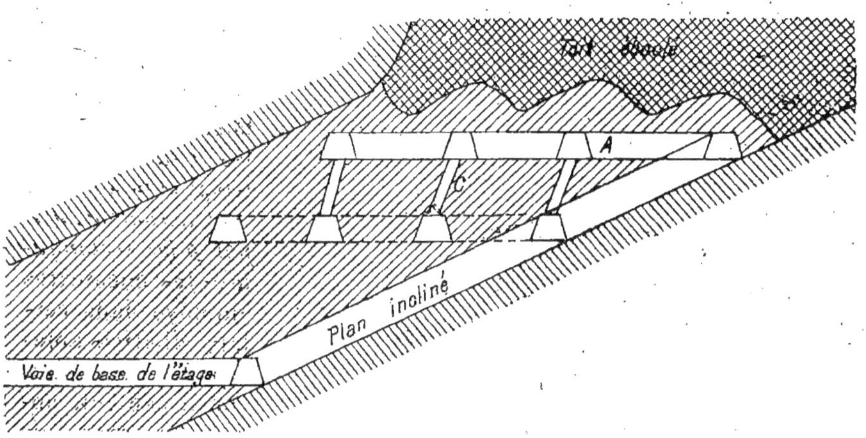

Fig. 186. — Exploitation par foudroyage.

266. Filons inclinés. — Exploitation sans remblayage. — Les
filons, en règle générale, sont très inclinés et le minerai dur. Il
convient de maintenir les épontes par des buttes soigneusement
calées, soutenues par des montants verticaux.

Le front de taille s'élève peu à peu, en gradins renversés et des
planchers sont établis sur les buttes pour permettre au mineur de
s'échafauder pour travailler, et de recevoir le minerai pour le trier.

Des cheminées sont ménagées pour la circulation du personnel,
pour la descente du minerai jusqu'à la galerie de base où circulent
les wagonnets, pour le passage des bois et pour l'aérage.

Les stériles laissés sur place sont jetés au-dessous des planchers
de travail et constituent un remblayage sommaire. Les galeries de
base sont coffrées pour ne pas être envahies par ces déblais.

La fig. 187 représente l'aspect des chantiers, en coupe verticale. Les cheminées destinées au passage des bois doivent être assez
larges pour que la manutention soit aisée. Pour cette raison, on
laisse parfois libres les deux premiers espaces entre lignes de buttes.

Quand les stériles sont peu abondants, il est nécessaire de renforcer et de contrebuter les bois, et il est plus difficile de s'élever
ainsi sur une grande hauteur.

Cette méthode ne peut s'appliquer qu'aux gîtes très inclinés ;
elle convient surtout aux minerais solides, entre épontes résistantes.

Elle entraîne une grande consommation de bois, et les buttes sont encombrantes à manœuvrer lorsque l'épaisseur atteint 8 ou 10 m.

Là où elle est applicable, elle permet un boisage régulier dont on peut remplacer les pièces brisées ; le rendement de l'abatage est satisfaisant, ainsi que les conditions de triage et la sécurité.

Le *soutènement par piles rectangulaires* est encore très employé dans certains districts américains. Les piles constituent un ouvrage en gros bois soigneusement assemblés, qui reçoivent la pression du minerai et la transmettent aux épontes, surtout au mur.

Nous y reviendrons à propos des filons puissants.

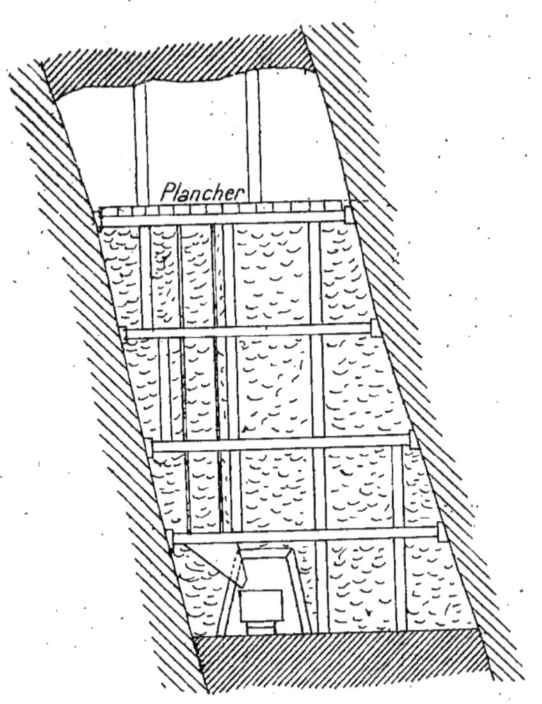

Fig. 187. — Exploitation d'un filon d'épaisseur moyenne

267. Exploitation avec remblayage. — Lorsque la proportion de stériles est suffisante, on en profite pour effectuer un remblayage rationnellement conduit, et les facilités qui en résultent pour le soutènement permettent de réduire le boisage, que celui-ci soit fait au moyen de buttes ou de piles rectangulaires.

Le remblayage a conduit d'autre part à adopter des méthodes spéciales.

On se sert par exemple du remplissage du chantier pour s'élever peu à peu vers le niveau supérieur, en ménageant des cheminées pour la descente du minerai trié, la circulation des mineurs, ou le transport des perforatrices. Une galerie de roulage maçonnée est tracée sous le toit, et on arrête l'abatage avant d'atteindre le niveau supérieur, sous lequel on ménage une planche de protection (*fig. 188*).

Le front de taille est découpé en gradins renversés (*fig. 188-II*), suivant la pente naturelle d'éboulement du talus de remblais.

Cette méthode, que l'on rencontre dans les mines de cuivre du Lac Supérieur, plus ou moins modifiée, permet un enlèvement complet du minerai, car les planches de protection elles-mêmes sont prises quand l'étage supérieur est terminé ; elle nécessite peu de boisage. Le remblayage est facile. Au besoin, si les stériles d'un niveau ne suffisent pas, on peut faire descendre à l'étage inférieur des remblais de l'étage supérieur abandonné, en perçant des cheminées dans le minerai.

Il y a évidemment quelques risques d'éboulement au moment de l'abatage des planches de protection, et des pertes de

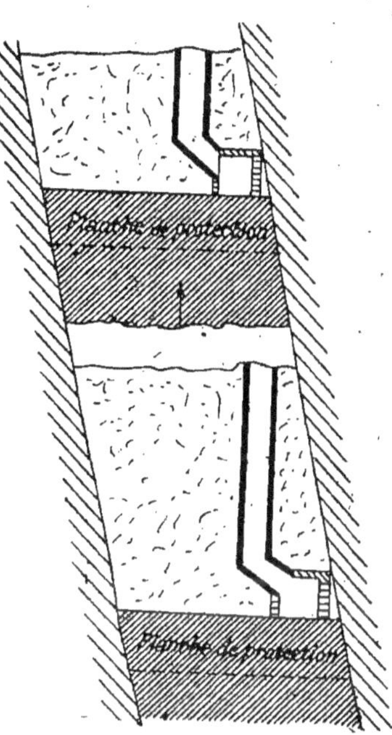

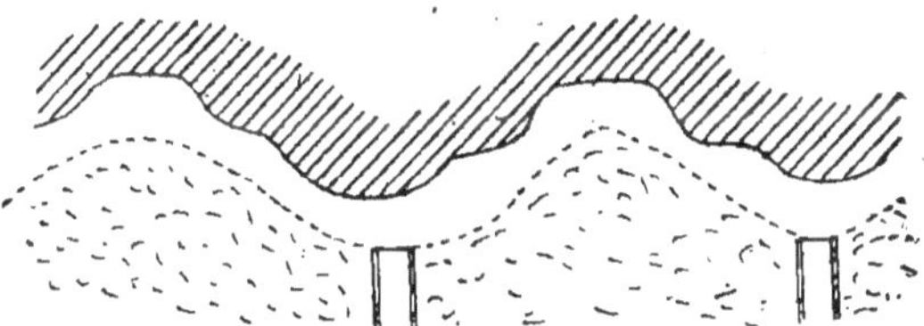

I. — Coupe en travers.   II. — Coupe en direction.

Fig. 188. — Exploitation avec remblayage.

minerai dans les remblais. La méthode ne convient que si les épontes et le minerai tiennent bien, et si le filon est fortement incliné.

Au lieu de tracer les niveaux sous le toit et de ménager des cheminées en plein remblai, il est souvent plus simple de placer les galeries au mur, et de ménager les cheminées sûr celui-ci. Pour attaquer les dépilages, on enlèvera d'abord le minerai par une recoupe, poussée jusqu'au toit, puis on s'élèvera en gradins renversés. Mais, comme dans la variante précédente, on ne peut procéder ainsi que si le minerai est solide.

268. Méthode verticale d'Almaden. — Une méthode toute particulière, et qui mérite d'être décrite, est appliquée dans la mine de mercure d'Almaden (Espagne).

Le gîte se compose de trois filons, séparés par des nerfs stériles, formant un ensemble de 25 m. d'épaisseur, dont 12 m. utiles. Les deux filons du mur sont dépilés ensemble, avec abatage du neuf qui les sépare. Le filon du toit est enlevé séparément.

Le pendage est de 75-80°. Le minerai est du cinabre tenant de 5 à 44 °/₀ de mercure (moyenne 9 à 10 °/₀).

On divise le gîte en étages de 25 m. pris par *foncées* verticales mesurant 3ᵐ, 40 en direction, s'étendant du mur au toit du filon, et laissant entre elles des piliers de même largeur, qui sont pris après muraillement des foncées.

L'ouverture d'un étage comporte le percement d'une galerie au

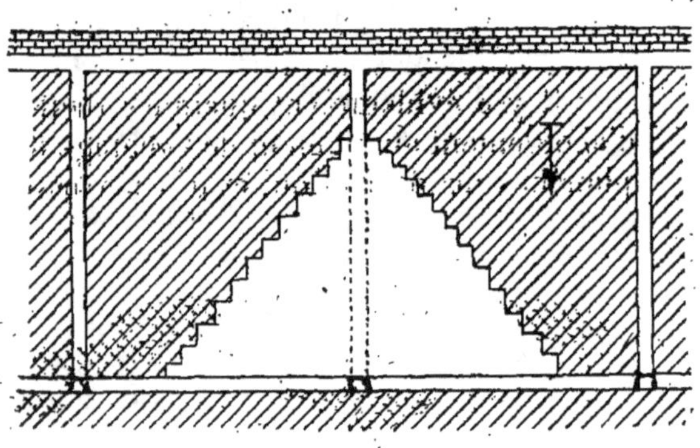

I. — Attaque d'un panneau.

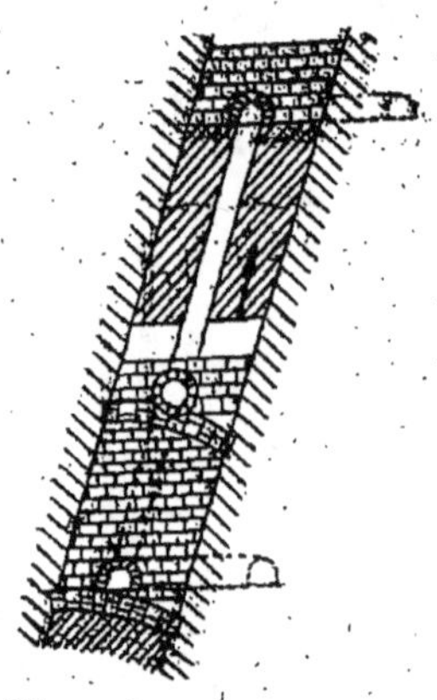

II. — Coupe en travers.

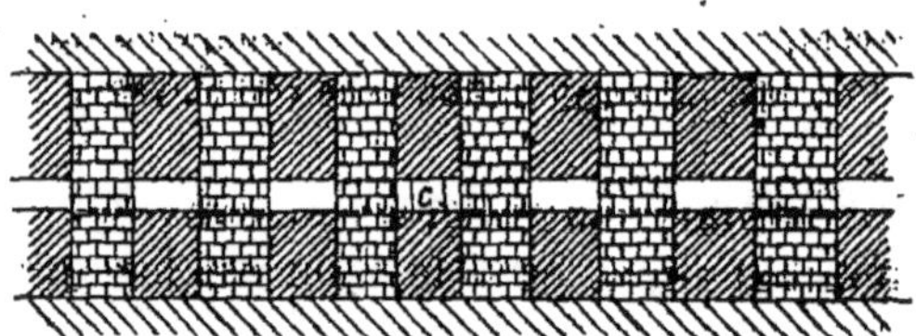

III. — Coupe en long.

Fig. 189. — Exploitation d'Almaden.

milieu du filon, et de cheminées distantes de 40 m., montant à l'étage supérieur. On prend ensuite, sur toute la hauteur de l'étage, en partant d'une des cheminées, une tranche inclinée (presque verticale), large de 2 m. (*fig. 189-I*) par gradins renversés, en maintenant les parois de minerai par un boisage provisoire.

De chaque côté de cette tranche on attaque des foncées, de 2 en 2 du mur au toit, en partant de la base et en remplaçant le minerai par de la maçonnerie renforcée de distance en distance par des voûtes encastrées dans les éponts (*fig. 189 II et III*). On ménage à certaines hauteurs des passages en direction voûtés. Quand toutes ces foncées sont terminées et maçonnées, on enlève de même les piliers intermédiaires, sans les remblayer.

Cette méthode est très coûteuse, mais elle s'explique par le désir d'enlever complètement le minerai et par l'absence de bois dans la région.

<h3>§ 4. — Filons puissants et amas.</h3>

269. Aménagement. — L'aménagement d'un gîte métallière puissant se distingue de celui d'une houillère par quelques différences importantes : l'étendue des travaux préparatoires, dont nous avons indiqué plus haut la nécessité ; la hauteur plus grande des étages, puisque les risques d'échauffements n'existent pas et qu'on peut sans inconvénient continuer les dépilages sur une grande hauteur ; la difficulté d'adopter les méthodes habituelles par tranches horizontales, en raison du poids considérable du minerai et de l'impossibilité de soutenir sa masse lorsqu'elle est disloquée. Par contre, il est en général possible d'ouvrir des vides beaucoup plus étendus que dans les houillères.

270. Méthodes applicables. — Les méthodes applicables sont très variées. Dans les minerais solides, on peut opérer par grandes *chambres-magasins* comme dans les mines de fer de Suède (voir Chap. III).

Lorsqu'un soutènement est nécessaire, on peut employer les *piles rectangulaires*, ou les *tranches horizontales* ; dans ce dernier cas, on disposera les chantiers de façon à empêcher la mise en mouvement de la masse du minerai.

Enfin, les méthodes de *foudroyage* sont encore d'une application assez courante, car elles n'ont pas les mêmes inconvénients que dans les charbons, toujours plus ou moins sujets à s'enflammer spontanément.

271. Chambres-magasins. — Quand le gîte n'est pas trop large, la préparation d'un quartier se borne au traçage d'une galerie à mi-distance des éponts, sur laquelle s'embranchent des recoupes allant du toit au mur pour reconnaître l'épaisseur et la valeur du filon.

Sur ces recoupes, ou plus simplement sur la galerie, on attaque tous les 8-10 m. des cheminées, qui formeront trémies. On laisse un massif de quelques mètres, puis on les élargit jusqu'au mur et au toit, et jusqu'aux piliers laissés entre deux chantiers voisins, en

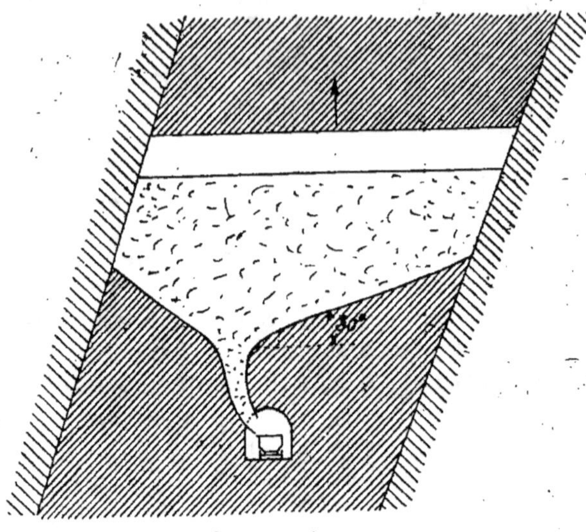

Coupe en travers.

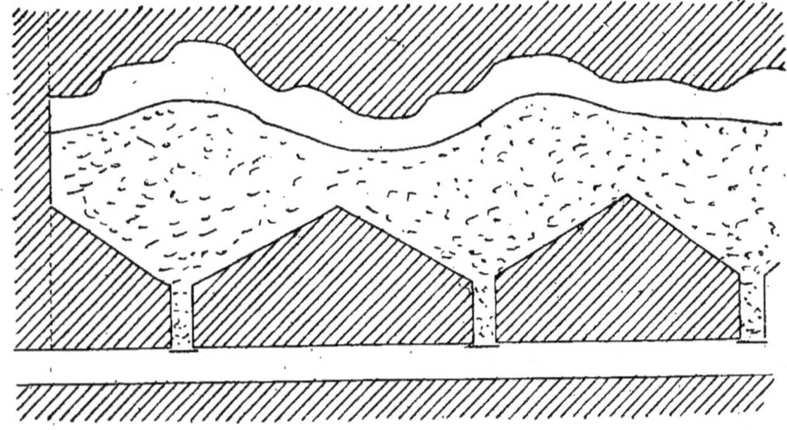

Coupe en long.

FIG. 190. — Exploitation par chambres-magasins.

donnant aux parois de cet entonnoir une pente suffisante pour la descente du minerai ; 30° suffisent s'il est sec et qu'il reste en morceaux à arêtes nettes (*fig. 190*).

On s'élève ensuite vers l'étage supérieur, en laissant le minerai sur place, sauf l'excédent provenant du foisonnement. Le front de taille, au-dessus de la ligne des cheminées dessine des gradins renversés plus ou moins nets.

Si l'on ne remblaie pas les chambres, on ne peut pas enlever les piliers, mais on essaie d'en diminuer l'épaisseur.

Cette méthode ne nécessite aucun boisage et fournit une production abondante avec un prix de revient réduit. Les traçages sont limités au minimum et l'aérage est bon.

Mais elle n'est applicable que dans les gîtes très inclinés, et entraîne l'abandon d'une partie du minerai dans les piliers. Il est en outre impossible de séparer le minerai des stériles ; il faut remonter au jour tous les produits abattus.

Si l'épaisseur du gîte est considérable, on trace plusieurs galeries en direction, réunies par des recoupes allant du toit au mur, et l'on ouvre de grandes chambres, allongées dans le sens perpendiculaire aux épontes, séparées par des piliers qui s'étendent du toit au mur.

On ouvre les chantiers comme il est expliqué ci-dessus, en laissant un massif de protection au-dessus des galeries, et en évacuant le minerai par des cheminées débouchant dans les voies en direction ou les recoupes. Les chambres sont creusées en montant et, au fur et à mesure de leurs progrès, on creuse des passages de l'une à l'autre à travers les piliers.

Dans les mines d'or d'Alaska-Treadwell (Alaska), qui exploitent des amas de minerai à basse teneur, solide et dur, les piliers ont 7 à 8 m. d'épaisseur ; les chambres ont environ 25 m. de large sur une centaine de mètres de longueur du toit au mur ; leur hauteur dépasse 50 m. Le front de taille, en couronne, est taillé en voûte. Des puits de circulation verticaux sont percés dans les piliers, contre le mur, et le puits d'extraction est dans le mur, à une certaine distance de l'amas (1).

272. Piles rectangulaires. — Nous avons donné, dans la IVᵉ partie du Cours, quelques détails sur le principe des piles rectangulaires et sur leur construction. On pourra s'y reporter pour compléter les indications présentes sur leur emploi dans les mines métalliques.

Ces ouvrages se font, soit en rondins bruts assemblés, soit en madriers équarris. Au fur et à mesure que le chantier s'élève et

____

(1) WALTER R. CRANE. *Ouvrage cité*.

s'élargit, on ajoute de nouveaux éléments assemblés avec les précédents, etc. prenant appui contre le mur et le toit *(fig. 191)*.

Suivant les cas, l'intérieur de l'ouvrage restera entièrement vide, ou servira pour entasser une réserve de minerai, ou encore sera rempli de remblais stériles.

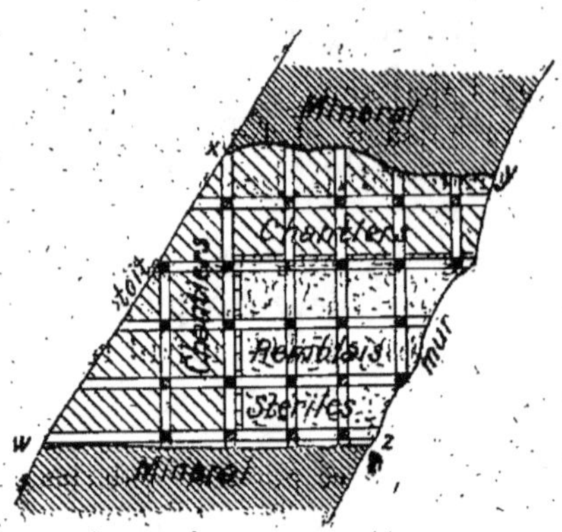

Fig. 191. — Piles rectangulaires.

Les piles rectangulaires ne sont qu'un mode particulier de soutènement, applicable avec diverses méthodes d'abatage : sans remblayage ou avec remblayage, ou même avec foudroyage. Les longueurs des bois sont d'environ 2 m. à 2^m,50 pour les montants, 1^m,50 à 1^m,80 pour les bois horizontaux.

On peut par exemple, (mines d'or du Colorado ou du Dakota), s'élever tant que le poids de la charpente elle-même n'écrase pas les bois inférieurs, c'est-à-dire jusqu'à une trentaine de mètres.

On peut aussi (mines de plomb argentifère de l'Idaho) conduire l'abatage en tranches horizontales ou inclinées, en élevant au fur et à mesure l'ouvrage, et en remblayant la partie inférieure, en y ménageant les galeries de roulage et les cheminées de descente du minerai.

On peut enfin, comme dans certaines mines de fer du Michigan, où le gîte se présente sous forme de grandes lentilles, s'élever d'une quinzaine de mètres en laissant entre les chantiers (larges de 7^m,50) des piliers carrés de 12 m. de côté qu'on découpe ensuite, à la base, en quatre parties égales par deux galeries en croix. On monte, au milieu du pilier, jusqu'à son sommet, puis on achève de le découper en quatre parties égales sur toute sa hauteur et on dépile le pilier en descendant, et en reliant par des bois horizontaux les piles rectangulaires qui l'entourent.

Quand tout le minerai est enlevé, on fait sauter les piles rectangulaires, au moyen de quelques cartouches provoquant ainsi le foudroyage des stériles en couronne.

Cette méthode est économique et très productive, mais entraîne une grande consommation de bois.

273. Tranches horizontales. — L'enlèvement d'un gîte puissant par tranches horizontales nécessite des précautions spéciales, par suite du poids du minerai, beaucoup plus grand que celui du charbon.

On place les puits et les voies principales (niveaux de base ou plans inclinés) dans l'une des épontes, pour qu'ils ne risquent pas d'être compromis par un éboulement, et pour ne pas être obligé de laisser des piliers de protection.

Le traçage d'un étage se fait par des travers-bancs branchés sur les galeries en direction et en travers dans la couche, et par des montages réunissant les voies de base de deux étages successifs.

Pour le dépilage, on opère par recoupes plus ou moins larges que l'on remblaie soigneusement avant d'attaquer les piliers qui les séparent. Ce mode de procéder a l'avantage de permettre l'ouverture rapide de chantiers supplémentaires, si certaines des recoupes en dépilage rencontrent des zones stériles.

Si l'on veut opérer par larges recoupes, il faut un boisage très soigné, par exemple en piles rectangulaires.

On peut attaquer simultanément plusieurs tranches pour activer l'exploitation.

En général, on ne touche pas aux piliers avant d'être monté, de tranche en tranche, jusqu'au sommet de l'étage. Des cheminées d'évacuation du minerai sont ménagées dans les remblais.

L'enlèvement des piliers est plus facile si on a élevé dans les chantiers des piles de bois, et si on emploie ce même mode de soutènement lorsqu'on procède à cet enlèvement. Mais il est toujours à craindre que les dislocations ne rendent difficile la reprise des piliers.

274. Autres méthodes avec remblayage. — Une fois le gisement préparé, on peut parfois, si l'inclinaison est forte et le minerai solide, adopter, pour le dépilage des chantiers, entre piliers, la méthode des chambres, mais en la transformant de manière à pouvoir remblayer celles-ci en même temps qu'on évacue le minerai.

Dans ce but, on peut tracer dans les piliers des galeries G communiquant avec les chambres par des passages A. Le passage le plus rapproché du mur se continuera à travers le chantier par une galerie B fortement boisée, que recouvrira le minerai qui remplit peu à peu la chambre. Pendant le creusement de la chambre jusqu'à la voûte au-dessous de l'étage supérieur, on n'enlève que l'excédent de minerai.

Quand la chambre est terminée, on crève le boisage de la galerie B, pour enlever le minerai. Au bout d'un certain temps, celui-ci n'occupe plus que la partie de la chambre entre B et le toit. Au fur et à mesure que le talus recule vers le toit, on évacue le minerai par l'une ou l'autre des galeries A (fig. 192). Quand le vide est suffisant pour commencer le remblayage, on déverse les stériles par un trou dans la voûte, communiquant avec la galerie

B′ laissée dans les remblais de l'étage supérieur. On fait suivre ainsi le remblayage, en même temps qu'on achève l'enlèvement du minerai, en ayant soin que la distance entre le pied des deux talus soit tel qu'on puisse tou-

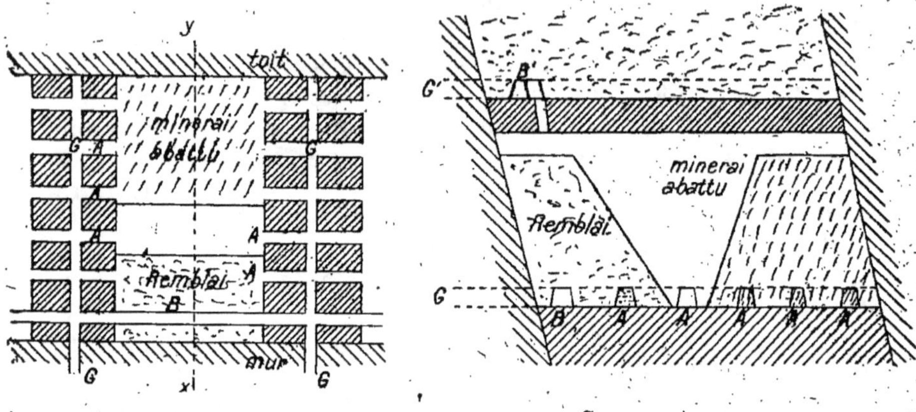

Fig. 192. — Remblayage d'une chambre.

jours évacuer le minerai par l'une des galeries A. On complète ensuite le remplissage de la chambre et on cherche à dépiler la voûte de minerai entre les deux étages.

275. Foudroyage. — L'exploitation par foudroyage du minerai ou du toit, qui est actuellement abandonnée dans les amas de charbon, où elle occasionne des pertes inadmissibles et des incendies, se justifie au contraire, dans certains cas, dans les mines métalliques. Mais elle exige que les vides à maintenir sous les éboulements ne soient pas trop grands, en raison du poids du minerai. On est donc amené à opérer par recoupes étroites ou à découper le gisement en piliers, dont on conduira méthodiquement le dépilage, de manière à rester maître des éboulements. On exploite par sous-étages rapprochés, pris en descendant ; si plusieurs sont en dépilage à la fois, les chantiers dans chacun d'eux sont un peu en avance sur ceux du sous-étage inférieur ; en coupe verticale parallèle à la direction du gîte, les travaux se présentent donc sous l'aspect de grands gradins droits.

Les méthodes applicables, dans le sous-étage, sont variables, ainsi que la hauteur de ce dernier. Il serait fastidieux d'en donner une description complète, mais nous citerons quelques exemples qu'on pourra compléter par la lecture d'articles détaillés, ou par des visites de mines, en s'attachant surtout, comme dans toute étude

d'une méthode d'exploitation, à rechercher les raisons locales, économiques ou techniques, qui en justifient l'adoption et en
expliquent les particularités.

Dans les *mines de fer de la région du Lac Supérieur*, on rencontre quelques exemples intéressants.

Le dépilage est conduit, dans certaines de ces mines, par
tranches horizontales descendantes, prises par recoupes étroites
successives, le long des éboulements de la recoupe précédente; les
chantiers se suivent ainsi en revenant vers la cheminée communiquant avec la base de l'étage. On établit sur la sole de ces recoupes
des planchers qui supporteront les éboulements (lorsqu'on les provoquera en faisant sauter le boisage), et permettront de tracer des
recoupes au-dessous, en tranche inférieure.

Dans d'autres mines de la même région, on découpe le gisement en
sous-étages, et ceux-ci en piliers longs parallèles à la direction, par des
chantiers étroits. Lorsque ces chantiers sont arrivés à la limite fixée, on
fait tomber les bois et le minerai en couronne, jusqu'aux éboulements du

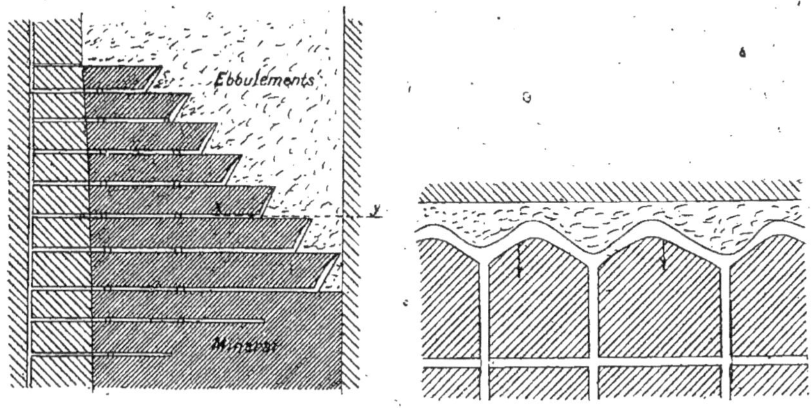

Coupe verticale.   Coupe horizontale x y.
Fig. 193. — Exploitation des cheminées diamantifères de l'Afrique australe.

sous-étage supérieur ; on le reprend à la pelle, mais il est difficile d'éviter
les pertes de minerai, soit dans l'abatage de la couronne, soit ultérieurement
dans la reprise des piliers. La méthode n'est d'ailleurs admissible que dans
les minerais assez solides.

Aux *mines de diamant* de l'Afrique-Australe, on exploite, par
foudroyage, de grandes cheminées, presque verticales composées
de roches assez dures contenant les diamants. Les roches encaissantes sont solides, sauf certains bancs de schistes.

Les puits d'extraction sont dans les roches encaissantes ; des travers-bancs pénètrent dans le gisement, déterminant des sous-étages d'une dizaine de mètres. Ces derniers sont préparés au moyen de galeries en direction d'où partent des galeries en travers, espacées de 9 m., qui vont jusqu'à la roche encaissante. On ouvre ensuite, le long de celles-ci, des chantiers qu'on conduit en rabattant vers les galeries de direction (*fig. 193*), les sous-étages supérieurs étant en avance sur les inférieurs.

Le minerai, abattu à l'aide de coups de mine, descend jusqu'au bas du chantier le long du talus de déblais. Il y a peu de risques d'éboulement, mais des pertes assez élevées. On peut reprocher aussi

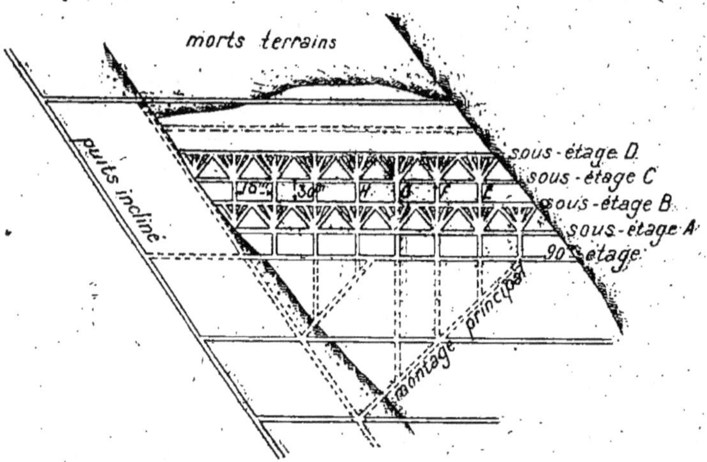

Fig. 194. — Exploitation par foudroyage à la mine Ohio-Copper (Utah).

à cette méthode la durée des traçages préalables, et la défectuosité de l'aérage.

Aux mines de cuivre Ohio-Copper (Utah), on applique une méthode particulière dont la fig. 194 montre le principe.

Les étages, espacés de 60 m. sont divisés en sous-étages A, B, C, D... de 9 m. dans lesquels sont isolés des piliers de 15 m. $\times$ 7^{m},50. Des cheminées verticales, et des montages inclinés à 55° aboutissant aux angles des piliers, complètent ce traçage, forcément assez long, et servent à la descente du minerai abattu.

On peut alors commencer, au moyen de coups de mine, le foudroyage du sous-étage C. On provoquera ensuite l'effondrement du sous-étage B, et enfin du sous-étage A. Pendant ce temps on prépare l'étage inférieur.

La manutention du minerai est ainsi réduite au minimum, aussi le rendement des mineurs est-il considérable (17 tonnes par jour et par ouvrier du fond). Le prix de revient est très bas, malgré l'importance des traçages, mais les pertes de minerai sont importantes.

La méthode n'est applicable que dans les gisements très puissants, solides, et voisins de la surface. En profondeur, le poids de la masse éboulée deviendrait exagéré.

276. Résumé.

— L'exploitation des gîtes métalliques se présente dans des conditions assez différentes de celle des gîtes houillers : le minerai est d'une dureté comparable à celle des roches encaissantes, son poids est beaucoup plus grand que celui du charbon ; l'emploi des explosifs est presque toujours nécessaire pour l'abatage, mais on n'a pas autant à se préoccuper de la diminution de valeur provenant pour le charbon de la réduction en poussière sous l'effet d'une manutention brutale ou du piétinement par les mineurs.

L'absence de grisou simplifie les questions d'aérage.

Les gîtes sédimentaires, tels que les couches de minerai de fer, par leur régularité d'allure et la constance de leur teneur, se rapprochent beaucoup plus des houillères. Au contraire, les filons sont très irréguliers comme remplissage et comme richesse, ce qui oblige à préparer à l'avance une partie plus importante du gisement, et à aménager celui-ci de manière à pouvoir ouvrir facilement de nouveaux chantiers, lorsqu'ils sont rendus nécessaires par l'appauvrissement inattendu de ceux qui sont en dépilage.

Les filons sont en général très inclinés, mais leur épaisseur est très variable ; la partie utile peut se limiter à un filet très mince ; dans d'autres cas, on doit abattre tout le remplissage pour en séparer le minerai, au fond ou au jour.

Les *filons minces* s'exploitent par gradins renversés ou par gradins droits. Ces derniers facilitent le triage et n'ont pas, comme dans les houillères, l'inconvénient d'amener une détérioration des produits abattus restant sous les pieds des mineurs. Néanmoins les gradins renversés dans lesquels l'abatage et l'évacuation des produits sont plus faciles, sont les plus répandus. D'autres méthodes (abatage en long, stossbau, etc.) sont fréquemment appliquées.

Dans les *filons plus épais* on emploie aussi les gradins renversés, avec ou sans remblayage, ou le foudroyage du toit. La question du soutènement est particulièrement importante et a donné naissance à des procédés particuliers, tels que l'emploi des piles rectangulaires. On a même été, aux mines de mercure d'Almaden, jusqu'à remplacer le minerai abattu par une maçonnerie soignée.

Les *filons puissants et les amas* peuvent s'exploiter au moyen de grandes chambres, séparées par des piliers, dans lesquelles on laisse s'accumuler les produits abattus, sur lesquels se tiennent les mineurs pour abattre le minerai en couronne. Ces chambres sont parfois abandonnées, parfois remblayées pour permettre l'enlèvement ultérieur des piliers.

Les tranches horizontales sont aussi adoptées dans de nombreux gisements, mais il faut alors opérer par chantiers étroits, généralement en travers, pour ne pas faire supporter au boisage un poids exagéré.

Le foudroyage est encore d'un emploi fréquent, lorsqu'il faut abattre toute la masse du minerai. On n'a pas à craindre les risques d'échauffément qui font rejeter cette méthode dans les houillères, mais elle entraîne souvent des pertes de minerai.

CHAPITRE XI

INFLUENCE DE L'EXPLOITATION
SUR LES TERRAINS ENCAISSANTS

§ 1. — MOUVEMENTS DE TERRAINS PROVOQUÉS PAR L'EXPLOITATION.

277. Dislocation des terrains. — L'ouverture des vides provenant de l'enlèvement du minerai, et à un moindre degré du creusement des galeries, rompt l'équilibre des terrains, qui tend à se rétablir de lui-même, par le remplissage de ces vides.

Si la surface découverte est faible, et les terrains solides, les pressions qui s'exercent sur les bancs sous-cavés se transmettent aux roches voisines, et il peut arriver que le vide reste ouvert. C'est ainsi que dans les roches dures et homogènes, ou même dans les charbons compacts, des galeries durent des années, voire même des siècles. Mais le plus souvent, sous la poussée des terrains, la couronne de ces galeries se fissure, des blocs se détachent, et un effondrement se produit, remplissant la cavité ; les dislocations se propagent en hauteur, et l'éboulement ne s'arrête que lorsque, par suite du foisonnement des blocs tombés, la couronne de la cloche ainsi formée se trouve soutenue.

Plus la surface découverte est grande, plus irrésistible est ce mouvement d'affaissement. Le remplacement du minerai par des remblais le ralentit et le limite, mais sans l'empêcher. Il est nécessaire de connaître sous quelle forme se propagent les dislocations, les distances verticales ou latérales auxquelles elles se font sentir, et leur influence sur l'exploitation elle-même ou la surface du sol.

Les bancs au-dessous desquels on a ouvert un vide sont soumis à la pression verticale des bancs supérieurs ; ils subissent donc un effort comparable à celui d'une poutre encastrée qui se rompt vers le milieu de la partie en porte-à-faux. Chacune des deux moitiés est alors encastrée seulement à une seule extrémité, et cèdera dans le plan d'encastrement. Une fois ce banc rompu, le banc supérieur entrera en tension, puis se brisera à son tour et les fractures se propageront en hauteur.

Si les assises des terrains sont horizontales, ces cassures seront verticales ; mais si elles sont inclinées, le cas est plus compliqué, ainsi que nous le verrons un peu plus loin.

Signalons tout de suite que si les terrains ne sont pas en bancs réguliers, mais en masse compacte, notamment s'ils sont plastiques, la dislocation ne se fait plus suivant les mêmes lois. En roche massive, les plans de clivage joueront un rôle et amèneront le décollement de morceaux plus ou moins gros. La surface libre deviendra irrégulière, les pressions s'y exerceront suivant des directions et avec une intensité variables. Le remplissage se fera peu à peu ; la zone mise en mouvement s'étendra plus ou moins loin ; elle gardera une forme générale analogue à celle qu'on observe avec des terrains stratifiés, mais les éboulements auront une autre apparence.

Si l'on est en présence d'argile, elle se déformera et envahira la cavité, mais sans cassures. Si cette masse plastique est peu importante, et surmontée de bancs solides, c'est dans ces derniers que se manifesteront les phénomènes de dislocation. De même au-dessus d'une assise de sables.

On voit que, suivant les cas, l'affaissement suivra rapidement l'enlèvement du minerai, avec ou sans formation de cassures, ou bien la roche s'éboulera par blocs irréguliers, après un temps prolongé, ou bien enfin elle restera longtemps sans mouvement sensible pour s'effondrer brusquement sur une grande étendue.

Ce dernier phénomène s'observe avec les bancs épais de roches solides, telles que les grès ; il produit des ébranlements comparables à un tremblement de terre, et les effets de ces *coups de barre* se font parfois sentir d'une façon dangereuse dans l'ensemble des travaux.

278. Influence de l'épaisseur et de l'inclinaison du gîte. — Dans les couches minces, le foisonnement a vite fait de remplir les vides, et les dislocations des terrains ne se font pas sentir à une très grande distance. Au contraire, l'enlèvement d'un gîte puissant a des effets très étendus, qui se poursuivent jusqu'à la surface du sol.

L'influence de l'inclinaison du gisement est évidente. En effet la pression verticale qui s'exerce en un point donné peut être divisée en deux composantes, l'une normale, l'autre parallèle à la surface des bancs. Si la pente est faible, la première l'emporte de beaucoup ; c'est l'inverse si la pente est très forte.

Dans ce dernier cas, la tendance au glissement des bancs les uns sur les autres peut devenir prépondérante.

D'autre part, la masse qui pèse sur un banc sous-cavé et en amène la rupture est limitée par des verticales Ax et By (*fig. 195*).

Nous avons vu plus haut que le banc M pouvait être assimilé à une poutre qui se rompt suivant le plan d'encastrement. Au fur et à mesure qu'on s'élève, les plans s'écartent des normales en A et B ; les cassures se succèderont en présentant une série de gradins, dont la direction générale (AC, BD) est comprise entre la verticale et la normale.

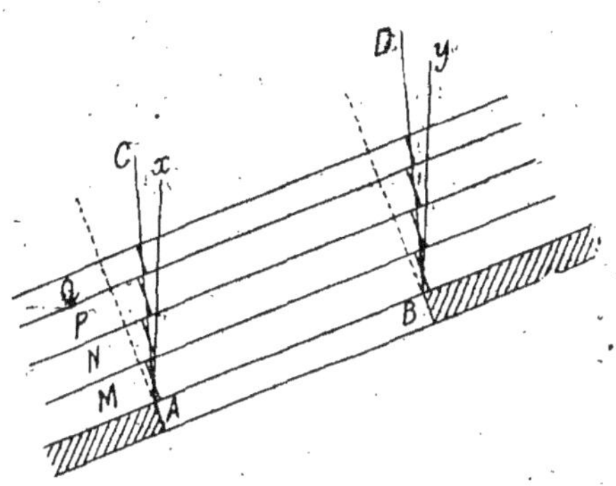

FIG. 195. — Influence de l'inclinaison sur les dislocations.

279. Propagation des cassures. — La connaissance de la propagation de ces cassures est très importante, car elle permet de déterminer les zones qui seront mises en mouvement par l'exploitation, et celles qui resteront intactes. On a proposé différentes formules, dont aucune n'est indiscutable au point de vue théorique. Les éléments qui entrent en ligne de compte sont en effet nombreux : puissance et inclinaison du gisement, nature des terrains dans lesquels se propagent les cassures, distance jusqu'à la surface, rapidité d'enlèvement du minerai, etc.

Toutefois, les indications suivantes permettent de se faire une idée du mode de propagation.

Au-dessus d'une couche horizontale, il se produit un affaissement vertical de la masse sous-cavée, accompagné de dislocations dans les terrains qui entourent cette masse en mouvement.

La surface de séparation entre les terrains qui restent intacts et ceux qui sont affectés par l'exploitation forme un angle α avec le plan du gisement, c'est-à-dire avec l'horizontale. A la surface, on aura une cuvette ABCD (*fig. 196*). L'angle α est d'environ 70-75°.

Si la couche est inclinée (*fig. 197*), on a des angles différents, β et γ, en aval et en amont, variables avec l'inclinaison.

L'angle β est de 55° au minimum, pour un pendage de 35° et au dessus. Il augmente de 55 à 75° lorsque le pendage diminue de 35° à 15° et reste égal à 75° pour des pendages moindres.

On peut dire que la cassure inférieure est à peu près normale au gisement, lorsque la pente est supérieure à 15° et inférieure à 45°.

Quant à l'angle d'amont γ, il est pratiquement constant et égal

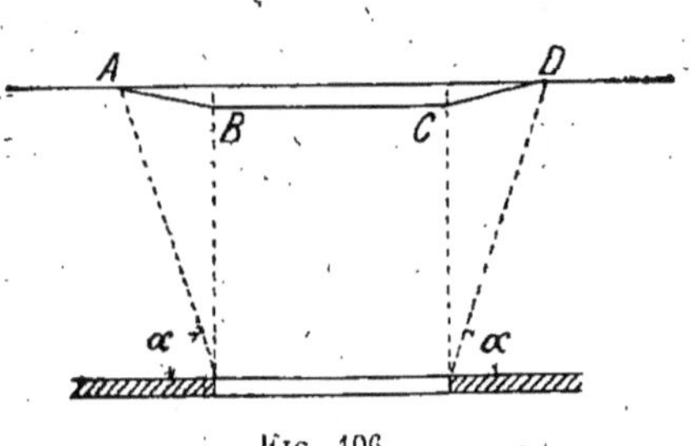

Fig. 196.　　　　　　　　Fig. 197.

à 70-75°. On admet d'ailleurs un angle de 70° dans les morts-terrains ordinaires, 35-40° dans les sables boulants.

Mais il faut remarquer que dans la plupart des cas, les phénomènes de rupture des bancs ne continuent pas jusqu'à la surface. A partir d'une certaine distance de la couche, il y a seulement flexion sans rupture. Les surfaces limitées ne vont plus en s'écartant, mais deviennent sensiblement verticales.

280. Expériences de M. Fayol. — M. Fayol a cherché, par une série d'expériences, à déterminer empiriquement les lois de la propagation des mouvements de terrain (1).

Il plaçait à la base d'une caisse en verre des planchettes 1, 2, 3, 4....., parallèles entre elles, surmontées de couches alternées de sable sec, de sable humide, de plâtre.

On enlevait successivement les planchettes, et on suivait, à travers les parois de verre, la progression des éboulements dans la masse contenue dans la caisse.

Les couches de matériaux étaient tantôt parallèles aux planchettes sur toute leur épaisseur, tantôt d'abord parallèles, puis en discordance à partir d'une certaine hauteur.

---

(1) H. Fayol. Note sur les mouvements des terrains provoqués par l'exploitation des Mines. *Bulletin de l'Industrie minérale*, 2ᵉ série, tome XIV, p. 805.

Les conclusions tirées de ces expériences ont été les suivantes :

L'ensemble des dislocations est limité par une surface en forme de voûte parabolique, qui commence normalement à la couche, puis s'infléchit (*fig. 198*).

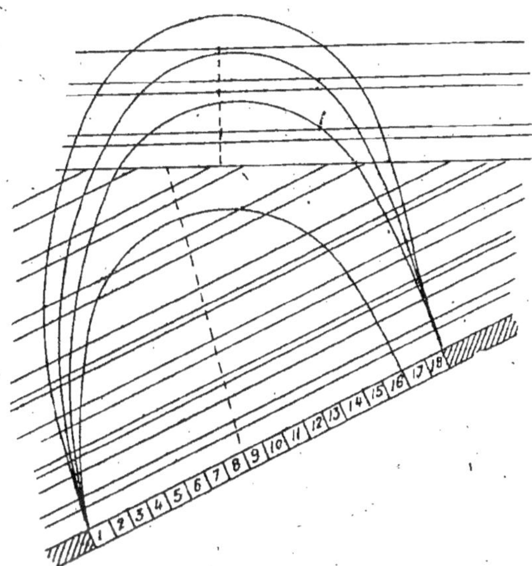

Fig. 198. — Expériences de M. Fayol.

L'axe de cette voûte est généralement compris entre la normale et la verticale à la stratification et s'infléchit dans le même sens que cette normale, en traversant la surface de séparation entre deux stratifications discordantes.

La hauteur de la voûte n'augmente pas indéfiniment avec l'importance du vide.

Ces expériences ont permis de vérifier que les lois géométriques basées uniquement sur l'inclinaison de la couche étaient trop sommaires, et que la rupture des bancs ne se fait pas normalement aux bancs, mais suivant les plans inclinés.

281. Extension des mouvements. — La théorie, aussi bien que la pratique, montrent que les mouvements cessent de se faire sentir d'une façon aussi nette, à partir d'une certaine hauteur.

Pour des couches minces exploitées avec remblayage, ils ne s'étendent guère à plus de 10 fois l'ouverture.

Sans remblais, le foisonnement limite l'extension des affaisse-

ments ; on admet parfois que le foudroyage d'une couche de 1 m. n'a
pas d'influence sur la surface à partir de 200 ou 250 m. de profondeur, mais on a cité des couches de cette importance qui ont provoqué des affaissements alors qu'on les exploitait à plus de 500 m. de
profondeur.

La nature des terrains de recouvrement joue un rôle important
dans cette propagation.

282. Répercussion des affaissements sur l'exploitation. — Les
affaissements provenant des dépilages ont une répercussion sur les
parties du champ d'exploitation situées dans la zone ébranlée.

Les couches qui s'y trouvent se disloquent et leur enlèvement
peut devenir impossible, ou tout au moins beaucoup plus pénible,
soit par suite des difficultés du soutènement, soit par suite des
échauffements qui s'y produisent.

Même lorsqu'un remblayage soigné réduit l'importance des
affaissements, la masse de charbon ou du minerai est soumise à des
pressions considérables. Le plus souvent, il en résulte des dislocations qui facilitent l'abatage, mais dans certains charbons compacts,
la mise en tension de la masse rend parfois l'abatage plus pénible en
deuxième tranche qu'en première.

Au point de vue de la conduite de l'exploitation, les mouvements
de terrains obligent à laisser des piliers de protection, surtout autour
des puits, ou sous les parties importantes de la surface, ce qui est
parfois très gênant.

283. Répercussion sur la surface. — L'influence des affaissements sur la surface est considérable lorsque les gisements sont à
faible profondeur, et qu'on dépile des couches épaisses. Même avec
remblayage, on constate des dénivellations qui atteignent dans certains cas plusieurs mètres d'amplitude. Des bas-fonds se forment où
les eaux s'accumulent, les bâtiments se crevassent et s'effondrent,
des cassures s'ouvrent dans le sol.

Les affaissements réguliers, sur une grande étendue n'ont pas
de conséquences graves pour les bâtiments, mais en ont forcément
pour les routes, les voies ferrées, les canaux, les conduites d'eau ou
de gaz, qui s'étendent sur une grande longueur.

284. Autres effets des affaissements. — Les affaissements, et
surtout les cassures qu'ils provoquent amènent l'assèchement des
nappes aquifères ; il peut en résulter de graves ennuis pour l'ap-
provisionnement en eau potable, ou pour l'agriculture.

Un autre inconvénient a été indiqué par certains auteurs : sous l'action de cet assèchement, les terrains argileux peuvent se contracter, et provoquer aussi des mouvements de terrains, qui ne seraient que la conséquence indirecte de l'exploitation. Mais la question est encore controversée.

§ 2. — MESURES DE PROTECTION CONTRE LES MOUVEMENTS DE TERRAINS.

285. Piliers de protection. — Nous ne parlerons plus des piliers de protection ménagés le long des galeries importantes, ni des massifs laissés en place pour empêcher les mouvements du toit.

Nous rappellerons seulement les massifs laissés intacts autour des puits d'extraction, qui ne doivent pas être ébranlés sous peine de compromettre l'exploitation.

Ces massifs de protection des puits portent le nom d'*investisons* ou *stots de protection*. Si le gîte est horizontal, ce massif sera naturellement circulaire, et de diamètre suffisant pour que le cône d'ébranlement ne recoupe pas le puits (*fig. 199*). On a vu plus haut que l'angle α était sensiblement égal à 75°. Le diamètre AB de l'investison sera donc tel que les lignes AA′ BB′ atteignent la surface avant d'avoir recoupé le puits. Si les assises voisines de la surface sont peu consistantes, les lignes AA′ et BB′ seront plus inclinées en les traversant, ce qui entraînera une augmentation du diamètre AB.

Si la couche est inclinée, le problème est un peu plus compliqué, car l'investison devra être plus large en amont qu'en aval.

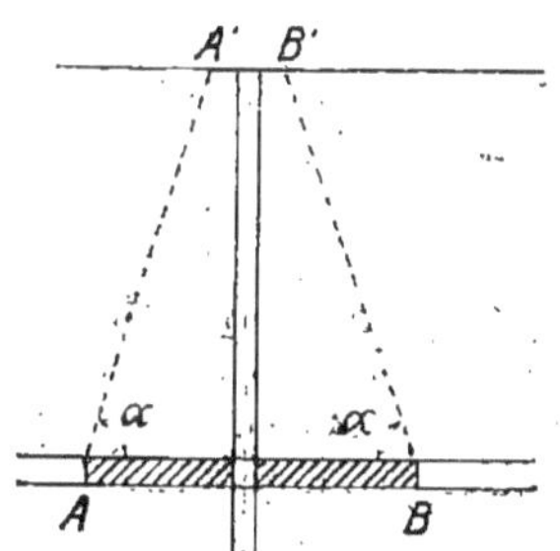

Fig. 199. — Investison Couche horizontale.

Si l'on admet les chiffres indiqués au n° 279, on voit que pour un pendage de 35° environ la ligne B′ B fera avec l'horizontale un angle de 55°, tandis que la ligne AA′, même partant du pied du puits, s'en écarterait, l'angle C A A′ étant de 70° environ (*fig. 200*). Il suffirait que l'investison s'étende en amont du puits, dès que le pendage dépasse 30°. Au-dessous de ce chiffre la ligne A A′ est inclinée vers le puits, et l'investison doit s'étendre en aval, d'autant plus que l'inclinaison de la couche est moindre.

En réalité, on doit augmenter l'investison, en amont et en aval d'une quantité suffisante pour que le périmètre P P′ protégé englobe tous les bâtiments du puits, ce qui conduit à étendre l'investison jusqu'en M M′. Il est d'ailleurs prudent de se rappeler que, d'après les expériences de M. Fayol,

la surface qui limite les affaissements (M S S') est d'abord presque verticale,
et que si la profondeur est faible, la ligne M S risque de rencontrer la surface en amont de la ligne M.P inclinée à 70°.

Si les terrains de recouvrement sont de natures différentes, les
lignes MP et M'P' auront un tracé brisé, à angles variables. On risquerait dans certains cas d'arriver à des dimensions exagérées pour
le massif à ne pas toucher. D'autres considérations entrent en ligne

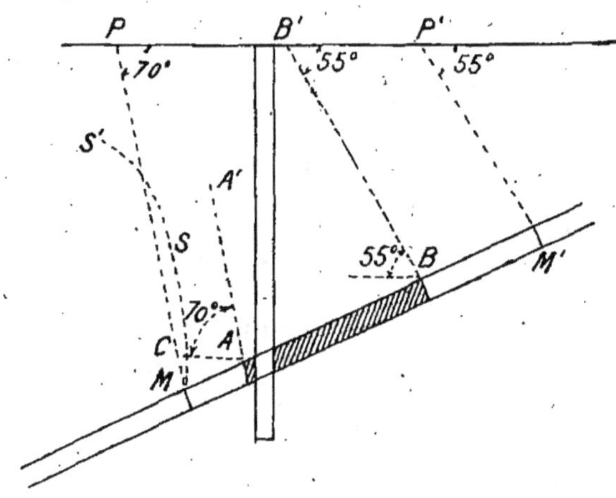

Fig. 200.

de compte : profondeur et épaisseur du gisement, méthode d'exploitation (foudroyage, remblayage à la main, remblayage hydraulique)
qui permettent, dans certains cas, de réduire ces dimensions théoriques. Mais il faut avoir soin de ne pas aller trop loin dans cette
voie, car les ennuis résultant de dégâts aux bâtiments de service ou
à la colonne du puits sont bien plus graves que l'abandon d'une
partie du gisement, (en supposant, bien entendu, que le puits n'a pas
été foncé juste au-dessus d'une zone riche qu'il ne peut être question d'abandonner).

286. Protection des bâtiments à la surface. — La même manière
de procéder permet de déterminer les zones à réserver pour protéger
les bâtiments de la surface. Si l'on a par exemple à passer sous un
bâtiment important (*fig. 201*) et que les terrains se composent d'assises horizontales de sables peu consistants, puis de bancs inclinés,
on tracera des plans AA', BB' s'écartant à 30 ou 40°, jusqu'aux bancs
rocheux, puis un plan vertical A'A″ en aval, et un plan B'B″ incliné
à 55° (pour un pendange de 35°), en amont.

Les deux autres faces du prisme seront déterminées de même par des plans à 30° dans les sables, verticaux dans les terrains rocheux. Le massif à réserver dans la couche sera, en plan, limité par le contour A″CB″D.

Si les morts-terrains, au-dessous des sables, contiennent une assise horizontale rocheuse, on y prolongera es plans AA′, BB′... à 30° par des plans inclinés à 70°, continués jusqu'aux bancs inclinés, dans lesquels on tracera en aval et sur les côtés trois plans verticaux, et en amont un plan à inclinaison voulue.

Pratiquement, on trace souvent le plan B′ B″ normal à la couche.

287. Remblayage. —

Les considérations précédentes sur les affaissements concernent des gisements exploités par foudroyage. Si le minerai, au fur et à mesure de son enlèvement, est remplacé par des remblais, l'étendue et l'importance de ces affaissements sont diminués.

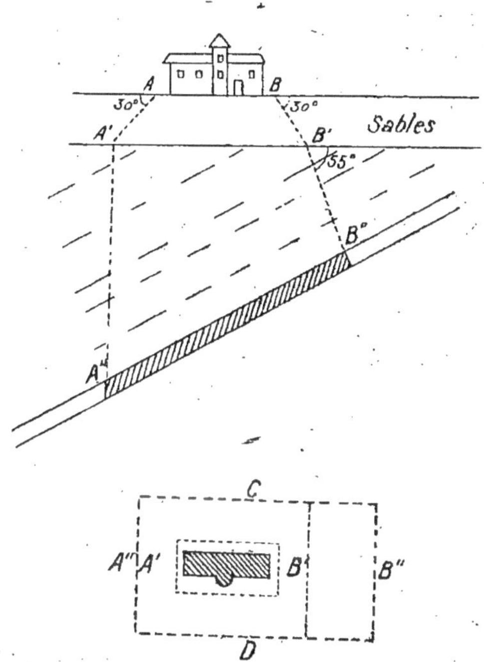

[Fig. 201. — Pilier de protection d'un bâtiment.

Nous avons vu qu'avec le remblayage à la main, où les tassements peuvent dépasser 50 %, les dislocations sont encore importantes. Leur propagation suit les mêmes lois, et elle se fait sentir là peu près aussi loin que si l'on exploite par foudroyage. Les effets à la surface sont moins graves au point de vue des dénivellations produites, mais les dégâts aux bâtiments sont presque aussi sérieux. On ne peut pas se passer de l'abandon de massifs de protection, déterminés comme il est dit ci-dessus. Nous avons signalé que les affaissements dans les travaux n'étaient plus aussi brusques, mais qu'on observait dans les couches épaisses prises par tranches horizontales ascendantes, un mouvement de bascule, qui amenait la descente des remblais et du toit lui-même, alors que le tassement se remarquait moins sur le mur.

Avec le remblayage hydraulique, on espérait au début supprimer complètement les mouvements de terrains, et exploiter sans se préoccuper de la surface. Il faut reconnaître que cet espoir ne s'est pas réalisé. Même avec des matériaux particulièrement favorables, on note encore des tassements de 8 à 10 % à la surface. Néanmoins, grâce à cette diminution très sensible des affaissements, et au fait que ces derniers s'effectuent beaucoup plus régulièrement, le remblayage hydraulique constitue un excellent moyen de protection de la surface et permet de réduire considérablement l'étendue des parties du gisement qu'il faut abandonner.

288. Résumé. — Lorsque les assises qui surmontent un gisement sont mises à nu par l'exploitation sur une certaine étendue, la pression des terrains qui se trouvent au-dessus de ces assises en amène l'affaissement, accompagné généralement de rupture.

L'éboulement comble le vide et se propage en couronne jusqu'au moment où le foisonnement des blocs tombés empêche l'action de se poursuivre en soutenant la roche restée en place. Ultérieurement, sous l'action de la pression qui continue à s'exercer, un tassement des déblais se produit, l'affaissement recommencera à se propager, et se fera sentir, si le gisement n'est pas à grande profondeur, jusqu'à la surface où l'on observera une dénivellation, ou tout au moins des cassures.

On a cherché à étudier théoriquement les lois de propagation des affaissements, d'après la nature des terrains, la puissance et l'inclinaison du gisement ou des assises supérieures.

Des formules ont été établies, mais le nombre des variables à considérer empêche d'arriver à une précision mathématique.

Au-dessus d'un gisement horizontal, la zone affectée par les affaissements présente l'aspect d'un prisme pyramidal tronqué, à parois inclinées, au voisinage de la couche, à 70 ou 75° dans les terrains houillers ordinaires.

Si le gîte est incliné, l'angle de la paroi du prisme, en amont, reste de 70 ou 75° avec l'horizontale, tandis qu'en aval elle est à peu près normale au gisement.

A partir d'une certaine distance de ce dernier, on n'a plus rupture des bancs, mais simplement affaissement. D'après les expériences de M. Fayol, les mouvements ne se propageraient pas indéfiniment, et la masse ébranlée affecterait la forme d'une voûte parabolique, dont l'axe serait compris entre la verticale et la normale à la stratification.

Les *effets des mouvements de terrains* sont particulièrement importants au point de vue de la protection des puits, des bâtiments existant à la surface, des routes, des canaux, voies ferrées, etc.

On est obligé, pour conserver ces bâtiments ou ouvrages divers, d'abandonner dans le gisement des *investisons* dont on détermine l'étendue en se basant sur la direction des surfaces limitant la zone ébranlée par l'exploitation.

Le *remblayage* des vides ouverts par les dépilages diminue l'importance des mouvements de terrains, mais sans les supprimer. Le remblayage hydraulique constitue cependant un gros progrès, qui permet de réduire l'importance des investisons, et même d'exploiter des parties du gisement que l'on serait autrement obligé d'abandonner.

TABLE DES MATIÈRES

CHAPITRE I

Exploitation à ciel ouvert 7

CHAPITRE II

Exploitation souterraine. — Généralités 38

CHAPITRE VII

Exploitation des couches moyennes. . . . 186

CHAPITRE VIII

Exploitation des couches puissantes. . . . 215

CHAPITRE IX

Remblayage hydraulique 261

CHAPITRE X

Exploitation des mines métalliques.   .   .   289

CHAPITRE XI

Influence de l'exploitation sur les terrains encaissants.   313

Vannes.— Imprimerie LAFOLYE frères et Cⁱᵉ. 607-21

COURS ET INSTRUCTIONS remis aux Auditeurs et Correspondants (*Suite*).

Cours d Aviation :
Livre I. Appareils d'aviation et propulseurs. — *Livre II*. Moteurs d'aéronautique.
Cours de Description des appareils évaporatoires, moteurs et auxiliaires :
1re *Partie*. Chaudières et accessoires. — 2e *Partie*. Machines alternatives. — 3e *Partie*. Turbines à vapeur. — 4e *Partie*. Moteurs à explosion et à combustion.
Cours de Conduite, entretien, avaries, réparations, montage des appareils évaporatoires, moteurs et auxiliaires.
1re *Partie*. Phénomènes physiques et chimiques. — 2e *Partie*. Conduite. — 3e *Partie*. Entretien, avaries et réparations. — 4e *Partie*. Montage.
Cours élémentaire d'Electricité théorique et pratique.
Principes de Physique et de Mécanique.
Cours de Régulation.
Cours de Législation et de réglementation maritimes.

X. — Droit, Législation.

Notions élémentaires de Droit civil.
Eléments de Droit administratif et de Droit pénal.
Droit administratif : Pouvoirs publics. Domaine public. Voirie et travaux publics.
Commentaires des clauses et conditions générales imposées aux entrepreneurs.
Cours de Législation des Routes et chemins.
Cours de Législation des Chemins de fer.
Cours de Législation des Chemins de fer métropolitains.
Cours de Législation des Eaux.
Cours de Législation de l'Electricité.
Cours de Législation des Mines.
Législation du Travail et Prévoyance sociale (M. Massé).
Cours de Législation du Travail et notions de Législation ouvrière et industrielle :
Livre I. Lois appliquées par les inspecteurs du travail. — *Livre II*. Notions de Législation ouvrière.
Cours de Législation du Bâtiment :
Livre I. Le Constructeur. — *Livre II*. La Construction.
Cours de Législation et d Economie rurales à l'usage des géomètres :
Livre I. Le Bornage. — *Livre II*. Compléments de Droit. Economie rurale. — *Livre III*. Remembrement.
Cours de Droit commercial et de transports par chemins de fer.
Notions de Droit pénal.
Notions sur l'Instruction criminelle.
Cours de Droit commercial et Introduction à la pratique des affaires.

XI. — Exécution des Travaux.

Notions de Pratique des travaux et de pratique du service.
Cours de Pratique des travaux :
1re *Partie*. Matériaux de construction. — 2e *Partie*. Préparation et mise en œuvre des matériaux. — 3e *Partie*. Procédés généraux de construction. — 4e *Partie*. Outillage général des chantiers de travaux publics.
Cours de Pratique des travaux et de rédaction des projets. Guide de l Ingénieur :
1re *Partie*. Matériaux de construction. Maçonneries. — 2e *Partie*. Exécution des travaux de terrassements. Ouvrages d'art. Fondations. — 3e *Partie*. Instructions générales sur la rédaction des projets.
Cours de Pratique des travaux et de rédaction des projets. Annexes.
Organisation générale d'une entreprise de travaux publics.

XII. — Routes, Voirie, Navigation intérieure, Travaux maritimes.

Cours de Routes, Chemins vicinaux et Voies ferrées sur chaussées.
Cours de Voirie urbaine et assainissement.
Cours pratique de Voirie vicinale.
Notions de Navigation intérieure.
Navigation intérieure :
1re *Partie*. Rivières à courant libre. — 2e *Partie*. Rivières canalisées. Barrages. — 3e *Partie*. Ecluses. — 4e *Partie*. Canaux.
Notions de Travaux maritimes.
Cours de Travaux maritimes :
Livre I. Notions générales. Outillage et exploitation. — Etude du plan d'un port. — *Livre II*. Etude des différents ouvrages d'un port maritime. — *Livre III*. Côtes, fleuves et canaux maritimes, outillage, administration.

XIII. — Topographie et Tachéométrie.

Notions de Topographie.
Cours de Topographie :
1re *Partie*. Topométrie. — 2e *Partie*. Topographie générale. — 3e *Partie*. Opérations souterraines.
Cours de Tachéométrie.
Levés d'études à la planchette.
Calcul numérique des contenances.
Calcul graphique des contenances.

XIV. — Organisation Administrative et Industrielle, Tenue des bureaux.

Cours de commerce industriel : *Livres I et II*.
Cours de Douane.
Cours de Finance et de Comptabilité dans l'industrie.
Cours de Pratique du Service des Ponts et Chaussées (*Texte et modèles*).
Organisation des travaux du géomètre.
Cours de Service postal :
Livre I. Organisation du service. Correspondance postale. — *Livre II*. Services accessoires de la poste. Caisse et Comptabilité. Contentieux et réclamations.
Service Télégraphique.
Service Téléphonique.

XV. — Électricité et Applications.

Cours pratique d'Electricité théorique et industrielle :
Livre I. Notions d'Electricité théorique. — *Livre II*. Applications industrielles.
Cours élémentaire d'Electricité théorique et industrielle :
Livre I. Electricité théorique. — *Livre II*. Machines électriques. — *Livre III*. Applications industrielles de l'Electricité.
Cours moyen d'Electricité industrielle :
Livre I. Electricité théorique. Dynamos et moteurs à courant continu. — *Livre II*. Dynamos et moteurs à courants alternatifs. Transformateurs. Applications industrielles de l'Electricité.
Cours d'Electricité industrielle :
Livre I. Lois et formules fondamentales de l'Electricité. Etude des dynamos génératrices et des moteurs à courant continu. — *Livre II*. Appareils et tableaux de distribution à courant continu. Distribution par courant continu. Accumulateurs. — *Livre III*. Lois des courants alternatifs. Transformateurs. Alternateurs. — *Livre IV*. Distribution par courants alternatifs. Lignes et appareillage pour courants alternatifs. Alternomoteurs.
Installation à haute tension et usines centrales.
Cours de Traction électrique :
Livre I. Matériel roulant. — *Livre II*. Voie électrique. — *Livre III*. Mouvement des trains sur les voies ferrées.
Cours de Mesures électriques :
Livre I. Essais de laboratoire. Description des méthodes et des appareils. — *Livre II*. Essais de machines.
Cours de Construction des machines électriques :
Livre I. Matériaux de construction. Organes des machines. Bobinages — *Livre II*. Construction des machines électriques (*avec atlas*).
Cours d'Eclairage électrique.
Dangers des courants électriques.

XVI. — Bâtiment. Architecture.

Notions sur la construction des Bâtiments.
Cours raisonné et détaillé du Bâtiment :
1re *Partie*. Fondations. — 2e *Partie*. Maçonneries. — 3e *Partie*. Echafaudages. Outillages de chantier. Etaiement et reprises en sous-œuvre. — 4e *Partie*. Notions sur la Résistance des matériaux spécialement appliquée au bâtiment. — 5e *Partie*. Bois et fers. Petite charpente et menuiserie. — 6e *Partie*. Charpente en bois et en fer. — 7e *Partie*. Travaux complémentaires. Couverture, vitrerie, peinture. — 8e *Partie*. Alimenta-

COURS ET INSTRUCTIONS remis aux Auditeurs et Correspondants (*Suite*)

tion en eau et installations sanitaires. — 9e *Partie*. Chauffage et ventilation. — 10e *Partie*. Distribution et installation d'ensemble d'un bâtiment. — 11e *Partie*. Détermination du mode de construction et du parti architectonique. — 12e *Partie*. Instruction pour la rédaction d'un projet. — 13e *Partie*. Instruction pour le lever de bâtiment. — 14e *Partie*. Métré et estimation du bâtiment.

Ascenseurs et monte-charges.
Construction et installation des Bâtiments agricoles.
Construction des Usines et des établissements industriels.
Cours d'Architecture :
    Livre I. Éléments d'Architecture. — *Livre II*. Composition architecturale.

XVII. — Béton armé.

Précis pour le calcul des ouvrages en Béton armé.
Cours de Béton armé :
    Livre I. Procédés généraux de construction et calcul des ouvrages. — *Livre II*. Applications du Béton armé.

XVIII. — Chemins de fer.

Cours de Chemins de fer :
    1re *Partie*. Études et travaux d'infrastructure. — 2e *Partie*. Matériel fixe de la Voie. — 3e *Partie*. Superstructure et entretien de la Voie et des Bâtiments. — 4e *Partie*. Matériel roulant. — 5e *Partie*. Exploitation technique. — 6e *Partie*. Exploitation commerciale.

Cours de Tramways et de Chemins de fer métropolitains.
Cours de pratique du Service. Organisation du service de la voie dans les Compagnies de Chemins de fer.
Cours de Voies ferrées d'intérêt local :
    Livre I. Concession. — *Livre II*. Construction. — *Livre III*. Matériel roulant. Exploitation. Chemins de fer spéciaux.
Cours de Chemins de fer à crémaillère, funiculaires et transports aériens.
Notice sur les Enclenchements.

XIX. — Mécanique, Mines et Métallurgie.

Cours de Machines-Outils :
    Livre I. Étude générale des conditions de travail de l'outil et de fonctionnement de la machine. Machines opératrices de travail à chaud ou de gros travail à froid. — *Livre II*. Étude de détail des différentes machines-outils de travail à froid.
Cours d'Organisation des fabrications mécaniques :
    Livre I. Services de préparation. — *Livre II*. Étude d'ensemble et de détail du montage des fabrications mécaniques.
Notions sommaires sur l'Exploitation des Mines.
Cours d'Exploitation des Mines :
    Livre I. Géologie et gisements. Explorations par sondages. Abatage mécanique. — *Livre II*. Soutènement des galeries et des puits. Muraillements. — *Livre III*. Exploitation à ciel ouvert. Généralités sur l'exploitation souterraine. Fonçage des puits. — *Livre IV*. Méthode d'exploitation souterraine. Remblayage. Transports souterrains. — *Livre V*. Extraction. Aérage. Éclairage. — *Livre VI*. Épuisement. Installations de surface. Accidents et règlement des mines.
Cours de Prospections minières :
    Livre I. Prospection minière proprement dite. — *Livre II*. Étude spéciale des gîtes minéraux et métallifères.
Notions de Métallurgie.
Cours de Métallurgie :
    Livre I. La Fonte. — *Livre II*. Élaboration des Fers et des Aciers. — *Livre III*. Travail des Fers et des Aciers. — *Livre IV*. Essais mécaniques des Fontes, des Aciers et des Fers. — *Livre V*. Métallurgie des principaux métaux usuels autres que le Fer.

XX. — Rédaction des projets.

Notions sur le Métré (Cubature des terrasses et ouvrages d'art).
Cours de projet de Tracé et de terrassements (*textes et planches*).
Cours d'Ouvrages d'art :
    1re *Partie*. DESCRIPTION ET MÉTRÉ : *Livre I*. Ouvrages en maçonnerie. — *Livre II*. Ouvrages en bois et en métal. — *Livre III*. Stéréométrie ou métré.
    2e *Partie*. RÉDACTION DES PROJETS : *Livre I*. Instruction sur la rédaction des projets. — *Livre II*. Ponts en maçonnerie. — *Livre III*. Ponts métalliques.
Cours de Ponts en maçonnerie :
    Livre I. Débouchés. Emplacement. Stabilité des voûtes. Piles et Culées. — *Livre II*. Étude des divers éléments des ponts en maçonnerie. — *Livre III*. Projet et exécution des ouvrages.
Cours de Constructions métalliques :
    Livre I. Généralités. — *Livre II*. Étude des assemblages et détails de constructions. — *Livre III*. Charpentes en fer. — *Livre IV*. Ponts métalliques. — *Livre V*. Essais et épreuves. Établissement d'une entreprise et exécution. — *Livre VI*. Étude des avant-projets de ponts métalliques à une seule travée.

XXI. — Hygiène et Accidents du travail.

Cours d'Hygiène professionnelle :
    Livre I. Hygiène générale des établissements. — *Livre II*. Hygiène professionnelle. — *Livre III*. Accidents.
Cours de Prévention des accidents du travail.
Hygiène du travail.

XXII. — Divers.

Conseils aux Candidats à la veille des examens :
    (Adjoint technique, Ingénieur-adjoint des Travaux publics de l'État, Commissaire du contrôle).
Cours de Mécanique et Physique industrielles :
    Combustion. — Fours — Industries textiles.
Formulaire mathématique et technique.
Le Rôle de l'Ingénieur et les travaux aux colonies.
Mécanique et Physique industrielles. Des Unités.
Table des moments d'inertie et renseignements divers pour calculs de résistance.
Problèmes de raccordements circulaires tangentiels des voies de chemins de fer.
La Taylorisation et son application aux conditions industrielles de l'après-guerre.
Le Problème commercial. Organisation rationnelle du Commerce Industriel.

XXIII. — École supérieure des Postes et des Télégraphes.

Cours de Construction de lignes télégraphiques et téléphoniques (2 volumes).
Cours d'Installations téléphoniques.
Cours d'Installations télégraphiques (2 volumes).
Cours élémentaire de Télégraphie sans fil.
Les derniers progrès réalisés en Télégraphie.
Principes d'Électricité.
Cours d'applications industrielles de l'Électricité (M. Moreau).
Cours d'Exploitation postale (2 volumes).
Cours de Comptabilité et de Droit budgétaire.
Moteurs thermiques.

Service spécial de rédaction et vérification de projets

Projets et Consultations pour MM. les Ingénieurs, Conducteurs, Architectes, Municipalités, etc.

90-22. — Coulommiers. Imp. PAUL BRODARD. — 1-22.